THE MONUMENTS MEN

MONUMENTS MEN:

Nazi Thieves, Allied Heroes and the Greatest Treasure Hunt in History by Robert Edsel

Copyright ⓒ 2009 by Robert M. Edsel

All rights reserved.

This Korean edition was published by Danielstone Publishing Co.

in 2012 by arrangement with FOUNDRY Literary + Media, New York

through KCC(Korea Copyright Center Inc.), Seoul.

이 책은 (주)한국저작권센터(KCC)를 통한 저작권자와의 독점계약으로 뜨인돌출판(주)에서 출간되었습니다.

저작권법에 의해 한국 내에서 보호를 받는 저작물이므로 무단전재와 복제를 금합니다.

모뉴먼츠 맨

초판 1쇄 발행 2012년 2월 6일

초판 2쇄 발행 2014년 2월 14일

지은이 로버트 M. 에드셀

옮긴이 박중서

펴낸이 고영은 박미숙

편집이사 인영아 ㅣ 편집장 이준희

뜨인돌기획팀 박경수 강은하 김현정 김영은 장은선 홍신혜

뜨인돌어린이기획팀 이경화 여은영 ㅣ 디자인실 김세라 오경화

마케팅팀 이학수 오상욱 진영수 ㅣ 총무팀 김용만 고은정

본문디자인 김경진

펴낸곳 뜨인돌출판(주) ㅣ 출판등록 1994.10.11(제2011-000185호)

주소 121-896 서울시 마포구 서교동 성미산로 6길 45

홈페이지 www.ddstone.com ㅣ 노빈손 홈페이지 www.nobinson.com

블로그 blog.naver.com/ddstone1994

대표전화 02-337-5252 팩스 02-337-5868

ISBN 978-89-5807-349-9 03900

(CIP제어번호 : CIP2011004175)

히틀러의 손에서 인류의 걸작을 구해낸 영웅들

모뉴먼츠맨

| THE MONUMENTS MEN |

로버트 M. 에드셀 · 브렛 위터 지음
박중서 옮김

뜨인돌

두 참전용사, 아버지 A. 에드셀과 이모부 론 B. 라이트

어머니 노마, 이모 메릴린

그리고 아들 디에고에게 바칩니다.

또한 영웅적인 노력으로

오늘날 우리가 감상하는 아름다움의 상당수를 보존해준

'기념물 전담반' 여러분께 바칩니다.

THE
MONUMENTS
MEN | 차례 |

Section 3 독일 Germany

Section 4 진공 The Void

Section *5* 전쟁이 끝나고 The Aftermath

한국전쟁이 한창이던 1951년 겨울, 국군 제11사단 제9연대가 강원도 동해안을 따라 진격하고 있었다. 속초 인근 설악산의 신흥사에 마련된 임시 연대 본부에 도착한 병사들은 이내 여기저기서 판자를 들고 나와 쪼개서 불을 때기 시작했다. 뒤늦게 도착한 한 장교도 몸을 녹이기 위해 여기저기 피워 놓은 모닥불 가운데 한 곳으로 다가갔다.

잠시 후, 그 장교는 지금 모닥불 장작으로 쓰고 있는 나무가 무엇인지를 깨닫고 깜짝 놀랐다. 알고 보니 그것은 보통 판자가 아니라 어느 불경의 목판이었던 것이다. 그는 서둘러 부연대장에게 달려가서 귀한 문화재가 손상되고 있으니 불을 끄고, 남은 경판을 모조리 회수하도록 권했다. 그리하여 불타다 남은 목판은 일부나마 다시 절에 반환되었다.

"사실인즉 나는 불교신도도 아니었으며, 어떤 종교도 없는 청년이었다. 신흥사라는 사찰의 문화사적 가치를 아는 바도 없었고, 신흥사의 경판이 무슨 경의 인각이며, 어느 시대에 제작된, 어떤 역사적 유래가 있는지 따위를 알 리도 없었다. 내가 그렇게 행동했던 까닭은 6.25전쟁에서 국군이 들어가는 곳마다 무차별적으로 파괴가 이루어지던 것에 대한 젊은 장교의 정의감에서였다.

군대의 많은 장병들에게는 38도선을 넘으면서부터 '점령지'라는 의식이 앞서서 모든 것이 파괴와 노획의 대상처럼 비치는 성싶었다. 같은 조상들이 남기고 물려준, 그리고 전쟁이 끝나면 언젠가는 다시 한겨레로서 함께 소유하고 함께 향유해야 할, 그리고 다시 후손에 남겨주어야 할 겨레의 재물이라는 생각은 전혀 없었다. 모두가 노획과 처분의 대상이었다.

통일이 되면 당연히 대한민국의 문화재가 될 것이고, 통일이 안 되어도 있던 곳에 그대로 남겨둠으로써 겨레의 문화재를 보존한다는 따위의 의식은 대한민국 군대에는 없었다. 얼마나 많은 사찰과 고귀한 불교 문화재가 그 때문에 잿더미가 되어버렸던가!"

전쟁이 끝나고 전역한 그 장교는 자기가 구한 물건이 무엇인지 궁금한 생각에 수소문을 했지만 소득을 얻지 못했다. 그러다가 수십 년이 흐른 뒤에야 불교에 관심이 많은 어느 지인의 도움으로 문제의 경판이 정확히 무엇인지를 비로소 알아냈다. 신흥사의 그 불경 목판은 조선 효종 시대인 1650년대 중반에 제작된 것이었다. 또한 한자와 한글과 산스크리트어 대역으로 이루어진 불경으로, 세계적으로 유례가 없는 귀한 물건이라고도 했다.

현재 남아 있는 것은 그중 277판이라고 전한다. "이 277판이 어쩌면 나의 조그마한 애씀의 결과로 그 전쟁에서 회진을 면한 것이라고 생각하니, 신흥사를 방문할 때마다 나의 마음은 뿌듯한 만족을 느낀다." 이 장교가 지난 2010년에 타계한 언론인 겸 저술가 리영희다. 이 일화는 그의 저서 『스핑크스의 코』(까치글방, 1998)에 수록된 "신흥사 경판이 오늘 남아 있는 까닭"이라는 글에 나온다.

위의 사례에도 잘 나타난 것처럼, 전쟁이 일어나면 가장 큰 손상을 입는 것 가운데 하나가 바로 문화재다. 당장 사람 목숨이 왔다 갔다 하는 판에서는 아무래도 우선순위에서 뒤로 밀리기 때문이다. 하지만 사람 목숨과 마찬가지로 문화재도 한번 손상되면 회복이 불가능하다. 따라서 전쟁으로 인한 회화며 서적이며 건축물 같은 유형 문화재의 수난은 어제오늘의 이야기가 아니다.

그렇다면 역사상 가장 대규모 전쟁으로 손꼽히는 제2차 세계대전 당시에는 어떠했을까? 오늘날 우리에게 잘 알려진 유럽 각지의 수많은 문화재들은 어떻게 해서 포화와 화재 등의 재난을 피하게 되었을까? 이런 의문에서 출발해 전쟁 당시에 걸작 미술품이 처한 곤경과 회수에 얽힌 비화를 소개한 책이 바로 이 책 『모뉴먼츠 맨』이다.

익히 알려진 대로 히틀러는 젊어서 미술을 공부했지만 좌절을 거듭하고 화가의 꿈을 접었다. 하지만 정치에 투신해 훗날 독일의 최고 권력자가 된 이후에도 미술에 대한 그의 애호는 여전했던 모양이다. 1938년에 어린 시절의 고향인 오스트리아 린츠로 금의환향한 히틀러는 이곳에 자신의 위업을 상징하는 초대형 미술관을 세우기로 결정한다.

미술관을 만들려면 소장품이 필요한 법이다. 히틀러는 그 미술관에 전시할 최고 수준의 미술품을 유럽 전역에서 끌어모으기로 작정했다. 우선 패전국의 주요 미술품을 일종의 평화 협상용 담보로 빼앗아 오거나, 또는 유대인 소유의 컬렉션을 압류하는 방식으로 수집했다. 나치는 이렇게 조직적으로 약탈한 막대한 미술품을 여러 비밀 저장소에 은닉했다.

가령 네덜란드는 국보급 회화인 얀 반 에이크의 〈겐트 제단화〉를 빼앗겼고, 벨기에도 국보급 조각품인 미켈란젤로의 〈성모자〉를 빼앗겼다. 하지만 가장 큰 피해는 역시 예술 분야에서 오랜 전통과 유산을 자랑하던 프랑스에서 발생했다. 국가 소유의 컬렉션은 물론이고, 파리의 화단을 좌우하던 저명한 화상이며 부호의 컬렉션까지 고스란히 나치에게 빼앗겼기 때문이다.

미술품 약탈범은 히틀러뿐만이 아니었다. 나치의 2인자였던 제국 원수 헤르만 괴링도 프랑스와 이탈리아 등 점령지에서 활동하는 산하의 여러 기관을 일종의 사조직으로 개편하면서까지 미술품 수집에 열을 올렸다. 뒤이어 여러 나치 고관은 물론이고 미술계 관계자라든지 갖가지 기회주의자까지 제각기 약탈 미술품을 빼돌려 이익을 챙겼다.

1944년 6월 6일, 영국과 미국 병력을 중심으로 한 서방 연합군이 노르망디에 상륙하면서 제2차 세계대전은 절정으로 접어들었다. 연합국은 전쟁 중에 주요 기념물 및 문화재에 대한 아군의 파괴 행위가 자칫 추축국의 비방 선동에 악용될 수 있음을 고려하여, 미술 및 건축 분야의 전문가들로 구성된 전담 부대를 설립한다. 이것이 바로 모뉴먼츠 맨, 즉 '기념물 전담반'이었다.

정식 명칭이 '기념물, 미술품, 기록물 전담반'(MFAA)인 이 부대의 임무는 회화와 조각, 서적과 기록, 성당과 저택 등의 주요 문화유산이 자칫 연합군 지휘관이나 병사들의 무지나 악의로 인해 파괴, 약탈을 당하지 않도록 보호 관리하는 것이었다. 프랑스, 벨기에, 네덜란드의 영토뿐 아니라 적국인 독일과 이탈리아 내에 있는 문화재에 대해서도 마찬가지였다.

이를 위해서는 예술에 관한 지식은 물론이고 유럽 문화와 언어에도 숙달된 인력이 필요했다. 곧이어 미국과 영국 등에서 미술품 복원전문가, 건축가, 조각가, 시인, 고고학자 등이 '기념물 전담반'에 배치된다. 전장의 갖가지 위험이며, 일선 지휘관들의 몰이해, 부족한 지원과 장비에도 불구하고 이들은 인류의 문화유산을 지키는 파수꾼이라는 자부심을 갖고 최선을 다한다.

처음에는 문화재 보호에만 집중되었던 기념물 전담반의 임무는 점차 히틀러가 약탈한 미술품의 행방을 추적하는 것으로 바뀐다. 단편적인 정보를 취합하고, 독일 점령 치하의 파리에서 목숨을 걸고 약탈 미술품에 관한 정보를 수집한 박물관 직원 로즈 발랑의 기록을 이용함으로써, 독일과 오스트리아의 외딴 성과 방공호, 광산 등에 은닉된 히틀러의 전리품을 찾아낸다.

저자인 로버트 M. 에드셀은 기념물 전담반의 업적이 널리 알려지지 않았다는 사실을 안타까워한 나머지, 여러 해에 걸친 조사 작업 끝에 『다 빈치 구하기』(2006)를 펴냈고, 나중에는 본격 단행본 『모뉴먼츠 맨』(2009)을 저술했다. 나아가 이 책에서는 다 못한 이탈리아 전선의 기념물 전담반 이야기를 다룬 속편『이탈리아 구하기』를 곧 출간할 예정이다.

『모뉴먼츠 맨』은 이 부대에서 활동한 10여 명의 주인공들을 중심으로 파노라마적인 서술을 시도한다. 전작인『다 빈치 구하기』에 비해서는 훨씬 심화된 내용이지만, 한편으로는 이들의 행적에 초점을 맞추다 보니 제2차 세계대전 당시에 나치가 시도한 미술품 약탈의 실상에 관한 설명은 약간 미진한 감이 없지 않다.

마침 나치의 미술품 약탈 과정을 자세히 설명한 해외 서적이 우리나라에도 하나 번역되었다. 이 책의 참고문헌에서도 언급된 헥토르 펠리치아노의『사라진 미술관』(마루, 1998)이 바로 그 책이다.『모뉴먼츠 맨』이 미군의 미술품 추적 및 회수에 초점을 맞추었다면,『사라진 미술관』은 화상과 부호의 컬렉션이 압류되고 흩어지는 과정을 보다 자세히 다루었다.

특히 오늘날까지도 행방이 밝혀지지 않은 실종 미술품이 의외로 많다는 점, 또한 기념물 전담반에 의해 회수된 미술품 가운데 상당수가 아직 원 소유주를 찾아가지 못하고 남아 있다는 등의 뒷이야기가 자세히 나와 있다. 똑같은 소재를 다루었지만 약간은 다른 시각에서 접근하는 책이기 때문에 이 책과 함께 읽으면 일종의 보완 효과가 있으리라 생각한다.

사실 나치의 탐욕은 미술품에만 그친 것이 아니었다. 심지어 프랑스의 명품 와인을 압류하기 위한 작전까지 있었는데, 이런 작전 가운데 하나가 우리나라에『와인 전쟁』(돈&페티 클래드스트럽, 한길사, 2002)이라는 제목으로 번역된 책에 자세히 묘사된 바 있다. 20세기 중반에 유럽을 휩쓴 히틀러의 광기와 탐욕이 어느 정도였는지를 보여주는 증거라 하겠다.

각국의 문화재가 정치적 논리에 따라 파괴되기도 하고 이전되기도 하는 것은 어제오늘의 이야기가 아니다. 당장 제2차 세계대전 당시에 몸살을 앓았던 프랑스의 루브르 박물관만 해도 히틀러가 무척이나 탐냈던 주요 컬렉션 가운데 상당수는 그보다 한 세기 반쯤 전에 나폴레옹이 비슷한 방식으로 막강한 힘을 앞세워 다른 여러 나라에서 탈취한 문화재였다.

물론 그렇다고 해서 나치의 문화재 약탈을 정당화할 수는 없다. 괴링의 딸 에다는 한때 부친이 소장했던 크라나흐의 그림을 반환하라는 소송을 훗날 국가에 제기했다. 이 그림은 1938년에 딸의 탄생을 기념하기 위해 괴링이 쾰른 시립박물관에서 압수한 것이었다. 이에 대해 법원은 "헤르만 괴링은 그 작품을 정당하게 구입하지 않았다"는 이유로 소송을 기각했다.

나치의 후손이 당당하게 미술품에 대한 권리를 주장하는 반면, 원소유주의 후손들은 도리어 권리를 인정받지 못하는 경우가 많다. 나치가 몰수한 미술품 중 상당수가 훗날 지하로 잠적해서 일종의 세탁 과정을 거쳤기 때문이다. 반세기쯤 지나면서 그중 일부가 경매장에 모습을 드러냈지만, 지루한 법정 소송을 거쳐도 갖가지 이해관계가 뒤얽혔기 때문에 해결이 쉽지 않았다.

결국 정당한 권리를 지닌 원 소유주의 후손들도 법에 호소하기보다는 울며 겨자 먹기로 웃돈을 주고 미술품을 다시 구입하는 쪽이 속 편하다는 사실을 시인할 수밖에 없었다. 이런 상황은 단순히 개인 대

개인의 미술품 반환에서만 벌어지는 것이 아니다. 국가 대 국가의 미술품 반환에서도 유사한 문제가 제기되고, 우리나라의 경우에도 상황은 마찬가지다.

최근 들어 해외 소장 한국 문화재의 반환에 관한 논의가 무성해지기는 했지만 프랑스에 있는 외규장각 도서라든지, 일본에 있는 의궤며 실록이 정식 '반환' 대신 일종의 편법인 '영구대여'나 '기증' 방식으로 돌아오게 된 것도 이런 어려움의 반영이다. 이에 대해서는 온당치 않다는 여론이 대부분이지만, 약탈 문화재의 반환을 강제할 방법이 현재로선 없다.

유일하게 가능한 방법이라면 상대방의 양심에 호소하는 것뿐이다. 마치 상대방의 약탈을 용인하는 듯 보일 수도 있지만, 양보를 이끌어내는 현실적인 방법은 이것뿐인 듯하다. 불과 반세기밖에 지나지 않은 나치의 소행도 시시비비를 가리기 힘드니, 몇 세기가 지난 사건을 뒤늦게 바로잡기는 더욱 힘들다. 따라서 감정적 대응보다 이성적 대응이 필요하다.

우리나라의 경우 약탈 문화재에 관한 이야기만 나오면 '무조건 반환'을 요구하는 여론이 들끓는다. 하지만 단순히 여론 악화나 실력 행사로 해결할 수 있는 문제라면 진즉에 해결되고도 남았으리라. 이건 어디까지나 외교로만 해결할 수 있는 문제임을 기억하자. 그리고 때로는 수십 년도 더 걸리는 길고도 지루한 협상을 거쳐야만 해결할 수 있는 문제임을 기억하자.

나아가 몇 년 전에 벌어진 숭례문 화재라든지, 지금도 종종 신문에 등장하는 여러 사찰의 방화 사건처럼, 지금 같은 평화 시에도 문화재에 대한 위험은 늘 있음을 기억해야 한다. 그런 까닭에 『모뉴먼츠 맨』
에 나타난 로즈 발랑과 자크 조자르, 그리고 기념물 전담반의 여러
대원들 같은 이름 없는 영웅들의 업적이 더욱 값진 것은 아닐까.

이 책의 영어판에서 저자는 아직 미발굴된 기념물 전담반의 일화를
찾아내고자 광고를 내기도 했다. 아마 우리나라에도 이와 유사한 사
례가 많았을 것이다. 문화재청에서 간행한 『수난의 문화재』(눌와,
2008)에는 한국전쟁 중에 주요 궁궐과 사찰에 대한 폭격이나 소각 결
정을 앞두고 결정권자나 일선 실무자의 결단과 재치로 위기를 넘긴
사례가 종종 나온다.

가령 서울 수복 작전 중인 1950년 9월 25일, 미군 포병부대의 중위
제임스 해밀턴 딜은 덕수궁에 인민군이 모여든다는 정보를 입수하
고, 포격을 개시해야 하는지 말아야 하는지를 놓고 고민에 빠진다.
포격을 가하면 수백 명의 적군과 장비를 궤멸할 수 있겠지만, 자칫하
다가는 수백 년이나 된 문화재가 손상될 수도 있었기 때문이다. 그의
수기에서 한 대목을 보자.

"결국 나는 앤더슨 대위와 상의하지 않을 수 없었다. '자네 생각이
맞아! 나도 그렇게 생각하네.' 우리는 이에 대해 같은 느낌을 갖게 되
었고, 또한 이와 비슷한 경우로 제2차 세계대전 당시 있었던 몬테카
시노 수도원에 대해서도 이야기를 나누었다. 우리는 이 고궁을 살리
는 데 최대한 노력하기로 합의했다."

결국 두 장교는 인민군의 움직임을 주시하며 기다려 보기로 한다.

『모뉴먼츠 맨』에도 나온 연합군의 몬테카시노 수도원 폭격(1944년 2
월 15일)은 전 세계적으로 크나큰 논란을 불러일으켰으며, 기념물 전

담반의 활동이 본격화되는 계기를 마련한 사건으로 평가된다. 결국 앤더슨 대위와 딜 중위는 인민군이 덕수궁 밖으로 벗어나기까지 기다렸다가 포격을 개시했고, 이로써 사실상 기념물 보호 활동을 수행한 셈이 되었다.

이 책의 본문에는 기념물 전담반의 로버트 포시 대위가 한국전쟁 직후에 미군에 재입대하여 기념물 보호 임무를 수행하고 싶었지만 결국 거절당했다는 일화가 나온다. 즉 그 당시에는 미군에 공식적인 기념물 전담반이 없었다는 이야기다. 하지만 어쩌면 딜 중위와 비슷한 일화를 지닌 장교들이나 기념물 전담반 출신의 한국전쟁 참전자가 있지 않을까.

얼핏 보기에는 우리와는 무관한 제2차 세계대전 당시 유럽의 이야기인 것 같지만, 의외로 기념물 전담반의 활동은 우리의 현대사와도 밀접한 관계를 맺고 있을지도 모른다. 많은 독자의 관심과 일독을 바란다.

　　　　　　　　　　✧

저자의 말

　　　　　　　　　　✧

제2차 세계대전은 역사상 가장 파괴적인 전쟁이었다. 우리는 그 전쟁으로 인해 끔찍스러울 만큼 엄청난 인명 손실이 발생했음을 잘 알고 있다. 폐허가 된 유럽 여러 도시의 사진을 보면 당시의 참상을 어느 정도 짐작할 수 있다. 그렇다면 루브르 같은 위풍당당한 박물관 안을 걸어본 사람 중에서, 샤르트르 대성당의 적막을 느껴본 사람 중에서, 혹은 레오나르도 다 빈치의 〈최후의 만찬〉 같은 걸작을 구경한 사람 중에서 이런 생각을 해본 사람은 얼마나 될까?

'이 많은 기념물과 위대한 예술품은 어떻게 전쟁의 참화를 피해 무사히 살아남았을까? 이 찬란한 문화유산을 보존하기 위해 헌신한 이들은 과연 어떤 사람들일까?'

제2차 세계대전은 수많은 예술 장르의 단골소재지만 흥미롭게도 아직 전혀 알려지지 않은 중요한 이야기가 하나 있다. 그것도 전쟁의 핵심적인 활동에 해당할 만큼 상당히 중요한 이야기다. 그들의 이야기는 세상에 널리 알려지지 않았지만 그들은 분명 전쟁 영웅이었고, 당시 최전방에서 온몸을 던져 이 세계를 구원하는 데 기여했다. 그렇다고 그들이 기관총을 소지하거나 탱크를 몰았던 것은 아니다. 또한 한 나라를 대표하는 인물이나 정치가도 아니었다. 그들은 단지 인류 문명의 위대한 문화적, 예술적 업적에 중대한 위협이 가해지고 있음을 이해했고, 그에 대처하기 위해 최전선으로 달려갔을 뿐이다.

역사의 그늘에 묻혀 있던 그들은 이제 '기념물 전담반(Monuments Men)'이라는 이름으로 세상에 알려졌다. 이는 1943년부터 1951년까지 연합군의 군사 작전 아래 활동한 병사를 가리킨다. 이들의 최우선 임무는 건축물들, 즉 교회나 박물관 등 중요한 기념물의 피해를 최소화하는 데 있었다.

전쟁이 진행되면서 연합군이 독일로 진입하자 이들의 주요 임무는 전쟁 중에 강탈당하거나 실종된 예술작품과 문화유물의 행방을 찾는 쪽으로 옮겨 갔다. 유럽을 점령하고 있는 동안 '역사상 최대 규모의 절도 행각'을 벌인 히틀러와 나치가 무려 500만 점의 문화유물을 압수해 제3제국의 영토로 이송했기 때문이다. 이에 따라 서방 연합군 측은 기념물 전담반을 주축으로 해서 '역사상 최대 규모의 보물찾기'에 나섰다.

이것이 바로 오로지 전쟁 중에만 일어날 수 있는, 그야말로 상상을 뛰어넘는 기상천외한 이야기가 나오게 된 배경이다. 그들은 총탄을 든 적이 아니라 시간과의 전쟁을 벌였다. 그들이 추적한 장소 중에는 디즈니랜드에 있는 '잠자는 숲 속의 공주의 성'이나 〈사운드 오브 뮤직〉의 무대에 영감을 제공했을 것 같은 으리으리한 건물들도 있었다. 이런 곳에 세계 최고의 걸작품이 수만 점씩 보관되어 있었다.

나치가 훔친 예술품 중에는 레오나르도 다 빈치, 얀 베르메르, 렘브란트의 회화, 그리고 미켈란젤로와 도나텔로의 조각상이 포함되어 있었다. 심지어 나치의 광신도 중 일부는 만약 제3제국이 그 예술품의 주인이 될 수 없다면 차라리 어느 누구도 소유할 수 없도록 의도적으로 훼손하려고까지 했다.

'기념물, 예술품, 그리고 기록물 전담반MFAA : Monuments, Fine Arts, and Archives section'에서 일한 사람들은 13개국에서 모인 350여 명의 남녀 요원이었다. 수백만 명에 이르는 전투 병력에 비하면 보잘 것없는 숫자였다. 이들 중 전쟁 종료일까지 유럽에서 직접 활동한 사람은 60여 명이었고 대부분 미국인과 영국인이었다. 특히 기념물이 많은 이탈리아에서는 22명의 장교가 기념물 전담반으로 활동했다.

사실 디데이(1944년 6월 6일) 직후 몇 달 동안에는 노르망디 지역에서 활동하는 인원이 채 15명도 되지 않았다. 교전이 끝날 즈음 24명이 추가로 투입되었지만 그 인원으로 유럽 북부 전체를 담당해야만 했다. 이는 그야말로 실현 불가능한 과제가 아닐 수 없었다.

이 책을 구상하면서 애초에 계획했던 것은 유럽 전역에서 펼쳐진 기념물 전담반의 활동을 서술하는 것이었다. 특히 1944년 6월부터 1945년 5월까지 최전선에서 활동한 8명의 전담요원(핵심 인물은 2명이며 그중 한 명은 여성이다)에게 집중해 그들의 야전일지, 일기, 보고서, 그리고 전투 중에 가족에게 보낸 편지를 활용하고자 했다. 하지만 최대한 충실하게 서술하는 것을 목표로 한 데다 이야기가 워낙 방대하다 보니 분량이 너무 많아 부득이하게 이탈리아에서의 활약상은 누락할 수밖에 없었다. 대신 프랑스, 네덜란드, 독일, 오스트리아 등 유럽 북부(보통 유럽 북부는 스칸디나비아 반도를 의미하지만 이 책에서 저자가 말하는 유럽 북부는 상기 지역을 가리킨다 ―옮긴이)를 주요 무대로 삼아 기념물 전담반의 활약상을 서술했다.

미국인 딘 켈러와 프레더릭 하트, 영국인 존 브라이언 워드 퍼킨스, 그리고 다른 여러 사람은 이탈리아에서 힘겨운 작전을 수행하며 믿기 힘든 온갖 사건을 겪었다. 조사 중에 우리는 이들이 가족에게 보낸 감동적인 편지를 여러 통 찾아냈는데, 여기에는 대체 불가능한 문명의 요람을 보호하는 과정에서 이들이 감당해야 했던 엄청난 책임감이 자세히 묘사되어 있다. 이들의 경험담은 이 책의 후속편에서 자세히 서술할 것이며 상당 부분 그들의 입을 통해 직접 들어볼 계획이다.

이 책에서는 문맥의 부드러운 연결을 위해 대화를 창작했지만 그 내용은 광범위한 기록에 근거한 것이므로 문제의 여지는 전혀 없다. 나는 항상 사실을 이해하고 전하는 것뿐 아니라 관계자의 인격과 시각, 그리고 어떤 사건이 일어난 순간에 그들이 품은 생각을 이해하고 전하기 위해 노력했다. 물론 우리는 사후에 고찰하는 입장이므로 당시에 그들이 품은 생각이 우리의 의견과 다를 수도 있다. 이것이야말로 역사에 대한 가장 큰 도전이라고 할 수 있다. 혹시 뭔가 실수가 있다면 그것은 어디까지나 저자인 나의 잘못일 것이다.

이 책은 개인적인 이야기, 즉 사람에 관한 이야기이기도 하다. 한 가지 이야기를 살펴보자. 2006년 11월 1일, 나는 매사추세츠 주 윌리엄스타운으로 가서 기념물 전담반 출신인 S. 레인 페이슨 2세를 인터뷰했다. 그는 과거에 전략사무국(OSS, CIA의 전신)에서 일하기도 했다.

1945년 여름, 레인은 독일에 도착하자마자 연합군의 포로가 된 나치 장교들을 심문하는 일을 돕기 위해 오스트리아의 알타우세로 파견되었다. 그의 임무는 히틀러의 예술품 컬렉션을 찾고 총통 미술관에 관한 계획을 알아내는 것이었다. 전쟁이 끝난 뒤 레인은 윌리엄스 칼리지에서 30년 가까이 예술 교육자로 일하며 자신의 뛰어난 통찰력을 학생들에게 전수했다. 덕분에 그의 전문적인 식견은 그의 제자들, 특히 오늘날 미국의 주요 박물관을 이끄는 여러 핵심 인물들을 통해 이어지고 있다.

가령 토머스 크렌스(솔로몬 R. 구겐하임 재단, 1988~2008), 제임스 우드(J. 폴 게티 트러스트, 2004~현재), 마이클 고번(로스앤젤레스 카운티 미술관, 2006~현재), 잭 레인(댈러스 미술관, 1999~2007), 폴 A. '러스티' 파월 3세(워싱턴 D.C. 소재 국립 미술관, 1992~현재), 그리고 전설적인 인물인 커크 바네도(MoMA, 1986~2001)가 모두 레인의 제자들이다.

아흔여덟의 노령에도 불구하고 레인은 건강해 보였다. 내 생각을 짐작했는지 그의 네 아들 중 한 명인 고든이 미리 주의를 주었다.

"아버지는 30분 이상 깨어 있는 경우가 드뭅니다. 혹시 말씀 도중에 아버지가 졸고 계셔도 너무 실망하지 마십시오."

그렇지만 우리는 무려 3시간이나 매우 흥미로운 대화를 나누었다. 대화 중에 레인은 내 첫 번째 저서로 기념물 전담반의 업적을 기리기 위해 펴낸 책『다 빈치 구하기(Rescuing Da Vinci)』를 뒤적였고, 이따금 어떤 사진을 유심히 보곤 했는데, 그럴 땐 마치 과거의 한순간으로 돌아가 있는 듯했다. 때때로 기억이 되살아나면 그는 유난히 눈을 반짝이면서 양팔을 열심히 흔들며 놀라운 이야기를 하나하나 들려주었다. 나중에 그 자리에 있던 모든 사람이 더 이상은 무리라고 생각해 대화를 중단할 때까지 그는 줄곧 그 자세를 유지했다. 고든과 그의 형제들은 어안이 벙벙한 표정이었다.

나는 레인의 안락의자 곁으로 다가가 작별을 고하고 한 손을 내밀며 감사를 표했다. 레인은 양손을 들어 내 손을 꽉 붙잡고 자신의 몸쪽으로 끌어당기더니 이렇게 말했다.

"아마도 내가 자네를 만나기 위해 이제껏 죽지 않고 살아 있었던 모양일세."

그로부터 열흘 뒤, 아흔아홉 살 생일을 일주일 앞두고 그는 세상을 떠났다. 그날은 마침 '재향군인의 날'이었다.

| 로널드 에드먼드 밸푸어 소령 | 제1캐나다군 소속. 1944년 당시 40세. 영국 옥스퍼드셔 주 태생. 케임브리지 대학의 역사학자였던 밸푸어는 영국에서 흔히 말하는 '신사' 의 전형으로 작위나 지위에 대한 야심 없이 지적 활동에만 전념했다. 신실한 프로테스탄트였던 그는 역사학자로 시작해서 훗날 신학 연구로 방향으로 바꾸었다. 그의 재산목록 제1호는 방대한 개인 장서다.

| 해리 에틀링어 이병 | 미국 제7군 소속. 1944년 당시 18세. 독일 칼스루에 태생. 독일계 유대인인 에틀링어는 1938년에 나치의 박해를 피해 가족과 함께 미국 뉴저지 주 뉴어크로 건너갔다. 1944년에 뉴어크에서 고등학교

를 졸업한 직후 징집되었으며, 군 복무 중 상당 기간을 육군 관료주의 속에서 잊혀 지내다 1945년 5월 초에 마침내 자신의 자리를 찾게 되었다.

 **| 워커 행콕 대위 |** 미국 제1군 소속. 1944년 당시 43세. 미주리 주 세인트루이스 태생. 이미 조각가로 명성을 얻고 있던 행콕은 전쟁 전에 권위 있는 로마 상을 수상했고 1942년에는 육군 소속 공군훈장을 디자인했다. 그는 결혼한 지 2주일 만에 아내를 고국에 남겨 두고 혼자 임무 수행을 위해 유럽으로 갔다. 온화하고 낙천적인 그는 아내 세이마 내티에게 종종 편지를 썼는데, 가장 자주 언급한 내용은 일이 주는 즐거움과 매사추세츠 주 글로스터에 주택 겸 작업실을 마련해 생활과 일을 병행하고 싶다는 꿈이었다.

 **| 월터 '허치' 헉트하우젠 대위 |** 미국 제9군 소속. 1944년 당시 40세. 오클라호마 주 페리 태생. 순진하고 잘생긴 독신자 허치는 입대 전에 미네소타 대학에서 건축과 디자인 교수로 재직하고 있었다. 주로 독일의 아헨 시에 머문 그는 독일 북서부 지역의 상당 부분을 담당했다.

 **| 자크 조자르 |** 프랑스 국립 박물관 관장. 1944년 당시 49세. 프랑스 아스니르 태생. 조자르는 1940년부터 1944년까지의 나치 점령기에 프랑스 국가가 소장한 예술품 컬렉션의 안전을 책임졌다. 그는 이 프랑스 문화기관의 또 다른 영웅인 로즈 발랑의 상사이자 멘토였으며, 막역한 친구이기도 했다.

| **링컨 커스타인 일병** | 미국 제3군 소속. 1944년 당시 37세. 뉴욕 주 로체스터 태생. 커스타인은 문화 분야의 흥행주 겸 후원자였다. 명석하지만 감정 기복이 심하고 우울증 기미도 보인 그는 전설적인 뉴욕 시립 발레단의 창립자로 매우 중요한 문화계 인사로 꼽힌다. 그럼에도 그는 MFAA에서 가장 계급이 낮은 요원으로서 로버트 포시 대위의 조수로 복무했다.

| **로버트 포시 대위** | 미국 제3군 소속. 1944년 당시 40세. 앨라배마 주 모리스 태생. 앨라배마의 가난한 농가에서 태어난 포시는 육군 ROTC 장학금을 받으며 오번 대학에서 건축학을 전공했다. MFAA에서 특히 독자적으로 행동한 그는 제3군과 그곳의 전설적인 지휘관 조지 S. 패튼 2세 장군을 존경했다. 종종 아내 앨리스에게 편지를 썼으며 '우기'라는 애칭으로 불린 어린 아들 데니스에게 카드와 기념품을 보내곤 했다.

| **제임스 J. 로라이머 소위** | 병참지대 및 미국 제7군 소속. 1944년 당시 39세. 오하이오 주 클리블랜드 태생. 로라이머는 박물관 분야의 기린아로 젊은 나이에 메트로폴리탄 미술관의 큐레이터가 되었다. 중세미술 전문가인 그는 존 D. 록펠러 2세의 지원으로 메트로폴리탄 미술관의 중세 컬렉션 분과인 클로이스터 박물관 설립에 핵심적인 역할을 했다. 파리로 배치된 그는 끈질긴 집념, 시스템에 저항하려는 기질, 그리고 프랑스적인 것에 대한 사랑 덕분에 로즈 발랑의 신임을 얻게 된다. 두 사람의 관계는 나치의

보물창고를 발견하는 작전에 크게 기여했다. 그는 메트로폴리탄 미술관의 동료인 캐서린과 결혼했으며 그가 군 복무를 하는 동안 딸 앤이 태어났다. 하지만 이후 2년이 지나도록 딸의 얼굴을 볼 수 없었다.

| **조지 스타우트 대위** | 미국 제1군 및 미국 제12집단군 소속. 1944년 당시 47세. 아이오와 주 윈터셋 태생. 당시 잘 알려지지 않았던 예술품 보존 분야의 독보적인 인물로 박물관 업계와 육군이 전문 예술품 보존 특수병과를 수립하도록 밀어붙인 최초의 미국인이었다. 야전 장교인 그는 유럽 북부에 포진한 기념물 전담반의 최고수로 활약했으며 이들의 절대적인 역할 모델이자 친구였다. 말쑥하고 매너가 좋은 데다 야전에서 특히 빛을 발한 엄격함과 철저함을 겸비한 스타우트는 제1차 세계대전 참전용사이기도 했다. 고국에 아내 마지와 어린 아들이 하나 있었고 장남은 당시 미 해군에서 근무했다.

| **로즈 발랑** | 죄드폼 박물관의 임시 관리인. 1944년 당시 46세. 프랑스 생 에티엔 드 생 주아 태생. 프랑스의 시골 중산층 집안에서 자란 로즈 발랑은 뜻하지 않은 계기로 프랑스 문화계의 영웅이 되었다. 나치의 파리 점령이 시작되었을 무렵, 그녀는 오랫동안 루브르 박물관에 인접한 죄드폼 박물관의 무급 자원봉사자로 일하고 있었다. 겸손하지만 강단이 있던 그녀는 눈에 띄지 않는 온화한 태도로 죄드폼에 찾아온 나치의 비위를 맞춰 가며 이후 4년간 적들의 활동을 염탐했다. 파리 해방 직후, 그녀가 알아낸 비

밀 정보는 나치가 프랑스에서 강탈한 예술작품을 되찾는 과정에서 결정적인 역할을 했다.

임무
The Mission

| 1938~1944년 |

The Mission

오늘날 이 회화들은 단순한 예술 작품이 아닙니다. 이 회화들은 인간 정신의, 그리고 인간 정신의 자유가 만들어낸 세계의 상징인 것입니다. …… 우리가 이 작품들을 받아들이는 것은 결국 미국인들의 의지를 주장하는 것입니다. 세계의 위대한 예술을, 그리고 모든 학문을 만들어낸 인간 정신과 인간 본성의 자유, 이것이 결코 완전히 파괴되어서는 안 된다는 의지 말입니다.

— 프랭클린 D. 루스벨트 대통령, 1941년 3월 17일
국립미술관의 개관식 기념사 중에서

한때는 이를 가리켜 약탈이라고 했습니다. 이제는 모든 일이 훨씬 인도적으로 이루어지고 있습니다. 그럼에도 불구하고 나는 약탈을, 아주 철저하게 하고자 합니다.

— 헤르만 괴링 제국원수, 1942년 8월 6일
베를린에서 열린 제국 점령지 감독관 및 군 사령관 회의 연설 중에서

기념물 전담반 THE MONUMENTS MEN

기념물 전담반은 모두 13개국의 남녀로 구성되었으며, 이들은 대부분 당시 새로 창설된 MFAA에서 일하고자 자원한 사람들이다. 초기 자원자는 대개 박물관 관장, 큐레이터, 미술학자, 교수, 화가, 건축가, 기록물 전문가처럼 전문적인 능력이 있는 사람들이었다. 이들의 임무는 전투 중에 유럽 문화재를 최대한 많이 보존하는 일이었다.

사실 MFAA 창설은 주목할 만한 실험이라고 할 수 있다. 전쟁을 치르는 군대가 문화적 손실을 최소화하려고 한 사상 최초의 총체적 시도였기 때문이다. 더구나 당시에는 적절한 운송수단, 보급로, 인원, 그리고 역사적 선례도 없는 상태였다. 그런 의미에서 이 임무를 맡은 사람들은 진정한 영웅이다.

이 책이 주로 다루고 있는 기간인 1945년 5월 내내 북아프리카와 유럽의 전장에서 근무한 최초의 60여 명은 대개 중년이었고 평균 나이는 40대였다. 가장 나이가 많은 사람은 예순여섯 살로 '꽤 노련한 데다 확고한 신념을 가진'[1] 제1차 세계대전 참전용사였다. 이들 중 20대는 5명에 불과했고 대부분 훌륭한 가문 출신으로 뛰어난 경력을 갖고 있었다. 이들은 모두 MFAA의 임무를 스스로 선택했으며 최후의 한 사람까지 각자 신념을 위해 싸우다 죽겠다는 각오로 임했다. 이제 나는 자랑스러운 이들을 여러분께 소개하며 이들의 주목할 만한 이야기를 시작해볼까 한다.

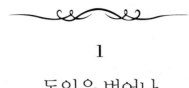

1

독일을 벗어나
Out of Germany

독일 칼스루에 | 1715~1938년

독일 남서부의 도시 칼스루에는 1715년에 카를 빌헬름 본 바덴 두를
라흐 후작이 세운 곳이다. 전설에 따르면 어느 날 카를 빌헬름이 숲
속에 들어갔다가 깜박 잠이 들었는데, 꿈속에서 어느 궁전을 에워싼
도시를 보았다고 한다. 마침 그는 두를라흐에서 지역 주민들과의 다
툼 끝에 거처에서 떠나온 참이었다. 성격이 낙천적인 카를 빌헬름은
새로운 정착지에 궁전을 중심으로 바퀴살이 뻗어나간 것처럼 32개의
도로를 건설했다. 그 후 빠르게 도시가 형성되었고 그것은 카를 빌헬
름이 꿈속에서 본 도시와 유사했다.

새로운 도시가 급속히 성장해 자신의 세력이 확대되길 바랐던 카를
빌헬름은 인종과 종교를 불문하고 누구나 원하는 장소에 정착할 수
있도록 했다. 이것은 보기 드문 특혜로 유대인에게는 더욱더 그러했

다. 당시 동유럽 대부분의 지역에서 유대인은 일부 허가된 지역에서만 살 수 있었기 때문이다.

1718년, 칼스루에에 유대인 기구가 수립되었다. 그리고 1725년 셀리그만이라는 유대인 상인이 1600년부터 대대로 살아온 에틀링엔을 떠나 이곳으로 이주했다. 셀리그만은 칼스루에에서 번영을 누렸지만 그것은 잠시뿐이었다. 1752년에 그 도시가 유력한 지역 세력으로 떠오르면서 반유대주의 법률이 유행처럼 번져갔기 때문이다. 1800년경에 이르자 모든 독일 거주민은 의무적으로 성(姓)을 선택해야 했다. 셀리그만의 후손들은 조상의 고향을 기려 에틀링어(Ettlinger, 에틀링엔 사람)를 성으로 선택했다.

칼스루에의 중심가는 카이저슈트라세였다. 에틀링어 가문은 1850년 이곳에 여성 의류점인 게브뤼더 에틀링어를 차렸다. 당시 유대인에게는 농경지 소유가 금지되어 있었다. 물론 의사나 법률가, 공무원 같은 전문직에 종사할 수는 있었지만 공공연한 차별이 가해졌고 배관이나 목공 같은 상업 길드는 이들의 가입을 거부했다. 그래서 상당수의 유대인 가문이 소매업에 집중했다.

궁전에서 불과 두 블록밖에 떨어지지 않은 게브뤼더 에틀링어는 1890년대 말에 이르러 카를 빌헬름의 후손이자 프리드리히 폰 바덴 2세의 부인인 힐다 폰 바덴 대공비의 후원 아래 그 지역에서 각광받는 상점 중 하나가 되었다. 1900년대 초가 되자 이 상점은 4층짜리 매장에 상품을 전시하고 40여 명의 직원을 고용하기에 이르렀다. 비록 1918년에 독일이 제1차 세계대전에서 패배하는 바람에 대공비가 지위를 잃긴 했지만 그 일은 에틀링어 가문의 사업에 별다른 영향을 미치지 못했다.

1925년, 막스 에틀링어는 수제 오펜하이머와 결혼했다. 신부의 오펜하이머 집안은 그 기원이 1450년으로 거슬러 올라가며 특유의 고결성과 친절, 자선으로 널리 알려져 있었다. 신부의 아버지는 인근 마을인 브루흐살에서 직물도매상을 했는데, 주로 경찰관이나 세관원 같은 정부 공무원의 제복 옷감을 조달했다. 어머니는 그 지역의 적십자 회장을 역임하기도 했다. 따라서 1926년 막스와 수제의 큰아들 하인츠 루드비히 하임 에틀링어, 즉 해리가 태어났을 때 이들 집안은 경제적으로 부유함은 물론 주위의 존경까지 받는 상황이었다.

  어린 해리는 그런 삶이 언제까지나 지속될 거라고 생각했다. 유대인 친구밖에 사귀지 못했지만 그것은 부모님도 마찬가지였기 때문에 특별히 이상하다고 여기지 않았다. 다만 학교나 공원에서 유대인이 아닌 사람들을 만나고 그들을 좋아하면서도 왠지 자신은 아웃사이더라는 생각이 들었다. 그는 당시 세계가 경제 불황에 진입하고 있었다는 것이나 그 어려운 시기가 새로운 문제를 야기할 거라는 사실을 전혀 모르고 있었다. 하지만 해리의 부모는 달랐다. 그들은 단순히 경제 문제만 걱정한 것이 아니라 혹시라도 민족주의와 반유대주의가 대두하지 않을까 내심 우려하고 있었다.

  1933년, 일곱 살이던 해리는 그 지역의 스포츠협회로부터 출전을 거부당했다. 1935년에는 그의 이모가 칼스루에를 떠나 스위스로 갔다. 그해에 해리는 한 반 정원 45명 중에서 단 2명뿐인 유대인 소년 중 하나가 되었다. 그의 아버지는 제1차 세계대전 참전용사로 훈장을 받았으며 프랑스의 메스 외곽에서 유산탄에 맞아 부상을 당한 바 있었다. 덕분에 유대인 독일 시민권과 그에 따른 모든 권리를 박탈하는

1935년의 뉘른베르크법 적용에서 잠시 제외되었다. 교실에서 강제로 뒷줄에 앉아야 했던 해리의 성적은 눈에 띄게 떨어졌다. 배척이나 위협의 직접적인 결과는 아니었다. 물론 그런 일이 벌어지기도 했지만 해리가 반 친구들에게 얻어맞거나 육체적으로 괴롭힘을 당하는 일은 없었다. 다만 교사들의 편견이 문제였다.

그로부터 2년 뒤인 1937년, 해리는 유대인 학교로 전학을 갔다. 그는 두 남동생과 함께 자전거를 선물로 받았다. 유대인 소유 사업체에 대한 보이콧으로 게브뤼더 에틀링어가 파산하는 바람에 자전거를 사는 것도 여의치 않던 시절이었다. 해리는 자전거 타는 법을 배워 훗날 가족이 이주하기로 한 네덜란드 곳곳을 돌아다니겠다고 결심했다. 그의 절친한 친구 가족은 팔레스타인으로 이민가려 하고 있었다. 해리가 아는 사람은 거의 모두 독일을 벗어나기 위해 애쓰고 있었다.

그러던 중 안타깝게도 막스 에틀링어의 지원서가 거부당했다는 기별이 왔다. 그들 가족이 네덜란드에 갈 수 없다는 뜻이었다. 얼마 뒤 해리는 자전거 충돌 사고를 당했는데 지역 병원 모두 그의 입원을 거절했다.

칼스루에에는 유대교 회당이 두 군데 있었는데 엄격한 유대교도가 아니었던 에틀링어 가문은 비교적 덜 보수적인 곳에 다녔다. 100년 전에 지어진 크로넨슈트라세 유대교 회당은 4층 높이로 규모가 크고 장식이 많은 건물이었다. 당시 건물은 카를 빌헬름 궁전의 탑보다 높으면 안 되었기 때문에 칼스루에에서 허가되는 건물 높이는 4층까지였다.

금요일 밤과 토요일 아침 예배 때마다 해리는 약간 높은 성가대석에서 전체 참석자를 내려다보았다. 아는 사람들은 갈수록 줄어들고 있었다. 그들은 가난, 차별, 그리고 폭력의 위협을 피해 떠났고 독일 정부에서도 그것이 유대인과 독일인 모두를 위한 최고의 '해결책'이라며 이민을 적극 권했다. 하지만 유대교 회당은 여전히 사람들로 북적였다. 경제적, 문화적, 사회적으로 입지가 좁아진 유대인들은 그 도시에서 최후의 안식처가 되어줄 회당으로 점점 더 많이 모여들었다. 500명이나 되는 사람이 홀을 가득 메우고 찬송가를 부르거나 평화를 위해 기도했다.

1938년 3월, 나치가 오스트리아를 합병했다. 대중의 아첨을 등에 업은 히틀러는 권력을 더욱 다져나갔고 '세계 최고의 독일'이라는 이데올로기를 강화했다. 그는 향후 1,000년간 지속될 새로운 독일제국을 만드는 중이라고 역설했다. 히틀러의 광기에 칼스루에의 유대인들은 이제 전쟁이 불가피하다고 생각했다. 그것은 단순히 유대인이 아니라 유럽 전체를 상대로 하는 전쟁을 의미했다.

1938년 4월 28일, 막스와 수제 에틀링어 부부는 기차를 타고 80킬로미터 떨어진 슈투트가르트의 미국 영사관으로 갔다. 이들은 지난 몇 년간 스위스, 영국, 프랑스, 미국에 이민을 신청했지만 줄곧 거절을 당해온 터였다. 이번에는 서류를 접수하기 위해서가 아니라 몇 가지 물어볼 게 있어서 간 것이었는데 영사관은 사람들로 북새통을 이루고 있었다. 두 사람은 어디로, 왜 가야 하는지도 모르는 채 이 방에서 저 방으로 끌려다니다가 간신히 서식을 작성했고 그로부터 며칠 후 편지 한 통을 받았다. 이민신청서가 접수되어 처리 중이라는 것이었다. 알고 보니 4월 28일은 미국이 이민 신청을 받는 마지막 날이었다. 사람들에게 떠밀려 정신없이 작성한 서식이 이민 신청서였던 것이다. 마침내 에틀링어 가족은 독일을 벗어날 수 있게 되었다.

떠나기 전에 해리는 유대교 전통에 따라 바르 미츠바(성년식)를 거행하기로 했다. 행사는 1939년 1월로 예정되어 있었기 때문에 해리는 여름 내내 히브리어와 영어를 공부했고 그의 부모는 재산을 정리했다. 당시 유대인은 외국으로 현금을 가져갈 수 없었으며 소지품 몇 가지만 챙길 수 있었다. 게다가 그 특혜마저도 그해 말에 아예 사라지고 말았다.

7월에 갑자기 해리의 바르 미츠바를 1938년 10월로 앞당겨 치르기로 계획이 변경되었다. 분위기가 심상치 않았기 때문이다. 오스트리아를 손에 넣은 히틀러는 제1차 세계대전 이후에 체코슬로바키아의 영토가 된 주데텐란트를 내놓지 않으면 전쟁을 시작하겠다고 엄포를 놓았다. 상황이 급박했다. 유대인들은 회당에서 열심히 평화를 위한 기도를 올렸고, 성년식 날짜를 앞당긴 에틀링어 일가는 그로부터 3주 안에 독일을 벗어나기로 했다.

9월, 당시 열두 살이던 해리는 두 남동생과 함께 기차를 타고 25킬로미터 정도 떨어진 브루흐잘로 가서 외조부모를 만났다. 예술품에 관심이 많던 외할아버지는 기회가 있을 때마다 작품을 수집했고 미술가를 후원하기도 했다. 외할아버지는 당신이 수집한 작품 가운데 몇 가지를 골라 외손자들에게 마지막으로 보여주었다. 그의 미술품 컬렉션은 2,000점 정도로 주로 서명이 된 진품이었고, 1890년대 말부터 1900년대 초에 활동한 독일 인상주의 이류 화가들 작품으로 구성되어 있었다. 그 컬렉션에서도 최고의 작품은 이 지역의 어느 화가가 만든 판화로, 칼스루에 박물관에 걸려 있는 렘브란트 자화상의 모작이었다. 이 그림은 박물관 최고의 보물이었다. 예전에 오펜하이머 씨는 종종 강연이나 회의 때마다 박물관을 방문해서 그림을 감상하곤 했지만, 벌써 5년째 그 그림을 못 보고 있었다. 해리도 자기 집에서 겨우 네 블록 떨어져 있는 그 박물관의 그림을 본 적이 없었다. 1933년부터 유대인의 출입을 금지했기 때문이다. 이윽고 작품을 치운 할아버지는 지구본을 바라보더니 빙그르르 한 바퀴 돌린 뒤 서글픈 목소리로 말했다.

"이제 너희들은 미국인이 되겠구나. 그러면 앞으로 너희들의 적은 독일이 아니라 일본이 될 게다."[1]

그로부터 일주일 뒤인 1938년 9월 24일, 해리 에틀링어는 크로넨슈트라세 유대인 회당에서 바르 미츠바를 치렀다. 예배는 3시간 동안 이어졌는데 해리는 토라를 읽고 과거 수천 년간 사람들이 해온 것처럼 토라의 구절을 고대 히브리어로 낭독했다. 행사가 끝나자 랍비는 해리의 부모를 불러 지체하지 말고, 즉 내일까지 기다리지 말고 오늘 당장 스위스행 기차를 타라고 조언했다. 에틀링어 부부는 깜짝 놀랐다. 랍비가 모든 일손을 놓아야 하는 안식일(샤밧)에 여행을 하라고 하다니, 난생 처음 겪는 일이었다.

집에 돌아온 해리의 어머니가 친정아버지에게 랍비의 조언을 이야기하자, 독일군 참전용사인 오펜하이머 씨는 창가로 다가가서 카이저 슈트라세 거리를 내려다보았다. 열댓 명의 병사가 군복 차림으로 돌아다니고 있었다.

"만약 전쟁이 오늘 시작될 거였다면 저 병사들은 이미 부대로 복귀했을 게다. 전쟁이 오늘 당장 시작될 것 같진 않구나."[2]

역시 독일군 참전용사였던 해리의 아버지도 장인의 말에 동의했다. 결국 에틀링어 가족은 그날 오후가 아니라 다음 날 아침에 스위스로 향하는 첫 기차를 탔다. 1938년 10월 9일, 이들은 뉴욕 항구에 도착했는데 그로부터 정확히 한 달 뒤인 11월 9일, 나치는 자국 외교관 암살을 빌미로 독일 유대인에 대한 '십자군 운동'을 시작했다. 이른바 '수정의 밤(크리스탈나흐트)'에는 7,000개 이상의 유대인 상점과 200군데 유대인 회당이 파괴되었다. 해리의 외할아버지를 비롯한 칼스루에의 유대인 남성들은 인근의 다하우 강제수용소로 끌려갔다. 그리고 100년의 역사를 지닌 크로넨슈트라세 회당은 해리가 바르 미츠바를 치른 지 불과 몇 주 만에 재로 변해버렸다. 해리는 칼스루에의 옛 유대인 회당에서 바르 미츠바를 치른 마지막 소년이 되었다.

　하지만 이 책은 크로넨슈트라세 회당이나 다하우 강제수용소 혹은 유대인의 홀로코스트에 관한 이야기가 아니다. 대신 히틀러가 유럽의 여러 민족과 국가에 자행한 부정과 침략 행위 중에서도 약간은 색다른 문제에 관한 것이다. 바로 문화 전쟁 이야기다. 훗날 미국 육군 소속의 해리 에틀링어 이병이 칼스루에로 돌아간 이유는 친척이나 유대인 생존자를 찾기 위해서가 아니었다. 목적은 나치 정권이 약탈한 그의 또 다른 유산이 어찌되었는지 확인하는 데 있었다. 그 유산이란 바로 외할아버지가 사랑했던 미술품 컬렉션을 말한다. 그는 그 과정에서 전혀 생각지 못했던 작품을 지하 200미터 아래에서 발견했다. 그것은 바로 칼스루에 박물관에 소장되었던 렘브란트의 자화상 원본이었다.

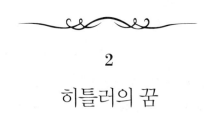

2

히틀러의 꿈

Hitler's Dream

이탈리아 피렌체 | 1938년 5월

해리 에틀링어의 부모님이 얼떨결에 미국 이민신청서를 작성한 날로부터 며칠 뒤인 1938년 5월 초, 아돌프 히틀러는 파시스트 동맹자인 베니토 무솔리니를 만나기 위해 이탈리아 방문길에 나섰다. 로마는 워낙 크고도 기념비적이었다. 기둥이 늘어선 폐허는 옛 제국을 연상시켰으니 히틀러조차도 십중팔구 압도당하고 말았으리라. 물론 고대 로마의 자취일 뿐이긴 했지만, 그 장관에 비하면 베를린은 그저 변방의 전초지에 불과해 보였다.

로마는 그가 장차 만들고자 하는 독일 수도의 모습이었다. 지난 수년간 유럽 정복에 골몰해온 히틀러는 로마에 와서야 비로소 제국에 관한 분명한 설계도를 머릿속에 그리게 되었다. 그는 이미 1936년부터 직속 건축가인 알베르트 슈페어와 함께 베를린을 거대한 규모로 재건축하려는 계획을 논의하고 있었다. 로마에 다녀온 이후 그는 슈페어를 불러 단순히 오늘을 위해서가 아니라 미래를 위해 건축하라고 지시했다. 그는 수세기 뒤에 우아한 폐허로 남을 기념물을 만들고 싶었던 것이다. 그래야만 1,000년이 지나도 인류가 독일제국의 위력을 드러내는 상징물을 바라보며 감탄해 마지않을 것이기 때문이다.

히틀러는 이탈리아의 예술적 수도라고 할 수 있는 피렌체를 방문한 자리에서도 영감을 얻었다. 이탈리아 르네상스의 발상지를 상징하는 친밀한 느낌의 건물들이 밀집한 그곳은 유럽의 문화적 심장부나 다름없었다. 그가 방문하는 곳마다 나치 깃발이 펄럭이고 시민들이 환호성을 질렀지만 정작 히틀러의 마음을 사로잡은 것은 미술품이었다. 그는 우피치 미술관에서 무려 3시간 넘게 머물며 유명한 미술품에 경탄했다. 그의 뒤에서는 평생 단 한 번도 자기 의지로 미술관에 발을 들여놓은 적 없는 무솔리니가 과장되게 떠벌렸다.[1]

"이 회화들로 말씀드리자면······."[2]

하지만 히틀러는 서두르지 않았다.

그는 젊은 시절에 화가 겸 건축가를 꿈꾸었다. 빈 미술학교에 지원했다가 불합격하는 바람에 꿈을 접고 말았는데, 엉뚱하게도 미술 전문가로 이루어진 심사위원단이 모두 유대인일 거라고 생각했다. 이후 그는 10년이나 방황하며 거의 노숙을 하다시피 했다.

그러다가 마침내 그의 진정한 운명이 모습을 드러내기 시작했다. 그는 무언가를 창조하는 것이 아니라 개조할 운명이었던 것이다. 그가 꿈꾼 것은 독일을 전 세계에서 가장 위대한 제국으로 만드는 일이었다. 세계에서 가장 강력한 제국, 가장 교육을 잘 받고 인종적으로도 가장 순수한 제국 말이다. 물론 베를린은 독일제국의 로마가 될 터였지만 진정한 예술가 겸 황제를 꿈꾸는 히틀러는 피렌체도 하나쯤 갖고 싶었다. 그는 어디에 그런 도시를 만들어야 할지 잘 알고 있었다.

1938년 3월 13일, 아돌프는 어린 시절에 살았던 오스트리아의 린츠를 방문해 부모의 무덤에 꽃다발을 하나 올려놓았다. 하루 전날인 3월 12일 오후, 그는 마침내 자신의 커다란 야망 중 하나를 실현했다. 오스트리아에서 불우한 어린 시절과 청소년기를 보낸 그는 이제 독일 총통이 되어, 얼마 전 독일제국에 합병한 모국으로 금의환향한 것이다. 거리마다 군중이 환호성을 지르며 차량 행렬을 향해 몰려들었다. 린츠에서 그는 정복 영웅으로, 그리고 그의 조국과 인종의 구세주로 환영받았다.

독일제국의 총통이자 오스트리아의 황제가 된 히틀러는 거대한 산업단지가 들어선 린츠의 강변을 보고도 주눅 들지 않았다. 그는 아예 단지 자체를 새로 만들 수도 있었다. 유대인이 많으면서도 반유대주의 성향이 강한 그 산업도시가 빈의 주도권을 무너트리도록 엄청난 자금과 권력을 투입할 수도 있었다.

바로 그날 히틀러는 어쩌면 아헨을 떠올렸을지도 모른다. 신성로마제국의 황제이자 AD 800년에 독일 제1제국을 수립한 샤를마뉴의 무덤이 있는 그 도시는 1,100년간이나 통치자의 영광을 드러내는 기념물로 우뚝 서 있었다. 샤를마뉴는 고대의 토대 위에 오랫동안 지속될 권좌를 만들어놓았고 저 웅장한 아헨 대성당이 그 중심이었다. 이제 자신의 강력한 리더십과 예술적 소질을 영원히 증언해줄 무언가를 만들어낼 힘을 갖게 된 히틀러는 베를린과 린츠를 새롭게 건설할 계획이었다.

그로부터 2개월 뒤, 피렌체의 우피치 미술관에 선 히틀러는 린츠의 청사진을 그려보았다. 그곳은 바로 유럽 문화의 중심지였다.

히틀러는 1938년 4월부터 린츠에 미술관을 하나 건립하려는 계획을 세우기 시작했다. 그곳에 1920년대에 수집하기 시작한 개인 컬렉션을 전시할 예정이었다. 그런데 서양미술의 진원지 중 하나를 방문하고 돌아온 그는 자신의 생각이 짧았음을 깨달았다. 린츠에 단순히 미술관 하나를 세우는 데 만족할 수는 없었다. 대신 도나우 강을 따라 이어진 그 도시의 강변을 피렌체의 문화 지구를 연상시킬 만한 모습으로 다시 만들어야겠다고 생각했다. 그뿐 아니라 넓은 도로, 통행로, 공원, 오페라하우스, 음악당, 영화관, 도서관, 그리고 자신의 무덤이 들어설 거대한 영묘도 구상했다.

그 모든 기념물 한가운데에는 총통 미술관, 즉 '그의' 아헨 대성당이 들어서야 했다. 전 세계에서 가장 크고 압도적이며 눈부신 미술관 말이다. 이 총통 미술관을 위해 그는 전 세계의 부자들로부터 미술품을 빼앗아올 것이고, 그가 볼 때 이것은 지극히 합리적인 계획이었다.

토대는 이미 1938년에 닦아두었다. 그는 법률을 개정해 독일 유대인의 시민권을 박탈했고 미술품 컬렉션과 가구, 은 식기, 심지어 가족사진까지 몰수했다. 그가 린츠를 방문해 부모의 무덤에 꽃을 올려놓는 순간에도 하인리히 힘러가 지휘하는 나치스 친위대(SS)가 그 법률에 따라 빈의 유대인 가장들을 체포하고 제국의 이름으로 재산을 몰수하는 중이었다.

모든 미술품의 목록을 갖고 있던 친위대는 미술품이 어디에 숨겨져 있는지 잘 알았다. 몇 년 전부터 독일의 미술학자들이 유럽 여러 나라를 돌아다니며 비밀리에 그 목록을 작성해두었다. 따라서 히틀러가 각국을 정복할 때마다 예술적, 문화적 가치가 있는 물건들의 이름과 위치를 훤히 꿰고 있던 그의 하수인들은 탐욕스런 약탈에 나섰다. 그들은 모든 미술관, 비밀 벙커, 폐쇄된 탑, 심지어 남의 집 거실까지 들어가 압력을 가해서라도 미술품을 구입, 매매, 몰수하려고 했다.

아돌프 히틀러는 수년 동안 자신의 비전을 그리고 또 그려보았다. 그의 머릿속에서 인종차별적 동기에서 비롯된 제국지도자 알프레트 로젠베르크의 재산 압류는 미술품 약탈 작전으로 바뀌고, 위대한 제국원수로 임명된 헤르만 괴링의 끝없는 야심은 착취의 원동력으로 작용했다. 무엇보다 새로운 법률은 유럽의 위대한 미술품을 자신의 수중에 움켜쥘 근거였다. 일단 손에 넣은 예술품은 이용 가능한 모든 보관시설에 욱여넣고 세계에서 가장 웅장한 미술관에 전시될 때까지 기다려야 했다. 그때까지 이 미술품들에 대해 방대한 분류 목록을 작성하는 것은 당연한 일이었다.

히틀러는 세계를 지배해가는 고단한 하루 일과를 마치고 집에서 휴식을 취할 때마다 충직한 애완견과 차 한 잔, 그리고 자신의 컬렉션 가운데 가장 훌륭한 미술품 몇 점이 함께하는 상상을 했다. 물론 알베르트 슈페어와 헤르만 기슬러를 비롯한 건축가들은 그의 예술적 소질을 상징하는 총통 미술관과 린츠의 문화 지구를 훌륭하게 완성할 것이었다.

그의 머릿속에서 떠돌던 6미터 길이의 건축 설계도는 마침내 방 하나를 가득 채울 만큼 커다란 입체 모형으로 바뀌었고, 그 안에는 그의 지배 아래 완성될 수많은 건물과 교량, 나무가 늘어서 있었다.

1939년 6월 26일, 한스 포제 박사에게 린츠의 총통 미술관 공사 감독 임무를 수행하도록 지시하는 히틀러의 편지

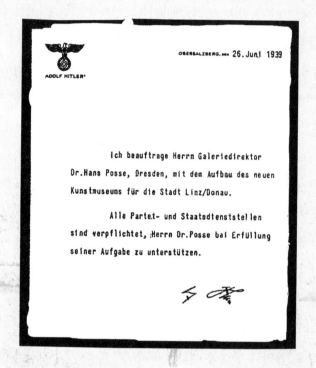

OBERSALZBERG, den 26. Juni 1939

ADOLF HITLER

Ich beauftrage Herrn Galeriedirektor Dr.Hans Posse, Dresden, mit dem Aufbau des neuen Kunstmuseums für die Stadt Linz/Donau.

Alle Partei- und Staatsdienststellen sind verpflichtet, Herrn Dr.Posse bai Erfüllung seiner Aufgabe zu unterstützen.

본인은 드레스덴 미술관 관장 한스 포제 박사에게 린츠 도나우에 미술관 신축 공사를 지시하는 바이다. 아울러 포제 박사가 임무를 완수할 수 있도록 당과 국가에서 모든 지원을 다하도록 명한다.

— 아돌프 히틀러

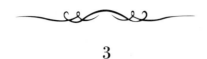

3

전투 준비
The Call to Arms

미국 뉴욕 시 | 1941년 12월

1941년 12월 중순, 뉴욕 시에서는 크리스마스 장식 불빛이 보란 듯이 번쩍이고 있었다. 백화점 삭스와 메이시스의 진열장은 휘황찬란했고 록펠러센터의 거대한 크리스마스트리는 세상을 향해 1,000개의 경계심 가득한 눈빛을 번뜩이고 있었다. 방위센터에서 병사들이 크리스마스트리를 장식하는 가운데 시민들은 이 도시 역사상 최대 규모인 4만 명의 징병 대상자를 위해 잔치를 준비하고 있었다.

12월 7일, 일본이 진주만을 공습하자 깜짝 놀란 미국이 전쟁에 뛰어들었지만 상점에는 여느 때와 마찬가지로 '정상 영업' 푯말이 붙어 있었다. 대부분의 미국인이 평소와 다름없이 크리스마스를 준비하고 그해의 버스와 기차 여행객 수가 기록을 갈아치우는 와중에도 관측병들은 혹시나 적의 폭격기가 나타나지 않을까 노심초사하며 하늘과 해안을 주시했다.

1938년, 히틀러가 오스트리아를 합병한 이래로 많은 변화가 일어났다. 그해 말에는 체코슬로바키아가 항복했다. 1939년 8월 24일에는 독일과 소련이 불가침조약에 서명했고 그로부터 일주일 뒤인 9월 1일에는 독일이 폴란드를 침공했다. 1940년 5월에는 나치가 서쪽을 향해 전격전을 펼쳐 영국과 프랑스 연합군을 참패시키고 벨기에와 네덜란드를 휩쓸었다. 6월에 파리를 점령한 독일은 놀라서 피난 중이던 프랑스인들의 발목을 잡았다. 7월에는 영국 전투가 시작되었고 9월에는 이른바 '대공습'으로 불리는 공중 폭격이 런던에 57일간 가해졌다.

1941년 5월 말이 되자, 영국에서는 민간인 수만 명이 폭격으로 사망하고 100만 채 이상의 건물이 손상되거나 파괴되었다. 6월 22일, '서유럽 정복은 시간문제'라고 자신한 히틀러는 다시 스탈린 쪽으로 돌아섰다. 9월 9일, 베르마흐트(독일 육군)는 러시아 서부를 휩쓸었고 계속해서 레닌그라드(러시아제국의 전 수도인 상트페테르부르크)로 향했다. 이후 거의 900일간 지속된 레닌그라드 봉쇄가 시작되었다.

그 무렵 공식적으로 중립을 표방했던 미국에선 점점 긴장감이 증폭되었다. 지난 3년간 분출하지 못했던 에너지가 어마어마하게 쌓이며 긴장의 끈을 서서히 조이게 된 셈이었다. 미국의 박물관 분야 역시 다른 여러 업계와 마찬가지로 분주하게 움직였다. 작업 중 상당 부분은 피난에서부터 온도 조절이 가능한 지하 보관실을 만드는 데 이르기까지 여러 가지 소장품 보호 계획에 집중되어 있었다.

나치가 파리를 점령했을 때 톨레도 미술관 관장은 워싱턴 D.C. 소재 미국 국립미술관의 데이비드 핀리에게 편지를 써서 국가적인 계획을 세우라고 충고한 바 있다.

"지금 당장은 침공할 가능성이 희박하다는 것을 알고 있습니다. 하지만 한때 프랑스에서도 가능성은 별로 없을 거라 생각했습니다."[1]

영국은 예술품을 안전하게 보관하기 위해 웨일스의 매노드에 있는 대규모 광산을 거의 1년간 개조했다. 그렇다면 미국의 미술계에는 준비할 기간이 1년이라도 남아 있는 것일까?

진주만이 공격을 받은 직후, 미국의 긴장은 당장이라도 행동을 개시해야 한다는 절박한 필요로 바뀌었다. 일본이나 독일 혹은 양국 모두가 미국의 주요 도시까지 공습할지도 모른다는 위기감이 팽배했던 것이다. 보스턴 미술관은 분노한 폭도의 공격을 받을까 우려한 나머지 일본 전시실을 아예 폐쇄했다. 볼티모어 소재 월터스 미술관은 전시대에서 금과 보석 전시품을 치워버렸다. 긴급 상황에서 도끼를 들고 달려온 소방관 중 누군가가 그걸 훔치고 싶은 유혹을 받을지도 모른다는 판단에서였다. 뉴욕 시의 메트로폴리탄 미술관은 해가 지면 문을 닫았는데 이는 등화관제 중에 관람객이 자칫 물건이나 회화를 훔칠지도 모른다는 두려움 때문이었다. 현대 미술관은 매일 밤마다 회화를 떼어내 보호 구역에 보관했다가 아침에 다시 갖다 걸었다. 프릭 컬렉션은 아예 창문과 채광창을 검게 칠해 혹시나 적의 폭격기가 나타나도 맨해튼 한가운데에 있는 그곳을 알아보지 못하게 했다.

1941년 12월 20일의 추운 아침, 택시에서 내려 메트로폴리탄 미술관의 입구로 이어지는 층계를 오르던 미국 문화계 지도자들은 하나같이 이런 일을 염두에 두고 있었다. 이들은 메트로폴리탄 미술관 관장이자 미술관관장연합회의 회장인 프랜시스 헨리 테일러와 미국 국립미술관 관장인 데이비드 핀리의 긴급 전보를 받고 모여든 참이었다.

　그날 메트로폴리탄 미술관에 모인 44명의 남성과 4명의 여성은 대부분 박물관 관장으로 로키 산맥 동부의 주요 기관을 대표하는 인물들이기도 했다. 대표적인 박물관으로는 프릭, 카네기, 메트로폴리탄, 현대 미술관, 휘트니, 국립미술관, 스미스소니언을 비롯해 볼티모어, 보스턴, 디트로이트, 시카고, 세인트루이스, 미니애폴리스가 있었다. 아울러 제어 애보트, 윌리엄 밸런티너, 앨프리드 바, 찰스 소여, 존 워커 같은 이 분야의 주요 인사도 포함되어 있었다.

　그중에는 하버드 대학 포그 미술관의 부관장인 폴 색스도 있었다. 포그는 비교적 규모가 작았지만 색스는 박물관 분야에서 영향력이 큰 인물이었다. 아버지가 골드먼삭스의 초기 파트너 중 한 사람이었던 덕분에 색스는 뉴욕의 부유한 유대계 은행가들과 박물관 분야를 이어주는 역할을 했다. 무엇보다 색스는 이 분야의 핵심적인 교육가였다. 1921년 그는 하버드 대학에 '박물관 업무와 박물관의 문제'라는 이름의 강의를 개설했는데, 이것은 미래에 박물관 관장과 큐레이터가 될 인물들을 육성하기 위해 특별히 고안한 최초의 대학 과정이었다.

　이 강의에서는 미술품 감정뿐 아니라 박물관 운영을 위한 재정 및 행정 업무도 가르쳤고 특히 기증을 이끌어내는 방법에 초점을 맞췄다. 학생들은 정기적으로 미술품 수집가, 은행가, 그리고 미국의 사교계 엘리트 들을 만났고 간혹 우아한 만찬에 참석해 상류층 문화와 사교계의 예법 등을 관찰했다. 1941년이 되자 색스의 제자들은 미국 여러 박물관의 지도자로 발탁되기 시작했으며 전후에는 박물관을 완전히 관장하게 되었다.

그렇다면 폴 색스의 영향력은 어느 정도였을까? 그는 키가 약 155 센티미터밖에 되지 않아서 회화를 벽에 걸 때 낮게 걸었다. 흥미롭게도 전후에 미국의 여러 박물관이 두각을 나타냈을 때 관장 중 상당수는 유럽의 다른 박물관보다 회화를 낮게 걸어놓았다. 색스의 제자들이 회화를 낮게 거는 스승의 습관을 일종의 규범으로 받아들였기 때문이다.

잘 알려져 있지 않지만 색스가 유럽의 박물관 분야에 관심을 기울이게 된 까닭은 포그 미술관의 보존 및 기술 연구부를 이끈 조지 스타우트의 권유 때문이었다. 색스와 스타우트는 포그에서 일하는 다른 사람들과 함께 유럽의 미술품이 곤경에 처한 모습을 보여주는 짧은 슬라이드 발표 자료를 만들었다.

첫날 오후, 색스의 슬라이드가 벽 위에 펄럭이며 모습을 드러냈다. 그곳에 모인 주요 박물관 관장들은 나치가 진격할 경우 미술계가 어떤 대가를 치르게 되는지 그 무시무시한 모습을 지켜보았다. 런던 소재 국립 미술관은 소장 중인 위대한 작품들을 매노드에 숨겼다. 테이트 미술관에는 산산조각 난 유리 파편이 가득했고 캔터베리 대성당은 폭발의 충격을 흡수하기 위해 신도석에 흙을 잔뜩 채워놓았다.

네덜란드에서 가장 유명한 암스테르담 소재 레이크스 미술관에는 위대한 거장들의 작품이 텅 빈 벽 앞에 접의자처럼 잔뜩 쌓여 있었다. 그곳의 가장 유명한 소장품이자 렘브란트의 기념비적 회화인 〈야간순찰〉은 카펫처럼 둘둘 말려 섬뜩하게도 관처럼 생긴 상자에 봉인되었다. 파리에서는 그 규모나 위풍으로나 도금시대의 기차역을 연상시키던 루브르의 대전시실이 텅 빈 뼈대로만 남아 있었다.

폴란드는 여러 걸작을 도난당했다. 역사적 중심지인 네덜란드의 로테르담도 루프트바페(독일 공군)의 공격으로 파괴되었는데, 이는 네덜란드와의 평화 교섭 속도가 너무 느리다고 판단한 나치가 공격을 퍼부었기 때문이다. 빈의 유력한 유대인 수장들은 한동안 수감되어 있다가 개인 소유의 미술품을 독일에 넘기겠다는 서명을 하고 나서야 풀려날 수 있었다. 이탈리아의 관리들은 미켈란젤로의 〈다비드상〉 위에 벽돌로 봉분을 만들어 덮어버렸다. 동맹국이라 하더라도 독일이 얼마든지 강탈해 갈 수 있었기 때문이다.

러시아의 국립미술관인 에르미타주도 다급하긴 마찬가지였다. 큐레이터들은 베르마흐트가 레닌그라드를 벗어나는 철도를 끊기 전까지 200만 점 이상으로 추정되는 소장품 가운데 120만 점을 시베리아로 대피시켰다. 큐레이터들은 지하실에 숨겨둔 나머지 걸작들을 지키느라 식사도 제대로 하지 못해 동물성 원료로 만든 풀이나 양초까지 먹으며 지낸다는 소문이 있었다.

폴 색스의 슬라이드는 의도했던 효과를 얻어냈다. 그날 저녁 그 자리에 모인 박물관 관장들은 가능한 한 박물관을 계속해서 개장하기로 합의했다. 이어 이틀 동안은 신경을 바짝 곤두세우고 전시의 박물관 운영에 관해 실제적이고 전략적인 문제를 논의했다. 공습이 벌어지면 시민을 대피시키기 위해 박물관 문을 열어야 할까? 귀중한 소장품은 영구적으로 창고에 들여놓고 빈 자리에 그보다 못한 소장품을 놓아야 할까? 많은 관람객이 몰려들면 효율적인 대피가 불가능할 위험이 있는데도 특별 이벤트와 전시회를 계속해야 할까? 연안지역의 박물관은 보다 위험이 덜한 내륙지역으로 소장품을 보내야 할까? 소이탄이 날아들면 어떻게 해야 할까? 등화관제는? 깨진 유리창은?

　다음 날 폴 색스가 제시한 최후의 해결책은 '전쟁에 대비하자'는 것이었다.[2]

> 박물관과 미술관은 평화 시에도 지역사회에서 매우 중요한 존재입니다. 그러니 전시에는 그 존재가 두 배로 중요해진다고 할 수 있습니다. 전쟁 때는 하찮고 사소한 것은 떨어져나가고 궁극적이며 지속적인 가치만 남게 되기 때문입니다. 우리는 (……) 모든 지적이고 영적인 자원을 보호하기 위해 노력해야 합니다. 우리는 과거로부터 물려받은 모든 것, 지금 만들고 있는 것, 그리고 가까운 미래에 우리가 보존하기로 결심한 모든 것을 열심히 지켜야 합니다.
>
> 예술은 불멸이자 불멸을 목표로 한 역동적인 표현입니다. 이것은 자유로운 정신활동을 보여주는 뚜렷한 증거이며 앞으로도 언제나 그럴 것입니다. (……) 다음과 같이 결의합시다.
>
> 1. 우리는 현재의 위기상황에서 이 나라의 국민에게 봉사하고자 최선을 다해 대비한다.
> 2. 우리는 정신의 회복을 원하는 사람이라면 누구에게나 계속해서 박물관과 미술관을 개방한다.
> 3. 우리는 지역사회의 지원 가능한 재정적 도움을 받아 업무의 범위와 종류를 넓힌다.
> 4. 우리는 과거를 밝혀주고 현재를 생생하게 만들어주는 영감의 원천이 되며 또한 승리의 관건이 되는 정신을 강화한다.

결의는 대단했지만 그럼에도 동부 연안의 주요 박물관은 대부분 전쟁을 대비해 비상 조치를 취했다. 메트로폴리탄은 비교적 덜 중요한 전시실을 조용히 폐쇄했고 큐레이터 가운데 일부를 소방관으로 교체했다. 국립미술관은 새해 전야에 소장품 가운데 최상급 75점을 몰래 워싱턴 D.C. 밖으로 반출했다. 1942년 정초에 박물관이 다시 개장했을 때 최상급 작품들이 있던 자리에는 그보다 못한 작품들이 걸려 있었다. 1월 12일, 걸작품들은 밴더빌트 가문의 대저택 빌트모어에 도착했고 이후 1944년까지 줄곧 거기에 감춰져 있었다.

그렇다고 12월 모임에 참석한 박물관 관장들이 오로지 소장품 대피에만 골몰한 것은 아니었다. 폴 색스와 보존 전문가 조지 스타우트는 박물관 관장들을 포그 미술관으로 초청해 박물관 안전에 관한 일련의 세미나를 실시했다. 관장들은 여러 해 동안 유럽의 주요 보존 전문가들과 밀접한 관계를 유지해온 스타우트에게 앞으로 닥칠 어려움에 관해 교육을 받았다. 스타우트는 곰팡이와 균류, 철망의 장점, 그리고 열 손상에 관해 가르쳤다. 또한 폭탄이 창문을 어떻게 깨트리는지 설명했고 회화가 유리 파편에 맞아 찢어지는 일을 방지하는 최선의 방법을 알려주었다.

사실 스타우트는 이미 12월 모임 때 공습의 영향을 예측한 팸플릿을 박물관 관장들에게 나눠주었다. 그는 1942년 봄에 그 팸플릿의 내용을 업계 월간 전문지 「테크니컬 이슈(Technical Issues)」에 수록했는데, 이것은 전시의 미술 작품 보존에 대한 최초의 체계적인 접근이었다.

1942년 4월, 스타우트는 12월 모임의 배후 인물인 프랜시스 헨리 테일러에게 보낸 팸플릿에서 전시의 미술품 보존 문제를 보다 명료하게 설명했다. 그는 "미국의 박물관들은 재난에 대처할 준비가 전혀 되어 있지 않습니다. 그 이유는 관련 지식이 축적되어 있지 않았고 공인된 표준 절차가 없는 탓입니다"라고 말했다. 이어 그는 이렇게 덧붙였다.

"박물관들은 반드시 각자의 경험을 한데 모아 이득과 손실을 공유하고, 확신하는 것과 의심스러운 것을 제시해야 합니다. 또한 정기적으로 공조관계를 유지해야 합니다. (……) 공동의 선은 명확하고도 실제적으로 모두의 선으로 받아들여져야 합니다."[3]

스타우트의 주장은 단순히 정보를 공유하는 데 그치는 것이 아니라 대규모의 보존 전문가를 훈련시키자는 것이었다. 이들 '특수 기술자'는 서양미술 역사에서 가장 위험한 격변기를 헤쳐나갈 전문가로 거듭날 것이었다. 스타우트는 이들을 훈련시키는 데 5년이 걸릴 거라고 예상했다. 물론 그는 당시 미술계가 재난에 직면해 있음을 잘 알고 있었다. 이미 200만 점 이상의 유럽 소재 작품들이 적절하지 못한 임시 창고에 있었고 종종 적의 폭격을 받아가며 울퉁불퉁한 길을 달려 이동하기도 했다. 공식적으로 전쟁의 화마 속에서 구해낸 작품을 집계한 것이 그 정도였다. 나치에게 대규모로 약탈당한 작품의 숫자는 계산조차 하지 못했다는 말이다. 미술계를 다시 바로잡으려면 상당한 노력과 지성이 필요했다.

파괴적인 전쟁은 여전히 진행 중인데 공중 및 지상의 공격으로부터 기념물을 어떻게 보호할 것인가? 1942년 여름, 스타우트는 '기념물 보호: 전쟁과 복구 기간 동안에 특별히 고려해야 할 것들에 대한 제안'이라는 제목의 팸플릿에 도전과제를 명시했다.[4]

국제연합(UN) 병사들이 한때 적이 정복했던 영토로 진입할 경우, 국제연합 정부는 거듭되는 문제와 마주하게 될 것이다. (······) 폭격과 포격으로 산산조각 난 지역에서는 대개 주민들이 기념물을 소중하게 간직한다. 여기서 말하는 기념물이란 성당. 교회, 사당, 조각상, 그림을 비롯한 여러 가지 작품을 의미한다. 그중 일부는 이미 파괴 혹은 손상되었다. 그러므로 추가적인 손상, 약탈. 파괴의 위험으로부터 보호해야 한다. (······) 기념물을 보호하는 일은 전쟁의 경과에 아무런 영향을 끼치지 못하겠지만 적어도 진격부대와 점령지 사람들 간의, 그리고 정부 간의 관계에는 영향을 미칠 것이다. (······) 기념물을 보호하는 것은 모든 인간의 믿음과 관습에 대한 존중을 보여주며 기념물이 몇몇 사람뿐 아니라 온 인류의 유산이라는 사실을 똑똑히 깨닫게 해줄 것이다. 기념물을 보호하는 것은 국제연합의 책임 중 하나다. (······) 우리는 기념물 보호가 전쟁의 올바른 규범과 평화를 위한 희망의 한 요소임을 확신함으로써 (······) 미국 정부가 이런 사실에 주의를 기울이도록. 나아가 이 문제에 대처할 수 있는 방법을 모색하도록 촉구하는 바이다.

그렇다면 누가 기념물을 보호하는 일을 담당할까? 스타우트가 앞서 말했던 고도로 훈련을 받은 '특수 기술자' 부대가 그 해답이었다.

1940년 9월 17일

문화적 재산의 압류에 관한 독일 육군원수 빌헬름 카이텔의 명령

전군 총사령부 총사령관

베를린 W 35, 티르피추퍼 72-76번지, 1940년 9월 17일

전화: 21 82 91

2 f 28.14. w. z. No. 3812/40g

수신: 육군 최고사령부, 프랑스 점령지 내 군정 관련

제국지도자 로젠베르크로 하여금 점령지역 내의 주택, 도서관 및 기록보관소를 수색하여 그중 가치 있는 자료를 독일로 이송하도록 하며, 게슈타포를 통해 그 자료를 안전 보호하라는 총통의 명령에 덧붙여, 총통께서는 다음과 같이 결정하셨음을 알린다.

소유권 상태는 프랑스에서 전쟁 이전, 즉 1939년 9월 1일자 선전포고 이전의 상태를 기준으로 한다.

이 날짜 이후에 프랑스 정부로 소유권이 이전된 경우 또는 이와 유사한 이전의 경우는 법적으로 무효로 간주한다. 가령 파리의 폴란드 및 슬로바키아 계열 도서관, 로트실트 저택의 소유물, 기타 소유주가 없는 유대인의 재산이 그러하다. 이에 관한 수색, 압류 및 독일로의 이송 과정에서는 위의 근거에 따라 예외를 인정하지 않는다.

제국지도자 로젠베르크, 그리고 그의 대리인 제국부서지도자 에베르트는 총
통으로부터 받은 분명한 지시에 의거해 압류 권한을 갖는다. 본인이 생각하
기에 가치 있어 보이는 독일계 문화재를 이송하고 그곳에서 안전하게 보호
하는 권한을 갖는다. 그 문화재의 이용에 관한 결정은 총통께서 직접 하실
것이다.

상기의 업무와 관련하여 관련기관에 통지를 요한다.

서명 : 카이텔
참고 : 제국지도자 로젠베르크

4

재미없고 공허한 세상

A Dull and Empty World

미국 하버드와 메릴랜드 | 1942~1943년 겨울

조지 스타우트는 전형적인 박물관 직원과는 거리가 멀었다. 동부의 엘리트 환경에서 자란 다른 대부분의 동료와 달리 스타우트는 아이오와 주 윈터셋의 노동계급 출신이었다. 그는 고향을 떠나자마자 육군에 입대했고 제1차 세계대전 동안 유럽의 어느 야전병원에서 이병으로 복무했다. 당시에는 전쟁이 끝나면 그림을 공부해야겠다고 생각했다. 아이오와 대학을 졸업한 후, 스타우트는 5년간 하루 벌어 하루 사는 생활을 하며 유럽의 문화 중심지를 여행하기 위해 돈을 모았다. 미술 분야의 경력에서 그런 여행은 일종의 필수과목이었기 때문이다.

해리 에틀링어가 칼스루에에서 태어난 1926년에 하버드 대학원 과정을 시작한 스타우트는 이미 스물여덟 살의 가장으로서 임신한 아내를 두고 있었다. 그는 카네기 재단으로부터 장학금 명목으로 매년

1,200달러를 받았다(집 월세가 39달러이던 시절이었다). 언뜻 큰돈으로 보였지만 얼마 지나지 않아 이들 젊은 부부는 그 액수가 "간신히 굶주림을 면할 수준"[1]에 불과하다는 것을 알게 되었다.

1928년 스타우트는 포그 미술관의 소규모 보존부서에 무급 대학원생 조교로 들어갔다. 오래되거나 손상된 작품을 유지하는 보존기술은 미술사 분야에서도 가장 인기가 없었지만 스타우트는 이 부서에서 근면하고 겸손하게 일했다. 그는 신중한 성격에 말쑥한 외모를 유지했으며 늘 침착했다. 신중함 뒤에는 포괄적인 이해와 장기적인 비전을 세우는 명석하고도 단호한 정신이 숨어 있었고, 무엇보다 인내심이 강했다.

보존부서에 들어간 직후, 스타우트는 대학 도서관에서 버려진 카드 카탈로그를 하나 찾아냈다. 그때 줄지어 늘어서 있는 작은 서랍들을 바라보며 한 가지 아이디어를 떠올렸다. 보존부서에는 염료, 돌, 식물 표본, 기름, 수지, 고무, 풀, 발삼(침엽수에서 분비되는 끈끈한 액체. 접착제나 향료 등에 쓰임—옮긴이) 등의 그림 원료가 상당히 많았다. 그는 자기 부서의 화학 담당자인 존 게튼스의 도움을 받아 카드 카탈로그가 들어 있던 서랍마다 샘플을 집어넣고 각각에 다양한 화학물질을 첨가한 다음 결과를 관찰했다. 그렇게 관찰한 내용을 기록하고 또다시 관찰하는 과정은 5년이나 지속되었다.

5년간 카드 카탈로그 더미와 버려진 서랍장에 매달린 스타우트와 게튼스는 소위 미술품 보존 '과학'의 세 가지 연구 분야를 개척했다. 그것은 바로 기초(원재료에 대한 이해), 퇴화(노후화의 원인에 대한 이해), 그리고 수리(손상을 막고 복구하는 것)였다. 1974년 게튼스는 사망 직전에 이렇게 말했다.

"우리가 뭔가를 해낼 수 있었던 까닭은 아무도 우리를 알지 못했고, 누구도 우리를 괴롭히지 않았기 때문이다. 게다가 우리에게는 돈도 전혀 없었다."[2]

이 돌파구 덕분에 몇몇 실무자에게만 이름이 알려져 있던 스타우트에게 새로운 임무가 부여되었다. 여러 세기 동안 보존은 '다시 칠하기'의 달인들로부터 기법을 전수받은 복원가의 영역으로 여겨졌다. 그런데 이제 스타우트의 노력으로 보존이 과학으로 자리 잡게 될 참이었다. 1930년대 내내 스타우트는 정기적으로 당대 최고의 보존 전문가들과 서신을 교환하며 정보를 나눴고, 회화와 시각 미술품의 평가 및 보존에 관한 과학적 원칙들을 수집하기 시작했다.

1936년 7월, 스페인의 파시스트들이 독일의 막대한 군비와 강력한 군사 훈련을 지원받아 자신의 나라를 내전으로 몰아넣었다. 10월에는 마드리드에서 북서쪽으로 50킬로미터 떨어진 수도원 겸 박물관인 엘에스코리알에 소이탄이 떨어졌다. 그로부터 2주 뒤, 스페인의 프라도 국립 박물관의 창문이 몽땅 깨져버렸다. 1937년 봄에는 독일이 이 충돌에 개입해 사상 최초로 자국 탱크와 비행기 부대를 투입했다. 이로써 유럽 대륙의 위대한 미술품 중 상당수가 파괴당할 위험에 처하고 말았다.

유럽과 영국은 곧바로 미술품 보호와 피난 계획을 수립하기 시작했고 조지 스타우트는 편지 교환을 통해 자신의 지식 창고를 서서히 재구축하고 있었다. 1941년 12월 메트로폴리탄 미술관에서 열린 모임에 참석했을 때 그는 공습의 영향을 예측한 팸플릿을 배포했다. 겨우 몇 쪽에 불과했지만 10여 년에 걸친 조사로부터 나온 결과였다. 이것이야말로 적절한 시기에 구체적이되 최소한의 말만 하는 스타우트의 전형적인 모습을 보여주는 결과물이었다. 그는 결코 서두르는 법이 없었고 시간을 엄수했으며 무엇보다 신중하고 정확했다. 그는 종종 이렇게 말했다.

"완벽을 추구하는 전문가는 분석을 먼저 하고 판단은 나중에 하는 법입니다."[3]

이후 그는 1년 반을 큐레이터 훈련에 바쳤고 국가적인 보호 계획도 더불어 추진했다. 하지만 1942년에 이르도록 성과가 미미하자 인내심이 강한 스타우트도 그만 낙심하고 말았다. 그가 모든 경력을 바친 보존기술은 이제 현장으로 나가야만 했다. 전 세계의 상황이 미술품 보존기술을 절실히 필요로 하고 있었다. 세계의 문화적 재산을 보존하려면 한시도 허비할 틈이 없었다. 하지만 누구도 그의 말에 귀를 기울이지 않았다. 대신 전시의 보존 운동은 박물관 관장들, 스타우트의 말마따나 미술계의 '나리'들이 좌지우지했다. 기술자이자 현장의 막일꾼이었던 스타우트는 위원회나 토론회, 후원자 육성에 매달리는 관리자들의 책상물림 세계를 경멸했다. 그는 하버드의 포그 미술관에 근무하는 한 친구에게 이런 편지를 보냈다.

"나는 박물관 행정가들의 개인적이고 유치찬란한 관점에 정말이지 질려버렸다네. 저항도 해보았지만 아무 효과가 없더군. (……) 앞으로 나는 기껏해야 20년쯤 더 일할 수 있을 걸세. 그 정도면 일하기엔 충분한 시간이지만 놀기에도 그렇다고는 볼 수 없지. 겉멋에 취한 부자들을 위해 온갖 정책과 원칙으로 그들을 즐겁게 해주는 종이인형을

만드는 데는 진력이 나 있으니 말일세."⁴

스타우트는 특수 기술자로 구성된 특수 병과, 즉 미술품 보존 훈련을 받고 군 소속으로 활동하는 집단만이 전쟁에서 무언가 지속적인 성취를 할 수 있을 거라고 확신했다. 겉멋에 취한 박물관 관장들은 루스벨트 대통령의 승인을 얻어 군부에 조언을 해주는 고위급 문화위원회를 만드는 정도에 그칠 것 같았다. 물론 위원회는 관장들로만 구성될 것이 뻔했다.

1943년 초, 스타우트는 보스턴 미술관에서 근무하는 보존 전문가 W.G. 콘스터블과 함께 영국으로 시선을 돌렸다. 두 사람은 당시 런던 소재 국립 미술관 관장이던 케네스 클라크에게 보낸 편지에서 보존부대 창설 계획을 설명했다. 그러나 그 개념 자체를 어리석다고 판단한 클라크는 부정적인 답장을 보내왔다.

"설사 당신의 청원서에 담긴 제안을 실행할 만한 조직을 구성할지라도, 침공부대 하나하나마다 고고학자 한 사람씩 딸려 보낼지라도, 중요한 군사 목표물에 훌륭한 역사적 기념물이 있다는 이유로 거기에 사격을 가하지 말라고 작전 지휘관을 설득하는 것은 상당히 어려운 일이라고 생각합니다."⁵

스타우트는 이 답장을 받지 못한 것 같다. 1943년 1월, 전쟁에 뛰어든 미국이 군인을 모집하자 그는 보존 계획을 포기하고 해군에서 현역 근무에 나섰다. 메릴랜드 소재 패턱센트 리버 해군 비행장에 도착한 이후 그는 집에 보낸 편지에서 이렇게 시인했다.

"최근 몇 달 동안 내·존재가치가 미미하다는 생각이 들었어. 나는 이런 때 남자라면 마땅히 해야 할 일을 하지 못하고 있어. 지금 이 일은 하겠다는 사람이 수두룩하지만 소소하고 부차적인 일에 불과해. 그런가 하면 반드시 해내야 할 일도 있는데 그런 일은 아무나 할 수 있는 게 아니야."[6]

그는 군 검열관의 감시 때문에 자신이 비행기용 위장 페인트를 개발하는 중이라는 말을 아내에게 하지는 못했다. 다만 자신이 행복하다는 것을 확실히 전하려고 애썼다.

"이 일을 하자면 처리할 것도 많고 책임도 막중하기 때문에 무섭기도 하고 기쁘기도 해. 만약 우리가 바라는 대로 된다면, 조금이라도 그렇게 된다면 이거야말로 분명 전쟁에 기여하는 일일 거야."[7]

머지않아 보존 전문가 콘스터블이 미국 군정사단의 지휘관인 제임스 슈메이커 장군에게 편지를 보냈다. 장군은 의외로 스타우트의 작업에 관심을 보이며 기념물과 보존에 관한 정보를 보내달라고 요청했다. 콘스터블은 친구에게 이 사실과 더불어 염려를 전했다.

"군에서도 보존부대를 창설하는 데 관심이 있긴 하지만 현실화될지는 잘 모르겠어. 안 될 가능성이 클 거야."[8]

스타우트는 곧바로 답장을 보냈다.

"이 모호한 계획이 군의 손에서 뚜렷해진다면 더 바랄 것이 없겠어. (……) 며칠 전에 프랜시스 헨리 테일러가 전화를 했더라고. 자기가 세운 커다란 계획을 위해 또다시 여행을 떠난다던데. 하지만 그 양반 목소리에 기운이 없고 한숨이 배어나오는 걸 보니 일이 잘되지 않는 모양이야. 그보다는 오히려 수수하고 꾸준한 노력이 더 풍성한 결과를 낳을 텐데 말이야."[9]

하지만 스타우트는 해군 막사가 자신에게 딱 맞는 것 같다며 떠날

의향이 없다고 단언했다.

"내가 도울 수 있는 일이 있으면 뭐든 하겠네만 그 일이 무엇일지, 어떻게 시간을 낼 수 있을지는 나도 잘 모르겠네."[10]

해군에 입대하기로 결정한 이후 그는 가족 때문에 고민하고 있었다. 당시 스타우트는 마흔다섯 살로 결혼해서 두 아들이 있었다. 계급이 대위였던 터라 비교적 급여가 높긴 했지만 빠듯하긴 마찬가지였다. 아내 마지가 교사로 일하고 있었음에도 당시의 남성들이 흔히 그랬듯 스타우트는 가족 부양은 자신의 책임이라고 믿었다. 무엇보다 아내 곁을 떠나는 것이 영 내키지 않았다.

1943년 7월, 짧은 휴가를 보내고 귀대한 그는 마지에게 편지를 썼다.

"그 귀중한 시간 동안 집에 머물면서 대단한 경험을 하고 나니 갑자기 모든 것이 재미없고 공허한 세상이 된 것 같아. 당신과 7살밖에 안 된 톰(아들)에게, 그리고 당신의 용기와 헤아릴 수 없는 사랑에 정말 감동받았어. 나에게 자격이 없을지도 모르지만 그 모든 것에 보답하고 가치 있는 사람이 되기 위해 최선을 다할게. 계속해서 내 의지를 다져야겠어. (……) 이것이 올바른 일이고, 낭만적인 변덕 때문에 당신이 혼자 애쓰게 내버려두지는 않을 거라고 말이야."[11]

1940년 11월 5일
유대인 소장 걸작 미술품의 분배에 관한 제국원수 헤르만 괴링의 명령서

파리 소재 군정 사령부 및 로젠베르크 특별기동반에서 유대인 소유 미술품의 안전을 위해 현재까지 취한 방법을 계속 실시할 것이며(Chef OKW. 2 f 28.14. W. Z. Nr 3812/40g), 루브르로 이송될 미술품의 범주는 다음과 같이 결정한다.

1. 향후 처분에 관해 오로지 총통에게만 결정권이 있는 미술품
2. 제국원수의 컬렉션에 들어가기에 적절하다고 판단되는 미술품
3. 고등학교 건립이나 로젠베르크 기동반의 임무에 유용할 듯한 미술품 및 도서관 자료
4. 독일 내 박물관으로 이전하기에 적절한 미술품. 이런 물건은 기동반의 관장하에 최대한 주의를 기하고, 루프트바페의 지원을 받아 즉시 목록을 작성한 다음 포장하여 독일로 이송한다.
5. 프랑스 내 박물관이나 프랑스 및 독일 내 미술품 거래소로 이송해 향후 경매를 붙이기에 적절한 미술품. 이 절차는 프랑스 정부에 위임하고 수익금은 전쟁 사상자 유족의 원호를 위해 사용한다.
6. 향후 프랑스 내에서 이루어질 유대인 소유 미술품 압류는 로젠베르크 기동반이 지금까지와 마찬가지로 효율적인 방식으로 수행하되, 파리 소재 군정 사령부와 긴밀하게 협조한다.

1940년 11월 5일, 파리

본인은 이 제안을 총통께 보고할 것이며 이 명령서는 총통의 허락과 동시에 효력을 발휘할 것이다.

서명 : 괴링

5

레프티스 마그나

Leptis Magna

북아프리카 | 1943년 1월

미국인이 걱정을 하며 계획을 세우는 동안 영국은 이미 추축국을 상대로 하는 전투 작전에 뛰어든 상태였다. 유럽에서 연합군은 주로 지하 파괴 활동을 펼쳤고 영국 해협 상공에서는 조종사들이 루프트바페와 맞서 용감하게 전투를 치렀다. 구 소련(USSR)에서는 나치의 공세에 맞서 적군(赤軍)이 참호전을 펼치고 있었다.

지중해 건너편 북아프리카의 드넓은 사막에서는 양측의 전투가 밀고 밀리는 접전 양상을 보이고 있었다. 영국군은 이집트를 장악했고 독일-이탈리아 동맹군은 서쪽의 리비아와 알제리를 장악했다. 1940년 이탈리아군의 이집트 공격으로 시작된 전투가 2년 동안 이어지면서 사막을 가로지르는 내내 접전이었다. 그러다가 1942년 10월, 엘 알라메인의 두 번째 전투에서 독일-이탈리아 동맹군에게 결정적인 패배를 안겨준 영국군은 리비아의 수도 트리폴리로 진군하기 시작했다.

1943년 1월, 영국군은 트리폴리에서 동쪽으로 100킬로미터 떨어진 곳에 위치한 로마시대의 폐허, 레프티스 마그나에 도착했다. 이곳에서 영국 북아프리카군 산하 포병대 소속 육군 중령 로버트 에릭 모티머 휠러 경은 루키우스 셉티미우스 세베루스 황제 시대 제도(帝都)의 웅장함을 목격했다. 바실리카의 위풍당당한 문을 비롯해 한때 시장이었음을 나타내는 수백 개의 기둥, 거대하고 경사진 원형 경기장, 그리고 그 뒤로 보이는 반짝이는 지중해의 푸른 바닷물까지 말이다. 권력이 절정기에 달했던 AD 3세기 무렵 레프티스 마그나는 항구도시였지만, 이후 항구에 침적토가 쌓이면서 1,700년 동안 진흙 벌판으로 변해 그야말로 단조롭고 공허한 세상이 되고 말았다.

그 모습을 바라보며 모티머 휠러는 '권력이란 이런 것이다. 여기가 죽을 수밖에 없는 인간의 운명을 상기시키는구나'라는 생각을 했다. 폐허가 된 그 도시는 지난 2,000년 동안 서서히 잠식해 들어온 사하라 사막 속으로 빨려 들어가고 있었다. 기둥과 벽돌 대부분은 퇴색해 붉은 모래 빛깔이었는데 그는 폐허 한가운데에서 하얗게 반짝이는 무언가를 발견했다. 그것은 지난 10년간 이탈리아인이 제국을 복원하기 위해 기울인 노력의 흔적이었다. 무솔리니는 이탈리아 국민에게 거듭해서 강조했다.

"새로운 제국은 옛 제국의 폐허로부터 솟아날 것이다. 우리는 또 다른 로마제국을 건설하고 있다!"

하지만 이탈리아인은 벌써 두 번이나 싸움 한번 못하고 제국의 주춧돌을 내버린 꼴이 되고 말았다. 첫 번째 전투는 1940년에 3만 6,000

명의 영국군과 오스트레일리아 병력이 이집트로 진격하는 20만 명의 이탈리아 제10군을 저지했을 때 벌어졌다. 1941년 에르빈 롬멜의 지휘를 받는 독일 병력과 이탈리아군이 이집트로 다시 밀려들어 왔을 때 영국군은 그 폐허를 빼앗겼다. 곧이어 이탈리아는 '영국인이 키레나이카에 무슨 짓을 했는가'라는 제목의 문화 선전물을 간행했다. 이 소책자에는 키레네 박물관이 약탈당한 문화유물, 박살난 조각상, 마멸된 벽이 기록되어 있었다. 이탈리아인은 그 모든 것이 영국과 오스트레일리아 병사들의 소행이라고 주장했다.

최근에 레프티스 마그나에서 동쪽으로 640킬로미터 떨어진 키레네를 재탈환하고 나서야 영국인은 이탈리아인의 주장이 허위임을 알게 되었다. 문제의 조각상은 벌써 수백 년 전에 박살 난 상태였다. 전시대가 텅 비었던 것은 이탈리아인이 조각상을 다른 곳으로 옮겨놓았기 때문이었다. 낙서는 박물관의 전시실 벽이 아니라 안쪽 방에 있었고 그 옆에는 이탈리아 병사들의 낙서도 보였다.

그 허위 선전물은 그동안 영국 육군성에 얼마나 커다란 수치를 안겨주었던가. 거의 2년 동안 영국인은 확인할 수도, 부인할 수도 없는 비난을 고스란히 감수해야만 했다. 그런데 북아프리카에 영국인 고고학자가 없었던 탓에 영국군이 그곳을 장악했음에도 누구도 그 유적을 조사해본 적이 없었다. 사실 영국군 중에서 키레네의 역사적, 문화적 가치를 고려한 사람은 아무도 없었으며 선전적 가치를 헤아려본 사람은 더더욱 없었다.

과거를 회상하던 휠러는 레프티스 마그나의 한가운데에 서서 영국군이 같은 실수를 반복하는 모습을 바라보며 놀라움을 금치 못했다.

그의 왼쪽에서는 장비를 실은 트럭들이 고대 로마의 포석을 갈아엎듯 짓밟으며 지나가고 있었다. 오른쪽에서는 부대가 무너진 담을 기어오르고 있었다. 가만 보니 아랍인 길잡이도 자기 옆을 지나쳐 사원 안으로 들어가는 탱크를 향해 그저 팔을 흔들 뿐이었다. 포병대원도 몸을 내밀더니 손을 흔들었다. 그의 동료는 사진을 찍고 있었다.

영국군은 키레나이카 사건에서 아무것도 배우지 못했단 말인가. 이런 꼬락서니로는 이탈리아인에게 또다시 무언가 트집을 잡힐 게 뻔했다. 답답해진 휠러는 차석 민사 담당관에게 물었다.

"우리가 할 수 있는 일이 없겠습니까, 담당관님?"

민사 담당관은 전투가 중지된 직후 장악한 지역의 통치를 담당했다. 실제로는 전선에서 불과 2~3킬로미터밖에 떨어지지 않은 점령지역도 마찬가지였다. 민사 담당관은 어깨를 으쓱하며 말했다.

"군인들이야 원래 저렇지 않습니까?"

휠러가 강하게 항변했다.

"하지만 이곳은 레프티스 마그나란 말입니다. 로마 황제 루키우스 셉티미우스 세베루스의 수도였다고요. 아프리카에 남아 있는 로마시대의 폐허 중에서 가장 완벽한 상태이기도 하고요."

민사 담당관은 그를 빤히 바라보았다.

"처음 듣는 이야기로군요."

휠러는 고개를 저었다. 영국군 장교는 누구나 키레나이카 사건을 알고 있었다. 하지만 영국 북아프리카군의 민사 담당관은 레프티스 마그나에 관해 전혀 보고받은 적이 없었다. 아군이 이곳에서 전투를 치를 것이 확실했음에도 불구하고 말이다. 그 이유는 무엇일까? 아직까지는 영국군이 이곳을 손상시켰다는 모함을 받지 않았기 때문일까? 그렇다면 이번 전쟁에서는 무언가 실수를 저지르고 난 뒤라야 비로소 깨닫게 되는 걸까? 민사 담당관이 물었다.

"그게 중요합니까?"

"뭐가 말입니까?"

"무너진 건물 말입니다."

"이건 고대의 폐허입니다, 담당관님. 아주 중요한 것들이죠."

"어째서죠?"

"결코 다른 것으로 바꿀 수 없기 때문입니다. 이건 역사 그 자체입니다. 병사들이 보호하도록 주의시키는 것은 우리의 임무입니다. 그러지 않으면 적군이 또다시 우리에게 불리한 증거로 들이댈 테니까요."

"혹시 역사가이십니까, 중령님?"

"고고학자입니다. 런던 박물관 관장으로 일했죠."[1]

민사 담당관은 고개를 끄덕였다.

"그러면 어떻게라도 조치를 취해보시지요, 관장님."

민사 담당관의 태도가 진지하다는 것을 깨달은 휠러는 곧바로 행동에 돌입했다. 다행히 그는 런던 박물관에서 함께 일하던 동료 존 브라이언 워드 퍼킨스 중령을 찾아냈다. 마침 그는 레프티스 마그나 인근의 부대에서 포병대 지휘관으로 근무하고 있었다. 민사 담당관의 지원 아래 두 사람은 차량 통행로를 다시 설정하고 손상 상황을 사진에 담는 것은 물론, 보초를 세우고 폐허가 된 도시를 수리할 팀을 꾸렸다.

이들의 보고를 받은 런던에서는 모두들 어리둥절한 표정을 지었다.

레프티스 마그나? 고대 유물 보전? 다들 갈피를 잡지 못하고 우왕좌왕하자 마침내 누군가가 이렇게 말했다.

"울리한테 보내는 게 좋겠군. 그 양반이라면 어떻게 해야 할지 알 거야."

'울리'란 찰스 레너드 울리 경을 말했다. 그는 세계적으로 유명한 고고학자로 제1차 세계대전 이전에는 토머스 에드워드 로렌스 경, 일명 '아라비아의 로렌스'로 유명한 인물과 친구로 지내기도 했다.

이제 60대에 접어든 울리는 영국 육군성에서 본인의 능력과 무관한 일을 하고 있었다. 물론 울리는 세계 각지의 고대 문화유산이 파괴되지는 않을지 우려하고 있었다. 결국 1943년 봄, 세 사람이 리비아의 고대 유적을 보호할 준비에 나섰다. 이때 휠러와 워드 퍼킨스는 유적을 보호하는 것에서 한 걸음 더 나아가자고 주장했다.

"병사들에게 북아프리카에 있는 그리스와 로마시대의 고대 유적 및 박물관을 견학할 기회를 주어 고대 유물의 중요성을 마음에 단단히 새기도록 해야 합니다."[2]

왜냐하면 지식을 갖춘 군대는 공손하고 규율을 잘 지킬 확률이 높기 때문이다. 그런 군대가 문화적 해악을 끼칠 가능성은 별로 없었다. 미처 깨닫지 못하는 사이에 영국인들은 조지 스타우트가 미국에서 그토록 열심히 밀어붙였던 목표를 향해 조금씩 나아가고 있었던 셈이다. 그것은 바로 세계 최초의 최전선 기념물 보호 프로그램이었다.

6

최초의 전투
The First Campaign

시칠리아 | 1943년 여름

1943년 1월, 휠러와 워드 퍼킨스가 레프티스 마그나에 대한 계획을 공식화하고 조지 스타우트가 메릴랜드에서 해군 복무를 시작했을 무렵, 미국 대통령 루스벨트는 모로코의 카사블랑카에서 영국 수상 윈스턴 처칠을 만나 비밀 정상회담을 열었다. 북아프리카는 연합군의 수중에 들어왔고 알제리에 있던 이탈리아인은 자유프랑스군과 영국군의 공세로 물러났지만 유럽 요새는 여전히 깨트리지 못한 상태였다. 루스벨트는 군 지휘관들, 특히 조지 마셜 장군의 조언에 따라 곧바로 영국 해협을 건너 유럽 대륙 공격을 개시하고 싶어 했다. 반면 처칠과 그의 군사고문, 그리고 미국의 드와이트 아이젠하워는 연합군이 아직 준비되지 않았다고 주장했다.

열흘간의 회담이 끝난 뒤 두 강대국은 유럽 침공에 합의했다. 하지만 영국 해협을 건너는 경로가 아니라 뒷문을 이용하기로 했다. 그 뒷문이란 시칠리아 섬으로, 이탈리아 본토의 발끝에서 약간 떨어진 곳에 있었다. 시칠리아 전투는 역사상 최초의 미국과 영국의 연합 작전이었다. 이는 공중 전투 작전에서부터 준비 기지인 알제(알제리의 수도)에서의 세탁 임무에 이르기까지 모든 지휘권을 양국이 공평하게 나눈다는 것을 의미했다.

그러나 2개의 독립적인 군대를 통합하는 것은 결코 쉬운 일이 아니었다. 북아프리카에 있던 병력은 곧바로 조국이 몇 가지 사항을 뒤범벅으로 만들어놓았음을 깨달았다. 가령 음식은 영국식이었고 화장실은 세면 시설이 없는 프랑스식 공동 화장실이었다. 이것은 앞으로 다가올 일의 전조나 다름없었다.

그해 봄 두 강대국이 연합으로 처리한 수천 가지 임무 중에는 휠러와 워드 퍼킨스가 레프티스 마그나에서 시작해 이제 겨우 개화 단계에 들어선 보존 프로그램도 있었다. 1943년 4월 말, 2명의 장교(미국인 한 명, 영국인 한 명)를 시칠리아로 보내 점령지의 모든 기념물을 조사할 수 있도록, 그것도 "점령 이후에 최대한 빨리 실행할 수 있도록"[1] 하자는 결정이 내려졌다. 이로써 폴 색스와 박물관 관장들은 드디어 미국 정부로부터 첫 번째 반응을 이끌어낸 셈이었다.

정부에서 미술품 및 기념물 관련 고문이 될 사람을 추천해달라고 요청하자 이들은 자기네 인맥인 프랜시스 헨리 테일러(메트로폴리탄의 관장이자 스타우트가 '커다란 계획'의 창안자라고 조소한 인물)를 추천했다. 하지만 그는 너무 뚱뚱하다는 이유로 군으로부터 부적격 판정을 받았다. 시간이 부족한 데다 군 복무 중인 누군가를 찾아야 하는 필요성이 대두되자 관장들은 마침 육군 비행단 첩보대에서 근무 중이던 하버드 대학의 고전학 교수 메이슨 해먼드 대위를 선택했다.

그런데 불행하게도 해먼드에게 이번 임무와 관련된 이야기를 해준 사람은 아무도 없었다. 수수께끼의 임무를 수행하기 위해 알제에 도착한 해먼드가 아는 것이라고는 보존 관련 작업을 해야 한다는 사실 뿐이었다. 도착 첫날부터 그는 끔찍한 식사와 혐오스러운 화장실 이 외에도 많은 충격을 감당해야만 했다.

게다가 6월에 알제에 도착했는데 상부에서는 대뜸 7월 초에 침공이 있을 거라고 말했다. 침공이라고? 그는 이제껏 북아프리카에서만 근무하는 것으로 알고 있었다. 그런데 갑자기 시칠리아로 가야 한다는 것이 아닌가. 그는 서둘러 알제에 있는 도서관으로 달려가 관련 지식을 쌓아야 했다. 시칠리아는 그의 전문 분야가 아니었기 때문이다. 상부에서는 도서관 출입 같은 공개 조사는 불가능하다고 말했다. 다음 번 목적지를 염탐하는 독일 스파이에게 감지될지도 모른다는 보안상의 이유에서였다. 그는 시칠리아에 관한 군의 조사 결과를 열람하겠다고 했지만 그 역시 똑같은 이유로 거절당했다.

그렇다면 보호해야 할 기념물의 목록과 개략적인 설명이라도 살펴볼 수 있을까? 불행히도 그 목록은 뉴욕에 있는 폴 색스와 그의 동료들이 작업 중이었다. 앞으로 몇 주가 더 지나야 완성될 예정이었다. 설사 그 목록이 침공 이전에 도착할지라도 열람이 금지될 게 뻔했다. 목록은 분명 시칠리아에 상륙한 이후에나 지휘관에게 배부될 테니까.

그는 일단 다른 예술품 담당 장교들을 만나 이야기를 나눠봐야겠다고 생각했다. 다른 예술품 담당 장교? 물론 영국인이 딱 한 명 있었다.

그런데 그는 이미 그곳을 떠나고 없었다. 그 프로젝트에서 영국 측을 대표하는 울리 경은 애초에 휠러나 워드 퍼킨스를 투입하고 싶어 했지만 양쪽 모두 레프티스 마그나 이후에 재배치되었다. 그러자 울리는 담당 장교를 지명하는 문제를 질질 끌기 시작했다.

다른 장교가 아직 배치되지 않았다고? 그러면 우리 휘하로 배속된 요원들은 어디 있지? 추가 인원은 없다. 운송수단은? 아직 배당되지 않았다. 타자기는? 무전기는? 랜턴은? 지도는? 메모지는? 전혀 없다. 그러면 명령은? 아직 떨어지지 않았다.

현실의 벽에 가로막힌 해먼드는 사실상 할 수 있는 일이 없다는 사실을 깨달았다. 해먼드는 북아프리카에서 친구에게 쓴 편지에 이렇게 밝혔다.

"과연 이 임무를 위해 대규모 전문가 요원이 필요한 것인지조차 의구심이 든다네. 미술 전문가들이 이리저리 뛰어다니며 총을 쏘지 말라고 하면 군이 달갑게 생각할 리 없지 않은가. 그들에게 이것은 사치일 뿐일세."[2]

최초로 기념물 전담반(훗날 보존 전문가를 가리키게 된 명칭)에 소속된 그조차 처음에는 육군에서 그 임무를 수행하려는 것이 어리석고 시간 낭비일 뿐이라고 생각했던 것이다.

1943년 7월 9~10일, 연합군은 한밤중에 시칠리아에 상륙했다. 해먼드는 수송 우선순위에서 한참 아래였고 점령군의 일부로 간주된 까닭에 7월 29일이 되어서야 겨우 도착했다. 병력은 이미 해안 교두보를 떠난 지 오래였다. 그가 시라쿠사에 있던 최초의 본부에 도착했을 때 날씨는 따뜻했고 기분 좋은 바람이 불어왔다. 그 지역의 문화계 관료들은 그를 반겨 맞았다. 본토의 이탈리아인과 독일인으로부터 끔찍한 대우를 받았기 때문에 그들로부터 벗어났다는 사실에 무척이나 즐거워했던 것이다. 육군의 행군 경로에 위치했음에도 불구하고 그 지역 기념물은 거의 손상을 입지 않았다.

며칠 뒤, 아그리젠토에 있는 로마시대의 거대한 폐허를 굽어보니 상당한 손상이 눈에 띄었지만, 최근 1,000년 사이에 발생한 것은 전혀 없었다. 그의 예측대로 그곳에서 기념물 전담반원이 할 일은 별로 없었다.

하지만 시칠리아의 주도(州都) 팔레르모는 그렇지 않았다. 연합군은 견제용 공중전의 일환으로 이 도시에 폭격을 가했고 옛 항구지역을 비롯해 수많은 교회와 성당, 주립 도서관, 주립 문서보관소, 식물원 등이 파괴되었다. 이 지역 관리들은 연합군 군정부 측에 뭔가 조치를 요구하기 위해 공용 사무실의 한구석에 접이식 의자를 놓고 초라하게 앉아 있는 딱한 대위에게 달려왔다. 시칠리아인들은 도움을 주고 싶어 했지만, 그보다 먼저 상황 설명과 복구비용, 장비와 보급은 물론이고 무너질 위험에 있는 건물에서 재빠르게 작업을 해낼 솜씨 있는 장인을 필요로 했다. 한편 대주교는 교회와 자신이 사는 궁전에 특별한 관심을 보여주길 원했으며 그 도시를 점령한 미국 제7군 사령관 패튼 장군은 시칠리아 왕의 옛 궁전을 숙소로 삼고 그곳을 새로 단장할 자금을 기대했다.

해먼드는 이 모든 요구사항에 귀를 기울일 시간도 없었고 대답할 시간은 더더욱 없었다. 무려 한 달이 넘도록 사무실을 벗어나 현장을 둘러볼 시간조차 없었다.

그는 고국을 떠나올 때 챙겨온 개인 타자기로 육군성에 보고서를 올리고 집에 긴 편지를 써서 정보와 지원을 요청했다. 그러나 아무런 응답이 없었다. 9월에 가서야 간신히 영국군 기념물 전담반 장교인 F.H.J. 맥스 대위가 도착했지만 때는 이미 늦어버렸다.

1943년, 연합군은 시칠리아 끄트머리에서 이탈리아 본토로 건너갔다. 그러나 그때까지도 해먼드는 수백 킬로미터 떨어진 팔레르모에서 좌절과 혼란에 빠져 대책 없이 헤매고 있었다. 그 작은 시칠리아 섬에서조차 MFAA의 노력만으로는 기념물을 관리하기가 벅차다는 사실이 명백하게 드러난 셈이었다.

연합군이 이탈리아 본토에 상륙하고 나서 일주일이 지난 1943년 10월 10일, 폴 색스가 기쁨을 감추지 못하며 조지 스타우트에게 편지를 썼다.

"좀 더 일찍 소식을 전하지 못해 미안하네. 자네의 묘안이 마침내 공식적으로 윤곽을 갖추게 되었다네. 대통령께서 유럽 내 미술 및 역사 유물의 보호와 구조를 위한 미국 위원회의 설립을 지시하시고 연방 대법원의 로버츠 판사를 의장으로 임명하셨네. 나도 그 위원회의 위원으로 위촉받고 승낙했는데 (……) 내가 자네에게 당장 자리를 마련해 줘야겠다고 생각한 까닭은 일찍이 메트로폴리탄에서 가졌던 모임에서 자네가 보여준 대단한 아이디어와 명료한 주장 때문이라네. 또한 자네 야말로 진정한 의미에서 이 모든 사건의 진정한 선구자고 (……) 이 위원회의 설립은 결국 자네의 발의와 상상력, 에너지 덕분이라는 것이 솔직한 내 의견일세."[3]

스타우트는 이 편지를 받고 약간 어리둥절했을 것이다. 물론 그가 선구자인 것은 맞지만 대체 위원회가 무슨 일을 하겠다는 것일까? 그가 꿈꾼 것은 최전선에서 활동하는 전문가 부대인데 이건 그저 또 하나의 관료 집단에 불과하지 않은가. 결국 그의 비전이 아니라 오로지 폴 색스와 박물관 관장들의 비전만 관철된 셈이었다.

9월 13일, 미국 제5군이 살레르노의 이탈리아 해안 교두보를 장악하기 위해 필사적으로 싸우고 있는 동안 스타우트는 색스에게 답장을 보냈다. 그는 평소처럼 자기비하적이고 신랄하며 교묘하게 유머러스한 문체로 이렇게 썼다.

"미국 정부와 해당 위원회 의장께서 귀하를 위원으로 위촉하셨다니 축하드립니다. 귀하께서는 이번 일의 출발에 관해 제게 아주 많은 공을 돌리는 호의를 베풀어주셨지만 그것은 정말이지 과찬입니다. 지금 무엇을 해야 하는지 알아내는 일쯤은 평균적인 두뇌에 훨씬 못 미치는 사람들도 충분히 할 수 있기 때문입니다. 중요한 것은 그것을 정말로 해낼 수 있느냐겠지요."[4]

1941년 3월 20일

ERR로 알려진 나치 약탈 조직의 지휘관 알프레드 로젠베르크가 총통에게 보낸 보고서

소유주가 없는 유대계 '문화재'의 주요 적재분이 이달 15일 토요일에 특별열차 편으로 노이슈반슈타인 소재 보호 시설에 도착했음을 보고하는 바입니다. 기동반 소속의 저희 직원들이 파리에서 확보한 물건들입니다. 헤르만 괴링 제국원수께서 마련해주신 특별열차는 25량의 화물차이며 그 안에 가장 가치 높은 회화, 가구, 고블랭 벽걸이를 비롯하여 뛰어난 장인정신을 보여주는 작품과 장식품을 실었습니다. 이 화물은 로트실트, 셀리그만, 베른하임 죈, 할펜, 칸, 바일 피카르트, 빌덴슈타인, 다비트 바일, 레비 벤치온의 컬렉션 가운데서도 가장 중요한 것들을 담고 있습니다.

기동반 소속의 저희 요원들은 총통 각하의 명령에 의거해 1940년 10월부터 압수 작전을 시작했습니다. 정보부(SD)와 비밀경찰(게슈타포)의 도움을 받아 탈주한 유대계 이민자 소유의 미술품 보관 및 은닉처를 알아냈습니다. 이 물건들은 루브르가 제공한 파리 내의 수집 장소로 옮겼습니다. 저희 직원들 가운데 미술사가들이 미술품을 과학적으로 분류하고 가치 있는 것들은 모두 사진 촬영했습니다. 조만간 이 작업이 완료되면 모든 압수품의 출처와 과학적 평가, 세부사항이 정확하게 기재된 완벽한 목록을 각하께 제출하겠습니다. 그때쯤이면 목록에 4,000점 이상의 미술품이 기재될 것이며 그중 일부는 최상의 미술적 가치가 있을 것입니다. 이외에도 제국원수께서 선택하신 걸작들(주로 로트실트 컬렉션에서 나온 것들입니다)을 실은 특별열차 2량이 얼마 전에 뮌헨으로 출발했습니다. 그 물건들은 일단 그곳 총통 관저 내의 방공호에 보관할 예정이며 (……)

주요 적재분 이외에도 현재 파리에는 유대인이 버리고 간 미술품이 막대하게 확보되어 있습니다. 이것 역시 마찬가지 방식으로 처리하여 독일로 이송할 준비를 하고 있습니다. 현재 남아 있는 적재분에 관한 정확한 보고는 지금 당장은 불가능합니다. 하지만 서부지역에서의 작업은 앞으로 두세 달 안에 끝날 것으로 추정됩니다. 그때가 되면 두 번째 적재분이 독일로 향할 것입니다.

베를린, 1941년 3월 20일

A. 로젠베르크

7

몬테카시노
Monte Cassino

이탈리아 남부 | 1943~1944년 겨울

1943년 9월 9일, 미국 제5군은 살레르노 인근을 통해 이탈리아 본토에 상륙했다. 이들은 기습 공격을 위해 공군과 해군의 지원을 받지 않고 살레르노 인근 해안에 접근했는데, 느닷없이 독일군의 확성기 소리가 들려왔다.

"항복하라, 네놈들은 완전히 포위되었다!"

미군은 사격을 개시했고 결국 제2차 세계대전 중에서도 매우 치열했던 것으로 기억될 전투가 벌어졌다. 이후에도 전투는 결코 쉽지 않았다. 포지아에 위치한 비행장을 장악하려는 전투도 상당히 치열하게 전개되었는데, 이때 많은 희생자를 낸 미국 제82공수사단은 영국 제10군단과 합병해 작전을 수행해야 했다. 10월 1일, 미국 제5군은 결국 주요 목표지인 이탈리아 남부의 항구도시 나폴리를 점령했다.

곧이어 10월 6일에는 볼투르노 강의 남쪽 고지를 점령했다. 이들 앞에는 수백 킬로미터에 달하는 험한 산지가 펼쳐져 있었고 곳곳에 요새와 4개의 주요 방어선이 구축되어 있었다. 이탈리아는 연합군이 최초로 본토에 상륙한 9월 3일 항복 의사를 밝혔으며 9월 8일에 마침내 그 사실을 선포했다. 하지만 히틀러는 경계를 늦추지 않았다. 동맹국의 결의 부족을 일찌감치 예견한 독일은 이미 이탈리아 곳곳에 병력을 주둔시킨 상태였다.

이탈리아군이 무기를 내려놓자마자 더욱 강력한 독일군이 몰려들어 그 빈자리를 메웠다. 독일군은 결의가 굳은 데다 엄격한 훈련을 받았고 전투 경험이 많았으며 사방에 잠복해 있었다. 날씨도 나빠졌다. 폭우로 인해 흙길은 졸지에 수렁으로 변했으며 차가운 바람이 불어오면서 수렁은 다시 빙판으로 바뀌었다. 그뿐 아니라 강물이 둑을 넘는 바람에 부대 야영지가 물에 잠기고 말았다.

독일군은 볼투르노 북부 산지의 불리한 환경을 적극 이용해 효율적으로 치고 빠지기 작전을 구사했다. 그리고 산봉우리를 차지한 독일군 포대에서는 연이어 포격을 가했다. 연합군 지휘관은 겨울이 닥치기 전에 로마에 도착했으면 하는 마음뿐이었다. 하지만 진눈깨비가 내리기 시작했을 때도 미군은 로마까지 채 절반도 다가가지 못했다.

12월 1일, 미국 제5군은 리리 계곡에 들어섰다. 측면 엄호부대가 눈 덮인 봉우리에 포진해 있는 독일군과 싸우는 사이, 본대는 쏟아지는 비를 뚫고 계곡을 지나갔다. 대개는 어둠을 틈타 행군했지만 이동할 때마다 적의 사격은 계속되었다. 그로부터 45일 뒤, 이들은 이미 퍼플하트(전투 중에 부상을 당해 입원했다가 퇴원한 병사에게 수여하는 상이기장을 뜻한다—옮긴이) 계곡이라고 불리는 곳에 마침내 도착했다. 이 계곡에서 작전을 수행하다가 부상을 입거나 사망한 병사가 수두룩했기 때문에 그렇게 불렸다.

이들 앞에는 로마의 남부에 위치한 도시 카시노가 있었다. 이곳은 독일군의 주요 방어 참호인 구스타프 방어선의 거점이었다. 도시 위로 솟은 산등성이에서는 계곡이 한눈에 내려다보였기 때문에 독일군은 1944년 1월 17일에 있었던 연합군의 공세를 격퇴했다. 지친 병사들 머리 위로 몇 주 동안이나 비가 내렸고 기온이 떨어지면서 신발이 꽁꽁 얼어버릴 지경이었다. 독일군은 마치 폭우처럼 탄환을 퍼부어댔고 연합군은 많은 사상자가 발생한 두 번째 공세에서도 실패했다.

그놈의 산 자체도 끔찍스러웠지만 가뜩이나 힘들고 지친 병사들에게는 산 꼭대기에 우뚝 솟아 있는 건물이 더욱 끔찍했다. 그 건물은 무려 1,000년이나 된 몬테카시노의 수도원이었다. 이 수도원은 로마 제국 말기인 AD 529년 성 베네딕트가 설립했는데, 이교도의 공격을 막아내는 데 매우 효과적이었다. 성 베네딕트가 묻혀 있는 그 수도원은 성지이자 지식의 중심지였고 "엄청난 압박이 있던 시절 내내 정신과 영혼에 속하는 것들의 보존과 육성을 상징하는 곳"[1]이었다. 하지만 지치고 피투성이가 된 연합군 병사들에게는 그 웅장하고 압도적인 수도원이 강력한 나치의 상징처럼 보였다.

연합군 지휘관들은 그 수도원을 파괴하고 싶어 하지 않았다. 그로부터 일주일 전, 드와이트 아이젠하워 장군은 이탈리아를 떠나기 전에 마지막으로 중요한 미술 및 역사 유적에 폭격을 가하지 말라고 명시한 행정명령을 내렸다. 초기 이탈리아와 기독교 문화의 위대한 업적 가운데 하나인 몬테카시노는 분명 보호해야 할 유적이었다. 물론 아이젠하워의 명령은 예외적인 경우도 감안하고 있었다.

"만약 유명한 건물을 파괴하느냐 우리 병사들을 희생시키느냐 양자택일을 해야 한다면, 우리 병사의 생명이 월등히 중요하므로 그 건물은 반드시 없애야 한다."[2]

또한 그는 군사적 필요성과 편의성 사이에 분명한 선을 그어두었지만 어떤 지휘관도 감히 그 선이 어디까지인지 직접 알아보기 위해 나설 엄두를 내지 못했다. 결국 연합군 지휘관들은 한 달 동안 머뭇거렸고 그동안 병사들은 죽음의 계곡에 쭈그리고 앉아 있었다. 날씨는 끔찍하리만치 추웠고 비는 끝없이 내렸다. 그런 날에는 구름이 워낙 짙어 수도원 자체가 보이지 않았다. 그러다가 구름이 걷히면 이번에는 수도원이 저 위에서 이들을 내려다보았다. 미군은 매일 뼛속까지 흠뻑 젖은 채로 질척하고 차가운 진흙 속을 뛰어다녔고 독일군의 탄환은 이들의 뒤를 쫓았다.

언론은 연일 이 전투 내용을 보도하며 비참한 상황뿐 아니라 점차 늘어나는 사상자 명단도 발표했다. 종군기자들과 병사들에게 수도원은 점점 세계적인 보물이 아니라 독일군의 총구가 불을 뿜는 악랄한 죽음의 함정처럼 보였다. 시간이 흐르면서 몬테카시노라는 이름이 전 세계에 널리 퍼져갔다. 죽음의 산, 슬픔의 계곡, 연합군이 로마에 들어서지 못하도록 가로막는 단 하나의 건물이라는 꼬리표를 달고서 말이다.

자국 병사들의 고초를 알게 된 미국 시민들은 당장 수도원을 날려버리기를 바랐다. 영국 지휘관들과 병사들도 마찬가지였다. 하지만 미군과 프랑스군의 일부 지휘관은 그 안에 정말로 독일군이 버티고 있는지 알 수 없다는 이유로 이에 반대했다. 미국 제34사단의 부사령관 버틀러 준장은 이렇게 말했다.

"확실치는 않습니다만 적들이 수녀원에 있다고 보지는 않습니다. 지금까지 발포는 모두 벽 아래쪽 언덕 사면에서 나왔으니까요."[3]

마침내 영국군, 특히 인도와 오스트레일리아, 뉴질랜드에서 온 병력이 참호 속의 독일군을 향해 기습 공격을 시도해 승리했다. 몬테카시노에서 뉴질랜드군의 지휘관으로 활약한 하워드 키펜버거 소장은 폭격의 필요성을 다음과 같이 요약했다.

"오늘 장악하지 못하면 내일 장악할 수도 있습니다. 하지만 적들이 공격 도중에 예비 병력을 그 안에 투입할 수도 있고 바깥 진지에서 밀려나면 그곳을 피난처로 삼을 수도 있습니다. 저렇게 멀쩡한 건물이 꼭대기에 버티고 있는 한, 병사들에게 저 언덕을 공격하라고 주문하는 것은 불가능합니다."[4]

1944년 2월 15일, 연합군 병사들과 종군기자들의 환호성 속에서 대규모 공중 폭격이 가해졌고 결국 몬테카시노의 웅장한 수도원은 파괴되었다. 미국 육군 비행단의 이커 장군은 이를 대단한 승리라고 치켜세우며 독일군에게 본때를 보여준 사건이라고 말했다.

연합군 이외의 세계 각국은 박수갈채를 보내지 않았다. 독일과 이탈리아는 오히려 상황을 연합군에 불리하게 해석하면서, 전 세계가 기대해야 할 것이 겨우 이것뿐이라면 연합군은 야만인이자 배신자라고 주장했다. 바티칸의 대변인 마글리오네 추기경은 수도원 파괴를 두고 "어마어마한 실수"이자 "엄청난 어리석음"[5]이라고 말했다.

그로부터 이틀 후, 연합군은 산을 향해 몇 번의 작은 공격을 시도한 뒤에 대규모 공격을 감행했다. 그런데 버틀러 준장이 추측한 것처럼 독일군은 수도원에 들어가 있지 않았고 그 수도원의 문화적 중요성을 존중하고 있었다. 연합군의 폭격으로 독일군 진지가 약화된 것도 아니었다. 반대로 연합군이 폭격을 가하면서 낙하산부대가 수도원의 폐허 속으로 잠입해 그곳을 방어선의 일부로 삼는 바람에 독일군 진지는 더욱 강화되었다. 이후로 석 달을 더 싸우고 5만 4,000명의 사상자를 낸 후에야 비로소 연합군은 몬테카시노를 점령할 수 있었다.

수도원이 파괴된 지 석 달 이상이 지난 1944년 5월 27일, 몬테카시노를 점령하고 일주일이 지난 상황에서 카시노에 도착한 최초의 기념물 전담반원 어니스트 드월드 소령이 몬테카시노의 폐허를 조사하러 나섰다. 수도원의 기초와 지하실은 멀쩡했지만 지상 건물은 거의 다 파괴된 상태였다. 17세기에 세워진 그 수도원은 완파되었다.

그는 한때 바실리카였던 잔해를 찾아냈지만 그 유명한 11세기의 청동문이나 모자이크 타일은 흔적도 찾을 수 없었다. 이 수도원의 웅장한 도서관과 유명한 미술품 컬렉션은 묻히거나 파괴되었는지, 아니면 폭격이 있기 전에 독일군이 약탈했는지 알 길이 없었다. 그날 오후 드월드 소령이 발견한 것 가운데 유일하게 가치 있는 것은 잡석 더미에서 우연히 집어든 천사의 얼굴이었다. 본래 성가대석에 붙어 있던 그 장식은 거의 다 박살 났지만 그래도 일부는 모양을 유지하고 있었다. 천사의 커다란 눈은 깜박이지도 않고 드넓은 하늘을 바라보고 있었다.

총통 미술관을 위해 약탈한 미술품의 사진을 담은 앨범을 히틀러에게 보내면서 첨부한 로젠베르크의 송달장

총통 각하

각하의 생신을 축하드리고자 하는 마음에서 선물을 하나 준비했습니다. 함께 보내드리는 서류철에는 현재 저희 기동반에서 확보한 서부 점령 지역 내의 소유주 없는 유대계 미술품 컬렉션 가운데 가장 가치 있는 것들을 담은 사진이 들어 있습니다. 이 사진들은 일전에 각하의 컬렉션으로 이송된 53점의 가장 가치 있는 작품에 덧붙일 만한 작품들을 촬영한 것입니다. 서류철에는 지금까지 확보된 탁월한 작품들 중 극히 일부만 담았습니다. 모든 것은 프랑스에 있는 저희 사무소에서 확보해 제국 내의 안전 장소에 보관하고 있습니다.

총통 각하, 간절히 바라옵건대 다음에는 미술품 압수 활동의 전반적인 범위와 규모에 관하여 구두로 보고드릴 수 있는 기회를 주셨으면 합니다. 지금 보내드리는 미술품 압수 활동의 과정과 규모에 관한 짧은 중간보고서는 나중에 드릴 구두 보고의 기초로 사용할 예정입니다. 함께 보내드리는 세 권의 분류 목록 사진은 각하께서 소장하신 컬렉션의 극히 일부분입니다. 현재 편찬 중인 다른 분류 목록도 완료되는 대로 즉시 보내드리겠습니다. 훗날 알현할 때는 추가로 사진이 담긴 20개의 서류철을 전해드릴 수 있을 것입니다. 이처럼 아름다운 미술품을 각하의 가슴 가장 가까운 곳에 두시는 것이야말로 각하의 존경스러운 생애에 아름다움과 기쁨의 빛을 더해줄 것이라고 믿어 의심치 않습니다.

총통 각하 만세

A. 로젠베르크

8
기념물, 예술품, 기록물 전담반
Monuments, Fine Arts, and Archives

영국 슈리브넘 | 1944년 봄

포그 박물관 소속의 말쑥한 보존 전문가에서 해군으로 변모한 조지 스타우트는 영국의 따뜻한 봄 공기를 처음으로 깊이 들이마셨다. 1944년 3월 6일, 그러니까 몬테카시노의 수도원 파괴로부터 한 달 가까이 지났지만 프랑스 북부에 예정된 공격까지는 아직 수 개월이 남은 상황이었다. 영국 남부에는 미국군과 영국군이 많이 모여 있었다. 소문에 따르면 그 숫자는 무려 100만 명 이상이었는데, 지난 4년간 루프트바페의 공습으로 누더기가 되고 식량과 기본 생필품이 위험하리만치 부족한 나라에서 이들을 먹이고 재우는 것은 쉬운 일이 아니었다. 당시 런던 인근에 이런 말이 떠돌았다.[1]

"양키들의 문제는 너무 많이 월급을 받고, 너무 많이 성행위를 하고, 너무 많이 먹어치우고, 너무 많이 여기 와 있다는 거다."

하지만 아직 10대를 벗어나지 못한 소년들에게 대체 뭘 기대할 수 있단 말인가? 물론 그들이 과도하게 행동하는 경우도 있었지만 그것은 어디까지나 두려움을 감추기 위한 것이었다. 그들은 조만간 유럽 요새의 해안 교두보를 향해 몸을 던질 예정이었고 자기들 중 몇몇은 살아서 집으로 돌아가지 못할 것임을 알고 있었다.

브리스톨과 런던의 중간쯤에 위치한 작은 시골 마을 슈리브넘의 분위기는 사뭇 달랐다. 이곳에는 미국-영국 합동 민사 담당 부대가 미국인 학교를 징발해 만든 민사 담당관 훈련센터가 있었다. 간혹 나이든 병사들이 군복 차림으로 열을 맞춰 걸어 다니기도 했지만 돌담과 넓은 잔디밭은 전쟁의 공포로부터 멀리 떨어져 있는 듯했다.

조지 스타우트는 대서양 건너 이곳까지 타고 온 배의 갑판이 그리워졌다. 그는 속으로 '해군을 육군에 배치하다니. 결국 물 밖에 나온 물고기 꼴이로군. 제아무리 우체국장이라도 나를 찾아내지는 못할 거야' 하는 생각을 했다. 그는 이곳에 온 지 벌써 2주일이 지났지만 집에서 편지 한 통 받지 못했다.

그는 아직 익숙하지 않은 주위의 어수선한 모습 속에서 어느 순간 어떤 질서가 작동하고 있음을 깨달았다. 하지만 여전히 해군의 배와 고국, 그리고 평화롭게 일할 수 있는 곳이 더 나아 보였다. 어쨌든 그는 군인이었으므로 이번 임무가 정확히 자신의 몫임을 인정할 수밖에 없었다. 그는 기념물, 예술품, 기록물 전담반을 생각만 해도 웃음이 나오려고 했다. 미국과 영국 정부는 여러 명의 숙련된 전문가를 모아 육군 장교로 임명하고 기념물 관련 문제를 처리하게 했다.

기념물, 예술품, 기록물 전담반(MFAA) 소위원회는 1943년 미국과 영국 간의 공식 합동 작전으로 조직되었다. 이들은 연합군 점령지 군정부(AMGOT)의 민사부서에 소속되었고 주로 영국 육군성 M-5 분과의 지시를 따르도록 되어 있었다. '관료제의 병폐'에 비유할 수 있는 이런 상황이야말로 이 작전의 우선순위를 은연중에 보여주었다. 기념물 전담반은 군대 명령체계의 까마득한 밑바닥에 있어서 거의 보이지도 않을 정도였다.

이 부서가 이탈리아에서 거둔 실패에 대해서는 모르는 사람이 없었다. 비록 해먼드가 담당했던 직위 대신 새로운 위계질서가 들어섰지만 이탈리아에서의 MFAA 작전(연합군 관리회의 산하에서 별도의 명령체계를 통해 가동되는 별개의 작전)은 여전히 적절한 조치를 내놓기 위해 분투하는 중이었다. 가령 몬테카시노의 수도원을 파괴하라는 결정이 내려질 때만 해도 나폴리 위쪽에는 기념물 전담반이 한 명도 없었다. 이 실패는 이탈리아에서 기념물 전담반원이 활동할 여지를 없애버린 것은 물론, 군사 작전 중에 그런 조직을 만드는 것이 얼마나 어려운 일인지 여실히 보여주었다.

이들은 유럽 북부에서는 상황이 좀 달랐으면 하고 바랐다. 민사부서에서는 프랑스 상륙 작전 전에 숙련된 기념물 전담반 장교를 여러 명 확보하려 했다. 폴 색스는 로버츠위원회 덕분에 이 장교단에서 복무할 미국인을 선발할 책임을 맡았고 조지 스타우트는 처음으로 이곳에 가담하라는 제안을 받았다. 그때가 1943년 9월이었다. 이후 스타우트는 수 개월 동안 이와 관련해 아무런 소식도 듣지 못했지만 별로 놀라지도 않았다. 해군의 어느 동료가 절묘하게 언급한 것처럼 이 프로젝트야말로 "일시적인 변덕"이라는 사실을 스타우트도 알고 있었기 때문이다.[2] 특히 그는 박물관 관장들이 벌이는 일은 무엇이든 신뢰하지 않았다.

그래도 그는 이 프로젝트에 관한 자신의 생각을 색스에게 털어놓았다. 그는 각 군에 보존 전문가팀이 하나씩 필요하고 각 팀에는 전문요원이 최소한 10명 이상 있어야 하며 가장 이상적인 숫자는 16명이라고 말했다. 여기에는 포장요원, 운송요원, 박제요원, 비서요원, 운전요원, 그리고 가장 중요한 사진요원이 포함되었다. 그는 이들 요원을 야전에서 직접 차출하는 것은 무리라고 생각했다. 제1차 세계대전에서의 경험으로 볼 때 야전에는 남아도는 인원이 존재하지 않기 때문이다. 또한 그는 어떤 지휘관도 자기 병력을 선뜻 내놓으려 하지 않는다는 것을 알고 있었다.

보존 전문가팀은 보존 임무를 할당받는 것은 물론 이에 적합한 장비도 제공받아야 했다. 가령 지프, 포장트럭, 나무상자, 종이상자, 포장재료, 카메라, 공기 상태를 측정하는 기량계를 비롯해 보존 전문 임무에 쓸 일체의 도구가 필요했다.

12월이 되어서도 색스로부터는 아무런 연락이 없었고 이 작전이 완전 폐지되었다는 소문이 들려왔다. 그는 항공기 위장 관련 임무를 계속 수행했고 박물관장 양반들이 기회를 완전히 망쳐버렸다고 넘겨짚었다. 군에서 모든 것을 나리님들에게 맡긴 것이 못내 애석하고 안타까웠다. 1944년 1월에 근무지가 바뀌었을 때도 스타우트는 여전히 확신하지 못하고 있었다. 그는 아내 마지에게 보낸 편지에 이렇게 썼다.

그 구조 임무에 대해 당신이 느끼는 감정을 나도 똑같이 느끼고 있어.

만약 제대로 진행된다면 상당히 중요한 기여를 할 수 있을 거야. 물론 제대로 되지 않으면 미치도록 어려움을 겪느라 짜증이 나겠지만. 그런 문제가 발생하리라는 것은 어느 정도 예상하고 있어. 내가 원하든 원치 않든 만약 군에서 그 프로그램을 실시한다면 내가 차출될 것은 뻔한 일이고 (……) 한 가지는 확실해. 만약 하게 된다면 그건 어디까지나 군사 임무가 되리라는 거지. 민간인인 박물관 사람들이 아니라 육군과 해군이 운영하게 된다는 거야. 만약 민간인이 지휘를 맡는다면 정말로 대책이 없을 거야. 군인은 달라. 육군과 해군에서는 효율성이 원칙이고 솔직함이 가장 큰 미덕이니까. 허세는 대부분 오래 못 가더군. 일이 어떻게 될지는 두고 보면 알게 되겠지."[3]

결론을 말하자면 조지 스타우트는 나리님들을 너무 과소평가했다. 로버츠위원회(영국에서는 맥밀런위원회)로 형태를 갖춘 민간 박물관 분야는 보존부대의 창설에 촉매작용을 했을 뿐 아니라, 발전 과정에서 일종의 견인차 역할을 해주었다. 루스벨트 대통령의 후원으로 결성된 로버츠위원회의 후광이 없었다면 아마 미국 육군은 MFAA를 용인하지 않았을 것이다. 또한 스타우트의 '특수 기술자' 부대의 규합을 도모하기에 미국 문화기관의 수장들로 구성된 이 위원회보다 더 적절한 조직은 없었다.

사실 위원회는 북아프리카와 시칠리아에서 두 가지 중요한 교훈을 얻은 바 있었다. 하나는 보존 전문가가 군 장교라면 군에서도 이들의 목소리에 귀를 기울일 수밖에 없다는 것이고, 다른 하나는 이들 장교가 최대한 빨리 최전선에 파견되어야 한다는 것이다. 이들은 전투 도

중이나 직후에 파견되어야 하며 몇 주나 몇 달 뒤에 파견되어서는 안되었다. 한마디로 위원회는 신속한 배치를 토대로 실현 가능한 계획을 세워야 한다는 것을 깨달았다.

스타우트가 보기에는 이에 못지않게 바람직한 사실이 하나 더 있었다. 그것은 MFAA의 장교단에 박물관 관장은 한 명도 투입되지 않으리라는 것이었다.

따뜻한 3월의 공기를 들이마시며 스타우트가 머지않아 있을 침공을 비롯해 이런저런 생각을 하는 동안 그가 걱정하던 문제는 단순히 요원들의 성격이나 임무의 범위만이 아니었다. 문제는 이번 프로젝트의 특별한 성격에 있었다. 공식적인 임무 기술서는 물론 명령체계조차 없었다. 이 임무에 얼마나 많은 인원이 필요한지, 유럽 대륙에 어떻게 분산 배치할 것인지, 심지어 요원들이 언제쯤 도착할지에 관해 누구도 확실히 알지 못하는 것 같았다.

요원들은 느닷없이 전출 명령서를 받고 나서야 이 임무를 위해 찾아왔으며 그 과정은 그야말로 무작위적인 것 같았다. 기념물 보존 절차에 관한 전반적인 지침서로는 스타우트가 자신의 전문지식과 기고문을 추려 만든 것이 하나 있었다. 하지만 기념물 전담반원을 위한 정식 훈련은 없었다. 이들이 수행하는 임무는 대개 보호가 필요한 유럽 여러 나라의 기념물 목록 작성처럼 기본적인 것뿐이었다. 스타우트가 아는 한 기념물 전담반 중에서 군사 쪽 임무, 가령 무기, 지프, 군복, 군량 등의 확보를 담당하는 사람은 하나도 없었다.

작전 규모도 문제였다. 스타우트가 색스에게 건의한 가장 이상적인 인원은 장교 한 명당 요원 16명이었다. 하지만 유럽 북부에서 이루어질 MFAA 작전에 투입되는 인원은 모두 합해도 16명이 되지 않으리라는 것이 점차 분명해졌다. 스타우트는 역사상 가장 중요한 작전을 계획 중인 군을 상대로 추가 차출을 협상하기는 쉽지 않은 노릇임을 알고 있었다.

그때까지 기념물 보존 야전임무를 위해 배치된 요원들은 열 손가락에 꼽을 수 있을 정도밖에 되지 않았다. 로라이머, 밸푸어, 라파지, 포시, 딕슨 스페인, 메수엔, 해밋이 전부였다. 물론 전출 명령서를 들고 찾아오는 장교가 계속 늘어날 경우 12명이 될 수도 있었다. 다 합쳐봐야 12명 말이다. 그가 영국으로 건너올 때 수송선 안 식탁에서 같이 앉은 병사들 수도 그보다는 많았다. 그가 탄 배는 전쟁에 투입된 1,000척 가운데 하나에 불과했지만 하루에 100번이나 식탁을 차릴 정도로 병사가 많았다.

그는 슈리브넘 기지 바깥의 양지바른 언덕에 앉아 지금 함께 있는 기념물 전담반원들을 하나하나 평가해 보았다. 부대 지휘관(CO)인 제프리 웹은 키가 크고 말랐으며 쉰 살이 넘었다. 그는 케임브리지 대학교수로 재직 중이었고 영국의 미술학자 중에서도 매우 저명한 인물 가운데 하나였다. 그의 옆에는 메수엔 경과 공군 소령 딕슨 스페인이 있었는데 둘 다 제1차 세계대전 참전용사였다.

영국 쪽에서 가장 젊은 사람은 로널드 밸푸어로, 작은 체구에 대머리이며 케임브리지 대학 킹스 칼리지의 역사가인 40대 남자였다. 그는 케임브리지의 동료이기도 한 제프리 웹의 소개로 MFAA에 들어오게 되었다. 슈리브넘에서 한 방을 쓰는 동안 스타우트는 밸푸어의 명석하고 관대하며 친절한 성격을 곧바로 알아챘다. 독실한 프로테스탄

트인 이 학자는 원래 역사를 전공했지만, 점차 교회 관련 주제를 집중적으로 연구했다. 스타우트가 보기에 밸푸어는 오랜 세월 동안 각종 고문서에 홀딱 빠져 있던 것 같았다. 그러므로 기념물 전담반 중에서 기록물과 필사본 분야의 전문가로 간주해도 무방할 듯했다.

미국 쪽 인물 중에서는 비잔틴 미술 전문가로 하버드 대학을 졸업한 마빈 로스가 부지휘관을 맡았다. 랠프 해밋과 밴첼 라파지는 모두 건축가이며 건물에 관한 전문가였다. 워커 행콕은 40대 초반으로 이미 여러 가지 기념비적인 작품을 만든 저명한 조각가였다. 그의 고향인 미주리 주 세인트루이스에 있는 참전용사기념비 〈희생(Sacrifice)〉이 그의 대표작이라 할 만했다. 그는 기념물 전담반에서 유일한 미술가이자 가장 많은 상을 받은 사람이기도 했다. 영국으로 건너오기 몇 주 전에 결혼한 행콕은 경력과 신혼의 단꿈을 포기하고 이 임무에 자원했다. 지나치리만큼 사려 깊고 친절한 그는 어찌나 긍정적이고 인간성이 좋았던지, 하다못해 군용 식사까지도 마음에 든다고 할 정도였다.

제임스 로라이머는 서른아홉 살로 행콕과는 성격이 정반대였다. 저돌적이고 야심만만한 그는 마치 위기에 처한 박물관 분야의 불길이 빚어낸 사람 같았다. 하버드 대학을 졸업하자마자 메트로폴리탄 미술관에 취직한 그는 경력 7년 차인 1934년에 중세미술 담당 큐레이터로 승진했다. 메트로폴리탄의 중세 컬렉션 분과인 클로이스터가 1938년 맨해튼 북부에 문을 열었을 무렵, 로라이머는 이곳의 가장 저명한 개발자 겸 큐레이터가 되어 있었다. 메트로폴리탄이라는 조직에서 이처럼 신속하게 승진했다는 사실은 그의 뛰어난 재능과 추진력을 충분히 보여주고도 남았다. 로라이머는 노동자들의 도시인 오하이오 주 클리블랜드 출신이고, 성(姓)은 유대계인 '로르하이머'였지만 미국 사회의 반유대주의를 걱정한 그의 아버지가 일부러 바꾸었다.[4]

로버트 포시는 이 집단에서 일종의 아웃사이더였다. 워낙 말이 없고 마음을 털어놓지 않아 스타우트조차도 그를 잘 몰랐지만 이력으로나 기질로 보아 군인 체질임에 틀림없었다. 그러나 그가 어떻게 MFAA에 배치되었는지는 아무도 몰랐다. 그가 군에 들어와서 처음으로 맡은 임무는 실험용 교량을 설계하는 것이었다. 그런데 다리가 부실했는지 그곳을 건너던 탱크가 곧바로 강에 빠져버렸다. 다른 기념물 전담반원들은 포시를 어떻게 대해야 할지 잘 몰랐지만 스타우트는 그가 과묵하고 지방 노동자 계층 출신이라는 점에서 그를 잘 이해했다. 자신과 비슷한 점이 많았기 때문이다.

요원들을 생각하던 스타우트는 길모퉁이를 돌면서 빙그레 미소를 지었다. 폴 색스의 말마따나 이 프로젝트는 스타우트의 묘안인지도 모른다. 그러나 정작 이곳에서 조지 스타우트는 그저 한 명의 병사에 지나지 않았고 누구도 휘하에 두지 못했다. 그는 오히려 이 상태가 편하고 좋았다. 군대에서도 관리자들에 대해 본능적인 불신을 품고 있던 스타우트는 직접 손을 더럽혀가면서 몸으로 뛰는 일을 선호했다.

그는 기념물 전담반이 매우 훌륭한 부대라고 생각했다. 불행히도 자신을 빼면 아직 11명이 전부였지만 그래도 모두 최고 수준이었다. 비록 숙련된 보존 전문가는 아니었어도 학자, 미술가, 박물관 큐레이터인 이들은 하나같이 무언가 직접 일을 했고 남들에게 명령만 내리던 사람들이 아니었다. 나름대로 명성을 확립했고 결혼을 했으며 대부분 자녀가 있었다. 또한 무엇이 시급한지 충분히 이해할 만큼 나이를 먹었으며 전장의 혹독함을 견디고 살아남을 정도로 젊었다.

스타우트는 살아남는다는 말을 생각하고 싶지 않았다. 그들은 이제 전장에 나가야 했고 어쩌면 그들 중 일부는 살아남지 못할 수도 있었다. 다시금 적절한 장비와 인원 없이 이들을 전장에 내보내는 것은 범죄라는 생각이 들었다.

그는 육군성에서 근무하는 나이 많은 고고학자 울리 경에게 책임을 돌렸다. 로널드 밸푸어의 말처럼 그는 '좋은 노인네'이긴 했지만 그 양반은 지금 이 부대를 굶기고 있었다. 울리는 보존 작전 전체를 관리하는 지휘부를 겨우 세 사람(그중 한 명은 그의 아내인 울리 여사였다)이 운영한다는 사실에 어딘가 모르게 부적절한 자부심을 갖고 있었다.

"우리는 가능한 한 최소의 비용으로 미술품을 보호합니다."[5]

이것은 울리의 좌우명이나 다름없었다. 무려 100만 명으로 이루어진 군대에서 100명만 내달라는 것이 지나친 요구일까? 카메라와 무전기, 그밖에 다른 기본 장비를 위해 수천 달러만 떼어달라는 것이 정말로 지나친 일일까? 그가 상념에 잠겨 있을 때 로널드 밸푸어가 영국인 특유의 억양으로 말했다.

"자네가 보기엔 어떤가, 조지. 바로 저기일세."

이 말에 다시 1944년으로 생각을 돌린 스타우트는 고개를 들었다. 이엉지붕으로 된 돌집이 깔끔하게 열을 지은 너머로 교회 탑이 하나 솟아 있었다. 그것이 그가 이 작은 마을까지 오게 된 이유 중 하나였다. 스타우트는 머리 위로 높이 솟아난 태양을 바라본 다음 시계를 들여다보았다. 이미 예배가 시작된 지 오래일 것이었다.

"같이 올라가보죠."

밸푸어는 흔쾌히 따라나섰다. 스타우트는 밸푸어를 보면서 정말이지 좋아하지 않을 수 없는 사람이라고 생각했다. 스타우트는 과학자이자 현대주의자였지만 결코 기계를 신뢰하지는 않았다. 보존의 핵심은 기계가 아니라 숙련된 관찰력이기 때문이다. 그는 신중하고 식견이 있으며 효율적인 관찰자가 되는 것, 그리고 자신이 본 것에 따라 행동하는 것이야말로 성공의 비결이라고 믿어 의심치 않았다. 야전에서 성공을 거두기 위해 기념물 전담반 장교에게 필요한 것은 단순히 지식뿐이 아니었다. 열정, 지혜, 유연성, 그리고 군사 문화에 대한 이해도 필요했다. 스타우트가 보기에 밸푸어는 명철한 지적 능력과 현실적인 감각, 권위에 대한 존경을 지닌 인물이었다. 덕분에 그는 상대방에게 깊은 신뢰를 주었다. '우리를 일단 거기에 데려다놓기만 하라고. 그러면 보란 듯이 해치울 테니까.' 이번 임무에 나서는 스타우트의 심정이었다.

젊은 시절에 스타우트는 텍사스 주 코퍼스크리스티에 사는 삼촌 댁에서 여름을 보낸 적이 있다. 두 사람은 일주일에 엿새 동안 일을 하고 이레째 되는 날에는 쉬었다. 하루는 항구로 돌아오던 중에 모터가 고장나고 말았다. 스타우트가 몇 시간이나 노를 저었지만 보트는 표류했고 멕시코 만의 얕은 물을 따라 정처 없이 떠다니다가 간신히 스쿠너를 한 척 만나 견인되어 왔다. 그날 이후로 모터를 믿지 않게 된 스타우트는 항상 노 저을 준비를 갖추고 있었다.

그는 기념물 전담반이 맨손으로 프랑스에 투입되지는 않을 거라는 점을 알고 있었다. 이들에게는 중요한 구조물과 박물관을 망라한 지도가 있었다. 박물관 관장 및 고문들의 지시로 만든 다음 항공 정찰 사진과 대조한 것이었다. 민간인이 취합하고 민사 담당 장교(CAO)들이 검토한 보호 기념물 목록 역시 나무랄 데 없는 수준이었다. 더구나 보존기술 지침서는 스타우트 자신의 저술에 근거한 내용이었으니 허점이 있을 리 없었다.

그래도 그 작전이 임시방편으로 지탱되는 것 같다는 느낌을 지울 수 없었다. 박물관 관장들은 군대를 이해하지 못했고 군대에서는 이게 과연 좋은 생각인지 확신하지 못했다. 기념물 전담반은 다만 고문에 불과했다. 계급을 불문하고 어떤 장교에게든 행동을 강요할 수 없었다. 이동의 자유가 보장되어 있긴 했지만 교통수단이나 사무실, 지원 요원, 그리고 지원 계획이 없는 상황이었다. 비유하자면 군은 이들에게 보트는 주었지만 모터는 주지 않은 셈이었다. 따라서 야전에 나가면 직접 노를 저어야 할 판이었다. 과연 노를 저어서 목적지에 도달할 수 있을까? 하지만 그는 일단 바다에 나가 노를 젓고 있으면 언젠가 스쿠너가 한 척 지나갈 수도 있음을 알고 있었다. 그는 다시 한 번 다짐했다.

'우리를 일단 거기에 데려다놓기만 하라고. 그러면 보란 듯이 해치울 테니까.'

그때 갑자기 어깨너머로 로널드 밸푸어의 목소리가 들려왔다.

"로마네스크 부흥 양식이네. 작긴 하지만 잘 만들었군. 1800년대 말 같은데, 자네 생각은 어떤가?"

스타우트는 그 시골 교회를 올려다보았다. 세부장식이 단순하면서도 튼튼하고 멋지게 꾸며져 있었다. 과도하게 멋을 부린 곳은 없었고 어울리지 않는 곳도 전혀 없었다. 조금도 엉뚱하거나 초라하게 보이지 않았으며 나름대로 아름다움을 간직하고 있었다. 밸푸어의 말대로 그것은 로마네스크 부흥 양식의 교회일 수도 있지만 그의 머릿속에 떠오른 단어는 오히려 '낭만주의'였다. 지나치게 낙관적이고 선의를 품었다는 점에서 낭만적이라고 해야 하나? 전장에서 이런 건물을 구할 수 있다고 믿는 것은 낭만적인 생각일까?

스타우트는 전혀 손상되지 않은 교회를 올려다보며 말했다.

"우리가 대륙에서도 이런 곳을 하나 찾으면 행운일 겁니다."

밸푸어는 미소를 지었다.

"아이고, 이 친구야. 자네는 비관론자로구먼."

스타우트는 영국으로 건너오기 전에 위험 대비책으로 들어둔 2개의 생명보험 약관을 떠올렸다. 그는 항상 준비하는 사람이었다.

"저도 낙관론자입니다, 밸푸어 대위님. 조심스러운 낙관론자이긴 합니다만 그래도 낙관론자인 건 맞습니다."

9

임무
The Task

영국 남부 | 1944년 5월 말

1944년 5월 26일, 연합 원정군 총사령관 아이젠하워 장군은 다음과 같은 명령을 내렸다.[1] 이탈리아에서는 시칠리아 침공이 시작된 지 거의 6개월 만에 이와 유사한 명령이 나왔지만, 이번 명령은 유럽 북부 침공이 시작되기 11일 전에 나온 것이었다.

> 우리는 조만간 문명을 보전하기 위한 전투를 수행하며 유럽 대륙을 가로질러 나아갈 것이다. 전진 과정에서 불가피하게 역사적 기념물과 문화 중심지를 맞닥트릴 텐데 그것들을 보존하기 위해 우리가 싸우는 것이다. 따라서 모든 지휘관에게는 이러한 상징물들을 가능한 한 보호하고 존중할 책임이 있다.
>
> 어떤 상황에서는 존중받는 대상물 파괴를 꺼려하는 우리의 생각 때문

에 작전에서 불리한 일이 벌어질 수도 있다. 만약 카시노에서처럼 적이 우리의 애착을 일종의 방어수단으로 이용한다면 이때는 무엇보다 우리 병사들의 생명을 우선시해야 한다. 다시 말해 군사적 필요성이 있을 경우에는 지휘관이 일부 유적지 파괴 행위를 명령할 수도 있다.

그러나 손상과 파괴가 반드시 필요하지도 않고 정당화될 수도 없는 상황도 많이 있을 것이다. 이 경우 지휘관은 자제하고 규율을 지켜 역사적·문화적으로 중요한 중심지와 대상물을 보존해야 한다. 상급 부대의 민사 담당관들은 진군하는 최전방과 점령지역 양쪽에서 지휘관들에게 역사적 기념물의 위치를 조언할 것이다. 이 정보는 지휘 계통을 통해 필수 지침과 아울러 모든 부대에 내려 보내도록 한다.

— 아이젠하워

다음 날 MFAA는 연합 원정군 총사령부(SHAEF)에 있는 아이젠하워 장군의 사령부 앞으로 프랑스 내에 있는 보호 요망 기념물의 목록을 보냈다. 군인과 민간인 모두 신경이 바짝 곤두서 있었다. 조만간 추진될 미지로의 진군에 이번 전쟁의 성패가 달려 있었기 때문이다. 그것은 바로 오버로드 작전, 즉 프랑스 상륙 작전이었다. 이 작전에 대해 브리핑을 들은 윈스턴 처칠은 아이젠하워의 손을 잡고 눈물을 글썽이며 말했다.

"나는 끝까지 당신과 함께 가겠소. 만약 이것이 실패하더라도 우리는 함께 밑바닥까지 떨어질 겁니다."[2]

만약 작전이 실패한다면 최선의 경우라도 재편성과 재계획에만 2년 넘는 시간이 필요할 터였고, 최악의 경우에는 영국이 패전할 것이었다. 따라서 성공을 가로막을 만한 요소는 무엇이든 용납하지 않았으며 이것은 장차 전투가 벌어질 장소에서 '출입금지' 목록에 승인하지 않은 야전 장교들도 마찬가지였다. 야전 장교들은 지나치게 포괄적이고 전장의 기동이 어렵다는 이유로 보호 요망 기념물에 관한 MFAA의 목록을 거부했다.

MFAA 지휘관들은 결정을 내려야 했다. 상부의 압력에 굴복할 것인가, 아니면 각자의 임무와 믿음을 옹호할 것인가? 울리는 목록을 조정하는 대신 설득을 하기로 작정했다. 그는 SHAEF에 노르망디에 있는 보호 요망 건물 210곳 가운데 84곳은 다름 아닌 교회라고 말했다. 다른 건물 가운데 상당수는 로마나 중세의 유적, 선사시대의 환상열석(環狀列石), 분수대, 그리고 이와 유사하면서도 군사적으로는 거의 이득이 없는 구조물이었다. 군사 목적에 사용될 가능성이 커서 MFAA의 규제에 포함되지 않은 건물은 노르망디 전체를 통틀어 35곳에 불과했다. 울리의 설득이 통했는지 장교들은 결국 목록을 승인했다.

6월 1일, 인원을 보충해 전투 준비를 갖춘 MFAA 15명이 이탈리아를 제외한 유럽 대륙에서 근무하기로 했다. 미국인 8명과 영국인 7명이었다(또 다른 미국인 한 명과 영국인 3명은 그해 3월에 스타우트가 슈리브넘 기지 바깥의 언덕 위에서 요원들을 하나하나 평가한 이후에 도착해 프랑스와 벨기에, 독일의 시골에 배치되었다). 이 중에서 7명은 SHAEF 사령부에서 엄격한 조직 능력을 발휘하며 근무할 것이었다. 다른 8명은 영국과 미국 부대 및 병참지대에 배치되었다. 이들은 이번 프로젝트의 합동적 성격을 강조하기 위해 서로 자리를 바꿔 활동했다. 즉, 미국인 한 명이 영국 제21집단군에 배치되었고 영국인 한 명은 미국 제1군에 배치되었다. 언뜻 불가능해 보였지만 이들 장교의 임무는 어디까지나 영국 해협과 베를린 사이에서 연합군이 만나게 될 모든 중요한 기념물을 조사하고 보존하는 데 있었다.

유럽 북부
Northern Europe

제임스 로라이머가 아내 캐서린에게 보낸 편지
1944년 6월 6일

사랑하는 당신에게

압도적인 병력을 동원한 서유럽 침공이 현재 진행 중이라는 이야기를
들었어. 조간신문을 통해 다행히 로마가 구출되었다는 소식을 알게 되
어 기쁘더군. 이제 나는 전투 병력과 그들의 과제를 생각하고 있어. 우
리처럼 나이 든 사람의 경우, 한편으로는 폭정에 치명타를 가하는 일을
돕고 싶으면서도 또 한편으로는 가족이나 평화 시의 사회구성원으로서
남편, 아버지, 아들의 역할을 생각하게 마련이지.

내 입장이 약간 바뀌었어. 미래가 어떻게 펼쳐질지는 전혀 모르겠어.
다만 내가 뭔가 쓸모가 있었으면 하는 바람이야. 지금은 계급이 낮다
보니 배치가 쉽지 않은 모양이라고 생각하고 있어. 유럽과 유럽인에 관
한 지식, 친구를 만들고 관계를 유지하는 능력, '진정한' 가치를 찾아
낼 수 있는 감각, 착실한 경력, 유능한 정신과 신체, 그리고 연줄. 이 가

운데 어떤 것도, 심지어 쓸모 있는 사람이 되고자 하는 의지조차 아무
런 도움이 안 돼. 나는 기념물 및 미술품 전담 장교로 계속 일하고 싶
어. 하지만 앞으로 무슨 일을 하게 될지 아무런 암시가 없더군.

— 짐

10

존경을 받는다는 것

Winning Respect

프랑스 노르망디 | 1944년 6~8월

1944년 6월 6일 오전 5시 37분, 오마하 해안을 향해 해군의 포격이 시작되었다. 동이 틀 무렵에는 공중 폭격도 가해졌다. 연합군의 첫 번째 병력이 오마하 해안에 밀려든 것은 이른바 'H(공격개시)시각'인 오전 6시 30분이었다. 머지않아 연합군은 해군 및 공군의 공격이 아무런 효과가 없었음을 깨닫게 되었다. 안개가 짙은 데다 혹시 아군 수송선 쪽에 피해가 가지 않을까 우려한 나머지 포탄을 너무 먼 내륙에 떨어트리는 바람에 해안 참호 안의 독일군은 별다른 피해를 입지 않았던 것이다. 동쪽과 서쪽의 미국 부대는 해안을 채 절반도 기어오르기 전에 수많은 부상자를 내고 말았다.

그로부터 30분 후에 밀려온 두 번째 병력은 앞선 생존자들이 만조 위치를 나타내는 작은 모래톱에 갇혀 꼼짝 못하고 있음을 발견했다.

이들 역시 갇히게 되었고 가뜩이나 사람으로 북적이는 해안에 온갖 장비가 들어차는 바람에 아군 부상자들은 밀려오는 파도에 둥둥 떠다녔다. 결국 피로 얼룩진 6시간의 전투 끝에 미군은 약간의 땅을 장악할 수 있었다. 하지만 해안 교두보를 장악하자마자 파도가 밀려와 그곳을 잠식하고 말았다.

병력은 계속 상륙하여 그야말로 인산인해를 이루었다. 독일군의 십자포화에 가로막혀 옴짝달싹 못하게 된 해안에서 마침내 소수의 무리가 절벽을 기어오르기 시작했다. 조지 테일러 대령은 고래고래 소리를 지르며 생존자들을 불러 모았다.

"해안에 머무는 사람은 둘 중 하나다. 죽은 사람이거나 아니면 곧 죽을 사람! 그러니 당장 여기서 빠져 나가자."[1]

그날 하루 동안 영국 해협을 건너 '피의 오마하'로 수송된 병력은 4만 3,000명에 달했다. 이 중 2,200명 이상이 그곳에서 사망했다. 그들은 대부분 징병이나 자원으로 입대했으며 교사, 기계공, 노동자, 사무직으로 일하다가 이번 전투를 위해 급하게 훈련을 받은 병사들이었다. 소드 해안, 골드 해안, 주노 해안, 푸앵트 뒤 옥 등지에서도 희생자가 발생했다.

유타 해안의 경우 무려 2만 3,000명 이상의 병력이 안개와 파도를 뚫고 연이어 상륙해서 독일군 전선을 향해 내륙으로 끝없이 움직였다. 제101공수사단과 제82공수사단에서는 1만 3,000명이 낙하산을 타고 적군의 후방으로 투입되었는데, 만약 해질 무렵까지 해안으로 상륙한 병사들과 만나지 못한다면 이들은 전멸할 위기였다. 설령 상륙 병력이 공수부대 혹은 그중 나머지와 만날지라도 전투가 끝나려면 아직도 한참이나 남아 있는 상황이었다. 여전히 해안 교두보가 불안정한 데다 100만 명에 달하는 독일군이 숲 속에 숨어 여차하면 이들을 프랑스 땅에 영원히 묻어버릴 준비를 갖추고 있었기 때문이다.

독일군의 계산은 빗나갔다. 그들은 항구가 없는 곳에 서방 연합군이 병력을 공급할 수 없으리라 생각했지만 유타 해안으로 쏟아져 들어오는 병사들은 탄약과 무기, 휘발유통을 소지하고 있었다. 하루도 빠짐없이 보병은 물론 전차병, 포병, 군목, 병기 장교, 공병, 의무병, 종군기자, 타자수, 통역병, 취사병이 밀려왔다. 이들은 온갖 선박을 타고 상륙했으며 그중에서도 LST(상륙함정)를 많이 이용했다.

"몇 킬로미터에 걸쳐 해안마다 LST가 커다란 아가리를 쩍 벌리고 탱크와 트럭, 지프, 불도저, 그리고 크고 작은 대포를 토해냈다. 해안에는 군량과 탄약상자, 휘발유가 가득한 통, 무전기, 전화가 담긴 상자, 타자기와 용지, 그밖에 군인에게 필요한 온갖 물건이 산더미처럼 쌓여 있었다."[2]

머리 위로는 연합군 비행기의 굉음이 계속되었다. 디데이 하루 동안에만 무려 1만 4,000번이나 출격했고 이후 날씨가 맑은 날이면 매일 그만큼의 출격이 이루어졌다. 영국 해협에는 한 달 넘게 배가 어찌나 많던지 평소에 하루 만에 건너던 거리를 사흘이 걸려서 겨우 건널 수 있었다.

유타 해안에서 몇 미터 떨어진 곳에 400년 된 작은 교회가 한적하게 서 있었다. 병사들이 그 교회를 어떻게 생각하는지 누가 알겠는가? 유타 해안에서 5킬로미터 이내에 퍼져 있는 병사들 가운데 대부분은 아마 그 교회를 본 기억도 없을 것이다. 물론 드물게나마 회고록이나 전쟁사에 그 옆을 지나갔다는 기록이 나오기도 한다. 교회 지붕은 포격을 받았고 들보는 산산조각 나 있었지만 작은 예배당은 그대로였다. 그리고 시간이 흐르면서 해안에 도착하는 수천 명의 병사와 최전선에서 돌아오는 수백 명의 병사가 거기에서 예배를 드리게 되었다.

8월 첫날, 사상 처음으로 한 병사가 이 석조건물을 알아보았다. 그는 이렇게 기록했다.

"이 예배당은 상트 마들렌이라고 한다. 프랜시스 매커보이는 매일 17시에 예배를 드린다는 표지를 붙여놓았다. 이 교회는 '메종 카레' 양식의 훌륭한 16세기 르네상스 건축물로 주변에는 복원에 사용할 수 있는 파편들이 널려 있다. 주 출입구는 남쪽과 서쪽이 분열되는 손상을 입었다. 하지만 나무지붕은 사소한 손상을 제외하면 상태가 좋은 편이다."[3]

이 글을 쓴 사람은 영국으로 보내기 위해 사진을 찍었다. 그는 바로 제임스 로라이머 소위로 전직 메트로폴리탄의 큐레이터였다. 그는 유타 해안으로 건너온 다른 수천 명의 병사와 달리 그 작은 예배당을 전쟁에 이용하러 온 것이 아니라 기념물 전담반원으로서 예배당을 구하러 온 것이었다.

노르망디에서 일어난 대부분의 일이 그러했듯 로라이머 소위의 배치도 애초 계획대로 이루어지지는 않았다. 그는 원래 더 일찍 상륙하기로 되어 있었지만 육군에서 그보다 급박한 요원들을 최전선으로 투입했기 때문에 그의 도항은 늦어질 수밖에 없었다. 마침내 도항이 허가되었을 때, 안타깝게도 그는 배를 놓치고 말았다. 담당 함장이 기념물 전담반원이 있다는 사실을 알지 못해 예정 시각보다 일찍 출발했기 때문이다. 다음 날 아무 배나 타고 가도 된다는 허락을 받은 로라이머는 북아프리카 전투에 참전했던 프랑스 고참병들과 같은 배를 타고 가기로 했다. 이왕이면 자유프랑스 소속 병사들과 함께 프랑스 땅에 상륙하고 싶었던 것이다.

애초에 연합군은 7월 말까지 프랑스를 완전히 가로지르기로 계획했다. 하지만 8주가 지난 뒤에도 연합군의 내륙 진로는 겨우 40킬로미터에 불과했고 전선은 130킬로미터도 되지 않았다. 여러 지역에서 진전 상황이 최악이었다. 8월 초에 영국 제2군과 그곳에 배치된 기념물 전담반 장교 밴첼 라파지는 첫째 날의 목적지인 캉에서 겨우 몇 킬로미터밖에 더 나아가지 못하고 있었다. 프랑스에 도착한 기념물 전담반원은 그 외에도 5명이 더 있었는데 이들 역시 작전지역에서의 진군이 느리다는 사실을 깨닫게 되었다. 언론에서는 '교착 상태'라는 섬뜩한 말을 뱉어내기 시작했다. 8월 3일에 상륙한 제임스 로라이머는 노르망디에서 주요 전투 작전이 이루어지는 가운데 도착한 기념물 전담반원 중 마지막 요원이었다.

로라이머는 유타 해안을 넘어가자마자 2개월 전만 해도 조용했던 프랑스의 교외가 아니라, 병사들로 북적거리는 도시를 발견할 수 있었다. 민사 담당 장교 출신으로 훗날 기념물 전담반에 가담한 존 스킬턴은 등 뒤로 펼쳐진 해협을 두고 "사람을 마비시킬 만큼 감동적인" 광경이라고 표현했다. 해협에는 정박을 기다리는 선박이 수평선에 가득했다. 병사들은 바닷물 속을 철벅거리며 해안으로 상륙했다. 머리 위로는 적기 비행을 방지하기 위한 일종의 방어벽으로 은색 풍선들이 수천 개나 떠올라 있었다. 그 뒤쪽으로는 연합군 전투기가 날아다녔다. 그 광경을 바라본 스킬턴은 이렇게 썼다.

"각양각색의 차량이 그토록 많이 몰려 있는 것은 난생 처음 보았다. 길을 따라 눈길이 닿는 곳이면 어디에나 차량이 줄줄이 늘어서 있었다."4

수송대의 차량을 얻어 타고 전방 병참지구 사령부(Ad Sec)로 향하는 동안, 로라이머는 상황이 얼마나 어마어마한지 새삼 깨달았다. 그의 주위에는 포탄을 맞고 뻥 뚫린 토치카와 산산조각 난 산울타리, 바퀴 자국이 선명한 땅이 펼쳐져 있었다. 파손된 차량은 커다란 구조차량에 끌려 폐기장으로 갔고 길가마다 부서진 총과 요새가 녹슬어가고 있었다. 머리 위에서는 비행기가 계속해서 소음을 내뱉었다. 연합군의 폭탄이 터지는 소리는 인근의 지뢰 터지는 소리와 뒤섞였다. 지뢰 중 일부는 지뢰탐지반이 확인해서 폭발시켰지만, 불운한 병사나 민간인이 잘못 밟아 터트리는 경우도 있었다. 로라이머는 노르망디에 도착해 처음으로 본 광경을 다음과 같이 묘사했다.

"입을 벌린 포탄 구멍과 불길이 휩쓸고 지나간 건물 사이에서 문화적 손상을 기록하려는 시도는, 마치 박살 난 통에 고여 있는 와인을 조금이라도 건지려는 것과 비슷했다."5

전방 병참지구 사령부는 해안에서 몇 킬로미터 떨어진 농가 건물과 막사에 마련되어 있었지만, 이곳 역시 체계성 면에서 해안보다 나을 것이 없었다. 전날 도항하는 배를 놓친 로라이머를 기다리는 사람은 없었다. 로라이머는 도착 신고를 하기 위해 몇 킬로미터를 걸어갔다가 와야만 했다. 그의 부대 지휘관은 부비트랩을 조심하라는 한마디를 던지더니, 다시 뒤돌아서서 지도를 바라보았다. 금고나 교회 신도석, 심지어 시체에도 부비트랩이 설치되어 있을 수 있다는 것이었다. 그게 전부였다. 로라이머는 이제 혼자서 활동해야만 했다. 일단 작은 사무실을 차려놓고 무엇을 해야 할지 궁리했다. 하지만 오랫동안 앉아 있지 않았다. 그는 자신에게 주어진 일이 일생일대의 임무라는 것을 잘 알고 있었다.

1939년 폴란드로 진격한 독일군 중에는 의도적으로 그 나라의 미술품을 약탈하고 문화적 기념물을 파괴하는 임무를 부여받은 부대가 있었다. 이를 증명하듯 나치는 폴란드의 국보에 해당하는 바이트 슈토스의 작품 〈대제단〉을 압류해 독일 뉘른베르크로 이송했다. 곧이어 나치는 레오나르도 다 빈치의 회화로 확인된 15점가량의 작품 중 하나인 〈담비를 안고 있는 여인〉을 비롯해 라파엘로와 렘브란트의 걸작들을 약탈했다. 바이트 슈토스의 작품을 제외한 나머지 작품들은 모두 폴란드에서 가장 중요한 것으로 손꼽히는 차르토리스키 컬렉션의 일부였다. 그 이후로는 이들 작품을 보거나 이에 대해 들은 사람이 아무도 없었다.

그로부터 1년 뒤, 서유럽이 나치 앞에 무릎을 꿇고 나자 이제는 사실이 아니라 소문과 괴담만 떠돌았다. 그러나 세계의 예술계는 그 정도만으로도 유럽의 크고 작은 박물관과 컬렉션의 소장품들이 조직적으로 약탈되어 독일로 이송되고 있음을 알아챌 수 있었다. 노르망디 상륙 작전은 미국과 영국의 박물관 전문가들이 나치의 베일 뒤에서 무슨 일이 벌어지고 있는지 알아낼 수 있는 최초의 기회인 동시에 잘

못을 바로잡을 수 있는 기회인 셈이었다. 제임스 로라이머는 새로운 예술의 역사가 펼쳐지는 상황에서 그저 책상 앞에만 앉아 있을 수는 없었다.

로라이머는 1943년에 자원입대했다. 다른 여러 성공한 전문가들과 마찬가지로 조지아 주 소재 캠프 휠러의 제4보병 훈련 대대에서 이병으로 시작했다. 1944년 2월 그의 딸 앤이 태어났을 때 소식을 들은 그는 이렇게 답장을 보냈다.

"마침내 나도 자랑스러운 아버지가 됐군. 그 사진은 내가 지닌 것 중에서 가장 값진 재산이야."[6]

머지않아 그는 배를 타고 영국으로 향했고 이후 2년이 넘도록 딸을 볼 수 없었다. 슈리브넘의 민사부서에 배치되어 훈련을 받은 로라이머는 얼마 후에 기념물 임무에 재배치되었다. MFAA로 전출된 직후 그는 아내에게 편지를 썼다.

"여기 오니 미술사가들을 점점 더 많이 만나게 되는군. 언제 어디든 필요하면 임무에 투입될 거야. (……) 다른 사람들이 정치 문제를 다루는 동안 나는 뒤에 물러나 있는 거지."[7]

프랑스 미술 및 언어에 대한 경력과 지식으로 무장한 로라이머는 자신이 "좋아하는 유럽 국가"[8]를 향해 침공을 준비할 단계부터 일할 수 있으리라 기대했지만 MFAA는 그야말로 혼란 상태였다. 4월이 되자 정식으로 기념물 전담반에 발령이 났으나 특별한 임무가 주어지지는 않았다. 무료한 시간을 보내던 로라이머는 4월 9일 유용한 일을 하나 찾아냈다. 그것은 장교들에게 군용 트럭 운전을 가르치는 일이었다. 특유의 근면성과 성실성을 발휘한 그는 트럭 전문가가 되어 하루

8시간씩 훈련을 시켰다. 하지만 그는 아내에게 아쉬움을 털어놓았다.

"남아도는 시간에 기념물 보존 임무를 실제로 많이 할 수 있으면 얼마나 좋을까."[9]

4월 30일, 다른 부대에서 홍보장교 겸 역사가를 선발하자 그는 곧바로 그 기회를 붙잡았다. 하지만 MFAA의 지휘관 제프리 웹은 그를 호락호락 놔주지 않았다. 로라이머는 아내에게 "내 실제 임무는 상황과 기분, 정치, '웹'에 따라 달라진다니까"라며 불평했다.[10] 그는 기념물 보존 임무가 필요하다고 생각했지만 부대가 출범할 때까지 몇 년째 분투해온 스타우트와 마찬가지로 군대 내부에서 그것이 어떤 식으로든 구체화되리라는 기대는 거의 하지 않았다. 디데이를 한 달여 앞둔 어느 날 그는 편지를 썼다.

"색스한테 이렇게 전해줘. 내가 두려워하던 일이 모두 벌어졌고 나는 지금 차량 운전과 정비를 가르치는 아주 대단한 임무를 맡고 있다고 말이야."[11]

그로부터 일주일 뒤인 5월 7일 그는 마음을 바꾸었다.

"언젠가 비록 잠시뿐이더라도 사람들이 민사 임무가 전 세계에서 가장 멋진 일이었다고 생각할 날이 올 거야. (……) 기념물 전담반은 대단한 임무를 부여받았고 나는 일이 최대한 잘 처리되고 있다는 사실에 만족해."[12]

문제는 로라이머가 군대 특유의 관료적 문화에 잘 적응하지 못한다는 데 있었다. 젊은 나이에 메트로폴리탄에서 높은 지위까지 승진했던 그는 군대에 들어와 졸지에 거대한 관료제의 밑바닥으로 추락했고 아무런 권한도 없었다. 소위로 특진하긴 했지만 장교나 MFAA 중에서 가장 낮은 지위에 불과했다. 4월에 그는 아내에게 보낸 편지에 자신의 마음을 털어놓았다.

"전쟁은 여러 가지를 혼란스럽게 만들지. 특히 민간인 시절에 성공만 거듭해온 사람이 하급 장교가 되는 경우가 그래. 나는 다만 봉사하고픈 내 마음이 정치놀음이나 권력다툼만 하는 저 소인배들 때문에 망가지지 않았으면 하는 바람뿐이야."[13]

그가 마침내 MFAA에서 임무를 부여받은 것은 노르망디 상륙 작전이 벌어지고 나서 무려 4주 이상 지난 뒤였다.

노르망디에 도착한 기념물 전담반원들은 저마다 담당 전투지역을 하나씩 부여받았다. 각각의 지역은 미국 제1군, 미국 제3군, 영국 제2군 같은 개별 전투부대에 해당되었다. 로라이머는 그중에서 병참지대, 즉 최전선 바로 뒤에서 도로를 건설하고 보급품을 운반하는 지역을 맡았다. 불행히도 병참지구의 영역에 관한 정보는 워낙 신속히 바뀌는 바람에 이를 추적하기조차 불가능한 실정이었다. 때로는 최전선이 지금 정확히 어디인지 확인하는 것도 어려웠다.

노르망디에는 산울타리와 커다란 토벽 등이 복잡하게 펼쳐져 있었다. 이런 산울타리와 토벽은 대개 10킬로미터 내지 15킬로미터까지 이어져 있었다. 따라서 전방에 탁 트인 벌판이 나타나도 그 건너편에 또 다른 산울타리가 놓여 있어 시야가 제한될 수밖에 없었다. 하나같이 한쪽으로 비스듬한 산울타리를 두세 개쯤 지나고 나면 지휘관들도 자신이 지금 앞으로 나아가고 있는지 뒤로 후퇴하는 중인지 모를 지경이었다. 이러한 곤경을 겪어본 어떤 장교는 도착 첫날 들판을 지나 사령부까지 가야 했던 로라이머에게 조언을 해주었다.

"도로를 벗어나지 말게. 그리고 최대한 머리를 낮춰야 하네. 죽은 기념물 전담반 장교 따위는 아무 짝에도 쓸모가 없을 테니 말일세."[14]

수송부에서는 병사 한 명이 명령서를 확인하더니 고개를 저었다.

"죄송합니다, 소위님. 기념물 전담반은 저희 목록에 없습니다. 죄송합니다만 다른 차를 타고 가셔야 할 것 같습니다. 트럭은 계속 출발하고 있습니다. 통신선 수리와 보급품 운반, 그리고 사망자를 매장하기 위해서 말입니다. 별 문제는 없을 겁니다."

로라이머는 그 직후에 떠나는 수송대를 따라 출발했다. 이 구역 내에는 가볼 곳이 열댓 군데쯤 있었지만 아직 뚜렷한 계획이나 정해진 대상은 없었다. 첫 번째 도착지는 카랑탕으로 오마하와 유타 해안 사이의 전략적 연결지점이었다. 그곳은 공중 폭격과 연합군의 포격으로 거의 자취가 사라졌지만 살육의 흔적 사이에서도 다행히 보호 요망 기념물 목록에 들어 있는 대성당은 별다른 손상을 입지 않았다. 경미하게 종탑만 손상됐을 뿐이었다. 그의 임무는 기념물 상태를 기록하고 필요한 경우 긴급 수리를 감독하는 것이었다. 종탑은 당장 무너질 정도로 위험하지는 않았기 때문에 마침 그곳의 상황을 조사하러 온 셰르부르의 군청 건축기사에게 종탑 수리 임무를 맡긴 다음, 길 건너편 그늘에서 자신을 지켜보던 한 소년을 향해 말했다.

"도와주고 싶은 거냐?"

소년이 고개를 끄덕이자 로라이머는 배낭 속으로 손을 뻗었다.

"저 아저씨가 종탑에서 내려오면 내가 일단 다른 마을로 갔다고 해라. 그리고 이걸 이 건물에 붙여놓으라고 해다오."

그는 소년에게 표지판을 몇 개 건네주었다. 거기에는 영어와 프랑

스어로 이렇게 적혀 있었다.[15]

출입금지

모든 군사요원에게 해당됨

역사적 기념물

이곳에 무단 침입하거나

이곳의 자재 및 물품을 무단 이동하는 것은

부대 지휘관의 명령에 따라

엄격히 금지되어 있음

기념물 전담반의 세 번째이자 가장 중요한 임무는 군인이나 지역 주민의 무분별한 행동으로 더 이상의 손상이 발생하지 않도록 조치를 취하는 것이었다. 보호 요망 기념물은 비록 폐허라 하더라도 결코 건드려서는 안 되었다. 그는 소년이 대성당 쪽으로 가는 모습을 물끄러미 바라보았다. 소년은 신발도 신지 않은 상태였다. 로라이머는 소년의 뒤로 몇 발짝 다가가 어깨를 붙잡았다. 소년이 올려다보자 그는 고맙다고 말하며 껌을 하나 건네주었다. 소년은 미소를 지으며 그걸 받더니 다시 몸을 돌려 대성당 쪽으로 달려갔다.

불과 며칠 지나지 않아 그는 야전일지와 기념물 목록의 도움을 받지 않고는 어디를 다녀왔는지 말도 꺼내기 힘든 상황에 처하고 말았다. 교통편을 찾기 위해 그가 동분서주하는 동안 여러 마을이 분간이 되지 않을 정도로 뒤섞여버렸기 때문이다. 도로에 가득한 탱크가 지나갈 때마다 산울타리가 바뀌거나 없어진 탓이다. 어떤 구간에서는 산울타리가 불타고 잘려 나갔으며 땅에는 폭탄 구멍이 파이고 군화 자국이 어지러웠다. 어떤 마을은 파괴되었고 또 어떤 마을은 멀쩡했다. 같은 마을 안에서도 어떤 구역에서는 사상자가 속출했지만 그다음 구역은 완전히 멀쩡해 보였다. 전쟁은 허리케인처럼 넓게 닥쳐와 그 앞에 놓인 것을 모조리 파괴하는 식이 아니었다. 오히려 토네이도처럼 좁게 다가와 어떤 것은 파괴하고 또 어떤 것은 손도 대지 않는 식이었다.

그러한 혼란 속에서 로라이머가 알아챈 한 가지가 있었다. 그것은 카랑탕과 마찬가지로 어느 마을에서든 성당이나 교회는 멀쩡하고 종탑만 망가졌다는 점이었다. 평야로 이루어진 노르망디에서 반경 수 킬로미터 내에 유일하게 높이 솟아난 것은 대성당의 종탑이게 마련이었다. 연합군은 종교시설의 신성함을 범할 생각이 없었다. 물론 독일군은 그런 도덕관념을 전혀 드러내지 않았지만 말이다. 헤이그조약에 의거한 육상전 규칙을 위반한 독일군은 종종 저격수와 관측병을 종탑에 매복시켰다가 진군하는 적군에게 박격포를 발사했다. 이를 알아챈 연합군은 집중 사격으로 종탑은 무너뜨리되 나머지 건물은 건드리지 않았다.

로라이머는 연합군이 보호 요망 기념물 목록을 들여다봤는지 궁금했지만 지금은 그걸 따질 상황이 아니었다. 군 지휘관들은 건드리지 않아야 할 구조물이 어떤 것인지 천성적으로 아는 듯했다.

물론 종교시설이라고 해서 모두 멀쩡한 것은 아니었다. 로라이머는 라에뒤퓌에서 매일 대성당으로 기도하러 오던 소농들의 접근을 차단해야만 했다. 구조물이 심하게 손상을 입다 보니 장갑차나 대포가 근처를 지나며 만들어내는 진동으로 인해 종탑이 무너질 수도 있기 때문이었다. 발로뉴에 있는 생 말로 교회에서는 보급로를 확보하기 위해 연합군의 불도저가 교회 한가운데 떨어진 잡석들을 회중석 쪽으로 밀어버렸다. 불행히도 그 보급로는 교회의 잔해 한가운데를 통과했다. 마을 사람들이 교회를 보존해달라고 소리치고 애원할 때 로라이머는 다른 방법이 없다고 설명할 수밖에 없었다. 이것이야말로 자유를 위해 치러야 할 대가였다.

이보다 더 안타까운 경우도 있었다. 독일의 군수품 저장고로 사용되던 생 소베르 르 비콩트의 역사적인 수도원은 연합군의 공중 폭격으로 파괴되었다. 로라이머가 그곳에 도착해보니 미군 병사들이 자기들 휴대식량을 아이들에게 먹이고 있었다. 그곳에는 56명의 고아와 35명의 수녀가 있었다. 수녀원장이 말했다.

"이 수도원은 축복받았습니다. 비록 파괴되긴 했지만 모두가 무사히 피신했으니까요."

콩트 드 제르미니의 성(城)도 연합군 폭격기 때문에 불이 났다. 그곳에 가까이 다가간 로라이머는 가장자리가 시커멓게 그을린 벽의 일부분이 마치 커다란 돌의 어깨처럼 튀어나와 있는 것을 볼 수 있었다. 성의 그늘진 곳에서는 불도저 한 대가 후진하면서 이제 하나 남은 거의 완전한 벽을 쓰러트릴 채비를 하고 있었다. 손상당한 건물의 벽을 쓰러트리는 것은 일반적인 관습이었다. 군에서는 여기서 나온 돌을 도로 복구용 자재로 사용했다. 하지만 그 성은 보호 요망 기념물 목록에 올라 있었고 그 벽은 성의 사설 예배당 중 일부였다. 로라이머는 뒤쪽에서 2개의 커다란 18세기 성상을 발견했다.

"불도저 멈춰!"

그가 소리를 지르자 공병이 깜짝 놀랐다. 그는 지난 며칠 동안 손상된 성의 다른 벽도 무너트리고 있었던 것이 분명했다. 로라이머는 보호 요망 기념물 목록을 치켜들었다.

"이것은 역사적인 건축물이니 절대 파손해서는 안 돼."

잠시 후 그곳 지휘관이 잡석 더미를 넘어 다가왔다.

"대체 무슨 일인데 그러나, 소위!"

상대방이 장교 중에서도 가장 낮은 로라이머의 계급을 굳이 붙여 말했다. 다분히 의도적이었다. 기념물 전담반에게는 누군가를 향해 명령을 내릴 권한이 없었다. 이들의 역할은 어디까지나 조언이었고 이곳 장교는 그 사실을 잘 알고 있었다.

"이건 역사적 기념물입니다, 지휘관님. 그러니 손상을 입혀서는 안 됩니다."

장교는 무너진 벽과 돌 파편들을 바라보았다.

"그럼 진작에 공군 애들한테도 그 얘기를 해주지 그랬나."

"그리고 이곳은 사유재산입니다, 지휘관님. 따라서 소유주의 권리를 존중해주어야만 합니다."

"우리는 적들과 싸워 이기기 위해 여기에 온 거네, 소위. 이번 전쟁에서 내 임무는 저놈의 도로를 통행이 가능하게 복구하는 것이고 말일세."

장교는 그 말을 남기고 등을 돌렸다. 하지만 불독이나 다름없는 로라이머가 그 정도로 물러설 리 없었다. 그는 자기 자신과 임무에 대해 크나큰 야심과 믿음을 지니고 있었다.

"그러면 이 벽을 촬영해서 공식 보고서를 작성하겠습니다."

이 말에 장교는 걸음을 우뚝 멈추고 돌아섰다. 뭐 이런 뻔뻔스런 자식이 있나 싶어 인상을 구기는 그의 면전에 로라이머는 기념물과 전쟁에 관한 아이젠하워의 성명서 사본을 내밀었다.

"총사령관 각하의 명령에 따르면 반드시 필요한 경우에만 파괴하라고 되어 있습니다. 지금 이 건물의 철거가 단순히 편의를 위해서가 아니라 군사적 필요성 때문에 이루어졌다는 사실을 해명하시기 위해, 나머지 복무기간 내내 바쁘게 뛰어다니고 싶으신 겁니까?"

상대방 장교는 체구가 작은 하급 장교를 노려보았다. 외모는 분명 군인이었지만 하는 짓은 정말 멍청이였다. 하지만 제임스 로라이머를 흘끗 바라보기만 해도 지금은 전쟁 중이라는 식의 설교가 전혀 먹히지 않으리라는 것은 분명했다.

"알았네."

장교는 투덜거리며 손짓을 해서 불도저를 벽에서 멀어지게 했다.

"하지만 전쟁을 제대로 하려면 이렇게 부수기도 해야 하는 법 아닌가."[16]

로라이머는 생 소베르 르 비콩트의 수도원을 떠올렸다. 그곳에서는 미군 병사들이 자기네 휴대식량을 덜어내 아이들에게 먹이고 있었다. 또한 병사들은 빗속에서 야영을 했다. 그 수도원의 역사적, 문화적 가치를 충분히 인식한 전투사령관이 수도사들의 따뜻하고 보송보송한 침대를 병사들이 함부로 사용하지 못하도록 금지한 까닭이었다. 그 장군은 병사들 사이에서 그다지 인기가 높지는 않겠지만, 로라이머는 그 사람이야말로 프랑스인의 존경을 얻어낼 인물임을 알 수 있었다.

그것을 떠올린 로라이머는 여전히 못마땅한 표정으로 서 있는 장교에게 말했다.

"죄송합니다만, 그 말씀은 옳지 않습니다. 제가 생각하기에는 보존이야말로 전쟁을 제대로 하는 방법인 것 같습니다."

사랑하는 마지에게

사흘 전에 드디어 운이 트여서 지붕 있는 막사에서 자게 되었어. 참으로 편안하더군. 이 상태가 유지되는 한 최대한 만끽할 참이야.

이제는 프랑스 사람들에 대해 존경심이 생기고 있어. 정치가들이 그렇다는 얘기는 아니야. 물론 나쁘지는 않지만 나는 그 사람들을 잘 모르겠어. 순박한 시골 사람들의 용기가 오히려 더 감동적이지. 그런 사람들이 길을 오가면 누구나 알 수 있어. 불구가 되고 모든 것이 박살 났는데도 그들은 아무것도 변하지 않은 것처럼 꿋꿋하게 각자 일을 하더라고. 우리에게도 친절하고. 그것도 필요 이상으로, 무척이나 친근하게 대해. 수백 군데 오두막에 삼색기가 걸려 있는데 성조기도 어마어마하게 많이 걸려 있어. 도대체 그걸 다 어디서 구했는지 상상이 안 간다니까. 각자 옷 안감을 꿰매서 직접 만든 모양이야. 어떤 것은 손수 만든 티가 나. 흰색 띠는 흰 천을 꿰매 붙이고, 붉은 띠는 그 비슷한 색을 꿰매 붙였더라고. 별은 한 땀씩 수를 놓았어. 길가를 지나가다 보면 사람들이 항상 손을 흔들고, 종종 무너진 집 앞에 서 있다군. 어떠한 승리의 행진도 이것만은 못할 거야(……).

이렇게 글을 쓰고 있으니 최소한 한 가지 이상의 감각을 잃어버린 기분으로

군. 당신의 목소리를 들을 수 없고 당신의 얼굴을 볼 수 없으니 당신이 내 말을 듣고 있는지 궁금한데. 한 가지는 확실해. 내가 당신을 사랑한다는 것.

사랑하는 조지

11

전장에서의 회의
A Meeting in the Field

프랑스 노르망디 | 1944년 8월

고대의 교차로에 놓인 도시 생로는 동서로 뻗어 있는 노르망디의 주
도로가 내려다보이는 고지에 자리 잡고 있었다. 6월 초부터 제29보병
사단(일명 29단)은 이곳에 발이 묶인 채 독일군 제352사단과 혈투를 벌
이고 있었다. 7월 중순에 이르자, 디데이 전투에 참여한 사람 치고 살
아 있는 이가 양측에 거의 없을 지경이었다.

7월 17일 동이 트기 1시간 전, 29단은 예비 병력조차 남겨놓지 않고
생로를 향해 전면 공격을 감행했다. 그 기습 작전에 놀라 참호에서 뛰
쳐나온 적군은 주로 총검과 수류탄을 이용해 반격했다. 동이 틀 무렵,
미군은 적 방어선을 뚫고 들어가 생로 중심부에서 채 1킬로미터도 떨
어지지 않은 고지를 점령했다. 독일군은 곧바로 반격에 나섰지만 연
합군의 대규모 포격과 전폭기 공격에 와해되고 말았다. 역사가 스티

븐 앰브로스는 이렇게 썼다.

"생로는 디데이에 B-17 폭격기의 공격을 받았고 이후로도 날씨가 맑을 때마다 줄곧 공격을 받았다. 도시의 중심부에서 생명체의 흔적이라곤 찾아볼 수 없었으며 잡석 더미만 쌓여 있었다. 도로와 골목은 거의 알아볼 수도 없는 상황이었다."[1]

그 도시에 생명체의 흔적이 아주 없었던 것은 아니다. 잡석 더미 뒤마다 독일군이 매복하고 있었다. 연합군의 진격은 이동전으로 바뀌었고 전투 중 상당수는 이미 무너진 생트 크루아 교회 인근의 공동묘지에서 벌어졌다. 총탄에 묘비가 박살나고 즉석에서 만들어낸 공성용 망치를 장착한 탱크가 마치 산울타리를 부수듯 무덤을 뭉개고 지나갔다. 또다시 수많은 사망자가 발생한 독일군은 도시 안으로 쫓겨 들어갔다.

결국 전투가 연합군 측의 승리로 끝났을 때, 29단은 전직 교사이자 부대 내에서 매우 인기 있는 장교였던 톰 하위 소령의 시신을 성조기로 덮어, 한때 생트 크루아 교회였던 잡석 더미 위에 안치했다. 연합군은 마침내 그곳을 장악했지만 제29사단은 오마하 해변에서보다 더 많은 병사를 잃는 대가를 치러야 했다.

제임스 로라이머가 생로에 도착했을 때 도시는 폐허가 되어 있었고 잡석 더미 사이마다 매장되지 않은 시신이 쓰러져 있었다. 집을 잃은 주민들은 식량과 물을 찾아 잿더미 사이를 헤맸다. 그가 잡석 더미를 지날 때 한 남자가 말했다.

"독일군이 집에 휘발유를 붓고 불을 질렀습니다. 그놈들은 대로마다 지뢰도 파묻었어요."

가까운 어디에선가 정말로 지뢰가 폭발했다. 그 도시의 건축기사는 생로의 역사 지구를 보자마자 눈물을 글썽거렸다. 독일군은 그 주위에 참호와 지하 콘크리트 요새를 만들었고 연합군은 그곳에 폭격을 가해 박살을 내버렸다. 주요 관공서 역시 폭탄으로 구멍이 뚫리고 화염에 휩싸여 사라진 곳도 있었다. 정복왕 윌리엄의 특허장 같은 역사적 문서를 소장한 오텔 드 빌(시청)도 파손당하고 말았다. 인근의 박물관과 여러 세기 동안 그곳에 보관되어 온 수많은 보물도 한 움큼의 재로 변해 있었다. 노트르담 교회의 한가운데에는 잡석 더미가 5미터 넘게 쌓여 있었다. 아직 멀쩡히 서 있는 일부 교회에도 "수류탄, 연막탄, 휴대식량 상자 그리고 온갖 파편들이 뒤섞여 있었다. 설교대와 제단에는 부비트랩까지 설치되어 있었다."[2]

로라이머의 보고서를 받은 사령부의 장교들은 믿기 힘들다는 반응이었고 결국 민사 담당 대령이 직접 시찰에 나섰다. 현장에 나타난 그는 로라이머가 서술한 것보다 훨씬 더 끔찍한 상황임을 확인했다. 나중에 추산한 결과에 따르면 이곳의 파괴 수준은 95퍼센트에 달했으며, 그 정도면 독일 내의 소이탄 폭격 지역에 버금갈 만큼의 참사였다.

프랑스에 거주하던 저명한 아일랜드 작가 사뮈엘 베케트는 생로를 가리켜 "폐허의 수도"[3]라고 서술한 바 있다. 로라이머가 작성한 파손물품 목록에는 오래된 건축물뿐 아니라 수백 년간 지켜온 기록보관소, 훌륭한 도자기 컬렉션, 수많은 개인 소장 미술품 컬렉션, 그리고 몽생미셸의 수도원에서 수사들이 제작하고 수집한 방대한 채색 필사본 컬렉션 등이 포함되어 있었다. 가치를 따질 수 없이 귀중한 이 필사본들은 직접 사람의 손으로 쓰고 채색 삽화를 넣은 것으로 그중에는 11세기 것도 있었다. 가급적 더 안전하게 보관하기 위해 원래의 보관소에서 생로의 지방 문서보관소로 이송한 것이었다.

그로부터 몇 주 뒤, 군사(軍史)상 가장 대규모의 공중 폭격이 이루어졌고 미국 제1군과 제3군은 생로에서 적의 방어선을 돌파했다. 이로써 연합군을 두 달 동안 노르망디에 꽁꽁 붙잡아두었던 독일군의 강철 포위망은 박살 나고 말았다. 기념물 전담반의 임무가 지닌 복잡성, 즉 '보존과 전략적 진군의 균형 잡기'의 어려움을 상징하는 도시를 하나 꼽으라면 그곳은 바로 생로일 것이다.

8월 13일, 패튼 장군은 동쪽으로부터 이 도시로 진군한 제3군을 이끌고 독일군을 포위하기 위해 다시 북서쪽으로 진군하고 있었다. 이때야말로 기념물 전담반이 야전에서 처음으로 함께 모일 시점인 듯했다. 노르망디 전투가 아직 공식적으로 끝난 것은 아니지만 승리가 분명해 보였기 때문에 과거를 평가하고 미래를 계획해야 할 필요성이 대두되었던 것이다.

지난 몇 달간은 그야말로 뼈가 욱신거릴 만큼 고난으로 얼룩진 시간이었다. 로라이머는 사령부에서 떠나는 차를 얻어 타자마자 진흙투성이 군화를 신은 채 잠이 들고 말았다. 그의 곁에는 역시 병참지구에서 근무하는 기념물 전담반원 랠프 해밋 대위가 있었다. 기념물 전담반원 중에서 최초로 노르망디에 상륙한 밴첼 라파지 소령은 영국 제2군의 동료들이 제공한 작은 승용차를 타고 도착했다. 2월에 라파지는 전장을 떠나 MFAA의 부지휘관이 되었다. 기념물 전담반에서 일종의 아웃사이더였던 로버트 포시 대위는 조지 패튼의 군기 센 제3군에 소속되었는데 전방에서 그곳까지 오는 교통편을 확보하지 못해 결국 모임에 참석하지 못했다.

외부인의 눈에 이들은 하나의 작전팀으로 보이지 않았다. 구깃구깃한 갈색 군복을 입은 중년 남성 3명뿐이었으니 그럴 만도 했다. 본래 노르망디에 투입되기로 한 8명의 MFAA 장교 가운데 채 절반도 되지 않았다. 슈리브넘 시절 이후 한 번도 만나지 못한 이들은 서로를 보자마자 얼마 전까지만 해도 빛나는 경력을 자랑하던 사람들이 어떻게 달라졌는지 한눈에 알아챌 수 있었다. 노르망디에서는 세탁도 샤워도 휴가도 불가능했다.

이들은 벌써 몇 주째 끝없는 전장과 파괴된 도시를 누볐고 맨땅을 졸지에 진흙투성이로 만들어버리는 여름비 속을 뛰어다니기도 했다. 모두들 지치고 지저분하고 짜증이 묻어났지만 그래도 육체적, 정신적으로 생기가 넘쳐흘렀다. 여러 해, 여러 달을 기다린 끝에 마침내 연합군의 대의를 위해 무언가를 하게 된 것이 아닌가. 로라이머는 아내에게 보낸 편지에서 당시의 느낌을 잘 보여주고 있다.

"이보다 더 행복했던 적은 없는 것 같아. 아침부터 저녁까지 우리 대령과 참모들의 놀라울 정도로 적극적인 협조 속에서 일을 했거든. 고위층으로부터 적절한 신임도 받고 있고 보병 훈련을 받은 경험도 엄청난 효과를 발휘하고 있어. 프랑스어는 언제든 내 입에서 술술 흘러나오고 있지. 전쟁 선포 이래 내가 정말로 원했던 일을 모조리 하고 있다고."[4]

그렇다고 그의 임무가 쉬웠던 것은 아니다. 오히려 그 반대였다. 기념물 전담반원들은 야전에서 그야말로 각자 알아서 처신해야 했다. 특별히 따라야 할 절차도 적절한 명령체계도 존재하지 않았다. 물론 전투 장교를 다루는 올바른 방식 따위도 없었다. 매번 상황에 따라 느끼는 대로 행동해야만 했다. 진짜 권한이 없고 어디까지나 고문 역할을 하는 데 불과했기 때문에 이들의 대의를 확신하는 병사와 장교가 없는 상황에서는 아무도 이들을 도와주지 않았다. 뚜렷한 지침, 권한, 적절한 도구 혹은 가시적인 성공을 바라는 사람이 있었다면 일찌감치 그만두고 말았으리라. 하지만 제임스 로라이머처럼 힘겨운, 심지어 목숨이 위험한 상황에서 직접 몸으로 뛰는 것을 즐기는 사람에게는 이것이야말로 민간의 직업에서 결코 맛볼 수 없는 아드레날린이 솟구치는 일이었다. 로라이머는 이렇게 썼다.

"내 몸을 생각하는 날은 없어. (……) 케이, 당신 말이 맞아. 정말 흥분되는 경험이야."[5]

불평해봤자 소용없는 일이기도 했지만 로라이머는 불평을 터트린 적이 한 번도 없었다. 그는 히틀러가 죽어서 땅에 묻힐 때까지, 그리고 나머지 독일군이 그 옆에 나란히 묻힐 때까지 임무를 수행하기로 작정했다.

어느덧 그들의 대화는 문제 제기로 변해버렸다. 누군가가 손상된 모든 종교시설에 걸 수 있을 만큼 출입금지 표지판이 충분하지 않고 다른 건물에 사용할 표지판은 더더욱 없다고 지적했다. 해밋과 포시는 오래전에 카메라를 주문했지만 아직까지 이렇다 할 응답이 없다고 했다. 무전기를 갖고 있는 사람도 없었다. 이들의 임무는 외롭기 그지없었다. 부대 단위로 움직이는 것도 아니었다. 다만 개개인이 개별 지역에서 개별 목표와 방법을 추구하는 것뿐이었다. 무전기도 없는 상황에서 혼자 전장을 헤매고 다니는 장교들이다 보니, 동료들과는 고사하고 사령부와도 연락이 불가능했다.

로라이머가 막 기념물 전담반 전용으로 배치된 운송수단에 관해 이야기하려는 순간, 저쪽 들판에서 낡아빠진 독일제 폭스바겐 한 대가 달려왔다. 운전대 앞에서 한쪽 발로 액셀러레이터를 밟고 있는 사람은 미군의 표준 장교 군복을 입고 있었다. 자동차에 바람막이 유리가 없었던 탓에 그는 제1차 세계대전 당시 조종사들이 쓰던 작은 보안경을 쓰고 있었다. 바로 조지 스타우트였다.

스타우트는 차에서 내리더니 보안경을 벗고 얼굴과 옷에 묻은 흙을 조심스레 털어냈다. 그리고 거의 눈까지 내려오는 철모를 벗자 사람들은 그가 깔끔하게 이발을 했음을 알아챘다. 군복 주름 역시 빳빳했다. 그 세련된 모습에서 예외적인 부분이라고는 한쪽 옆구리에 찬 콜트 45구경 권총과 다른 쪽 옆구리에 찬 대검뿐이었다. 다른 기념물 전담반원들과 달리 평소에도 말쑥했던 조지 스타우트는 이곳에서도 평소와 다름없는 상태였다.

모두들 가장 먼저 알고 싶어 했던 것은 그 자동차를 어디서 구했느냐 하는 것이었다. 스타우트가 빙글거리며 말했다.

"경적도 없고 변속기는 고장이고 브레이크는 약합니다. 스티어링 컬럼도 헐겁고 상단 기어도 없지만 그래도 이걸 놓고 간 독일군에게 감지덕지해야죠."

"그러면 직접 징발한 겁니까?"

"물론 내가 발견했지요."

오래된 도서관의 버려진 카드 분류 목록으로 보존 분야를 바꿔놓은 스타우트는 보급품이 풍족하지 않은 상황에서 줄곧 불평만 하고 있지 않았다. 뒤늦게 기념물 전담반에 가담한 크레이그 휴 스미스는 훗날 이렇게 썼다.

"스타우트는 타고난 리더였다. 과묵하고 사심 없고 겸손하고 그러면서도 아주 강했고 생각이 깊었다. 무엇보다 놀라우리만치 혁신적이었다. 말을 하든 글을 쓰든 단어를 잘 선별해 사용해서 정확했으며 생생했다. 그의 말에는 믿음이 갔으며 그가 제안하는 일은 누구나 하고 싶어 했다."[6]

이날의 모임을 소집한 사람은 바로 조지 스타우트였다. 그가 계급이 더 높은 것은 아니었지만 여느 훌륭한 지도자와 마찬가지로 단순히 노트를 교환하기 위해 모임을 주선한 것은 아니었다. 7월 4일 노르망디에 상륙한 그는 지난 6주 동안 아마 다른 요원보다 더 많이 여행하고 더 많은 예술품을 구조했을 것이다. 그는 축하나 불평을 늘어놓기 위해 생로에 온 것이 아니었다. 어디까지나 문제를 확인하고 해결책을 찾기 위해서였다.

출입금지 표지판이 충분하지 않다고? 현지 사정에 밝은 로라이머라면 분명히 500개의 표지판을 곧바로 인쇄했을 것이다. 노르망디에는 전기가 충분하지 않지만 셰르부르에 육군 인쇄소가 있으니 밤에도 작업이 가능했다. 물론 나머지 요원들은 현장에서 표지판을 직접 만들어 사용할 수도 있었다. 만약 군인이나 민간인이 손으로 쓴 표지판을 무시하면 어쩌지? 스타우트는 여기에 대해서도 해결책을 제시했다. 중요한 위치 주위에 지뢰 지대를 표시할 때 쓰는 흰색 공업용 테이프를 두르면 될 것이었다. '위험, 지뢰 있음!'이라고 표시된 지역 안에 감히 들어설 군인이나 민간인은 아무도 없을 테니까.

MFAA의 일반 지령에서는 가급적 프랑스의 민간인을 동원해 표지판을 걸도록 규정하고 있었다. 그래야만 연합군이 침략자라는 인상을 주지 않기 때문이다. 로라이머는 아이들에게 도움을 요청하는 것이 매우 효과적이라고 제안했다. 아이들은 무언가 재미있는 일을 원하고 또한 심부름의 대가로 바라는 것도 기껏해야 껌이나 초콜릿 하나 정도였던 까닭이다. 로라이머는 다른 대안도 제시했다.

"각 지역의 문화 당국자도 우리에게 큰 도움이 됩니다. 약간의 지시와 격려만 있으면 그들은 복잡한 임무도 충분히 수행해낼 수 있지요."

카메라 문제에 대해서는 일단 장비 없이 임무를 수행하기는 불가능하다고 모두가 동의한 가운데 당분간 카메라 없이 일해보기로 했다.

통신 문제는 또 다른 이슈였다. 이들은 전장에서 고립된 상황이었고 사령부와 접촉할 방법은 물론 서로 정보를 공유할 방법조차 없었다. 공식 보고서가 이들 중 누군가에게 도달하기까지 여러 주가 걸렸고 시일이 지난 보고서는 별다른 소용이 없어 그냥 쌓아두는 수밖에 없었다. 또한 한 기념물 전담반원이 온갖 위험을 헤치고 어느 현장에 도착해보면 이미 그곳은 다른 요원이 다녀간 이후인 경우가 허다했다. 더구나 갑자기 독일군이 반격을 가해 최전선이 이동할 경우, 기념물 전담반원 가운데 누군가가 홀로 전장에 남아 있다면 어떻게 될까? 로라이머가 투덜거렸다.

"영국군의 상태는 더 심각합니다. 그 친구들은 자기네 구역에 머물러 있지도 않고 의사소통도 거의 없는 편입니다."

라파지가 말했다.

"영국군도 지금 그 문제를 해결하려 하는 중일세."

스타우트가 보고서의 해결책을 제시했다.

"이제부터 전방 병참지구 사령부에 보고서를 보낼 때 우리끼리 나눠볼 수 있는 사본을 추가로 만들기로 합시다."

그러다 보니 자연스럽게 보조 임무를 수행할 조수의 필요성이 제기되었다. 그렇지 않아도 스타우트는 유능한 조수가 최소한 한 명씩은 필요하다는 생각을 하고 있었다. 마음 같아서는 사령부에 있는 수많은 전문가 집단 중에서 조수를 선발했으면 싶었다.

무엇보다 급박한 문제는 교통수단이었다. 라파지는 낡아빠진 승용차를, 스타우트는 지붕이 없는 폭스바겐을 건졌지만 나머지 요원들은 차를 얻어 타느라 귀중한 시간을 허비하고 있었다. 더구나 얻어 타는 신세다 보니 경로가 효율적이지 못해 많은 시간을 버리기 일쑤였다. 로라이머가 문제를 지적했다.

"육군에서는 항상 똑같은 답변만 하더군요. 워싱턴의 로버츠위원회가 뭔가 적절한 조직표와 장비를 제공해주어야 하지 않겠습니까?"

"하지만 로버츠위원회에서는 육군이 남의 간섭을 결코 허용하지 않더라고 둘러대겠지."

스타우트의 이 대답은 언 발에 오줌 누기식의 임무 성격을 한마디로 요약했다. 그래도 여전히 낙관적이었던 해밋과 스타우트는 다가오는 8월 16일에 미국 제12집단군 담당 장교와의 모임을 주선했고, 그 자리에서 오늘 논의된 이슈를 모조리 제기할 계획이었다.

기본적인 논의가 끝나자 이들의 대화는 보다 일반적인 관찰 쪽으로 옮겨갔다. 여러 가지 어려움에도 불구하고 임무 수행이 놀라우리만치 성공적이었다는 점에는 모두가 동의했다. 물론 이들은 운이 좋은 편이었다. 담당 구역 자체가 좁았고 또한 노르망디는 보호 요망 기념물이 상대적으로 적은 편이었다. 앞으로도 계속 성공적일 거라는 보장은 없었지만 적어도 그 순간만큼은 상당히 만족스러웠다. 프랑스인은 용감했고 자기억제에 강했으며 감사할 줄도 알았다. 그리고 연합군 병사들은 프랑스 문화를 배려했으며 이런저런 제안에 귀를 기울였다.

물론 전장에서 한 단계 올라가면 일종의 병목현상이 벌어졌다. 군 관료주의가 이 임무에 대한 지원을 대놓고 거절했던 것이다. 사령관들은 간혹 분격하기도 했지만 대부분 이 임무를 존중해주었다. 전담반의 경험으로 미루어, 이번 임무의 성공은 전장에서 사람들을 얼마나 설득할 수 있느냐에 달려 있다는 스타우트의 애초 믿음이 확증된 셈이었다.

이들이 진정으로 걱정한 존재는 독일군이었다. 독일군은 종교시설을 요새로 사용했고 여성과 아이가 있는 구역에 무기를 쌓아두기도 했다. 주택을 불태우고 기반시설을 파괴하는 것은 일도 아니었다. 때론 전략적 이유 때문이기도 했지만 때론 심심풀이로 그랬다. 독일군 지휘관이 후퇴하려는 병사들을 직접 쏴 죽인다는 소문까지 있었다. 제임스 로라이머는 주머니를 뒤져 명함을 한 장 꺼냈다. 앞면에는 쿤탕스라는 도시의 문화 담당 공무원인 J.A. 아고스티니라는 이름이, 뒷면에는 그의 증언이 기록되어 있었다.

"본인은 독일군 병사들이 적십자 트럭을 이용해서 약탈을 자행했으며, 종종 장교들도 대동했음을 증언하는 바입니다."[7]

"어딘가 불길한 경고로군."

조지 스타우트의 이 말은 모두의 생각을 대변했다.

첫 회의가 있고 나서 며칠 뒤, 로라이머는 그곳에서 150킬로미터 떨어진 브르타뉴 해안에서 가까운 섬에 있는 중세의 요새 몽생미셸을 조사하기 위해 출장을 요청했다. 그러자 전임자보다 이해심이 덜한 신임 부대 지휘관이 말했다.

"자네는 바보로군. 이건 20세기 전쟁이야. 중세시대의 성벽이나 끓는 역청 따위에 누가 신경을 쓴다는 건가?"[8]

이건 또 다른 문제였다. 육군은 항상 지휘관을 갈아치웠기 때문에 로라이머가 이번 임무를 마치고 사령부로 돌아왔을 때 그의 부대 지휘관이 누구일지, 그가 문화재 보존에 대해 어떤 입장을 취할지 알 수 없는 일이었다. 하지만 기념물 전담반은 총사령관 아이젠하워 장군의 지원을 받고 있었으며 로라이머의 상관 역시 갑자기 그 사실을 상기한 듯했다. 지휘관이 투덜거리며 말했다.

"가보게. 대신 최대한 빨리 갔다가 빨리 돌아오게. 혹시 자네가 뒤처지더라도……."[9]

로라이머는 상관이 자신의 미소를 못 보도록 얼른 몸을 돌렸다. 그는 방금 전의 그 말이 '우리로선 아무런 손실도 없을 테니까'라는 말로 끝나리라는 것을 알았고 그런 생각을 은근히 재미있어 했다. 그는 고급 장교에게 골칫거리 노릇을 하면서 기쁨을 느꼈다.

정식 교통편을 확보하지 못한 로라이머는 민간인에게 자동차를 하나 빌려 브르타뉴 해안으로 향했다. 독일군의 반격으로 패튼의 전선은 아브랑슈라는 읍 외곽에서 거의 끊어질 지경이었지만, 그래도 노르망디 전투가 막바지에 이르렀던 터라 아브랑슈 서쪽 교외는 조용했다. 차를 타고 가는 도중에 로라이머는 예전에 몽생미셸을 방문했을 때의 일을 떠올렸다.

'산'으로 불리는 그 바위섬은 1.5킬로미터가량의 좁은 둑길을 통해 프랑스 본토와 연결되어 있었다. 섬의 가장자리를 따라 마을이 형성되어 있었고 꼭대기에는 몽생미셸 수도원이 있었다. 이곳이 바로 그 유명한 중세의 '책의 도시'였다. 로라이머는 그곳의 책들 가운데 상당수가 결국 생로에서 소실되고 말았다는 생각에 마음이 아팠다. 그는 우뚝 솟은 13세기의 수도원을 떠올려보았다. 지하 납골당과 예배당, 뾰족한 천장, 세 겹의 기둥이 늘어선 '기사의 방'이 생각났다. 언젠가 라파지는 그 경이로운 건물을 보고 나서 건축가가 되기로 결심했다고 고백한 바 있다. 그 '산'은 주위를 둘러싼 바닷물과 빠른 조류 덕분에 1,000년 동안 모든 공격과 공성을 견뎌냈지만 현대의 전쟁 무기는 단 한 방의 포격으로 그 모든 것을 무너트릴 수 있었다.

하지만 그의 걱정은 오래가지 않았다. 무려 1킬로미터 밖에서부터 몽생미셸의 늠름한 모습을 볼 수 있었기 때문이다. 둑길로 접어드는 입구에는 제3군 소속 기념물 전담반원 포시 대위가 붙여놓은 '출입금지' 표지판이 3개나 있었다. 그런데 안타깝게도 섬에는 인파가 넘쳤다. 병사들이 곳곳에서 싸우고 소리를 지르고 대부분은 술을 마셨다. 로라이머는 그 이유가 무엇인지 금세 깨달았다. 몽생미셸은 이 대륙에서 유일하게 손상되지 않았고 감시를 받지도 않아 일상적인 생활이 지속되고 있었던 것이다.

"매일 외출을 나온 1,000명가량의 병사가 이곳에서 술을 퍼마시고 취했으며, 지역 당국의 제어가 불가능할 정도로 거칠게 굴었다."[10]

식당마다 요리 재료와 술이 부족해서 더욱 문제였다. 기념품점은 재고가 바닥난 지 오래였다. 하루 종일 수도원과 옛 건물을 조사하고 역사적인 지역에서 병사들을 몰아낸 뒤 문을 걸어 잠그는 임무를 수행한 뒤, 그곳 시장을 만나 식사를 했다. 두 사람은 앞으로 몽생미셸을 평소와 다름없이 계속 개방해야 한다는 데 동의했다.

너무나도 길게 느껴졌던 지난 3주 동안 무려 20만 명의 연합군이 부상을 당하거나 사망, 또는 실종되었다. 민간인과 동물도 참변에서 벗어나지 못했다. 죽음의 악취는 공기, 물, 음식, 옷에 흠뻑 배어 있었다. 하지만 이제는 모두 끝났다. 비록 전투는 잔인하고 고통스러웠지만 결국 연합군이 승리했다.

이제 노르망디에서의 임무는 끝났지만 그의 앞에는 진짜 일들이 기다리고 있었다. 그는 독일군 병사들이 적십자 구급차를 이용해 미술품을 운반해 간다는 증언을 떠올렸다. 나치가 끔찍한 범죄를 저지르고 있음을 확신한 그는 예술계를 위해 진정으로 기여할 방법을 찾아야겠다고 생각했다. 병참지구에 머무는 것이 아니라 전방으로 전출될 방법을 찾아야 했다. 첫 번째 단계는 일단 파리로 가는 것이었다.

다음 날 아침, 어느 공군 헌병이 로라이머에게 다가와 신분증명서를 보자고 했다. 그의 신분증명서가 뭔가 의심스러웠던지 헌병은 미소를 짓고 고개를 끄덕이더니 그를 체포하고 말았다.

"이렇게 계급이 낮은 장교가 그런 막중한 책임을 담당할 리 없습니다. 또한 계급을 불문하고 그 어떤 장교라도 전용 교통편 없이 돌아다니지 않습니다."

그 지역 사령부의 장교들 역시 그가 독일군 스파이라고 확신했다. 그 헌병은 승진과 표창을 기대하는 듯 연신 싱글벙글하고 있었다. 하지만 그 젊은이는 스파이라고 철석같이 믿은 로라이머를 호송해 사령부로 갔다가 충격적인 소식을 듣고 말았다. MFAA라는 것이 실제로 있으며 제임스 로라이머 소위는 정말로 그 요원이었던 것이다. 기념물 전담반은 유럽에서 활동한 첫 주를 성공적이라고 자평했지만, 아직도 갈 길이 멀기만 했다.

조지 스타우트가 아내 마지에게 보낸 편지
1944년 8월 27일

사랑하는 마지

항공우편 봉투가 생겨서 잠깐 편지를 쓰는 거야. 지난 일주일 동안 사령부에 다녀오느라 편지를 쓸 기회가 없었지. 운이 좋으면 내일쯤 다시 가서 당신이 보낸 새로운 편지를 받을 수도 있겠지.

이번 주에는 일이 무척 힘들었지만 그렇다고 좌절할 정도까지는 아니었어. 이틀 동안 어느 도시에서 묵었지. 제법 규모가 있는 도시였고 다행히 좋은 일가가 사는 좋은 방에 있었어. (……) 우리가 아는 다른 사람들만큼이나 참한 일가였는데 국가 간의 차이가 의외로 크지 않은 것이 상당히 인상적이더군. 적어도 문명국가 간에는 말이야.

최전선이 계속 전진하면서 증거들이 점점 쌓이다 보니 독일을 향한 분노가 점차 커지고 있어. 그들은 정말 악랄하게 행동했고 점령 막바지에 가서는 지독히 야만적으로 행동했어. 지금 이 시점에서 보자면 그들은 단순히 악당 지도자를 둔 순박한 국민처럼 보이질 않아. 오히려 그들 자체가 악당 국민처럼 보이지. 그들이 나머지 세상과 어울리며 공정하게 살아가기까지 얼마나 오랜 시간이 걸릴지 모르겠어.

야전에 있을 때와 똑같은 차림으로 도시 안에 있으려니 너저분하고 단정치 못한 것 같아. 철모에다 옷은 흙먼지로 지저분하고 총까지 들고 있거든. 계속해서 청결을 유지하는 것은 쉽지 않은 문제야. 최근에는 씻을 시간조차 없어서 종종 건너뛰기도 하는데 그렇다고 아주 포기할 수는 없더군.

우리를 향한 친절한 환대는 정말 끝이 없어. 오늘 또 다른 마을에 들어갔더니 지프 한 대가 완전히 꽃으로 장식되어 있더군. 운전병이 그러더라고. "아이고, 저것만 보면 우리가 전쟁에서 벌써 이긴 것 같네요."(……)

건강 조심해. 이 편지가 도착할 무렵이면 여름도 거의 끝날 테고 당신은 교무회의를 앞두고 긴장하겠지. 학기가 시작되면 다른 일은 가급적 하지 마. 이제 봉급을 직접 받아서 당신한테 좀 보내려고 해.

그쪽에서는 사망자 얘기가 많이 나올 것 같은데. 우리 부대에는 전혀 없고 더 나빠질 것 같지도 않아.

사랑해, 그리고 당신 생각 많이 해.

당신의 조지

12

미켈란젤로의 〈성모자〉

Michelangelo's Madonna

벨기에 브뤼헤 | 1944년 9월

1944년 8월 마지막 주에 들어서자 유럽 북부에서 전쟁 양상이 크게 바뀌었다. 노르망디 주위의 '철의 포위망'을 지키는 데 예비 병력을 모두 쏟아부은 독일군은 일단 그 포위망이 뚫리자 그만 맥을 탁 놓고 말았다. 이제 진군하는 연합군 앞에는 걸림돌 없는 벌판뿐이었다. 연합군은 거의 아무런 저항도 받지 않고 진군했으며 도중에 버려진 식량 수백만 톤, 석탄이 가득한 수백 대의 화물차, 버려진 차량, 독일군 부상자, 심지어 약탈한 여성 속옷과 향수가 가득한 화차를 발견하기도 했다. 연합군이 도착하면 주민들은 박수갈채를 보내며 음식과 와인을 건네주었다. 남아 있던 독일군은 대부분 무기를 내던지고 고향으로 달려갔다.

8월 28일, 최전선이 무려 160킬로미터나 앞으로 향하면서 파리를 지나 동쪽 외곽까지 나아갔다. 9월 2일에는 벨기에에 도달했고 하루 뒤에는 그 나라의 절반 이상을 휩쓸며 벨기에의 수도이자 가장 큰 도시인 브뤼셀을 해방시켰다.

9월 7일 늦은 밤인지 아니면 9월 8일 이른 아침인지 잘 모르겠지만, 벨기에의 브뤼헤에 있는 노트르담 대성당의 성물실 관리인은 한밤중에 갑자기 누군가가 문을 두드리는 바람에 잠에서 깨어났다. 관리인이 옷을 걸치면서 늑장을 부리자 다급하게 문을 두드리는 소리는 점점 더 요란해졌다. 관리인이 문 앞에 도착했을 무렵에는 아예 쾅쾅 두드릴 정도였다.

문을 열자 2명의 독일군 장교가 들어왔는데 한 명은 독일 해군의 푸른 군복 차림이고 다른 한 명은 암회색 군복 차림이었다. 그 뒤로 펼쳐진 어두운 밤거리에는 인근 병영에 있던 무장한 독일군 수병들이 20명 정도 대기하는 듯했다. 이들은 적십자 표시가 붙어 있는 두 대의 트럭을 타고 왔다. 장교 중 한 명이 명령했다.

"대성당 문을 여시오."

관리인은 독일군을 대성당 수석사제에게 데려갔다. 독일군은 종이를 한 장 치켜들며 말했다.

"우리는 명령을 받았소. 미켈란젤로 작품을 가져가야겠소. 미군의 손에서 보호하기 위해 말이오."

"미군이라고요?"

수석사제는 대담하게도 너털웃음을 터트렸다.

"듣자 하니 시 외곽에 와 있는 건 영국군이라던데요. 미군 얘기는 아직 들은 바가 없습니다."

"우리는 명령을 받았소."

독일군 장교가 같은 말을 반복하며 문간으로 나섰다. 그러자 총을 든 수병 몇 명이 앞으로 나섰다. 이들의 메시지는 분명했다. 수석사제와 관리인은 병사들을 따라 대성당으로 가서 오래된 열쇠로 커다란 문을 열었다. 사제는 대성당 문을 열어젖히면서 장교에게 말했다.

"이 작품을 브뤼헤 바깥으로 가져갈 수는 없을 겁니다. 영국군이 이미 안트베르펜까지 와 있으니까요."

독일군이 반박했다.

"소문을 다 믿을 필요는 없소. 아직 빠져나갈 길은 있으니까."

대성당 안에 들어서자 독일군은 최대한 신속하게 움직였다. 문간에는 보초가 서 있었다. 병사들은 성소 주위를 에워싸고 창문을 가렸으며 병사 2명이 사제와 관리인을 감시했다. 나머지 병사들은 곧바로 교회의 북쪽 통로를 지나 1940년에 벨기에 당국이 특별히 만든 봉인실로 들어갔다. 문을 부수고 들어간 독일군이 치켜든 회중전등 불빛에 조각상 〈성모자〉가 빛을 발했다. 성모의 부드러운 얼굴과 예복은 청년 거장 미켈란젤로가 이탈리아에서 가장 풍부하고 하얀 대리석으로 조각한 것이었다. 적들의 회중전등 불빛을 받아 빛나는 〈성모자〉의 성모는 침착하면서도 서글픈 표정으로 눈을 내리깔고 있었다. 아기 예수는 단순히 무력한 아기가 아니라 불빛을 따라 도전하듯 받침대에서 걸어 나올 것만 같았다.

그로부터 나흘 전, 독일군의 미술품 및 기념물 보호 조직인 쿤스트슈츠의 벨기에 지부장, 로제만 박사는 직접 이 성당을 방문했다. 그는 벨기에를 떠나기 전에 마지막으로 〈성모자〉를 보고 싶다고 했다. 그는 수석사제에게 말했다.

"지난 몇 년 동안 내 책상에는 이 작품의 사진이 줄곧 놓여 있었소."

이 조각상을 관람하고 난 뒤 로제만은 부하에게 보관실에 매트리스를 몇 장 가져다놓으라고 명령했다.

"연합군의 폭격으로부터 보호하기 위해서요. 미군은 우리를 좋아하지 않으니까. 그놈들은 야만인이오. 그놈들이 이걸 어떻게 감상할 수 있겠소."

그런데 느닷없이 들이닥친 독일군 장교가 매트리스를 가져오라고 명령하는 소리를 들으며 그제야 수석사제는 매트리스가 폭탄에 대비한 보호책이 아니었음을 깨달았다. 그것은 조각상을 빠르고 안전하게 트럭까지 운반하려는 수단에 불과했다. 한 수병이 〈성모자〉 주위에 걸려 있는 훌륭한 미술품을 보며 물었다.

"그림은 어떻게 할까요?"

장교는 잠시 그 그림들을 바라보더니 문간에 서 있던 병사에게 명령했다.

"거기, 너. 가서 트럭을 한 대 더 끌고 와."

병사들이 그 귀중한 조각상이 놓인 단 위로 올라가는 순간 사제는 숨이 멎는 것만 같았다. 그렇다고 고개를 돌릴 수도 없었다. 어쩌면 그 순간이 조각상을 볼 수 있는 마지막 기회일 수도 있었기 때문이다. 그의 옆에서는 관리인이 차마 조각상이 떨어지는 모습을 보지 못하고 열심히 기도문을 중얼거리고 있었다. 수병들은 높이 1미터가 넘는 조각상이 앞으로 넘어지면 그걸 받기 위해 매트리스를 받쳐 들고 있었다. 하지만 그들은 대리석의 무게를 이기지 못하고 모두 바닥에 나뒹

굴고 말았다. 다행히 조각상은 멀쩡했다. 적어도 수석사제가 보기에는 그랬다. 비록 매트리스에 얼굴을 박고 엎어진 모양새였지만 최소한 망가지지는 않았다.

15명의 수병이 달려들어 〈성모자〉를 대성당의 옆문으로 천천히 옮기는 동안 나머지 수병들은 그림을 떼어가기 위해 사다리를 세웠다. 병사들이 작업을 하는 사이 장교는 이리저리 오가며 담배꽁초를 바닥에 떨어트렸다. 그때 수병 하나가 소리를 질렀다.

"이쪽 그림은 너무 높이 걸려 있습니다. 더 긴 사다리가 있어야 할 것 같습니다."

장교가 명령했다.

"목소리 낮추지 못하겠나! 다시 해봐."

〈성모자〉는 거의 출입구 가까이로 옮겨져 있었다. 수병들이 두 번째 매트리스로 조각상을 덮었다. 미리 지시를 받지 않았다면 그토록 조심성 있게 행동하지 못했을 터였다. 시각은 오전 5시를 가리키고 있었다. 적십자 트럭 한 대의 짐칸에 조각상을 싣는 데만 해도 30분 이상 걸렸다. 병사들이 두 번째 트럭에 올라탔고 그림들은 수병 하나가 새로 끌고 온 세 번째 트럭에 실었다. 아침 햇살이 지평선에 나타났을 무렵, 수석사제와 관리인은 미켈란젤로가 평생 유일하게 이탈리아 밖에 남겨놓은 조각상 〈성모자〉가 사라지는 모습을 지켜보고 있었다.

자신이 겪은 이야기를 들려주던 수석사제가 찻잔을 들어올렸다. 그의 손이 눈에 띄게 떨리고 있었다.

"배에 실려 브뤼헤를 떠났을 겁니다."

그는 서글픈 어조로 말했다.

"비행기에 실렸을 수도 있지요. 어쨌든 여기 없다는 건 분명합니다."

그의 맞은편에는 기념물 전담반원 로널드 밸푸어가 안경을 고쳐 쓰며 그 정보를 일일이 기록하고 있었다.

"혹시 언제쯤 벨기에를 떠났는지 아십니까?"

"기껏해야 며칠 전이었을 겁니다. 어쩌면 어제일 수도 있죠. 그걸 누가 알겠습니까?"

지금은 9월 16일, 그러니까 독일군이 조각상을 훔쳐간 지 8일이 지났고 영국군이 그 도시를 해방시킨 지 하루가 지났다. 밸푸어는 일지를 덮었다. 그야말로 간발의 차이로 놓치고 말았다.

밸푸어는 1940년 이래로 줄곧 영국군 소속이었다. 그가 연합군 진군에서 최북단 측면을 담당한 제1캐나다군을 따라 유럽 대륙에 온 지 겨우 3주째였는데, 이 임무는 그의 통제력을 벗어나 폭발할 기세였다. 프랑스의 루앙에 들어서자마자 그는 그곳 대법원 건물이 파괴된 것을 발견했다. 지난 4월 연합군 폭탄이 빗맞으면서 일부가 파괴되었는데, 8월 26일에는 독일군이 전화국을 불태우다가 그 불이 번지는 바람에 완전히 파괴되고 말았다. 밸푸어는 불과 일주일 차이로 대법원을 구출하는 데 실패한 것이다.

하지만 이번에는 달랐다. 이것은 손상이 아니라 약탈에 관한 문제였다. 놀랍게도 독일군은 연합군이 대규모로 진격하는 상황에서도 여전히 미술품을 훔치고 있었다.

"사진이라도 가져가십시오."

수석사제는 한 무더기의 기념엽서를 내밀었다.

"여기저기에 전해주십시오. 제발 부탁입니다. 선생께서는 〈성모자〉

가 어떤 작품인지 아시겠지요. 하지만 다른 병사들은 모를 것 아닙니까. 혹시라도 병사들이 이 작품을 헛간 같은 데서 발견하면 어떻게 되겠습니까? 어느 독일군 장교의 집에서 발견하면요? 아니면……."

그는 잠시 말을 멈추었다.

"항구의 바닷속에서 발견하면 어떻게 되겠습니까? 그러니 제발 이걸 가져가십시오. 그래서 이 작품이 세상에 둘도 없는 경이라는 사실을 병사들이 분명히 인지하도록 해주십시오."

밸푸어는 기념엽서를 받아들며 단호하게 말했다.

"반드시 찾아내겠습니다."

13

대성당과 걸작
The Cathedral and the Masterpiece

프랑스 북부 | 1944년 9월 말
벨기에 남부 | 10월 초

1944년 9월 중순, 최초의 MFAA 야전 장교단 가운데 마지막 요원이 유럽 대륙에 도착했다. 바로 런던에서 파리로 곧장 비행기를 타고 날아온 워커 행콕 대위였다. 파리에는 곳곳에 전투의 상처가 남아 있었지만 워커 행콕의 눈에는 그 어느 때보다 아름다워 보였다. 거리에는 수천 개의 프랑스, 영국, 미국 국기가 창문마다 휘날렸고 어쩌다 한 번씩 지나가는 군용 트럭 대열을 제외하면 거리에는 자동차가 거의 없었다. 그는 아내 세이마에게 이런 편지를 썼다.

"모두들 자전거를 타고 다녀. 파리에 택시가 없는 모습을 상상하긴 어렵지만 사실이야. 전깃불은 오후 10시에나 들어오고 당연히 가로등은 없어. 지하철은 다니는데 뉴욕 지하철보다 더 북적이는 것 같아. 연합군 병사는 돈을 내지 않고도 탈 수 있어. 원래는 독일군이 그런 특권을 정해놓았는데 프랑스인이 그 특권을 '해방군'에게 확대하기로 결정한 거지. (……) 머지않아 이곳 사람들의 태도가 얼마나 친근한지 알게 되었지. 깨끗한 흰 장갑을 낀 꼬마들이 다가와 아무 말 없이 엄숙하게 악수를 나누고 가는 경우가 종종 있다니까. (……) 오늘은 야영지 인근 마을에서 그림엽서를 좀 샀어. 가게 주인은 아예 돈도 받지 않더군. '당신네들에게 큰 신세를 졌으니까요.' 그 양반이 그러더라고. '특히 미국 병사들에게는 갚을 수 없을 만큼 큰 신세를 졌어요.'"

공기 중에는 가을 냄새가 감돌았지만 행콕이 느끼기에는 세상이 파리의 여름처럼 신선하고 밝아 보였다.

"예전에도 파리에 와본 적이 있기는 해. 그래도 파리가 해방된 지 한 달 만에 다시 이곳에 왔다는 사실이 아무리 생각해도 고맙게 느껴져."[1]

그는 제임스 로라이머와 함께 하룻밤을 보냈다. 마침 로라이머는 자신이 무척이나 바라 마지않던 임무를 맡은 직후였다. 바로 센 강 지구를 담당하게 된 것인데, 이는 곧 파리에서 일하게 되었다는 뜻이었다. 누이와 매형이 살던 아파트에 머물게 된 로라이머는 아침식사 메뉴로 행콕에게 신선한 계란을 내놓았다. 전쟁 이전부터 비어 있던 그 아파트에서 두 사람은 그간의 경험을 주고받았다.

로라이머는 '빛의 도시' 파리에 들어온 플리스 로저스 장군의 미군 수송대를 따라 이곳에 도착했다. 그는 에펠탑을 중심으로 도시 전역에서 연기 기둥이 솟아오르는 모습을 보았다. 지붕 위에서 총알이 날아왔고 국회의사당에서는 연기가 피어올랐으며 튈르리 공원에 독일군이 버리고 달아난 대포에는 아직도 발포 당시의 열기가 남아 있었다. 로라이머가 말했다.

"저는 조금도 쉬지 못했습니다. 불안하기도 했고 흥분되기도 했기 때문이죠. 그러다가 루브르 호텔에 있는 제 방 침대에 누웠는데 정말 기분이 묘하더군요. 파괴의 한가운데에 있는 그 편안한 호텔에서는 냉수와 온수가 나오고 천장이 높은 방에 프랑스식 문과 휘장, 베란다가 있었죠. 잠깐 동안이지만 전쟁 이전의 파리가 느껴졌지요."[2]

워커 행콕은 오래 머물지 않았다. 오히려 서둘러 파리를 떠나고 싶어 안달이었다. 그는 자신의 임무를 위해서라면 기꺼이 편안한 삶을 뒤로하고 떠날 수 있다고 생각할 정도로 임무를 중시했다. 유명한 조각가였던 그는 미국에 남아 평소 같은 삶을 영위할 수도 있었다. 행콕은 이미 안정적 기반을 닦고 유럽 대륙으로 건너오기 한 달 전에 평생의 사랑인 세이마 내티와 결혼했다.

진주만 사건 직후 나이가 40에 가까웠던 그는 육군 비행단 첩보대에 지원했지만 체력 때문에 떨어졌다. 할 수 없이 해군 첩보대에 들어갔고 그곳에서 다시 육군에 징병되어 기초 훈련을 받았다. 얼마 후에 훈련 담당 하사가 그를 아침 점호 대열에서 빼내더니 곧 전출될 거라고 말했다. 행콕은 다시 해군 첩보대로 돌아가나 보다 하고 생각했지만 사실은 육군 최고의 무공훈장인 공군훈장을 디자인하는 경연에서 우승한 덕분에 변화가 찾아온 것이었다. 훈장을 주조한 직후, 행콕은 육군성에서 이탈리아 부서에 들어갔고 마침내 MFAA에 선발되었다. 1943년 10월, 그는 당시 약혼녀였던 세이마에게 이렇게 썼다.

"인생은 가끔 인간에게 기이한 선물을 한다니까! 여기서 당신을 생각하며 행복해하고 있던 나에게 육군에 들어와 가장 하고 싶었던 일을 하기 위해 해외로 파견될 거라는 소식이 전해진 거야."[3]

두 사람은 1943년 12월 4일 워싱턴 D.C.에서 결혼했고 그로부터 2주일 뒤, 워커 행콕은 임무 명령서를 받았다.

"내 여정의 첫 번째 구간으로 들어가기 위해 집을 나섰을 때 택시가 속도를 내며 집에서 멀어지던 순간이 생생히 기억난다. 뒤를 돌아보니 세이마가 문 앞에 나와 울고 있었다. (……) 평생 그보다 더 마음 아픈 경험을 해본 적이 없었다."[4]

기념물 전담반은 후방에서도 역시나 존재가 미미했기 때문에, 행콕은 우선순위에서 밀린 나머지 뉴욕에서 유럽으로 가는 배편을 놓치고 말았다. 그는 남는 자리가 있는 배가 나타나길 기다리며 부두로 출근해야만 했다. 그가 세이마에게 보낸 편지에는 당시의 우울한 감정이 드러나 있다.

"마치 감옥에 있는 것 같아. 나는 매일 쓸모 있는 일을 하고 싶거든. 물론 지금은 당신과 함께 있고 싶지. (……) 한편으로는 하늘을 걷는 기분이야. 심지어 시계태엽 감을 생각도 못하고 있었지. 얼마나 훌륭한 장교가 되려는지!"[5]

하지만 그는 열정과 긍정적인 성격을 타고난 사람이었다.

"이 문제의 좋은 쪽을 한번 생각해볼까? 무엇보다 좋은 점은 우리가 서로를 얼마나 사랑하고 있는지 알게 되었다는 것이지. 그리고 그 덕분에 보람 있는 일을 하는 기쁨이 커지면 커졌지 줄어들지는 않을 테고."[6]

세이마는 뉴욕으로 가서 남편과 함께 군인전용 호텔에 머물렀다. 하지만 남편이 아침에 나가면 그날 저녁에 과연 돌아올지 알 수 없는 상황이었다. 2주일 후, 남편이 저녁에 돌아오지 않자 그녀는 남편이 떠났음을 알게 되었다. 육군은 아내에게 작별인사를 할 시간조차 허락하지 않았던 것이다. 행콕은 영국에 도착하자마자 세이마에게 편지를 보냈다.

"태양과 바람, 그리고 저 감격스런 승선 장소까지……. 역사상 가장 극적인 해에 그런 사건의 일부를 목격하게 된다는 것이 얼마나 큰 특권인지 상기시켜 주더군. 펜타곤의 지붕 밑에서 매스컴을 통해 뉴스를 듣는 것 대신 말이야."[7]

마흔두 살이었던 그는 충분히 나이가 든 덕분에 경이로운 것을 보는 눈이 있다고 아내를 안심시키면서 "대부분의 군인들은 뒤늦게 자신이 놓친 것을 깨닫고 아쉬워하게 될 것"[8]이라고 걱정했다.

8개월 만에 영국을 떠난 그는 이제 프랑스 북부에 와 있었다. 연합군은 후퇴하는 독일군으로부터 거의 아무런 저항도 받지 않으며 독일 국경으로 진격하는 중이었다. 루스벨트 대통령으로부터 가장 신뢰를 받는 군사고문 조지 마셜 장군은 유럽에서의 전투가 1944년 9월 1일부터 11월 1일 사이에 끝날 것이라고 조언하는 한편, 휘하 장교들에게 이제는 태평양 전역으로의 전출을 생각해야 할 때라고 말했다.[9]

비가 많이 내리던 노르망디의 여름이 지나고 마침내 고요하고 맑은 날씨가 찾아오자, 워커 행콕은 미국 제1군 소속 기념물 전담반원으로 공식 발령을 받았다. 기념물 전담반의 동료 에버릿 '빌' 레슬리 대위와 함께 제1군 담당구역 후방의 보호 요망 기념물을 조사하러 가는 임무조차도 일종의 관광처럼 느껴졌다. 행콕은 평소의 명랑한 어조로 세이마에게 편지를 했다.

"매일 매시간이 즐겁기 짝이 없다니까."[10]

그가 발견한 기념물의 손상은 경미한 정도였다. 독일군은 1940년에 프랑스 북동부를 휩쓸었지만 그로부터 4년 뒤에 연합군이 비교적 신속하게 그 지역을 탈환함으로써 상당 부분은 전쟁의 상흔을 입지 않은 채였다. 대부분의 문제는 나치 점령군으로부터 비롯되었다. 지역 박물관은 마구 약탈을 당했고 들판마다 지뢰가 매설되어 경작이 불가능할 지경이었다. 촛대나 놋쇠 창문 손잡이 같은 물건도 기념품으로 도난당했다. 일부 그림도 사라졌고, 무엇보다 프랑스의 오래된 저택에서 흔히 볼 수 있는, 가치를 따질 수 없이 귀중한 루이 14세 시대의 가구들도 도난당했다.

독일군 장교들이 차지한 집에는 그들의 취향에 어울리는 현대식 가구가 놓이는 대신 옛날 가구들은 장작으로 내몰렸다. 와인 창고는 텅 비었고 독일군은 가장 값비싼 빈티지 와인조차 자기네 취향에 맞는 싸구려 사과술과 맞바꾸어 마셨다.

행콕의 임무는 생각보다 빡빡하지 않았다. 왜냐하면 그곳의 주요 유적지는 이미 보존 전문가 스타우트가 방문하고 난 뒤였기 때문이다. 실제로 스타우트는 최전선 근처에서 복무한 그 어떤 기념물 전담반원보다 훨씬 더 넓은 영역을 혼자서 담당했다.

샤르트르 대성당은 늘 그랬듯 밀밭 위로 산처럼 우뚝 솟아 있었다. 그 어마어마함과 경이로움에 행콕은 이전에 로마의 아메리칸 아카데미에 재학 중인 미술학도로서 몇 번 찾아왔을 때보다 훨씬 더 큰 감동을 받았다. 커다란 벽과 종탑, 풍부한 장식은 여러 세기에 걸쳐 만들어진 것이었다. 불과 4년간의 전쟁이 이런 아름다움을 파괴할 수는 없다고 믿었다.

하지만 현실은 그렇지 않았다. 무려 4세대에 걸쳐 건설된 이 대성당을 하마터면 베르마흐트가 파괴해버릴 뻔했다. 샤르트르에 도착한 연합군은 이 대성당이 자칫 손상되거나 완파될 위험에 놓여 있음을 알게 되었다. 인근의 교량과 다른 구조물에 폭발물이 무려 22개나 설치되어 있었기 때문이다. 폭탄 해체 전문가인 스튜어트 레너드는 그 폭탄을 제거함으로써 대성당을 구출하는 데 도움을 주었다. 그리고 실제 교전이 끝난 이후 기념물 전담반에 합류했다. 나중에 그는 베를린의 한 아파트에서 술을 마시며 기념물 전담반의 버니 테이퍼에게 말했다.

"폭탄 해체 전문가의 좋은 점이 무엇인 줄 알아? 그건 말이지, 상관이 내 어깨너머로 감시하는 일 따위는 전혀 없다는 거야."

미술품이라는 것이 과연 목숨을 걸 만한 가치가 있을까? 다른 기념물 전담반원과 마찬가지로 테이퍼는 항상 그게 궁금했다. 레너드가 말했다.

"그건 내가 선택한 거야. 폭탄 해체를 내 스스로 선택했다고. 보답을 생각하면 그만한 가치는 충분히 있다고 봐."

"보답이라니?"

"그 일을 끝내고 나서 나는 샤르트르 대성당에 들어가 앉아 있었지. 내 덕분에 살아남은 바로 그 대성당에서 1시간 가까이 있었어. 오로지 나 혼자서."[11]

워커 행콕은 문득 궁금했다. 과연 미래 세대는 전쟁의 폐허 속에서 대성당을 목격하는 감격을 이해할 수 있을까? 창문이 떨어져나가고 모래주머니가 30미터 높이로 쌓여 있으며 포탄 구멍이 종탑에 숭숭 뚫려 있는 지금의 모습을 본다면 미래 세대는 과연 이곳의 경이를 인식할 수 있을까? 대성당의 바닥에는 여러 세기에 걸쳐 순례자들이 구원을 얻기 위해 무릎으로 기어갔던 구불구불한 길이 있었다. 그 위쪽으로는 깨진 플라스틱 창문 덮개가 산들바람에 제멋대로 흔들리며 덜그럭거렸다. 행콕은 이렇게 썼다.

"이곳에는 예상치 못했던 아름다움이 있어. 창문은 하늘을 향해 활짝 열렸고 (……) 우리는 그 아름다운 건물의 내부와 외부를 동시에 볼 수 있었지. 커다란 플라잉 버트레스가 천장에서 둥근 지붕의 서까래로 들어가는 것을 보면 고딕 공학의 시각적 가르침이 따로 없지. 그게 전부가 아니야. 그 안에 들어가면 샤르트르의 특징이라 할 수 있는 강력한 바퀴 모양의 아치가 애프스의 벽을 누르고 있는 듯한데 여기에 뭔가 사람의 기운을 돋우는 것이 있어. (……) 그 안에 서면 머리 위로 비치는 빛 속에서 유다의 왕과 왕비, 그리고 계시록의 그리스도 모습을 볼 수 있지."[12]

하지만 이게 끝은 아니었다. 전선은 그 맞은편, 동쪽에 있었다. 행콕은 그쪽에서도 자신의 도움을 필요로 한다는 것을 알았다. 그는 장비를 둘러메고 다시 전장으로 향했다.

그로부터 몇 주일 뒤, 잠깐 눈을 붙이고 있던 워커 행콕을 누군가가 흔들어 깨웠다. 그가 누운 간이침대 옆에는 미국 제1군 소속의 기념물 전담반 조지 스타우트가 평소처럼 말쑥한 모습으로 서 있었다. 아직 이른 아침이었지만 그는 운전용 보안경을 집어 들며 말했다.

"할 일이 생겼네."

밖에는 장대비가 퍼붓고 있었다. 안개가 자욱한 데다 잔뜩 먹구름이 낀 탓에 행콕은 제1군 사령부가 있는 커다란 군용 막사의 시커먼 윤곽만 가까스로 알아볼 수 있었다. 문득 그는 스타우트의 자동차에 지붕이 없다는 것, 그러므로 그걸 타고 가면 비를 쫄딱 맞아야 한다는 것을 떠올렸다. 그는 외투를 바짝 여몄다. 때는 1944년 10월 10일이었고 벌써부터 다가오는 겨울을 느낄 수 있었다.

행콕은 겨우 일주일 전에 독일 국경에서 30킬로미터가량 떨어진 벨기에 동부의 도시 베르비에에 도착했다. 그곳에는 제1군 사령부가 있었고 그는 아직 일상적인 군 생활에 적응하지 못하고 있었다. 그는 파리 외곽에서 빌 레슬리와 지프를 떠나보내고, 이후 일주일 동안 여기저기서 차를 얻어 타고 프랑스 북부를 가로질렀다. 동쪽으로 이동해서 벨기에 남부까지 간 다음, 독일군 점령 당시에 약탈을 당한 지역으로 들어갔다. 피난을 갔다가 돌아온 주민들은 자기 집이 파괴되거나 약탈당한 것을 발견했다. 들판과 마당에는 토치카를 비롯해 버려진 장비가 널려 있었다. 농지를 돌보지 못해 식량이 부족했음에도 사람들은 해방군에게 양파와 토마토 등을 선물로 내놓았고 아무 대가도 요구하지 않았다. 사람들의 말은 거의 똑같았다.

"독일군은 자기들이 유리할 때는 놀라울 정도로 예의바르고 '올바르게' 행동했다. 하지만 떠나야 한다는 것이 분명해지자 광폭해졌다."[13]

행콕은 세이마에게 이렇게 썼다.

"이쪽에서 보내는 편지가 앞으로는 더 줄어들 거고 그나마 드문드문 보낼 것 같아. 갑자기 아주 바빠졌거든. 지난 이틀 동안 내가 어디에 가서 뭘 했는지 생각하는 것만으로도 머리가 빙빙 돌 지경이야. 그래도 나는 무척 행복하고 지금 하는 일에 무척 관심이 많아. 지금에 비하면 지난 몇 달 동안의 기다림과 계획, 이론, 강연 따위는 지루하기 짝이 없었지."[14]

그는 벨기에 동부의 언덕이 많고 나무가 우거진 지역을 통과하고 있었다. 스타우트는 두 눈을 도로에 박고 일정한 속도로 운전했다. 최소한 비를 맞을 염려는 없었다. 스타우트가 폭스바겐을 수리하느라 더 나은 자동차를 빌렸기 때문이다. 물론 이런 임시변통이 오래가지는 못할 터였다. 그래도 행콕은 앞을 볼 수 없을 정도로 폭우가 내린 지난 며칠에 비하면 운이 좋은 편이라고 생각했다.

마침내 가파르고 덤불이 우거진 어느 언덕 아래에서 차가 멈춰 섰다. 언덕 아래에는 콘크리트 벽이 산을 에워싸듯 둘러서 있었다. 처음에 행콕은 일종의 기차 터널인 모양이라고 생각했지만 자세히 보니 입구에 커다란 2개의 철문이 단단히 잠겨 있었다.

"여기가 어딘가?"

"미술품 보관소라네."

스타우트는 간단하게 대답하고는 지프를 몰고 안으로 들어갔다. 1600년대에 프랑스의 침략을 맞아 네덜란드의 보물을 지키기 위해 만들었다는 동굴 안에는 온갖 현대식 편의시설이 갖춰져 있었다. 보관실에는 불이 환했고 온도와 습도도 조절되고 있었다. 보관소를 담당한 2명의 민간인은 웅웅거리는 조명 아래 끌 자국이 선명한 석벽 너머로 두 사람을 들여보내주었다. 동굴의 끝에는 받침대에 놓인 회전식 스크린이 몇 개 세워져 있었는데 그것은 마치 기념품점에 있는 그림엽서 전시대처럼 보였다. 하지만 그 스크린에는 2센트짜리 그림엽서 대신 네덜란드 최대의 미술관인 레이크스 미술관이 소장한 회화들이 걸려 있었다. 큐레이터가 손잡이를 돌리자 네덜란드 화가들의 걸작들이 천천히 지나가면서 텅 빈 굴 안에 굴대의 삐걱거리는 소리가 울려 퍼졌다.

"대단하군."

행콕이 중얼거렸다. 뒤로 돌아선 그는 마치 카펫처럼 굴대에 둘둘 감겨 있는 커다란 회화를 하나 발견했다. 한쪽 끝에는 금속제 크랭크가 달려 있고 그 주위에는 목제 케이스가 있었다. 그 회화와 함께 둘둘 말려 있는 포장재가 마치 정육점 포장지의 끄트머리처럼 찢겨져 비죽 튀어나와 있었다.

"이게 바로 〈야간순찰〉입니다."

큐레이터 중 한 명이 목제 케이스를 손가락으로 톡톡 두들기며 말했다. 행콕은 너무 놀라 입을 딱 벌리고 말았다. 렘브란트의 유명한 회화 가운데 하나로 1642년에 프란스 바닝 코크 대위의 민병대를 그린 벽 크기의 걸작품이 지금 그의 앞에 둘둘 말려 있는 것이었다.

스타우트는 너덜거리는 포장지를 잡아당기더니 회화의 가장자리를 살펴보고는 인상을 찌푸렸다. 유화를 이처럼 어두운 곳에 오랫동안 보관하는 것은 바람직한 일이 아니었다. 유화의 표면에 기생 미생물이 자라나기 쉽기 때문이다. 더구나 어둠 속에 두면 회화에 광택제로 덧칠한 수지가 노랗게 변색되어 색깔이 죽고 명암 대조가 흐릿해지기 십상이었다. 스타우트는 이미 1941년 3월 초에 네덜란드의 전문가들로부터 〈야간순찰〉이 노랗게 변색된 것처럼 보인다는 이야기를 들었다.

스타우트가 걱정했던 대로 3년 반의 은닉은 회화에 좋지 못한 영향을 끼쳤다. 그런 곳에 오래 두면 회화의 광택제를 벗겨내고 다시 칠해야 하는데 무려 한 세기가 지난 작품의 경우에는 결코 쉽지 않은 과정이었다. 무엇보다 걱정스러웠던 것은 이 회화가 상당 기간 동안 그림틀에서 떼어져 둘둘 말린 상태로 있었다는 점이다. 이러다 보면 자칫 갈라지고 부스러지거나 찢어질 위험이 컸다. 이것이야말로 돌이킬 수 없는 치명적 손상이 될 것이었다.

위대한 걸작품은 이렇게 둘둘 말려 산속의 은닉 장소에 묻히기 위해 탄생한 것이 아니다. 하지만 지금은 어찌할 도리가 없었다. 온 세상이 전쟁으로 시끄러운 상황에서 〈야간순찰〉은 그나마 최선의 대접을 받고 있는 편이었다. 그는 문득 다른 걸작품, 가령 1940년에 나치가 로트실트 가문의 파리 저택 벽에서 떼어내 챙겨 간 얀 베르메르의 〈천문학자〉 같은 작품의 행방이 궁금해졌다.

"경비원들은 어디에 있습니까?"

큐레이터 가운데 한 명이 경찰관 2명이 있는 건너편 방을 가리켰다.

"저 사람들이 전부인가요?"

큐레이터가 고개를 끄덕였다. 워낙 팍팍한 시절이다 보니 이처럼 국보급 문화재를 지키는 경비원도 몇 명밖에 쓸 수가 없었던 것이다. 한편으로 생각하면 굳이 더 많은 경비원을 쓸 필요도 없었다. 독일군은 마스트리흐트 인근의 신트 피터르스베르흐에 있는 이 미술품 보관소와 여타의 비슷한 시설을 오래전부터 알고 있었기 때문이다. 사실 나치의 관리와 병사들은 이전에도 〈야간순찰〉의 이송을 여러 번 감독

한 바 있으며 독일 국경에 가까운 곳으로 거듭 옮기다가 결국 1942년에 마스트리흐트까지 가져온 것이었다. 그 때문인지 몰라도 네덜란드인 큐레이터들은 경비 인력 부족에도 놀라우리만치 무관심했다. 세상과 차단되어 은신처에 머물다 보니 심지어 미켈란젤로의 〈성모자〉가 약탈당했다는 사실조차 모르고 있었다.

그보다 더 심각한 문제는 이 큐레이터들이 정말로 중요한 것을 모르고 있었다는 점이다. 독일군은 완벽한 통제력을 발휘할 때보다 지금처럼 통제력을 잃어가면서 마지막 발악을 할 때가 더 위험하다는 사실을 말이다. 로제만 박사는 브뤼헤의 대성당 수석사제에게 뭐라고 말했던가?

"지난 몇 년 동안 내 책상에는 이 작품의 사진이 줄곧 놓여 있었소."

프랑스의 한 농부는 행콕에게 뭐라고 말했던가?

"독일군은 자기들이 유리할 때는 놀라울 정도로 예의바르고 '올바르게' 행동했다. 하지만 떠나야 한다는 것이 분명해지자 광폭해졌다."

조용히 생각에 잠겨 있던 스타우트가 말했다.

"경비 병력을 더 보내드리겠습니다. 이 지역의 상황이 평상시로 회복될 때까지 최소한 10명은 되도록 말입니다."

전화가 끊긴 상황이라 추가 병력을 데려오려면 일단 두 사람이 사령부로 돌아가 보고를 해야만 했다. 지금과 같은 비효율성과 무계획성은 물론 그로 인한 지연으로 겪는 위험 때문에 기분이 언짢았다. 하지만 곧 평소처럼 현실적이며 침착한 모습으로 돌아갔다.

"추가 경비 인원은 내일쯤 이곳에 도착할 겁니다. 그러나 군대에서 하는 일이다 보니 장담하지는 못하겠군요. 어쨌든 감사합니다. 참으로 귀한 구경을 했습니다."

　행콕은 보존 전문가와 함께 미술품 보관소를 빠져나오며 마지막으로 렘브란트의 걸작품이 거실 바닥에 까는 카펫처럼 둘둘 말려 있는 모습을 한 번 더 돌아보았다.

　'세상에, 전쟁이란 참……'

14

얀 반 에이크의 〈어린 양에 대한 경배〉
Van Eyck's Mystic Lamb

프랑스 동부 | 1944년 9월 말

조지 패튼 장군이 지휘하는 미국 제3군 소속 기념물 전담반원인 로버트 포시 대위는 수건을 못에 걸어놓고 소형 텐트로 향했다. 때는 1944년 9월 23일이었고 그는 2개월 전에 노르망디에 상륙한 이래 처음으로 온수 샤워를 마친 직후였다. 포시는 갓 면도한 따뜻한 얼굴을 손으로 어루만졌다. 몇 년 동안 길러온 콧수염이 사라지자 어쩐지 허전함이 밀려왔다. 그는 현역 복무를 하면서부터 콧수염의 양쪽 끝을 밀어 히틀러의 유명한 콧수염처럼 만들었다. 이것은 제3제국에 보내는 그의 야유였지만, 장군은 그게 영 거슬렸던 모양이다.

"빌어먹을, 그놈의 수염 좀 싹 밀어버리게!"

패튼은 그의 콧수염을 보자마자 호통을 쳤다.[1] 물론 포시는 지휘관이 종종 터트리는 히스테리를 크게 마음에 두지 않았다. 오히려 최강의 전투부대인 패튼의 제3군에서 복무한다는 것이 영광스러웠다. 사실 로버트 포시는 기념물 전담반보다 제3군의 전우들에게 더 애착을 느꼈으며, 머지않아 전우들의 자부심과 형제애는 물론 다른 부대가 자신들의 우월성을 인정하지 않는 데 대한 개인적인 분노까지 공유하게 되었다. 이들은 노르망디에서 철의 포위망을 뚫어냈고 팔레즈 포위망을 종결시켰으며 독일군의 마지막 퇴각을 차단했다. 또한 이들은 다른 병력이 북쪽을 향해 우왕좌왕하고 있을 때, 남쪽 측면 공격을 주도한 부대였다. 만약 패튼이 동쪽으로 치고 나가 독일군을 저지하자고 제안했을 때 아이젠하워가 제3군의 재량권을 인정했더라면 이들은 이미 전쟁을 끝내고도 남았을 것이었다.

제3군 병사 중에 이를 의심하는 사람은 단 한 사람도 없었다. 다들 이를 확신했으며 그것은 모두 저 커다란 천막에 있는 조지 패튼 2세 장군 덕분이었다. 그는 호전적이고 고집스러운 데다 때론 거의 미친 듯이 발광했지만 포시는 그를 위해서라면 무슨 일이든 할 수 있을 것 같았다. 다만 장군의 애완견 윌리(정복왕 윌리엄의 이름을 따서 붙인 불테리어의 이름)만큼은 포시도 견디지 못했다.

간이침대에 털썩 주저앉아 셔츠를 걸친 포시는 아내 앨리스에게 편지를 썼다.

"이제 프랑스 전역은 거의 끝날 때가 된 것 같아. 이미 보고 온 도시에 관해서는 우리도 말할 수 있어. 나는 쿤탕스, 돌, 렌, 라발, 르망, 오를레앙, 파리, 랭스, 샬롱쉬르마른, 샤르트르, 트루아에 있는 대성당들을 줄줄이 방문했지. 그중에서 샤르트르가 최고였어. 여러 마을에 있는 훌륭한 교회와 수많은 성도 구경했어. 그 유명한 몽생미셸과

퐁텐블로에도 가봤고. 이전에 보낸 편지에서 내가 설명한 작은 마을은 레지프라는 곳인데, 브르타뉴 반도에서 렌과 생 말로의 중간쯤 되는 곳이야. 서명이 된 기념엽서를 많이 모았어."[2]

그는 기념엽서를 뒤적거렸다. 전부 다섯 살 난 아들 데니스에게 주려고 모은 것이었다. 그는 아들에게 이런저런 기념품 보내주기를 즐겼다. 그림엽서, 단추, 어느 독일군 잠수함 기지에서 발견한 철십자 허리띠 버클, 그리고 크리그스마리네(독일 해군)라고 새겨진 수건 등이었다. 제3군의 병사들 역시 종종 이러한 기념품을 집으로 보냈다.

건축가인 그는 일본이 진주만을 폭격한 직후 육군 예비군에 징집되었다. 그는 다음 날이라도 당장 태평양으로 떠나고 싶었지만, 그 끔찍한 시기의 혼란 때문에 무려 6개월이나 흐른 뒤에야 현역 복무에 투입되었다. 그는 한여름에 루이지애나에 있는 군부대로 배치되었는데 그곳은 그가 그때까지 겪어본 곳 중에서 가장 덥고 습기 찬 지역이었다. 그다음에는 캐나다의 매니토바 주 처칠로 파견되었다. 그곳은 북극해로 통하는 캐나다의 유일한 주요 항구였고 그가 이제껏 겪어본 곳 중에서 가장 추운 지역이었다. 그는 주로 북극을 통한 독일군의 공격 가능성에 대비해 활주로를 설계하고 건설했다.

북극이라니! 대체 어떤 장군 놈이 지구본을 들여다보다가 그런 황당한 공격 가능성을 떠올리고 식은땀을 흘렸던 것일까? 얼어붙은 툰드라에서 포시는 단 한 번도 독일군을 만난 적이 없었다. 다만 종종 북극곰이라는 또 다른 적을 만났을 뿐이었다.

지금 그는 프랑스 동부에서 한때 독일군이 사용하던 막사 밖에 있었다. 앞으로 몇 주 뒤, 어쩌면 며칠 뒤면 독일에 가 있을 것이고 머지않아 베를린까지 갈 것이었다. 패튼 장군이 마음만 먹는다면 말이다.

그는 앨리스에게 보내는 편지를 마무리하고 며칠 전에 SHAEF로부터 받은 꾸러미를 꺼냈다. 그 안에는 도난당한 벨기에의 문화유물에 관한 사진과 설명, 배경 정보가 담겨 있었다. 그중에서도 특히 두 가지는 매우 중요한 것이었다. 하나는 미켈란젤로의 조각상 〈성모자〉로 그 약탈에 대해서는 로널드 밸푸어가 일주일 전에 서면으로 기록한 바 있었다. 다른 하나는 얀 반 에이크의 작품 〈겐트 제단화〉였다. 본래 이름이 〈어린 양에 대한 경배〉인 이 제단화는 벨기에에서 가장 중요하고도 가장 사랑받는 국보급 미술품이었다.

이 작품은 높이 약 3.7미터에 너비가 약 5미터이며 경첩으로 연결된 여러 개의 패널이 상하 두 줄로 배열되어 있었다. 닫았을 때는 양 날개의 겉에 각각 목판 6점씩 있었다. 열었을 때는 가운데에 목판 4점이 있고 양 날개에도 각각 목판 4점씩 있었다. 모두 24점의 개별 그림이 연결된 주제에 따라 그려져 있어서 제단화를 열고 닫을 때마다 서로 다른 모습이 배열되곤 했다. 가운데 아래쪽 패널에 이 작품의 이름이 유래한 그림이 있다. 그림 속에는 하느님의 어린 양이 제단에 올라가 있고 성령이 비둘기 모양으로 그 위에서 빛을 발하며 주위에는 사람들이 모여 있다.

이 제단화는 '어느 누구보다 위대한 인물'로 알려진 위베르 반 에이크가 의뢰받은 것이지만, 그가 1426년에 사망하자 '미술계에서 둘째가는 인물'로 자처한 그의 동생 얀 반 에이크가 이어받아 1432년에 완성한 작품이다.

겐트에 있는 신트 바프 대성당에서 처음 공개된 이 제단화는 네덜란드어권의 나라들을 놀라게 했다. 고대의 이상화된 형태 혹은 중세 시대의 납작한 이미지가 아니라 직접적인 관찰에 의거한 사실주의 화풍으로 그려졌기 때문이다. 각 패널에 들어 있는 이미지는 사소한 것까지도 놀라울 정도로 세밀하게 묘사되어 있다. 특히 사람의 얼굴은 15세기 플랑드르 사람들의 모습에 근거했으며 건물, 풍경, 식물, 옷감, 보석, 예복, 그밖에 다른 사물의 표현도 마찬가지였다. 이전까지만 해도 예술계에서 이처럼 구체적인 사실주의는 전혀 찾아볼 수 없었다. 이 작품은 회화에 크나큰 변혁을 가져왔으며 북유럽 르네상스, 다시 말해 이탈리아 르네상스와 맞먹는 네덜란드 문화의 황금시대를 여는 선구자 역할을 했다.

그로부터 500년 하고도 8년 뒤인 1940년 5월, 반 에이크의 걸작에서 그토록 생생하게 묘사된 언덕과 풀밭은 독일군의 기습을 받아 점령당하고 말았다. 50만 명의 영국군과 프랑스군이 베르마흐트의 공세에 밀려 북쪽으로 퇴각하는 사이, 〈겐트 제단화〉를 비롯한 벨기에의 중요한 미술품을 운반하는 세 대의 트럭이 남쪽으로 향했다. 벨기에 측에서는 이 미술품을 바티칸으로 운반해 교황의 보호 아래 두려고 했지만, 트럭이 프랑스 국경에 도착했을 즈음 이탈리아가 서유럽 여러 국가를 상대로 전쟁을 선포했다.

프랑스의 됭케르크에서 독일군의 후퇴를 저지하기 위해 영국군 팬저 탱크 사단이 진군하는 와중에, 세 대의 트럭은 프랑스 남서부의 포에서 미술품 보관소로 사용하는 어느 성으로 가는 길을 찾아냈다. 지치고 공포에 질린 운전기사들은 그 제단화의 보호를 프랑스 정부에 위탁하는 신세가 되었다.

히틀러는 〈겐트 제단화〉 정도의 걸작품을 함부로 약탈하다가는 전 세계의 비난을 불러일으키기 십상이라는 사실을 잘 알고 있었다. 비록 전리품을 챙기는 것은 마땅하다는 정복자의 심보를 지니고 있었지만, 히틀러와 나치는 차후에 불거질 말썽을 고려해 일종의 우회 방법으로 약탈 활동을 '합법화'하기 위한 새로운 법률과 절차를 마련했다. 새롭게 마련된 조치에 따르면 피정복 국가는 항복 조건으로 미술품을 담보로 내놓아야 했다.

히틀러가 세운 계획에 따르면 폴란드 같은 동유럽 국가들은 산업과 농업 분야에서 거의 황무지가 될 것이었고, 슬라브 국가들은 지배 민족을 위한 소비재를 생산하는 역할을 할 것이었다. 계획에 따라 이들 지역의 문화적인 상징물은 파괴되었고 커다란 건물은 철거되었으며 동상은 녹여서 총알과 포탄을 만드는 데 사용했다. 하지만 서유럽 국가들은 아리아족이 자신들의 정복의 열매를 즐길 장소였다. 특히 국보급 미술품이 있는 국가들은 굳이 서둘러 벗겨 먹을 필요가 없었다. 적어도 지금 당장은 말이다. 히틀러의 머릿속에서 제3제국은 어차피 향후 1,000년간 지속될 것이었으니까. 히틀러는 〈겐트 제단화〉에 비견할 만한 다른 작품들, 가령 〈모나리자〉나 〈야경〉 같은 작품이 어디에 있는지 알면서도 굳이 손대지 않았다. 하지만 〈겐트 제단화〉만큼은 무척이나 탐을 냈다.

1940년 히틀러는 선전상 괴벨스에게 목록 작성을 지시했는데, 이 목록은 주요 편찬자인 베를린 국립 박물관의 오토 퀌멜 박사의 이름을 따서 '퀌멜 보고서'로 알려졌다. 이 목록에는 독일이 소유하는 것이 마땅하다는 서양 각국의 미술품이 망라되어 있었다. 히틀러의 정의에 따르면 1500년 이후 독일에서 반출된 모든 작품, 독일이나 오스트리아 혈통 예술가들의 모든 작품, 독일에서 위탁하거나 완성된 모든 작품 그리고 독일적인 양식으로 그려진 것으로 간주되는 모든 작품이 포함되어 있었다. 〈겐트 제단화〉는 분명 벨기에 문화의 기념비이자 상징적인 작품이지만, 나치가 보기에는 '게르만적'인 양식이므로 자기네 것이 되어야 마땅하다는 논리였다.

사실 〈겐트 제단화〉에서 양 날개의 패널 가운데 6개(양면에 그림이 그려져 있으므로 모두 합쳐 14개의 장면에 해당하는)는 1919년 이전까지만 해도 독일의 소유였다. 그런데 제1차 세계대전을 종식시킨 베르사유조약의 규정에 따라 전쟁 배상물로서 벨기에에 넘어갔던 것이다. 히틀러는 베르사유조약을 몹시 증오했다. 그것이야말로 독일 민족에게는 치욕이었고 과거 지도자들이 남긴 나약함의 상징이었다.

1940년 6월, 프랑스를 점령한 독일은 이에 대한 상징적인 복수에 들어갔다. 우선 1918년에 굴욕적인 휴전협정에 서명한 장소인 기동차를 찾아내 그것을 보관하던 건물의 벽을 무너트린 다음, 22년 전에 프랑스의 콩피에뉴에 세워져 있던 그 기동차를 원래의 장소로 끌고 갔다. 히틀러는 제1차 세계대전의 영웅으로 당시 휴전조약에서 연합군 대표로 서명한 포슈 원수가 앉았던 그 의자에 프랑스 측 대표를 앉혀 놓고 휴전 조약서에 서명하게 했다.

서명식이 끝나자 히틀러는 기동차를 베를린으로 끌고 가 그 도시의 역사적인 거리인 운터 덴 린덴을 지난 다음, 브란덴부르크 문을 지나 슈프레 강변에 있는 루스트가르텐에 전시했다. 콩피에뉴의 기동차를 확보한 것은 독일에게 재난이나 다름없던 '콩피에뉴의 범죄'를 역전시켰다는, 그리고 증오해 마지않는 이웃을 박살 냈다는 증거였다. 더 불어 이는 제아무리 크고 성스러운 것일지라도 나치가 훔치지 못할 것은 없다는 점을 증명한 셈이었다. 위대한 걸작 〈겐트 제단화〉의 약탈은 히틀러가 추구하는 두 가지 목표를 상징했다. 하나는 베르사유 조약이라는 역사적인 '잘못'을 바로잡는 것이었고, 다른 하나는 린츠의 총통 미술관에 들어갈 세계적인 걸작품을 하나 더하는 것이었다.

1942년, 히틀러는 더 이상 이 작품을 향한 흑심을 억제하지 못했다. 7월에 그는 바이에른 박물관의 총괄 관장인 에른스트 부흐너 박사를 단장으로 한 비밀 대표단을 포의 미술품 보관소로 파견했다. 트럭 한 대와 승용차 한 대에 나눠 탄 이들은 무력을 사용하지 않고 철저한 비밀 작전을 펼쳤다. 포의 프랑스 측 감독관이 제단화의 인도를 거부하자 부흐너는 제국 수상관저로 전화를 걸었다. 몇 시간 뒤, 비시프랑스 (1940년 6월 나치 독일과 정전협정을 맺은 뒤 오베르뉴의 비시에 주재한 프랑스의 친(親)독일 정부—옮긴이)의 정부 총책임자인 피에르 라발에게 전보가 한 통 도착했다. 제단화를 부흐너에게 넘기라는 지시였다. 프랑스와 벨기에의 미술계 권위자들이 이 명령에 관해 알게 되었을 때 〈겐트 제단화〉는 이미 독일로 이송된 다음이었다. 벨기에 정부는 격렬하게 항의했지만 〈겐트 제단화〉는 이미 사라진 뒤였다.

그로부터 2년이 지난 뒤 로버트 포시는 소형 텐트에 놓인 간이침대에 걸터앉아 그 보물의 사진을 들여다보고 있었다. 이제는 전 세계가 그와 기념물 전담반에게 기대고 있었다. 그들의 임무는 작품을 추적해 찾아내고 그걸 지키거나 은닉, 혹은 파괴하려는 자들의 항복을 받아내 본래의 위치로 무사히 돌려보내는 것이었다.

15

제임스 로라이머, 루브르를 방문하다
James Rorimer Visits the Louvre

프랑스 파리 | 1944년 10월 초

포시가 미국 제3군에서 놀라운 경험을 즐기고 있을 때 제임스 로라이머 소위도 파리에서 그와 유사한 경험을 하고 있었다. 로라이머는 몽생미셸에서 시장과 식사를 할 때 '빛의 도시' 파리로 배치되었으면 좋겠다고 말한 적이 있다. 그런데 사령부로 돌아오고 나서 얼마 지나지 않아 자신이 "나 같은 경력 소유자가 유럽에서 담당할 수 있는 임무 중에서 최상급 일"[1]을 얻었다는 사실을 알게 되었다. 프랑스 당국자들은 그를 "두 팔 벌려 진심으로" 환영했으며, 그는 곧 파리 사교계의 부유하고 강력한 인사들이 베푸는 향응을 종종 받게 되었다.[2] 그들은 그의 도움을 원했고 그는 그들의 정보를 원했다.

더구나 경이로운 성소에 해당하는 도시, 파리는 환상적인 모습이었다. 그곳의 건물과 기념물만 보면 무려 4년 동안이나 나치의 점령 아래 있었다는 사실이 믿어지지 않을 지경이었다. 비록 몇몇 기념물은 파괴되었지만(그랑 팔레 미술관은 나치가 레지스탕스를 뿌리 뽑으려는 과정에서 화재로 소실되었다) 주요 대로 어디에서든 전쟁의 상처가 거의 보이지 않았다. 거리마다 보관소에는 자전거가 북적였고 심지어 작은 수레를 매단 2인승 자전거(나치의 점령 기간에 택시 노릇을 했다)도 있었다. 베레모와 중절모를 쓴 노인들은 공원에서 카드놀이를 즐겼고 뤽상부르 공원에서는 아이들이 분수대에 장난감 배를 띄워 놓고 있었다.

로버츠위원회의 대표단 자격으로 이 도시를 방문한 프랜시스 헨리 테일러는 이렇게 썼다.

"오랫동안 텅 비어 있던 이 도시의 중심부로 이어지는 대로에서부터 질병으로 인한 깊은 잠에서 깨어난 사람만이 느낄 수 있는 뿌듯함이 전해져왔다. 살고자 하는 의지가 승리한 것이다. 인간 정신의 지고한 창조물인 파리는 결국 자신을 장악하려 한 손을 도리어 마비시킨 셈이다."[3]

하지만 테일러는 파리에 며칠밖에 머물지 않았다. 보다 면밀하게 파리를 관찰할 틈이 없었던 것이다. 사실 표면적으로는 기쁨이 넘쳐흘렀지만 그 아래에는 두려움과 불신의 기운이 흐르고 있었다. 독일군의 갑작스런 후퇴와 비시프랑스의 붕괴는 경찰관 같은 공무원 부족현상을 낳았고, 이로 인해 분노한 시민의 끓어오르는 감정을 통제할 방법이 없었다. 복수심에 사로잡힌 시민들은 직접 법을 집행하고자 나섰다. 독일군과 동침한 여성들은 거리로 끌려나왔고 폭도들 앞에서 공개 삭발을 당했다. 부역 의심 대상자는 재판에 회부되어 즉시 처형을 당했다.

이 도시에서 발행되는 신문 「르 피가로」를 읽어본 사람은 누구나 상황의 중대함을 이해할 수 있었다. 「르 피가로」는 2년간의 침묵 끝에 1944년 8월 23일에 다시 간행되기 시작했다. 처음에 겨우 2면에 불과했던 이 신문에 매일 반복해서 등장하는 기사가 하나 있었다. '체포와 숙청'이라는 표제 아래 전날 부역자 추적 작업의 경과를 자세히 알렸다. 그 기사에는 '사형 언도'와 '즉결 처형'에 처해진 사람들의 명단이 실려 있었다. 로라이머는 그나마 체계를 갖춘 사형 언도조차 불과 몇 시간, 길어야 이틀 만의 재판을 통해 언도되었음이 분명하다고 생각했다.

이처럼 시정기관과 안전장치가 작동하지 않고 어느 누구도 이웃을 믿지 못하는 상태에서 기념물 전담반원이 해야 할 일은 산더미 같았다. 육군의 『민사 편람』에 기재된 파리의 기념물은 165개에 달했으며 그중 52개는 공식적으로 보호되고 있었다. 나치의 약탈에 희생된 곳은 수천 곳까지는 아니어도 최소한 수백 곳은 되었다. 공공장소에 있던 조각품 수백 점이 사라졌고 파리의 유명한 청동상과 상원의회 건물에 있던 19세기 전등까지 도난당한 상황이었다.

이 도시가 다시 한 번 제 발로 일어서는 과정에서 혼란은 불가피했다. 가끔은 기본적인 정보와 보급품을 찾아내는 것도 불가능했다. 절차상의 문제가 몇 시간 동안 로라이머의 발목을 잡기도 했다. 심지어 특정 임무 및 지역 담당 공무원을 찾아내는 데만 해도 터무니없이 많은 에너지가 소비되었다.

8월에 그곳에 도착하자마자 로라이머는 일시적으로 해밀턴 중령의 파견대에 배속되었는데, 9월 말이 되어서도 해밀턴은 그를 놓아주지 않았다. 로라이머를 보낸다는 것은 곧 유능하고 적극적이며 프랑스어에 능통한 부하 장교를 새로 구해야 한다는 것을 의미했기 때문이다. 해밀턴은 로라이머가 이제는 제발 놓아달라고 간청할 때마다 이렇게 대답했다.[4]

"장교 한 명이 오로지 기념물 임무만 하고 있을 수는 없지 않은가."

로라이머는 혹시라도 미군이 그 도시에 손상을 끼치는 일이 없도록 신경 써야만 했다. 그가 로저스 장군의 호송대를 따라 이곳에 도착한 8월에만 해도 파리는 텅 빈 듯했지만 이제는 곳곳에 미군 병사들이 있었다. 물론 이들이 도움을 줄 때도 있었다. 로라이머가 콩코르드 광장에 발생한 손상을 평가하기 위해 보낸 어느 파견부대는 거대한 복합 건물에서 숱한 총알구멍을 발견했다. 로라이머는 다음 날에도 파견부대를 보내 루브르를 조사하도록 했다.

"대략적인 평가만 하도록. 그러니까 큰 구멍만 세라는 뜻이다."

루브르는 워낙 큰 건물이기 때문에 거기에 난 총알구멍을 모두 헤아리려면 1년이 걸릴지도 몰랐다. 로라이머가 볼 때 진짜 문제는 미군이 프랑스인에 대해 모른다는 점이었다. 언젠가 가보았던 튈르리 공원이 그런 사실을 보여주는 완벽한 사례였다. 파리의 심장부에 있는 이곳은 루이 14세가 만든 대형 왕실 정원으로 이 대도시를 거닐어본 사람이라면 누구에게나 익숙한 곳이었다. 파리에 온 첫날 아침, 로라이머는 이제껏 파리 시민 가운데 몇 사람만 봤을 법한 광경을 볼 수 있었다. 그 공원이 거의 텅 비어 있었던 것이다.

그로부터 몇 주 뒤, 로라이머는 튈르리 공원이 연합군의 대규모 야영지 후보에 올라 있음을 알아냈다. 독일군이 이미 공원 곳곳에 참호를 파고 철조망을 설치하긴 했지만, 연합군이 파리 한가운데에 임시 화장실 구덩이를 파놓는다는 것은 아무래도 지나친 것 같았다. 그는 끝없이 이어진 회의 때마다 참석해 튈르리는 연합군이 오물 흔적을 남길 만한 장소가 결코 아니라고 주장했다. 또한 그곳은 런던 시민에게 하이드 파크나 뉴욕 시민에게 센트럴 파크가 갖는 의미와 똑같다고 말했다.

결국 육군은 한 발 물러섰다. 하지만 로라이머가 거둔 성과는 무엇인가? 튈르리의 중앙 대로에는 이미 10톤짜리 군용 트럭과 병력 운송 차량, 지프 등이 줄줄이 늘어서 있었다. 어느 누구도 이 공원을 자동차 출입금지 지역으로 선포하지 않았고, 결국 이곳은 파리에서 가장 큰 주차장이 되고 말았다. 6개의 조각상이 이미 주춧대에서 쓰러진 상태였으며 17세기에 테라코타로 만든 배수설비는 차량의 무게를 견디지 못해 박살 나고 말았다.

현장을 조사하고 대안을 찾아내는 데만 꼬박 열흘을 쏟아부은 로라이머는 바닥이 포장된 앵발리드 광장이 육군이 사용하기에 적절하리라는 결론에 도달했다. 더욱이 앵발리드는 루이 14세 때 전쟁 중에 다친 부상병을 수용하기 위해 지은 건물이었으므로 그 광장은 군사(軍史)를 기념하기 위한 구역으로 지정하기에 안성맞춤이었다. 이제는 주차장을 도시 저편으로 옮기는 것이 더 낫다는 사실을 설득하기만 하면 되었다.

로라이머는 그랑 바생으로 불리는 분수대와 튈르리 테라스를 지나 무장 경비병에게 자신의 신분증을 보여주고는 루브르의 안마당으로 들어섰다. 박물관 내부는 평소와 마찬가지로 성소나 다름없었다. 이곳에서는 대포나 경비병을 볼 수 없었고 매일 그의 사무실로 찾아와 각별한 관심을 요청하는 청원자는 더더욱 없었다. 대전시실의 둥근 유리 천장 아래 펼쳐진 박물관은 마치 무덤 속처럼 고요했다. 한때 수백만 명이 찾아와 전 세계의 걸작을 관람하던 그 벽에는 이제 아무것도 걸려 있지 않았다. 다만 걸작 회화들이 걸려 있던 자리를 표시하기 위해 흰 분필로 써 갈긴 메모만 있을 뿐이었다.

이들 작품은 도난당하거나 잃어버리지 않았다. 사실 독일군은 이들 작품에 손도 대지 않았다. 작품들은 독일군의 침략 직전인 1939년에서 1940년 사이에 프랑스에서 미리 대피시켜서 보관소에 안전하게 보관되어 있었다. 그 경이로운 피난 작전은 프랑스 측의 위대한 영웅 가운데 한 사람인 프랑스 국립 미술관장 자크 조자르가 직접 감독했다.

조자르는 프랑스 정부의 공무원으로 서유럽에서 상당히 존경받는 박물관 분야 인사 중 한 명이기도 했다. 나이는 마흔아홉 살이었지만 뒤로 빗어 넘긴 검은머리와 이목구비가 뚜렷하고 잘생긴 얼굴에서는 활력이 넘쳐흘렀다. 그는 비록 관료이긴 했어도 일할 때는 기꺼이 자기 손을 더럽히면서까지 뛰어드는 타입이었다. 스페인 내전 동안 조자르는 마드리드의 세계적인 박물관, 프라도의 소장품을 피난시키는 작업에서 핵심적인 역할을 했다.

1939년 국립 박물관 관장으로 승진한 그는 곧바로 프랑스 여러 박물관의 피난 계획을 세우기 시작했다. 당시만 해도 나치의 프랑스 점령은 고사하고 프랑스 공격 가능성조차 염두에 둔 사람이 거의 없었다. 어쨌든 그의 꼼꼼한 감독 아래 세계적인 걸작품 수천 점이 포장되고 실리고 운반되고 보관되었다. 루브르 박물관의 주 계단 꼭대기에 놓여 있던 고대 그리스의 거대한 조각상 〈사모트라케의 승리의 여신 상〉까지 정교한 도르래 장치와 목제 경사 선로를 이용해 운반했다. 양 날개를 활짝 편, 높이가 거의 3미터에 달하는 이 대리석 조각상은 외관상 단단해 보이지만 사실은 수천 조각으로 흩어져 있던 대리석을 어렵사리 붙여 복구한 것이었다. 조자르는 아마도 조각상이 목제 선로를 따라 계단에서 내려오는 동안 커다란 날개가 약간씩 흔들리는 모습을 지켜보며 내내 숨죽였을 것이다.

대전시실을 이리저리 돌아보던 로라이머는 기둥 사이로 보이는 벽에서 눈에 띄는 단어를 발견했다. 〈라 조콩드(La Joconde)〉. 이것은 〈모나리자〉를 가리키는 프랑스 이름이었다. 대부분의 작품은 한꺼번에 운송되었고 때로는 폭격의 피해를 입은 도로를 따라 움직이기도 했다. 하지만 세계에서 가장 유명한 회화 〈모나리자〉는 어느 날 한밤중에 구급차의 들것으로 옮겨져 트럭에 실린 다음 홀로 운반되었다. 물론 트럭에는 큐레이터 한 명도 타고 있었다. 적절한 온도를 유지하기 위해 짐칸은 완전히 밀봉한 상태였다. 목적지에 도착할 즈음, 그림은 멀쩡했지만 큐레이터는 거의 졸도하기 직전이었다. 짐칸이 밀봉되어 산소가 부족했던 것이다.[5]

위대한 화가 테오도르 제리코의 회화 〈메두사 호의 뗏목〉은 워낙 큰 그림이다 보니 베르사유에서 그만 전차선에 걸리고 말았다. 그다음 도시부터는 낮게 드리워진 전선이 있는 곳을 지나갈 때마다 전화 수리공이 미리 가서 긴 절연 장대를 가지고 전선을 높이 들어올렸다. 장대를 든 호위대와 함께 트럭이 천천히 움직이는 동안, 역시나 피난 중인 시민들이 그 주위로 몰려들어 가라앉은 뗏목에 매달린 희생자들의 죽어가는 얼굴을 놀란 눈으로 바라보지 않았을까? 다행히 조자르의 세심한 감독 덕분에 작품은 별다른 손상을 입지 않았다.

하지만 조자르조차 미처 예상하지 못한 것이 하나 있었다. 독일군의 전격전, 아니 프랑스군의 굴욕적인 붕괴 속도가 그처럼 빠를 줄은 몰랐던 것이다. 미술품을 시골이나 외딴 지역의 성(城)에 마련한 임시 보관소에 갖다 둔 이유는 전쟁으로 인한 손상, 특히 공중 폭격의 위험을 피하기 위해서였다. 르망 인근의 수르슈 성에서는 큐레이터들이 잔디밭에 다음과 같이 흰색으로 크게 글씨를 적어놓기까지 했다.

"루브르 박물관."

그러면 조종사들이 그곳에 국보급 미술품이 보관되어 있음을 알고 폭격을 하지 않으리라 생각한 까닭이었다. 프랑스 육군이 궤멸하자 조자르는 미술품들을 서쪽과 남쪽으로 더 깊이 옮기라는 지시를 내렸다. 진군하던 독일군은 파리 남서부의 샹보르 성에 있는 보관소에서 한창 피난을 지시하던 그를 찾아냈다.

"당신 말이오, 선생. 우리가 가장 먼저 찾아야 할 프랑스 고위 공무원이 바로 당신이오."[6]

다행히 폭격이나 포격에 손상된 미술품은 한 점도 없었지만 나치 점령 아래서는 미술품을 더 이상 어떻게 해볼 도리가 없었다. 나치는 프랑스에 존재하는 모든 예술품을 이미 파악해둔 상태였고 재빨리 모든 것을 장악하기 위한 행동에 나섰다.

1940년 6월 14일, 독일군은 파리를 점령했다. 6월 30일, 히틀러는 파리에 있는 대표단에게 명령해 프랑스 국립 컬렉션 미술품과 아울러 개인 소장 미술품과 역사적 문서에 대한 안전 보호를 지시했다. 그 문화유물은 평화 교섭을 위한 담보로 사용될 것이라고 했다. 그때까지 프랑스는 휴전협약에만 서명한 참이었다. 히틀러는 공식 평화조약을 이용해 이 나라의 문화적 자산을 '합법적으로' 장악할 기회를 만들 작정이었던 것이다. 이는 거의 150년 전에 나폴레옹이 일방적인 조약을 이용해 프러시아의 문화재를 장악했던 방법과 유사했다. 당시의 전리품이 없었다면 루브르는 그저 껍질만 남았으리라는 지적은 약간 과장되긴 했어도 널리 받아들여지는 사실이다.

기세등등한 파리 주재 나치 대사 오토 아베츠는 곧바로 행동에 돌입해 나치의 지배를 받는 점령 정부가 문화적 자산에 대해 '보호 관리'를 할 것이라고 발표했다. 히틀러의 명령이 떨어진 지 사흘 뒤, 아베츠는 파리의 미술상 가운데 상위 15명(대부분은 유대인이었다)의 자산 몰수를 명령했다. 몇 주일 뒤에 대사관은 '안전 보호 중'인 미술품으로 차고 넘칠 지경이 되었다. 조자르가 제임스 로라이머에게 들려준 말에 따르면 바로 그때 진정한 영웅이 등장했다고 한다. 그는 미술 담당관인 프란츠 폰 볼프 메테르니히 백작이었다. 로라이머는 깜짝 놀라 물었다.

"독일인이었나요?"

조자르는 고개를 끄덕였다. 그의 귀족적인 눈에 빛이 번쩍였다.

"그냥 독일인이 아니라 나치였다네."

1940년 5월, 볼프 메테르니히 백작은 쿤스트슈츠, 즉 독일의 문화 보존 프로그램의 책임자로 임명되었다. 쿤스트슈츠는 원래 제1차 세계대전 당시 육군에 있었던 문화재 보호 부대(시기적으로 MFAA보다 먼저 있었던 유일한 유사 조직)를 근거로 해서 만들어진 조직이다. 이 조직은

1940년에 나치의 점령 정부 산하 부서로 재편되었고 주로 벨기에와 프랑스 점령지에서 활동했다. 르네상스 건축 전문가인 볼프 메테르니히는 본 대학의 교수로 재직하다가 이 임무에 차출되었다. 나치가 그를 차출한 이유는 저명한 학자를 내세우면 쿤스트슈츠 프로그램에 일종의 전문성과 합법성이 부여될 거라는 계산 때문이었다. 볼프 메테르니히가 독일의 저명한 가문 출신으로 그 기원이 수백 년 전의 프러시아제국까지 거슬러 올라간다는 점도 한 가지 매력으로 작용했다.

그는 나치당의 열혈 추종자는 아니었으나 때로는 나치도 정치적 성향보다 능력에 근거해 사람을 쓰기도 했다. 상부로부터 어떤 지시를 받지는 않았지만 볼프 메테르니히는 쿤스트슈츠가 무엇을 해야 하는지 잘 알고 있었다. 그는 이렇게 썼다.

"어떤 상황에서든 헤이그조약의 관련 조항을 우리의 합법적인 한계로 삼았다."[7]

따라서 문화적 책임에 관한 그의 정의는 나치의 버전이 아니라 국제적으로 널리 인정되는 쪽이었다.

"문화유산 보호는 전쟁 중인 유럽의 모든 나라에 똑같이 부여되는 논박의 여지가 없는 의무다. 내가 조국에 봉사하는 가장 좋은 방법은 이 원칙을 적절하게 준수하도록 책임을 지는 것이다."[8]

조자르는 계속해서 로라이머에게 흥미진진한 이야기를 들려주었다.

"볼프 메테르니히 백작은 대사에게도 맞섰지. 그때 그는 군부 쪽으로 시선을 돌렸네. 당시만 해도 누가 프랑스를 통치할 것이냐를 놓고 나치 군부와 나치 점령 정부 사이에 팽팽한 줄다리기가 벌어지고 있었거든. 며칠이 지나자 군부에서는 대사관이 더 이상 문화유물을 장악하지 못하도록 금지했지. 내가 볼프 메테르니히에게 제안한 덕분에 대사관이 보유했던 유물 대부분이 결국 루브르로 이송되었다네. 그렇게 도착한 작품들을 보니 이미 배에 실어 독일로 운반하려고 포장까지 다 해놓은 상태더군."

조자르는 이 성공사례를 자신의 공로로 삼지는 않았다. 하지만 로라이머는 조자르의 용감한 행동을 잘 알고 있었다. 물론 대사를 제압한 것은 전투의 첫째 날에 간신히 패배를 면한 정도에 불과했다. 그것만으로는 문화전쟁에서 결코 이긴 것이 아니었다. 조자르는 나치의 대사 문제를 놓고 볼프 메테르니히 백작과 긴밀하게 협조했다. 또한 프랑스의 문화유물을 장악하려는 나치의 오랜 시도에 대항해 계속해서 그와 협조해 활동했다.

한번은 프랑스 정부 문서를 몰수할 책임을 맡은 어느 관리가 프랑스 정부가 소장한 동산(動産) 형태의 미술품을 직접 몰수하려 들었다. 일부 나치는 미술품이 임시 보관소에 가 있는 것은 부적절하다며 안전을 위해 독일로 이송할 필요가 있다고 주장했다. 볼프 메테르니히는 직접 시찰을 다녀온 끝에 이런 주장을 일축했다. 요제프 괴벨스는 프랑스 정부 소장 컬렉션 가운데 거의 1,000점에 달하는 '게르만적'인 예술품을 내놓으라고 요구했다. 볼프 메테르니히는 이들 예술품 가운데 상당수를 독일이 소유하는 것은 적법하다고 인정했지만, 그것을 모국으로 이송하라는 의견에는 동의하지 않았다. 그는 매우 신중한 어조로 그 이유를 설명했다.

"그 문제에 관해서는 제가 줄곧 말씀드렸습니다. 이것은 모든 사람의 감정을 깊이 건드릴 만한 아주 민감한 문제이기 때문에 양쪽 국민이 동등한 입장에서 완벽하게 합의하는 평화회담으로만 해결할 수 있다고 말입니다."

조자르는 이전에도 로라이머와 만난 자리에서 이 쿤스트슈츠 관리를 칭찬했었다.

"그는 가능한 모든 방법을 동원해 괴벨스에게 반대한 유일한 인물이었네. 1940년 1월 15일에 내려진 총통의 명령에 대해서도 매우 엄격한 해석을 했지. 그 명령에서는 평화협정의 서명 이전까지는 프랑스 내의 미술품 이송을 금지하고 있었거든. 원래 이 명령은 프랑스의 애국자들이 나치의 요구를 피해 미술품을 어딘가에 숨기지 못하게 하려는 의도였지만 볼프 메테르니히는 지혜롭게도 그 명령을 독일인에게도 똑같이 적용했던 거라네. 그처럼 원칙에 입각한 입장이 아니었다면 우리에게는 전혀 희망이 없었을 걸세. 물론 우리는 대놓고 '싫다'는 말을 못했지. 그랬다가는 괴벨스의 분노만 불러일으킬 게 뻔했으니까. 우리는 항상 그들에게 '알았다'고 대답했다네."

조자르는 잠시 뜸을 들였다가 말을 이었다.

"하지만…… 명확하게 짚어두어야 할 세부사항은 항상 있게 마련이었지. 나치는 거의 문서집착증 환자에 가까웠거든. 그들은 매우 관료적이었네. 뭐든 결정을 내리기 위해서는 베를린으로 대여섯 통씩 편지를 써야만 했다네."

그와 볼프 메테르니히는 프랑스 국립 컬렉션에 대한 나치의 위협을 수천 건의 문서 작성으로 막아낸 셈이었다. 그는 그 과정에서 겪은 피말리던 순간을 떠벌리지 않았다. 예를 들면 조자르는 여러 해 동안 강제 진입을 막아냈고 이로 인해 폭력의 위협이 있거나 혹시라도 나치가 체포하러 올 경우 파리에서 탈출하기 위해 친구와 암호를 정해놓기도 했다. 한밤중에 볼프 메테르니히에게 전화를 걸어서는 몇몇 나치 약탈자에게 찾아가 그 면상에 서류를 냅다 던져달라고 부탁한 적도 부지기수였다. 볼프 메테르니히는 신장질환으로 몸이 매우 불편했음에도 불구하고 항상 이 요청에 응해주었다. 그는 이 질환 때문에 결국 퇴진하고도 계속해서 파리에 머물렀다. "프랑스 미술 행정부 사람들로부터 받은 신뢰가 주된 이유였다."[9]

로라이머는 조자르의 영향력이 나치의 위계질서 말고 다른 방향으로도 발휘되었는지는 전혀 알 수 없었다. 조자르는 그의 눈과 귀 역할을 해주는 박물관 관계자들의 네트워크를 구축해두고 있었다. 또한 프랑스 관료 중에도 연락책이 있었다. 그의 가장 가까운 친구인 미술 후원자 알베르 앙로는 프랑스 레지스탕스의 중요한 일원이었다. 조자르는 앙로에게 통행증과 박물관 허가서를 내주어 레지스탕스 활동의 위장막으로 삼게 했다. 조자르가 박물관에서 활동하는 정보원들로부터 수집한 정보를 넘겨주면, 앙로는 이를 게릴라 전사들에게 전달했다. 물론 볼프 메테르니히는 이러한 사실을 거의 다 알고 있었다.

"그는 자신의 직위를 걸었네. 어쩌면 목숨까지 걸었다고 할 수 있지."

조자르는 그에 관해 이렇게 말한 바 있었는데, 이 표현은 두 사람 모두에게 사실이었다. 이 '착한' 나치는 1942년 6월에 해임되었지만 이미 1941년 말에 '게르만적'인 예술품 1,000점을 탈취하려는 괴벨스의 시도를 성공적으로 막아내는 위업을 달성했다. 볼프 메테르니히의 공식적인 해임 사유는 그가 점령지에서의 가장 뻔뻔한 절도 행위에 대해 공개적으로 반발했다는 것이었다. 그 절도 행위란 바로 히틀러의 명령에 따라 포의 미술품 보관소에서 이루어진 〈겐트 제단화〉의 약탈이었다. 그러나 사실 메테르니히의 해임은 일부 나치가 그의 입지를 여러 달에 걸쳐 잠식한 결과였다. 그 이유는 업무 처리에서 "전적으로 프랑스의 이익만 고려한다"[10]는 주장에서부터, 그가 지나치게 가톨릭적이라는 불만에 이르기까지 다양했다. 진짜 문제는 볼프 메테르니히가 나치의 바람대로 행동하지 않았다는 데 있었다. 쿤스트슈츠는 어디까지나 합법성을 가장하기 위한 허울에 지나지 않았다. 그들은 모국의 이득을 위해 원칙을 왜곡할 인물을 원했지만, 볼프 메테르니히 백작은 그렇지 않았다. 결국 그는 "히틀러 무리의 복마전에서 이단자가 되고 말았다."[11]

머지않아 조자르 역시 나치의 〈겐트 제단화〉 절도 행위에 대해 격렬히 비난했다가 자리에서 해임되고 말았다. 이에 대한 항의 표시로 프랑스 박물관의 모든 직원이 한꺼번에 사표를 던져버렸다. 이것은 자크 조자르가 프랑스 문화계에서 얼마나 중요한 인물이었는지 잘 보여준다. 깜짝 놀란 독일 측은 조자르를 복직시켰다. 이후로 그의 지위는 거의 침해당하지 않았다. 결국 나치가 프랑스 국립 컬렉션에서 탈취한 예술품은 두 가지뿐이었으며 양쪽 모두 게르만에서 유래한 작품으로 중요성은 중간 정도에 불과했다.

하지만 완전한 승리는 아니었다. 프랑스 국립 컬렉션은 안전했던 반면, 시민들의 개인 컬렉션은 나치의 독수리 떼 앞에서 속수무책으로 당할 수밖에 없었다. 우선 힘러와 그의 나치스 친위대가 나섰다. 또한 로젠베르크와 그의 '제국지도자 로젠베르크 특별기동반'(ERR)이 있었다. 그중에서도 최악은 제국원수 괴링이었다. 어떤 것에든 헤르만 괴링의 위협은 항상 따라다녔다.

로라이머는 한때 〈라 조콩드〉가 걸려 있던 벽 앞에 서서 제국원수 괴링에 관해 조자르가 했던 말을 떠올렸다. 그는 괴링을 욕심 많고 결코 만족을 모르는 폭식가라고 평가했다. 괴링은 집요하게 개인의 권력과 부를 추구하면서 어떠한 반대도 허용하지 않았고 어떤 도덕적, 윤리적 한계도 따르지 않았다. 그에게 프랑스 같은 한 나라의 문화재는 기껏해야 약탈의 대상일 뿐이었다.

"제임스!"

대전시실의 텅 빈 벽에 울려 퍼지는 이 한마디에 생각에 잠겨 있던 로라이머는 정신이 퍼뜩 들었다. 루브르의 수호자 자크 조자르가 다가오고 있었다. 그 힘겨운 전쟁을 겪은 뒤에도 이 프랑스 노신사는 어찌나 활기차 보이던지 로라이머는 항상 놀라곤 했다. 조자르는 기념물 전담반원의 어깨를 꽉 잡으며 말했다.

"내 연락을 받은 것 같아 다행이로군."

"다시 만나게 되어 반갑습니다. 이번에는 좋은 소식을 가져왔어요. 서류 업무가 말끔히 끝났습니다. 이제 태피스트리를 갖고 계셔도 됩니다. 최소한 몇 주만이라도 말이에요."

"관료들이란 하여간."

조자르가 허허 웃더니 몸을 돌리면서 눈짓을 했다. 자기 사무실로 이어지는 복도를 따라 내려가자는 것이었다. 루브르 안에는 조자르의 사무실뿐 아니라 집도 있었다. 로라이머는 그가 독일군에게 점령당했던 4년간 과연 루브르를 한 번이라도 떠난 적이 있을까 하고 생각했다. 어쩌면 해방 이후에도 떠난 적이 없을지도 모른다.

해방 직후, 프랑스인 폭도들이 루브르 외곽에 수용되어 있던 독일인 포로들을 습격한 사건이 있었다. 린치를 당할 위협에 직면한 독일인들은 루브르의 창문을 깨고 안으로 도망쳤다. 수색대는 이들이 미처 피난시키지 못한 미술품 사이사이에 숨어 있는 것을 발견했는데, 몇 명은 분홍색 화강암으로 만들어진 고대 이집트 황제 람세스 3세의 장례용 항아리 속에 들어가 있기도 했다. 그때 어느 큐레이터가 부상당한 독일인을 양호실로 데려가는 모습을 본 폭도들은 분격했다. 그들은 이것을 두고 박물관 직원 모두가 반역자이자 부역자라는 증거라고 생각했다. 그렇지 않다면 그들은 어떻게 살아남았고 그 모든 미술품을 어찌 보호할 수 있었겠느냐는 것이 폭도들의 주장이었다. 다른 어떤 기관도 나치 치하에서 이처럼 멀쩡하지는 못했다.

조자르와 그의 최측근들(그중에는 그의 비서이자 점령 당시 목숨을 걸고 레지스탕스에 정보를 넘겨준 자클린 부쇼 소피크도 포함되어 있었다)이 시청으로 향하는 동안, 폭도들은 이렇게 소리를 질렀다.

"부역자 놈들! 반역자 놈들! 저놈들 다 죽여버려!"[12]

여차하면 이들이 정부 건물에 도착하기도 전에 누군가의 총탄에 쓰러질 수도 있었다. 프랑스 레지스탕스의 일원들을 비롯한 연락책 가운데 몇 사람이 적시에 증언을 해줌으로써 조자르 일행은 가까스로 위험에서 벗어날 수 있었다.

마침내 안전해지자 조자르는 상처 입은 도시의 사기를 끌어올리기 위한 미술 전시회를 개최하기 위해 끝없이 일에 몰두했다. 이 전시회의 핵심은 노르만 왕의 잉글랜드 정복 설화가 담긴 〈바이외 태피스트리〉였다. 1070년대 작품으로 너비가 50센티미터에 길이가 70센티미터인 이 태피스트리는 초기 중세시대의 현존하는 성유물에 버금가는 물건이었다. 이보다 앞선 물건은 하나도 없었다. 글자 묘사는 상당히 독특했고 인물 묘사는 그 이전이나 이후 100년 사이에 나온 어떠한 그림보다 역동적이었다. 무려 600년 동안이나 그리 대단치 않은 교회의 성유물로만 취급받다가 1700년대 들어 그 가치를 다시 발견하게 된 〈바이외 태피스트리〉는 프랑스 문화사의 핵심이었다.

또한 이것은 중요한 역사적 문서로 1066년에 있었던 정복왕 윌리엄의 영국 침공에 관한 거의 동시대의 기록이기도 했다. 서술 부분과 1,500가지 대상, 즉 사람, 동물, 의복, 무기, 군사 대형, 교회, 탑, 도시, 깃발, 도구, 수레, 성물함, 영구차의 묘사가 서로 꿰매 붙여진 이 태피스트리는 현존하는 것 중에서 중세 초기의 삶을 가장 자세히 묘사하고 있다. 특히 정치와 군사 전역에 집중하고 있고 1066년에 헤이스팅스 전투에서 있었던 앵글로색슨의 왕 해럴드 2세의 전사에 이르러 절정을 이룬다. 따라서 이 태피스트리야말로 정복과 제국에 관한 역사상 최고의 묘사라고 할 수 있었다. 이런 까닭에 나치는 오래전부터 이 태피스트리를 몹시 탐냈으며 특히 태피스트리를 애호하던 탐욕스러운 제국원수 괴링의 욕심은 극에 달했다.

1940년에 그 안전을 우려한 프랑스 측에서는 원래 노르망디의 주요 도시 가운데 하나인 바이외에 있던 이 태피스트리를 수르슈에 있는 루브르의 보관소로 옮겼다. 프랑스를 점령한 직후 나치는 이 미술품의 획득을 최우선 과제로 삼고 계속해서 돈 아니면 다른 미술품과의 맞교환을 제안했다. 조자르는 평소와 마찬가지로 대화를 지연시키거나 얼버무리기만 했다. 그러다가 1944년 6월 27일 연합군이 노르망디 해안에 상륙하자, 이 태피스트리가 자칫 손아귀에서 빠져나갈 수도 있음을 깨달은 나치는 독일군의 호위하에 이것을 루브르로 옮겼다. 그리고 파리에서 저항이 시작되기 일보 직전이던 8월 15일 프랑스 주재 독일군 사령관인 디트리히 폰 콜티츠 장군이 루브르에 찾아와 태피스트리의 존재를 확인했다. 조자르와 함께 이를 살펴본 장군은 곧바로 베를린에 그 위치를 보고했다.

8월 21일, 제국 수상관저에서 파견된 SS 장교 2명이 이 태피스트리를 모국으로 가져가기 위해 찾아왔다. 폰 콜티츠 장군은 두 장교를 베란다로 데려가 루브르 박물관의 지붕을 가리켰다. 그곳에는 레지스탕스 전사들이 서서 센 강을 향해 연신 기관총을 쏘아대고 있었다.

"그 태피스트리는 저기 있다네. 루브르의 지하실에 말일세."

"하지만 장군님, 지금 루브르는 적군이 장악하고 있지 않습니까!"

"그렇지. 그것도 상당히 견고하게 장악하고 있어. 지금 루브르는 적군의 사령부가 되어 있다네. 레지스탕스의 지휘관들이 거기에 머물고 있지."

"그런 상황이라면 그 태피스트리를 어떻게 가져갈 수 있겠습니까?"

"이보게, 자네들은 전 세계에서 가장 뛰어난 병사들을 이끄는 지휘관들이 아닌가. 우리 병사들을 대여섯 명 붙여주겠네. 그리고 자네들이 리볼리 거리를 지나가는 동안 지원사격을 가해 엄호해주겠네. 자네들은 일단 그곳 출입문을 열고 들어가 태피스트리가 있는 데까지 나아가기만 하면 되네."[13]

며칠 뒤인 1944년 8월 25일 연합군이 파리에 도착했을 때, 〈바이외 태피스트리〉는 운반용 납 상자에 담긴 채 여전히 루브르의 반지하 창고에 무사히 보관되어 있었다.

"바이외 측으로부터의 승인은 어떤가?"

조자르는 어깨너머로 로라이머에게 질문을 던졌다. 비록 지금은 루브르에 보관되어 있지만 그 태피스트리는 분명 노르망디의 보물이었다. 전시를 위해 그쪽의 허락을 얻는 것은 그야말로 관료제의 악몽이나 다름없었다. 로라이머는 미국 군부와 프랑스 정부의 온갖 형식 및 절차는 거뜬히 뛰어넘었지만, 바이외의 관리들과 얽힌 문제는 여전히 남아 있었다.

"젊은 공무원 한 명이 허락을 얻기 위해 출발했습니다. 믿어지실지 모르겠지만 자전거를 타고 말입니다. 무려 260킬로미터나 가야 하는데도요."

"그래도 아직까지는 헌신적인 공복들이 남아 있는 모양이구먼."

조자르의 말투는 그리 비판적이지 않았다. 해방된 지 얼마 되지 않은 프랑스에서는 업무 과다로 신음하는 정부를 상대하는 것도 생활의 일부가 되어버린 까닭이다. 조자르는 자기 사무실의 응접실에 들어서자마자 그곳에 있던 누군가를 소개했다.

"자, 이쪽은 로즈 발랑일세."

"만나서 반갑습니다."

로라이머는 자리에서 일어나 인사를 건네는 여성에게 말했다. 몸집이 제법 크고 튼튼해 보이는 체구였으며 키는 165센티미터로 동년배의 여성보다 비교적 큰 편이었다. 머리는 틀어 올려서 친절한 아주머니 같은 인상이었고 입은 앙다문 모습이었다. 미국인 기념물 전담반원을 바라보는 그녀의 날카로운 갈색 눈에는 뭔가 심상치 않은 결의가 엿보였다.

"제임스 로라이머라고 합니다. 메트로폴리탄에서 일하죠. 지금은 미국 육군 소속이고요."

"누구신지 알아요, 로라이머 씨. 죄드폼에 특별한 관심을 보여주셔서 감사하다는 말씀을 드릴 기회가 생겨서 기뻐요. 미국 분이 프랑스에 관해 아주 섬세하게 배려해주시는 건 흔한 일이 아니잖아요."

그제야 그는 그녀를 한 번 만난 적이 있음을 깨달았다. 튈르리 공원 한쪽 끝에 위치한 루브르의 소규모 별관, 죄드폼에서 만났던 것이다. 그 건물은 원래 나폴레옹 3세가 실내 테니스장으로 만들었지만(당시에는 테니스를 '죄드폼'이라고 불렀다) 나중에 해외의 현대 미술품을 전시하는 공간으로 바뀌었다. 미국 육군은 본래 이 건물을 우체국으로 사용할 계획이었는데, 로라이머는 며칠 동안 이곳이 루브르의 일부이므로 보호를 받아야 마땅하다고 열띤 주장을 하여 설득을 해냈다. 조자르가 설명을 덧붙였다.

"발랑은 줄곧 그 박물관을 관리해왔다네. 내가 재촉한 까닭에 나치 점령 중에도 그곳에서 프랑스 정부의 공무원으로 남아 있었지."

"아주 힘드셨겠군요."

로라이머가 말했다. 그는 파리에 도착한 이후 숱하게 들었던 점령 당시의 상황들을 떠올렸다. 고기는 물론 커피, 난방용 기름조차 없었고 담배도 구하기가 힘들었다. 사람들은 굶주림을 면하기 위해 광장에 있는 나무에서 밤을 따먹었고 불을 지피고자 나무에서 잎사귀와 가지를 꺾어 갔다. 여성들은 나무로 된 구두 굽을 깎아 하이힐을 만들었다. 밤에는 등화관제에다 종종 전기 부족 현상이 벌어졌기 때문에 홍등가의 극장에서는 아예 지붕을 들어내고 햇빛을 조명장치로 사용했다. 로즈 발랑은 미소를 지으며 말했다.

"누구나 해야 할 일이 있으니까요."

그녀는 일 때문에 잠시 들렀던 모양인지 불과 1분 뒤에 작별 인사를 남기고 죄드폼으로 돌아갔다.

"그녀는 진짜 영웅이라네, 제임스."

조자르는 태피스트리와 다른 당면 문제를 논의하기 위해 뒤로 돌아서면서 말했다. 로라이머가 대답했다.

"당신도 영웅이에요, 자크. 절대로 잊지 않을 겁니다."

제임스 로라이머가 가족과 클로이스터의 후원자인 존 D. 록펠러 2세에게 쓴 편지
1944년 9월 25일

여러분께

저는 한 달 전에 파리에 도착했습니다. 마군이 이곳에 도착한 날이 바로 그 날이라는 사실은 이제 여러분 모두 아시리라 생각합니다. 제가 속한 부대는 때마침 전투 병력과 같은 시간에 이곳에 도착했습니다. 독일군이 최후의 요새에서 항복한 이후, 우리는 바리케이드가 세워진 거리를 지나 양자 간에 합의된 회담 장소로 향했습니다. 독일군은 상원 건물에서 마지막 밤을 보냈으며 하원 건물에서는 화재가 일어난 참이었습니다. 우리는 24시간 전까지만 해도 독일군이 사용하던 호텔 침대에서 잤습니다. 다음 날 아침, 저는 루브르로 가서 국립 박물관장 조자르 씨를 만났고 제가 G-5 기념물, 예술품, 기록물 전담 장교로서 해야 할 일을 생각하기 시작했습니다. (······)

지금 저는 전 세계에서 가장 위대한 예술의 중심지에 있습니다. 이곳에서 박물관, 도서관, 기록보관소, 성, 그리고 온갖 형태의 공공건축물을 꼼꼼히 살펴보고 있습니다. 도움을 주되 우리의 지시가 관철되도록 명료한 결정을 해야 뒤끝이 남지 않기 때문입니다. 아직까지는 잘 해내고 있고 저는 자칫 여러분의 간담이 서늘해질 만한 행동을 촉구하곤 했습니다. 전쟁이 끝나면 일개 소위가 경험한 여러 가지 흥미진진한 모험담을 감히 여러분께 들려드릴 수 있을 겁니다. (······) 저는 맡은 바 임무를 다하려는 결의에 차 있습니다.

때로는 이것이 클로이스터 같은 또 하나의 몽상이 아닐까 하는 생각이 들기도 합니다. (……) 제가 담당한 센 지구에는 센 에 마른과 센 에 우이즈가 모두 포함되며, 이는 독일군이 머물던 시절과 똑같습니다.

파리에 도착한 최초의 장교 가운데 한 사람으로, 저는 고위층 —비록 그들의 이름이 지역 신문에 언급되기는 하지만, 아직은 언급하기에 너무 이른 듯합니다—과 알게 되었으며, 예술품과는 아무 관계가 없는 특수 임무를 담당하라는 명령을 받게 되었습니다. 우리 사령부의 수립을 도운 이후, 저는 정보 부서를 담당하라는 명령을 받았고, 애초의 예상대로 48시간 동안이 아니라 8일 연속으로 정보실을 운영했습니다. 현재 파리에서 프랑스와 미국 양국 관계 업무와 상관이 있는 사람은 모조리 직접 만나보았습니다. 여러 장성, 각급 장교, 호텔 직원, 다양한 실업계 대표자들, 옛 친구들, 시 및 국가 공무원, 열쇠공, 폭탄 해체반, 정보부 사람들……. 저는 명령을 내리고, 그 명령이 시행되는 모습을 지켜보았습니다. 어느 시점에 이르자 상당한 권력을 휘두르게 되었습니다. 상부의 지시에 따라서 기념물 업무는 잠시 중단하고, 프랑스인과 독일인을 구분하고, 진실한 사람과 거짓된 사람을 구분하고, 약한 사람과 강한 사람을 구분하고, 게으른 사람과 의욕적인 사람을 구분하는 일을 했기 때문입니다. 수백 명의 택시 기사를 고용하고, 통역자도 무수히 채용해야 했습니다. 종종 제 앞에 줄을 서 있는 사람이 오십 명 이상이었고, 한가운데 놓인 제 책상에서 일어나 업무가 원활히 진행되도록 윤활제 노릇을 했습니다. 그렇습니다. 이 바쁘고, 흥분되고, 믿을 수 없는 나날 속에서 저는 전쟁의 승리에 진정으로 도움을 주고 있었던 겁니다. (……)

쓰고 싶은 말이 정말 많습니다. 지난 몇 년 동안 프랑스인들이 겪은 고난은 아직 잊히지 않았지만 그래도 전에는 몰랐던 자유의 기쁨에 모두들 들떠 있습니다. 물론 점령으로 인해 이득을 본 몇몇 사람은 제외해야겠지만 아직은 그런 사람을 못 보았습니다. (……) 정확히 무슨 일이 일어났는지는 아무도 모를 겁니다. 분명히 말씀드리지만 아름다운 일은 아니었습니다.

오늘 밤은 이것으로 마치겠습니다. 여러분 중 누구로부터도 벌써 한 달 넘게 아무런 연락도 받지 못한 데다 편지를 추적하기가 상당히 힘듭니다. 어느 군사우체국(APO)으로 편지를 보내셨습니까? 새 주소를 다시 한 번 확인하시고 실수 없으시기 바랍니다.

사랑을 전하며, 제임스

16

독일 진입

Entering Germany

독일 아헨 | 1944년 10~11월

2주일 동안 워커 행콕은 독일의 최서단 도시 아헨에 떨어지는 폭탄을 바라보고 있었다. 때는 1944년 10월 중순이었지만 날씨는 벌써부터 추웠다. 그는 옷을 걸치며 지평선을 바라보았다. 도대체 9월의 태양은 어디로 사라진 것일까? 회색 하늘로 연기가 소용돌이치며 올라갔다. 도시는 불타고 있었다. 그의 뒤에서는 최전선 정보들이 무전기에서 흘러나오고 있었다.

육군은 2개월 사이에 수백 킬로미터를 주파했고 별다른 제지를 받지 않으며 독일 국경까지 도착했다. 애초의 예상과 달리 연합군은 이곳에서 후퇴하는 적군이 아니라 토치카와 철조망, 지뢰밭, 대전차 방어막으로 이루어진 전선, 소위 지크프리트 방어선을 발견했다. 토치카는 오래되어 녹슨 상태였고 그곳에 있는 70만 병력은 가뜩이나 줄어든 독일 국민 가운데 새로 뽑은 신참이었다. 즉, 너무 어리거나 늙었다는 이유로 전쟁에는 참전한 적이 없던 사람들이었다. 그렇지만 지크프리트 방어선은 이리저리 흩어진 연합군이 쉽사리 뚫고 지나갈 수 없는 방어용 성채였다. 연합군은 노르망디에서 강력한 파도 모양으로 독일군의 방어선을 뚫고 나오느라 지쳐 있었다.

일단 연합군은 지크프리트 방어선에서 지친 부대를 멈춰 세웠다. 사기도 충전하고 보급품도 정비해야 했기 때문이다. 버나드 몽고메리 장군의 제21집단군(여기에는 기념물 전담반원 로널드 밸푸어가 소속된 제1캐나다군이 포함되어 있었다)은 네덜란드로 돌아가 라인 강을 건너려고 했다. 패튼의 미국 제2군은 프랑스의 메스 인근에서 멈춰 섰다. 행콕과 제1군은 아헨에서 노르망디 이후 최초의 강력한 저항에 맞닥뜨렸다.

애초의 계획은 아헨을 우회해 북쪽과 남쪽으로 지나간 다음, 이 도시의 동쪽 능선에서 다시 만나는 것이었다. 본래 16만 5,000명이던 아헨의 인구는 연합군이 진군할 무렵 6,000명으로 줄어 있었다. 이곳은 연합군이 가급적 피하고 싶어 하는 장기전을 준비하고 있었는데 산업적으로나 전술적으로 가치가 있는 곳은 아니었다. 이 도시의 중요한 자산은 바로 역사였다.

아헨은 신성로마제국의 수도였고 히틀러는 이 제국을 제1제국이라고 지칭한 바 있다. 샤를마뉴가 자신의 권력을 굳히고 중유럽을 통일한 것도 바로 이곳에서였다. 800년에 교황 레오 3세는 로마에서 그를 신성로마제국 황제로 삼는 대관식을 베풀었는데 이런 통치자는 로마제국 붕괴 이후 유럽 최초였다. 샤를마뉴는 아헨에서 제국을 다스렸다. 936년에 완공된 샤를마뉴의 기도 장소 팔라티누스 예배당은 이후 독일의 왕과 여왕의 대관식 장소가 되었다. 그러한 전통은 600년이나 이어졌으니 아헨 대성당과 인근의 옛 시가지는 의심할 여지가 없는 문화유물이었다. 연합군이 이 도시를 건드리지 말아야 할 이유는 수두룩했다.

불행히도 아헨은 아돌프 히틀러에게도 중요한 상징적 가치가 있었다. 단순히 독일 제1제국 탄생지라거나 린츠에 총통 미술관을 세우는 데 영감을 제공한 도시라는 것뿐 아니라, 연합군이 공격하는 최초의 독일 도시라는 점에서 그러했다. 후퇴하던 독일군 병사들은 이곳에 집결했고 이 지역 주민들은 환호성을 올렸다. 그러나 연합군이 지평선에 나타나자 이 지역 나치들은 도시의 운명을 외면하고 마지막 열차에 몸을 싣고 떠나버렸다.

히틀러는 시민들을 특별히 신경 쓰지는 않았지만 그 지역 나치 관리들이 독일의 대도시 중 하나를 포기했다는 사실에 격분한 나머지 이들을 사병으로 차출해 동부전선에서 복무하게 하라는, 사실상의 사형선고를 내렸다. 또한 히틀러는 5,000명 규모의 1개 사단을 아헨에 보내 그곳이 폐허가 되고 마지막 한 명이 쓰러질 때까지 싸우라고 명령했다.

역사적 도시라는 이유로 머뭇거리던 연합군은 결국 이 도시의 측면을 공격해 고지를 점령한 다음, 보급선의 안전을 위해 5,000명의 병사를 최전선 후방에 남겨두기로 했다. 1944년 10월 10일, 연합군은 독일군에 항복을 요구했다. 독일군은 거부했고 10월 13일 제1군이 공격을 가했다. 사실 프랑스와 벨기에 같은 피점령 국가의 기념물을 보호하자는 주장은 정당화하기가 쉬운 편이었다. 하지만 독일은 어떤가? 행콕이 보기에는 공중 폭격만 봐도 이전보다 훨씬 더 격렬해진 것 같았다. 아군 병사들도 마음에 자비심을 품은 채 진격하지는 않았다. 어느 대대의 구호는 살벌하기까지 했다.

"모조리 박살 내자!"

연합군은 아헨을 완전히 쓸어버릴 기세였다. 전투는 8일 동안 이어졌다. 물론 연합군은 막강했지만 독일군은 곳곳에 숨어 있었고 결국 이들의 전투는 혼란스럽기 짝이 없는 시가전으로 번졌다. 공중에서는 능선에 있는 탄착관측병의 인도에 따라 폭격기가 날아와 지연신관 폭탄을 떨어트렸고, 이것은 건물의 지붕은 물론 그 아래의 몇 층까지 산산조각 냈다. 대포와 탱크의 포격도 도시를 한 구역씩 박살 냈다. 오래된 석조 건물은 워낙 튼튼해서 탱크의 공격에도 끄떡하지 않았다. 그러자 병사들은 가장 큰 대포를 끌고 와 아예 건물 벽에 대고 쏘아버렸다. 이렇게 건물이 파괴되면 야만적인 즐거움을 느끼며 진군하는 병사들을 위해 불도저가 와서 잡석을 깨끗이 밀어냈다. 이곳은 프랑스가 아니라 독일이었다. 병사들은 대체로 아헨에 필요 이상의 공격을 가하는 것이 마땅하다고 생각하는 듯했다.

10월 21일, 제국을 위해 죽으라는 히틀러의 명령에도 불구하고 아헨에 있던 독일군은 결국 항복했다. 병사들과 민간인들이 포로로 붙잡힌 뒤 워커 행콕도 동료들과 함께 독일로 향했다. 이들은 지크프리트 방어선의 지뢰밭을 지났는데 육군 공병들은 그곳에 흰 테이프를 붙여 표시를 해두었다. 지뢰밭 너머에는 콘크리트 지주를 줄줄이 엇갈리게 놓아둔 대전차 장애물이 설치되어 있었다. 탱크가 그 위나 사이로 지나갈 수 없도록 만든 것이었다. 그다음으로 철조망이 있었고 또다시 여러 개의 지뢰밭과 엄체호, 그리고 공중 폭격에도 끄떡없는 것으로 알려진 육중한 콘크리트 토치카가 나왔다.

그들의 눈앞에서 아헨이 연기를 내고 있었다. 그로부터 2주일 전 마스트리히트의 미술품 보관소를 보고 혀를 찼던 행콕은 아헨이야말로 평생 본 중에서 "가장 기이하고 상상을 초월하는" 풍경이라고 생각했다.[1] 깨진 창문의 유리가 거리로 쏟아져내렸고 전차 선로는 마치 사악한 금속 손가락처럼 솟아 있었다. 그리고 상당수의 주택이 잡석 더미가 되어 쌓여 있었다. 어떤 지점은 아예 깨끗하게 쓸어버려 넓은 벌판으로 변해버렸다. 몇몇 병사가 다음과 같은 히틀러의 인용구를 기록한 표지판을 붙여놓았다.

"내게 5년만 시간을 주면 여러분은 지금의 독일을 다시는 볼 수 없을 것이다."[2]

행콕은 탱크가 굴러가고 정찰대가 보급품이나 명령을 전달하기 위해 바쁘게 오가는 대로에서 벗어나 도시 중심부를 향해 걸어갔다. 첫 번째 모퉁이를 돌자마자 주위 세상과 차단된 그는 완전히 홀로 남게 되었다.

"공습으로 인한 파괴의 흔적은 무엇이든 파악할 수 있고 사진도 얼마든지 볼 수 있지만, 이렇게 죽은 도시에 있을 때의 감정은 상상이 불가능할 정도다."[3]

잡석 더미는 6미터 높이로 쌓여 있었고, 길 양옆으로는 깨지고 군데군데 이빨이 빠진 모양새로 늘어선 건물들이 폐쇄공포증이라도 불러일으킬 듯했다. 지금 눈앞에 나타난 광경이 진짜란 말인가! 도시는 완전히 붕괴되었고 거대한 콘크리트 더미가 행콕을 둘러싸고 있었다.

훗날 그는 이렇게 말했다.

"해골만 남은 도시가 폭탄으로 몽땅 쓸려버린 도시보다 더 끔찍스러웠다. 아헨은 해골이었다."[4]

도시 중심부 근처에 이른 행콕은 고약한 냄새를 풍기는 잡석 더미를 기어서 넘어갔다. 그 오래된 도시의 좁고 구불구불한 거리를 따라 스무 블록을 지나는 동안 행콕은 공격을 피해 기어가기도 했고 포탄이 터지는 소리가 들릴 때마다 뛰어다녔다.

아헨 대성당의 문은 활짝 열려 있었다. 그는 서둘러 마당으로 뛰어가서 팔라티누스 예배당으로 들어갔다. 팔각형의 그 구조물은 수백 년 동안 예배자와 순례자를 비롯한 수많은 사람들을 받아들였고, 그들을 외부세계로부터 차단시켜 하나님의 품으로 인도해주었다. 워커 행콕의 경우에도 상황은 다르지 않았다. 일단 안에 들어서자 그는 안도감을 느꼈다. 비록 유리창은 모조리 깨지고 없었지만 예배당은 여전히 깊은 안온함과 평화의 느낌으로 가득했다.

커다란 합창 홀은 유리 파편과 돌 조각으로 가득했다. 그는 잡석 더미 아래에서 매트리스와 지저분한 이불을 발견했다. 그가 중앙 통로를 따라 걸어가는 동안 발밑에서 유리 밟히는 소리가 났다. 의자 위에는 먹다 만 음식과 커피가 담긴 컵이 그대로 남아 있었다. 홀 저편 끝에는 임시로 만든 본당 칸막이 앞에 역시나 임시로 만든 제단이 놓여있었다. 고딕 양식의 합창 홀로 들어가 보니 연합군의 폭탄이 애프스를 관통하고 주(主)제단을 박살 낸 상태였다. 행콕은 산산조각 난 나무 안에 매끈한 회색 지느러미가 들어 있는 것을 보았다. 놀랍게도 그 폭탄은 터지지 않았고 덕분에 수백 명의 생명과 1,000년의 역사가 보존될 수 있었다.

행콕은 이불과 컵이 있던 쪽으로 다시 돌아섰다. 그는 한때 스테인드글라스가 있던 자리에 난 구멍을 바라보았다. 섬세한 석제 창틀이 하늘을 이리저리 가르고 있었다. 그 모습을 보니 샤르트르 대성당의 텅 빈 창문이 생각났다. 바로 그때 근처 어디선가 폭탄 여러 개가 빠른 속도로 연달아 터졌다. 연기가 하늘로 솟구치며 대성당에 그늘을 드리웠다. 주위를 둘러보던 그의 눈에 깨진 조각상 하나가 들어왔다. 조각상은 어둠 속에서 그를 응시하고 있었다.

"이 거대한 벽은 무려 1,100년 동안이나 여기에 서 있었다. 내가 이곳의 파괴를 목격한 유일한 사람이 되기 위해 여기까지 왔다는 것이 믿어지지 않았지만, 다른 한편으로는 안심이 되기도 했다."[5]

그는 다시 팔라티누스 예배당으로 돌아와 손상 정도를 면밀하게 살폈다. 그때 갑자기 누군가가 어둠 속에서 걸어 나왔다. 행콕은 깜짝 놀랐지만 그 만남이 두렵다기보다 어쩐지 기묘하다는 생각이 들었다. 그는 마치 자신이 딴 세상에 혼자 있는 듯한 느낌이 들었다.

"여깁니다!(Hier)"

남자는 이렇게 말하며 행콕에게 그쪽으로 오라고 손짓했다.[6] 그는 아헨 대성당의 주교였다. 홀쭉하고 야윈 그는 랜턴을 든 손을 떨고 있었다. 주교는 행콕을 인도하며 좁은 계단으로 조용히 올라서서 잡석 더미를 조심스레 지나쳐 갔다. 맨 꼭대기의 통로는 기껏해야 어깨너비 정도였다. 그제야 행콕은 자신이 거대한 석벽 중 하나에 들어와 있음을 깨달았다. 주교가 안내한 작은 방에는 의자가 몇 개 있었고 주교는 행콕에게 그중 하나에 앉으라고 손짓했다. 주교는 몹시 떨리는 목소리로 엉터리 영어를 주워섬겼다.

"6명입니다. 나이는 열다섯 살에서 스무 살까지. 소방대원이었죠. 그 아이들이 여덟 번이나 이 지붕에 난 불을 꺼서 돔을 구했습니다. 당신네 병사들이 그 아이들을 브란트로 끌고 갔죠. 이제는 펌프와 호스를 작동할 사람이 없습니다. 폭탄 한 방이면 이 대성당은 소실될 겁니다."

희미한 랜턴 불빛이 주교의 지친 얼굴에 그늘을 드리웠다. 한쪽 구석에는 낡은 매트리스와 음식 찌꺼기가 놓여 있었다. 주교는 폭격이 시작된 6주 전부터 이곳에서 버텨온 것이다.

"모두 착한 아이들입니다. 그래요, 물론 히틀러 청년단 소속이죠. 하지만……"

그는 자기 가슴을 가리켰다.

"그 아이들은 여기에서 우러나 가담한 것이 아닙니다. 그러니 너무 늦기 전에 이리로 다시 데려다주셔야 합니다."[7]

행콕은 그 '늦기 전에'라는 표현이 아이들에 관해 말하는 것인지, 아니면 대성당에 관한 말인지 알 수 없었다. 그는 일단 아이들의 이름을 받아 적었다. 헬무트, 한스, 게오르크, 빌리, 카를, 니클라우스. 모두 독일인이었다.[8] 하지만 행콕은 독일인이라고 해서 모두 나치는 아니고 모두 나쁘지는 않다는 것쯤은 알고 있었다.

"그러면 그 아이들을 어떻게 돌보실 생각입니까?"

이 도시에는 식량도 전기도 수돗물도 심지어 생필품도 없었다.

"잠은 여기서 잘 겁니다. 물과 기본 생필품은 있습니다. 하지만 식량은……"

"필요하시면 제가 조금이라도 갖다 드리겠습니다."

"지하실이 있으니 신선하게 보관할 수 있을 겁니다."

지하실 이야기가 나오자 행콕은 또 다른 생각이 떠올랐다. 아헨 대성당은 성유물을 보관하고 있는 곳으로도 유명했다. 샤를마뉴의 두개골 조각을 넣어 금과 은으로 도금한 흉상이나 보석으로 장식한 로타르 2세의 행렬용 십자가, 그것과 함께 세우는 아우구스투스의 카메오, 그리고 고딕풍 성물함들이 있었다. 하지만 그중 어느 것도 지금은 눈에 띄지 않았다.

"보물들은 어디에 있는 겁니까, 주교님. 지하실에 두셨습니까?"

주교는 고개를 저었다.

"나치가 모두 가져가버렸습니다. 안전 보호를 위해서라고 하더군요."

나치의 '안전 보호' 이야기를 숱하게 들은 행콕은 그 말을 듣자마자 소름이 끼쳤다.

"어디로요?"

주교는 어깨를 으쓱했다.

"동쪽이라고 하더군요."

17

현장 조사

A Field Trip

독일 아헨 동쪽 | 1944년 11월 말

덮개가 달린 장교용 자동차가 진흙투성이에다 곳곳이 파인 길을 따라 덜컹거리며 달려가고 있었다. 운전대를 잡은 사람은 기념물 전담반원 워커 행콕이었다. 때는 1944년 11월 말이었고 행콕이 아헨 대성당의 상태를 확인한 지 한 달이 지난 무렵이었다.

이전까지의 진군 속도라면 지금쯤 미국 제1군은 베를린으로 가는 길의 절반쯤은 가고 있어야 정상이었다. 하지만 미군은 아헨 동쪽의 울창하고도 안개가 많이 끼는 숲 지대에서 꼼짝달싹 못하고 있었다. 참호 속에 숨어 있는 적들 때문에 이제는 매일 몇 킬로미터가 아니라 겨우 몇 미터씩 전진하는 데 그칠 뿐이었다. 그것만으로는 모자랐는지 이번에는 역사상 가장 추운 겨울로 기억될 만한 추위가 들이닥쳤다. 길 상태가 가장 좋은 곳에서도 바퀴자국마다 얼음이 깔려 있었고 가장자리가 뾰족하게 튀어나와 위험했다. 조수석에 앉은 대령이 말했다.

"조심해. 어차피 여기서 죽어야 한다면 이 망할 놈의 자동차 사고가 아니라 독일놈들의 포탄에 죽고 싶으니까."

행콕이 보아하니 뒷좌석에 앉은 조지 스타우트는 눈 하나 깜짝 하지 않았다. 포탄의 위험은 사실이었다. 코르넬리뮌스터에 있는 지휘본부도 불과 이삼일 전에 포탄에 맞아 구멍이 뚫렸다. 그 구멍 옆에는 다음과 같은 포스터가 걸려 있었다.

"이 건물 안에 들어올 때라야 비로소 여러분은 전선에 있었다고 말할 수 있다."[1]

이들이 부스바흐에 도착할 때쯤, 행콕이 계산해보니 코르넬리뮌스터에서 그곳까지의 거리가 5킬로미터쯤 되는 듯했다. 그렇다면 이곳은 그야말로 최전선이었다. 어제 행콕은 외딴 지휘소를 처음 방문했다가 연기가 모락모락 피어오르는 잡석 더미 사이에서 병사들이 바쁘게 삽질하는 모습을 보았다. 그 잡석 더미는 원래 병사들이 숙소로 사용하던 작은 집이었다. 행콕이 그곳에 도착한 것은 그 집이 포탄에 맞아 파괴되고 나서 채 30분도 지나지 않았을 때의 일이다.

그 집의 손상 상태를 보니 행콕은 아헨의 주에르몬트 박물관이 떠올랐다. 지난달 그는 많은 시간을 그곳에서 보냈다. 그리 대단치 않은 작품만 빼고 나머지는 이미 전투 이전에 옮겨졌다. 기념물 전담반으로서 그는 그 회화들이 어디로 옮겨졌는지 알아내야 했다. 그래서 먼지 쌓인 의자에 걸터앉아 폭탄에 맞아 벽이 뚫린 사무실에 서 있는 찌그러진 서류함을 뒤지기 시작했다. 전기도 없는 데다 환기가 잘 되지 않은 탓에 입술은 시커멓게 변했고 수통의 물도 얼마 남지 않았지만 그는 그런 불편을 거의 의식하지 못했다. 그가 제작하던 대형 조각품은 완성하는 데만 수년 혹은 십여 년씩 걸리는 일이었기 때문에 인내심과 세심함이 몸에 배어 있었다. 사실은 몸으로 뛰는 이런 일이야말로 기념물 전담반원의 진정한 임무였다. 따라서 신중한 정보 감별, 인내심 있는 연구, 그리고 날카로운 눈이 필요했다.

행콕의 끈기는 보상을 받았다. 우선 그는 회화와 조각이 분산 보관된 시 외곽의 학교, 주택, 카페, 교회의 명단을 찾아냈다. 그중 몇 군데를 직접 확인했고 꽤 많은 숫자의 회화를 보았지만 어느 것도 세계적인 수준은 아니었다. 그러다가 조사의 막바지 무렵에 잡석 더미에서 주에르몬트의 로제타석이라 할 만한 것을 발견했다. 그것은 그 박물관의 컬렉션을 망라한 먼지투성이 분류 목록으로 각각의 품목에는 빨간색과 파란색 표시가 되어 있었다. 표지에 적힌 메모를 보니 빨간색으로 표시된 품목은 중요한 작품이므로 적의 후방으로부터 160킬로미터쯤 떨어진 도시 지겐으로 옮겼다고 나와 있었다.

지금 행콕은 그 문제를 생각하면서 덮개가 달린 장교용 승용차를 몰고 최전선의 도로를 달리는 중이었다. 지겐에 무언가 커다란 미술품 보관소, 일종의 창고가 있음이 분명했다. 만약 주에르몬트 박물관에서 최고의 작품만 엄선해 그곳으로 보냈다면, 혹시 아헨 대성당의 보물들도 그곳으로 가지 않았을까? 정말로 그렇다면 그것은 지겐의 어디쯤에 있을까? 지겐에서 은닉 가능한 장소는 수백 군데가 넘었다. 그 보관소가 도시 안에 있는지도 장담할 수 없었다. 어쩌면 도시 외곽으로 10킬로미터, 20킬로미터, 혹은 30킬로미터 밖에 있을 수도 있었다.

　그는 이와 관련된 정보를 아는 사람을 찾기 시작했다. 누군가가 더 많은 것을 알고 있을지도 몰랐다. 그런 사람은 누구일까? 행콕은 MFAA의 기록물 전문가와 함께 연합군 구치소의 수용자 명단을 샅샅이 뒤졌다. 하지만 그들 중에서 지겐의 문화계 지도자는 하나도 없었다. 나중에 나이 많은 화가 한 사람을 찾아내 그를 통해 박물관 관리인을 만나 건축가 몇 사람을 소개받았지만 누구도 지겐에 관해서는 알지 못했다. 젊은 박물관 관리인이 말했다.

　"모두 가져갔습니다. 그 작전의 구체적인 내용은 오로지 나치의 신뢰를 받는 사람들만 알고 있습니다. 그리고 그들은 부대를 따라 모두 동쪽으로 가버렸고요."

　행콕은 지겐의 수수께끼 보관소에 관한 정보를 찾으면서도 때로 전투사령관의 요청을 받아 해방된 지역의 기념물도 조사했다. 물론 신고가 들어온 것은 대부분 쓸모없는 것으로 밝혀졌지만 이번 만큼은 진짜인 듯했다. 스타우트가 동행한 이유도 그 때문이었다. 과연 짚 더미 속에 바늘이 있기는 한지 의구심을 품을 무렵 한 회화가 그들 앞에 등장했다.

　행콕은 24시간 전에 그 회화를 처음 본 일을 떠올렸다. 그는 그 화풍을 곧바로 알아볼 수 있었다. 플랑드르 풍으로 16세기 것이었다. 벨기에의 위대한 거장 피터르 브뤼헐 1세의 작품일까, 아니면 그와 긴밀하게 일했던 누군가의 작품일까? 마스트리흐트에서 이에 비견할 만한 작품을 여럿 보긴 했지만 그래도 이 회화만큼 감탄을 자아내는 것은 없었다. 이 정도 수준의 회화가 총알과 먼지가 가득한 어느 지휘소의 벽에 기대 있었다는 것은 이 위대한 예술품도 세상의 일부임을 분명히 보여주는 셈이다. 이것 역시 물체였다. 다만 허약했고 보호받지 못하는 상태였다. 운동장에 혼자 나가 노는 아이는 튼튼해 보이지만 뉴욕 시의 매디슨 애버뉴 한가운데를 홀로 돌아다니는 아이라면 얘기는 달라진다. 그건 끔찍한 일이다. 행콕은 그 작품을 보자마자 그곳 지휘관에게 물었다.

"이건 어디서 찾으셨습니까?"

"웬 소농의 오두막에 있더군."

"혹시 다른 것도 있었습니까?"

"이것뿐일세."

그것은 소농의 집이 아니라 박물관에 있을 만한 수준의 작품이었다. 독일군이 후퇴하면서 남겨두고 간 게 분명했다. 그렇게 남겨진 회화는 이것 하나뿐이었다. 그렇다면 어느 독일군 장교가 우연히 발견해 챙겨두었다가 상황이 급박해지자 내버린 것이 아닐까?

행콕은 그림을 물끄러미 바라보며 베르비에까지의 진흙투성이 길과 독일군의 포화에 노출된 몇 킬로미터의 구간을 떠올렸다. 지붕 없는 지프는 목숨을 지키기에는 충분했지만 국보급 문화재를 싣고 갈 만큼 믿음직하지는 않았다. 행콕이 말했다.

"축하드립니다, 지휘관님. 이건 진짜 대단한 발견입니다."

그때 바깥에서 포탄이 터지는 소리가 들리면서 천장의 나무판이 흔들렸다. 행콕은 깜짝 놀라 펄쩍 뛰다시피 했다. 그러나 지휘관은 태연하기만 했다.

"그럴 줄 알았다니까."

"아쉽게도 지금은 트럭을 끌고 오지 못해서 말입니다. 일단 여기 두었다가 내일 다시 가지러 오겠습니다."

"그럼 사령부로 돌아가는 건가?"

"예, 그렇습니다."

"아, 그럼 부탁 좀 하나 하세. 거기 있는 친구들더러 램프 좀 보내라고 해주게. 여기에는 불을 밝힐 만한 게 아무것도 없다네. 하다못해 양초 한 자루 없네. 해가 지고 난 다음에는 암흑천지가 따로 없을 지경이야."[2]

행콕은 램프를 싣고 달리고 있었다. 방금 SHAEF에서 도착해 실제 전투를 구경하고 싶어 몸이 달아 있는 대령 한 사람, 그리고 역시나 전장에서 막 돌아온 스타우트를 함께 태웠다. 서유럽에 주둔한 미군 병력은 이제 100만 명이 넘었고 아이젠하워는 오마르 브래들리 중장의 지휘 아래 행정사단을 창설했다. 브래들리의 미국 제12집단군 산하에는 제1군, 제3군, 제9군, 그리고 최근에 도착한 제15군이 포함되어 있었다. 조지 스타우트는 방금 전에 제12집단군 소속 기념물 전담반원으로 발령을 받았다. 한마디로 그가 가장 끔찍하게 생각하는 것이 현실화된 셈이었다. 이제 그는 현장을 떠나 관리를 담당하게 될 터였다. 행콕이 보기에 스타우트는 그 명령에 따라 파리로 돌아가기 위해 굳이 서두르지는 않는 듯했다.

스타우트는 진정한 전문가이자 진정한 일꾼으로 큐레이터, 화가, 건축가의 경험이 있으며 세계에서 가장 유능한 보존 전문가였다.

"완벽을 추구하는 전문가는 분석을 먼저 하고 판단은 나중에 하는 법입니다."[3]

운전을 하는 동안 행콕은 두 사람이 처음으로 함께 여행할 당시에 스타우트가 했던 조언을 떠올렸다. 행콕은 항상 무엇을 해야 하는지 잘 알고 있는 스타우트와 함께 있는 것이 좋았다. 그들을 따라나선 대령은 가든 말든 상관없었다. 그는 기껏해야 말 많은 책상물림에다 일반 사병을 격분하게 만드는 장교에 불과했으니까. 하지만 그에게 최전선을 한번 구경시켜주기만 하면 위험한 1톤 트럭 대신 덮개 달린 장교용 차를 타고 갈 수 있었다. 전장에 몇 달 있다 보니 그 승용차만 해도 리무진처럼 느껴졌다. 문득 대령이 투덜거렸다.

"저기 있구먼. 때를 잘도 맞췄다니까."

진흙탕 한가운데에 있는 지휘소는 부실해 보이는 오두막이었다. 행콕이 브레이크를 밟는 순간 연합군 비행기가 머리 위에서 굉음을 냈다. 공기는 연기와 먼지로 매캐했다. 포탄 터지는 소리가 생생하게 들렸지만 이쪽에서 쏘는 건지 저쪽에서 쏘는 건지 구분이 가지 않았다. 어쨌든 미술품이 있을 만한 장소는 아니었다. 행콕은 얼른 그 회화를 싣고 떠나고 싶었다. 하지만 스타우트의 생각은 달랐다. 그는 여러 사람과 연이어 인사를 나눈 다음 행콕에게 메모를 부탁하고는 회화 앞에 한쪽 무릎을 꿇고 앉았다.[4] 그는 마치 시각장애인이 옛 친구를 반기듯 손가락으로 표면을 쓰다듬더니 자신 있게 말했다.

"재료는 케르메스 염료. 16세기 플랑드르, 피터르 브뤼헐 1세의 공방 작품."[5]

행콕은 그럴 줄 알았다고 생각했다. 공방 작품이란 거장이 직접 그린 작품까지는 아니더라도 최소한 그 거장이 조언을 해서 제작된 작품을 의미했다. 스타우트는 회화를 뒤집어보았다.

"화폭은 오크 패널."

그는 줄자를 꺼내들었다.

"가로 0.84미터, 세로 1.2미터, 두께 4밀리미터. 똑같은 넓이의 그림 세 장을 수평으로 이었고……."

그때 포탄의 충격으로 천장 대들보가 흔들리며 회반죽 조각과 먼지가 우수수 떨어졌다. 행콕이 창 밖을 내다보니 대령이 잡석 더미 위에 서서 쌍안경으로 전투가 벌어지는 쪽을 바라보고 있었다.

지지대는 납작하고, 세로 뼈대는 7개에 오크 재질, 가로 뼈대는 10개에 소나무 재질. 뒤틀린 곳 여러 군데. 벌레 먹음 약간. 아래쪽 모퉁이는 깨지고, 지지대 붙일 때 대패로 민 흔적.

스타우트는 다시 회화를 돌려 그림을 살펴보았다. 행콕은 "완벽을 추구하는 전문가는 분석을 먼저 하고 판단은 나중에 하는 법"이라던 그의 말을 생각했다. 스타우트는 결코 서두르거나 넘겨짚지 않았다.

"바탕은 흰색, 아주 엷게. 깨지고, 떨어지고, 성글고, 뒤틀리고. 아래쪽은 중간 정도, 위쪽은 심하게."

행콕은 오두막의 그늘에 모여 있는 병사들의 모습을 지켜보았다. 모두들 보병이고 학교를 졸업하자마자 징집된 젊은 병사들이었으며 전투에 처음 임하는 것이었다. 벌써 몇 달째 이들은 총과 지뢰, 역공, 포탄의 세례를 받고 있었다. 이들은 철모에 물을 담아 세면을 하거나 그나마도 하지 않았고 깡통에 든 휴대식량을 먹었으며 숟가락을 바지에 닦아서 썼다. 막사로 쓰던 집은 박살이 났기 때문에 편안한 장소가 있으면 어디에라도 누웠다. 평소와 마찬가지로 행콕은 그들에게 뭐라고 한마디 해주고 싶었다. 고맙다고 말이다. 하지만 스타우트가 먼저 말했다.

"물감은 유성. 풍부하고 어두운 부분에는 반투명 필름이 얇게 발라져 있고 그 아래에는 단색 드로잉이 언뜻언뜻 보이고……."

밖에서 대령이 환호성을 올리는 것을 보니 난생 처음 전투를 지켜보게 되어 기쁜 모양이었다. 안에서는 기념물 전담반원 두 사람이 램프의 흐릿한 불빛 속에서 400년 묵은 회화를 살펴보고 있었다. 한 사람은 땅에 한쪽 무릎을 꿇고 앉아 마치 고고학자가 이집트의 무덤을 보듯, 군의관이 부상자를 살펴보듯 회화의 표면을 들여다보고 있었다. 또 한 사람은 그 뒤에 몸을 굽힌 채로 기록에 집중하고 있었다. 주위에는 지치고 지저분해진 병사들이 표현력 풍부한 얼굴과 소농 마을에 관한 회화를, 그리고 군복 차림의 어른 2명이 거의 1제곱밀리미터 단위로 그림을 더듬으면서 뭐라고 떠드는 모습을 말없이 바라보고 있었다.

조지 스타우트가 동료 랭던 워너에게 보낸 편지
1944년 10월 4일

랭던에게

우리 관장님들의 포그 미술관 사임 소식은 그 양반들에게 들은 것이 아닐세. 사실은 나한테 전달되지도 않았네. 마지한테 들었지. (……) 그 양반들한테 편지를 쓸까 했는데 무슨 말을 해야 할지 모르겠더군. (……) 퀼러의 말이 맞아. 그 자리는 박물관을 제대로 운영할 수 있는 사람, 아니 유일하게 운영할 수 있는 사람이 맡아야 해. (……) 나는 한 가지 사실을 그 어느 때보다 더욱 확신하고 있다네. 인간의 기술 계발과 그에 대한 이해야말로 인간의 정신을 위한 근본적인 필요조건이라는 것을 말일세. 그런 필요조건을 충족시키지 못하는 한 우리는 건강한 사회구성체를 결코 찾을 수 없을 걸세.

기념물 전담반원이 된 것은 아주 나쁜 일은 아닌 것 같네. 지난 3주간 어느 영국인과 함께 일했는데 그는 몹시 환멸을 느끼는 듯 우리가 시간을 낭비하고 있다고 말하더군. 나는 그가 무엇을 기대했는지 잘 모르겠네. 뭔가 기묘하고 낭만적인 모험인지, 개인적 영광인지 아니면 대단한 권위였을까. 그 친구 말에 동감할 수가 없더군. 우리가 뚜렷한 결과를 만들어내는 것은 아니지만 나는 만족한다네. 내가 한 일에 만족한다는 것이 아니라, 이 일이 상징하는 바에 만족한다는 것이지. (……)
어제는 얼마 전부터 알고 지내던 하사관이, 모니터에 나오는 단어를 2개 이상 연이어 읽지도 못하는 무식한 친구가, 이 근처에 있는 기념물들이 많이 박살 났느냐고 내게 물어보더군. 그러자 문득 몇 주 전에 프랑스에서 만난 거칠고 나이 많은 대령이 생각났어. 그 양반의 도움이 필요해서 내가 하는 일이 뭔지 설명해주었지. 그의 우락부락한 얼굴에 어쩐지 의구심이 가득해 보이더군. 이 질문 한 방이 그걸 보여주지.

"그게 도대체 무슨 뚱딴지 같은 소린가?"

우리는 이 문제를 두고 이야기를 했다네. 점심시간이 지나는 것도 모르고 말일세. 내가 고물 자동차의 완충기에 앉아 휴대식량을 먹는 동안에도 그 양반은 실무자와 함께 꼼짝도 하지 않더군. 내가 어쩔 수 없이 가봐야 할 때까지 그는 쉬지 않고 이야기했지. 그들은 좋은 일에 대해 자연스럽게 관심을 보여주더군. 포그의 나리님들께는 죄송하지만 어쩌면 이 건강한 사람들의 단순하고도 호기심 많은 사고방식이 기념물의 일부보다 더 중요한 것이 아닌가싶어.

친애하는 조지

18

태피스트리

Tapestry

프랑스 파리 | 1944년 11월 26일

아헨에서 400킬로미터 이상 떨어진 파리의 루브르 미술관에서는 마침내 미술품이 살아 숨 쉬게 되었다. 소장품은 대부분 고전 조각품 컬렉션이었다. 제임스 로라이머가 흡족해할 만큼 많지는 않았지만 그는 이것만 해도 놀라운 성과라는 것을 알고 있었다. 프랑스 정부는 마침내 나치의 패주 이후에 생겨난 지도력의 공백 상태를 마감했지만, 관료제는 악몽이 따로 없었다. 모든 계층의 모든 사람이 저마다 의제를 밀어붙이는 듯했다.

로라이머 역시 어디를 향해서든 최대한 자기 의견을 밀어붙였다. 훗날 어느 관찰자가 지적한 것처럼 그는 "외교적인 재능은 많지 않았다."[1] 차분한 성격의 프랑스인들은 종종 그가 호언장담할 때마다 어리둥절해했으며 그의 "카우보이 전술"[2]에 대해 불평하는 사람도 한둘이 아니었다. 불독 같은 집요함과 단호한 태도에도 불구하고 로라이머의 임무는 그다지 진척되지 못했다.

그는 이것이 자신의 계급과 관련이 있다고 확신했다. 소위였지만 앞으로도 승진할 기회는 결코 없을 것이었다. 그는 초조하기 짝이 없었다. 이건 단순히 개인의 명예에 관련된 문제만은 아니었다. 물론 개인의 명예도 중요했지만 낮은 계급 때문에 임무에 차질이 빚어지는 상황을 막는 것이 더 중요했다.

로라이머는 9월의 그날을 떠올렸다. 그는 베르사유에 있는 아이젠하워 장군의 사무실에 그 궁전과 루브르에서 온 문화재가 장식되어 있다는 이야기를 들었다. 조자르는 그 '대여'에 관해 알고 있었지만 연합군의 협조를 받기 위해 묵인하고 있었다. 하지만 로라이머는 그럴 수 없었다. 그는 당장 베르사유로 달려가서 군인들이 가구를 운반하는 모습을 발견했다. 사실 아이젠하워의 사무실은 궁전 내부가 아니라 인근 마을의 어느 집에 있었다.

사무실에는 섭정시대의 아름다운 책상이 놓여 있었고 그 아래에는 어느 예술 기관에서 가져온 옛날 페르시아 양탄자가 깔려 있었다. 한쪽에는 테라코타 조각상이 있었으며 그밖에도 베르사유 궁전 박물관에서 가져온 회화와 동판화가 벽에 기댄 채 줄줄이 서 있었다.

로라이머는 그 일을 담당한 토드 대위를 찾아갔다. 그가 항의를 하자 토드는 아이젠하워 사령부의 지휘관인 브라운 대령을 데려왔다. 로라이머는 그에게도 거침없이 퍼부었다. 사무실에 이런 문화재를 두는 것은 실용적이지도 않고 제대로 보호하기도 힘들며 비용만 많이 드는데 그게 과연 필요한 일인가? 정말로 현명한 일인가? 로라이머는 이렇게 주장했다.

"아이젠하워 장군께서도 내심 부끄러우실 겁니다. 보호 요망 미술품을 이전의 분명한 명령과 정반대되는 방식으로 이용하고 있다는 사실이 외부에 새어나가다니오. 아이젠하워 장군께서 베르사유의 미술품들을 골라 개인 용도로 사용한다는 보도가 나간다면 독일의 선전기관에게 이보다 더 큰 호재가 어디 있겠습니까!"[3]

그는 다소 지나치게 나아갔다.

"그러면 자네 상관인 로저스 장군께서 이 문제에 대해 뭐라고 말씀하시는지 알아보겠네."

브라운은 이렇게 호통을 치더니 전화기를 붙잡고 로라이머의 상관에게 전화를 걸었다.[4] 다행히 로저스 장군은 자리에 없었다. 어쨌든 문화유물은 그다음 날 모두 반환되었다. 그로부터 며칠 뒤에 도착한 아이젠하워는 장식이라곤 하나도 없는 사무실조차 지나치게 넓고 호화스럽다며 가운데에 차단벽을 하나 세워 사무실의 절반을 비서에게 내주었다. 결국 별것 아닌 사건으로 넘어갔지만 행운이 따르지 않았다면 로라이머는 졸지에 직위를 잃을 뻔했다.

바로 이것이 문제였다. 수많은 사람들의 욕심을 억눌러야 했고 너무 많은 자아의식을 달래야 했다. 여기에 지나치게 많은 시간이 낭비되었는데 이는 서류 업무만큼이나 짜증스러운 일이었다!

그는 지난달에 일 드 프랑스 지역, 그러니까 파리를 에워싼 옛 사유지에서 일했다. 여러 성의 커다란 방마다 시커멓게 검댕이 묻어 있었는데 이는 독일인이든 미국인이든 구식 벽난로 쓰는 법을 제대로 몰랐기 때문이었다. 미군 병사 4명이 중요한 회화를 인근 마을의 젊은 여성들에게 애정 표시로 선물하기도 했다. 당피에르에서는 독일군이 프랑스의 가장 유명한 패널화인 앵그르의 〈황금시대〉 바로 앞에 칵테일 바를 설치하기도 했다.

하지만 전체적으로 보면 즐거운 여행이었다. 손상은 최소한에 불과했다. 당피에르에서 나온 또 다른 이야기는 당시의 상황을 한마디로 요약해주었다. 독일인은 그곳 도서관에 소장된 저명한 문인 보쉬에의 편지를 화장지로 사용했다. 그들이 떠난 뒤에 숲속에서 그 편지를 발견한 도서관 관리인은 오물을 깨끗이 닦아낸 다음 다시 도서관에 갖다두었다. 이것이 헌신이었다. 그게 바로 봉사였다!

로라이머는 부정적인 생각으로 허송세월할 시간이 없었다. 때는 1944년 11월 26일이었고 로라이머에게는 고마워해야 할 일도 꽤 많았다. 몇 주간의 요청과 언쟁, 애원 끝에 튈르리 공원에 주차되어 있던 군용 트럭이 다른 곳으로 옮겨졌고 이 공원은 다시 일반인에게 공식적으로 개방되었다. 루브르도 문을 열었다. 두 달 전만 해도 로라이머의 발자국 소리만 유일하게 울려 퍼지던 곳에 이제는 사람들의 목소리가 퍼졌다. 루브르의 관장 자크 조자르가 여러 주 동안 그와 논의했던 〈바이외 태피스트리〉는 거의 150년 만에 처음으로 파리에서 전시되었다. 로라이머는 2주일 전에 로저스 장군과 함께 개막식을 찾았다. 파리의 중심부가 활력을 되찾았다. 로라이머는 자신의 공을 생각하지 않을 수 없었다.

이런 그에게도 격려는 필요했다. 나머지 업무가 느려터지게 진행되었기 때문이다. 외관상으로 파리는 여전히 웅장하고 파괴가 불가능해 보였지만 그 아래에는 나치가 자행한 절도와 파괴의 카타콤(초기 그리스도 교도의 지하묘지—옮긴이)이 공허하게 남아 있었다. 프랑스의 국립 컬렉션은 자크 조자르와 '착한' 나치, 볼프 메테르니히 백작 덕분에 보전되었지만 시민들의 컬렉션은 약탈을 당했다.

전쟁 이전까지만 해도 파리의 미술품 중 보물급에 속하는 것은 저명한 인사와 미술상이 보유하고 있었다. 대표적으로 로트실트 가문, 다비트 바일, 로젠베르크, 빌덴슈타인, 셀리그만, 칸 등이 약탈을 당했는데 그들은 하나같이 유대인이었다. 나치의 법률하에서는 유대인이 재산을 소유할 수 없었고 그 컬렉션들은 독일 정부가 압류했다. 그들의 컬렉션을 몽땅 빼앗은 후에는 그보다 더 낮은 계층의 유대인 귀족, 그다음에는 유대인 중산층, 마지막으로 유대인과 이름이 비슷한 사람, 그리고 게슈타포가 원하는 무언가를 소유한 사람이라면 누구의 것이든 빼앗았다.

결국 대량 약탈로 이어졌고 게슈타포 장교들은 문을 부수고 들어와 미술품, 책상, 심지어 매트리스까지 값이 나갈 만한 것은 무조건 챙겨 갔다. 조자르는 중요한 미술품을 무려 2만 2,000점이나 도난당한 것으로 추정했다. 그때까지만 해도 조자르는 도난당한 미술품에 관한 정보를 전혀 찾을 수 없었다. 나치가 기록을 모두 가져갔거나 파괴했기 때문이다. 더구나 희생자들은 대부분 이 나라를 떠나버렸고 남아 있던 사람들은 나치의 강제수용소로 끌려갔다.

젊은 여성의 머리를 공개적으로 삭발한다거나 부역 혐의자를 즉결 처형하는 공포의 시대는 지나갔지만 증인들은 여간해서 입을 열지 않았다. 새로운 질서를 향한 신뢰도는 극히 낮았다. 적어도 한동안은 무언가를 주장하고 나설 경우 위험은 큰 반면 보상은 충분하지 못할 거라고 생각했다. 따라서 평범한 파리 시민은 그저 축하의 샴페인을 홀짝거리며 입을 다무는 쪽이 상책이라고 믿었다.

프랑스의 박물관 조직이라고 해서 상황이 나았던 것은 아니다. 1944년 9월 29일, 미술품 회수위원회가 첫 회의를 열었다. 이 위원회의 대표는 미술 후원자이자 프랑스 레지스탕스의 일원 가운데 자크 조자르의 핵심 연락책이던 알베르 앙로였다. 서기관은 죄드폼 박물관을 담당한 보조직원, 로즈 발랑이었다. 이러한 구성을 놓고 보면 위원회의 지도자가 누가 되든 조자르의 영향력이 발휘되리라는 것은 뻔한 일이었다. 하지만 조자르의 영향력에도 불구하고 이 위원회가 공식적으로 정부의 인정을 받은 것은 지금으로부터 겨우 이틀 전인 11월 24일이었다. 로라이머가 아는 한, 이 위원회 역시 미술품 회수에서 그리 큰 진전을 이루지 못했다.

그날 루브르를 구경하고 난 뒤 로라이머는 오랜 친구의 사무실에 잠깐 들렀다. 문 닫을 시간이 가까워진 까닭에 마지막 관람객이 서둘러 박물관에서 나가는 중이었고 조자르는 평소와 마찬가지로 책상 앞에 앉아 있었다. 그는 정말 지칠 줄 모르는 모양이었다.

"매우 성공적이군요."

로라이머가 박물관 개관에 관해 이야기했다. 요금이 10프랑이나 되었음에도 〈바이외 태피스트리〉를 보려는 관람객이 줄지어 서서 몇 시간이나 기다렸던 것이다. 물론 군인은 무료입장이 가능했다.

"사람들이 전시회를 다시 보게 되었다고 좋아하더군. 중요한 한 걸음이지."

"하지만 박물관에서 일하는 사람이 아니면 이번 전시회가 열리기까지 얼마나 많은 일을 해내야 했는지 전혀 모를 겁니다."

"그거야 어디나 마찬가지 아닌가, 제임스. 젖소를 키우는 농부는 우유가 시장까지 가는 과정의 어려움을 우리가 너무 모른다고 불평할 걸세."

두 사람은 그 전시회와 도시에 관해 몇 분 정도 이야기를 나누었다. 로라이머는 적당한 기회에 위원회 이야기를 꺼냈다.

"물어봐주니 고맙군. 자네가 도와줄 문제가 있다네."

조자르는 잠시 얘기를 멈추고 지금의 상황을 제대로 표현할 방법을 찾느라 애쓰는 듯했다.

"자네도 나치가 개인 컬렉션을 약탈한 것을 알고 있겠지."

"모두 2만 2,000점의 미술품이죠. 그걸 어찌 잊겠습니까."

"그보다 더 많을 수도 있네. 그놈들은 파리 곳곳은 물론 외곽 지역에서도 샅샅이 훑어갔으니까. 그 출처를 모두 추적하는 것은 거의 불가능한 일이지. 그렇다면 차라리 다른 쪽에서 출발하는 것이 어떻겠나? 나치는 약탈한 미술품을 파리에서 반출하기 전에 일단 한곳에 모아 목록을 작성하고 포장했다네. 그곳이 바로 죄드폼이지. 마침 우리는 거기에 정보원을 한 사람 두고 있었다네."

"그게 누군데요?"

"로즈 발랑이지."

로라이머는 그 외모가 수수한 여성을 처음으로 만났던 때를 생각했다. 그 이후에도 몇 번 더 마주쳤지만 그녀는 속을 짐작할 수 없는 사람이었다. 말도 별로 없었고 흥미로운 정보는 전혀 내놓지 않았다. 그러면서도 그가 넘겨짚을 때는 서슴없이 반박을 했는데 그 말에 종종 냉소가 감돌기는 했지만 인상적이지는 않았다. 사실 그는 그녀가 무슨 말을 했는지 거의 기억이 나지 않았다. 어쩌면 그녀가 유행에 뒤처진 무명의 박물관 관리인처럼 보였다는 사실이 탁월한 정보원임을 입증하는 것인지도 모른다.

조자르가 미소를 지었다.

"내가 말했잖나. 그녀는 영웅이라고. 로즈 발랑은 젊지도 않고 특별히 매력적이지도 않지만 그래도 자신이 맡은 임무에 딱 알맞은 두 가지 자질을 갖추고 있다네. 하나는 중년여성이라는 것이고 다른 하나는 태도에 눈에 띌 만큼 유별난 점이 없다는 것이지. 그러니 누가 봐도 금방 잊어버릴 수밖에 없지. 자네, 뭐하는 건가?"

"중년여성, 눈에 띌 만큼 유별난 점이 없음."

로라이머는 상대방의 말을 반복하면서 아무렇게나 찢은 종잇조각에 메모를 했다.[5] 조자르가 빙그레 웃으며 말을 이었다.

"자주적이고 여성으로서의 매력에 의존하는 것이 아니라 마치 쥐 앞의 고양이처럼 속을 짐작할 수가 없지. 남들 앞에서 쥐인 척하는 능력이 뛰어난 고양이가 있다고 생각해보게. 자네도 그녀를 잘 알고 나면 뛰어난 유머 감각이 있음을 알게 될 걸세. 가령 말하기 전에 일단 한숨부터 쉬고 보는 것은 여성스러움을 드러내지만 사실은 그냥 장난일 뿐이라네. 그리고 그녀는 여성 특유의 의존성이 보이지 않을 만큼 의지가 강하지. 항상 자기 가방은 스스로 들고 다니거든. 아무리 무거운 것이라도 말일세. 민감하고 지칠 줄 모르고 근면하고…… 이 정도면 충분하지 않나?"[6]

로라이머는 메모를 하다 말고 고개를 들었다.

"충분하고도 남죠. 그나저나 그녀에 관해 저에게 그토록 자세하게 들려주시는 이유가 뭡니까?"

"자네가 그녀와 이야기를 좀 해봤으면 해서라네."

"왜요?"

"자네는 석 달 동안이나 파리에 있었고 짧은 시간이나마 여기 일이 어떻게 돌아가는지 살펴보지 않았나. 신뢰는 땅에 떨어졌고 정부는 여전히 혼란 상태에 있지. 덕분에 우리는 관료주의적 태만과 늘 싸워야 하고. 그러니 죄드폼 안에서 무려 4년간이나 나치와 함께 지낸 발랑이 자신의 기록과 정보를 선뜻 내놓으려 하지 않는 것은 충분히 이해할 만한 일이네."

로라이머는 메모지를 출입구에서 가져온 〈바이외 태피스트리〉 전시 팸플릿에 끼워 넣었다.

"어쩌면 그녀가 아는 정보가 전혀 없을 수도 있지 않습니까."

"자네의 동료인 영국군 기념물 전담반 맥도넬은 정말로 그렇게 생각하더군. 하지만 그 생각은 틀렸네."

로라이머는 잠시 생각해보았다.

"뭔가 앞뒤가 맞지 않아요. 만약 그녀가 정보를 갖고 있다면 왜 선뜻 공유하지 않는 거죠?"

"일부는 이미 공유한 적이 있다네. 나하고만 했을 뿐이지. 지난 4년간 부역자로 활동했다는 억울한 혐의를 받고 살아가는 사람의 입장에서 생각해보게. 그것은 우리 모두에게 아주 현실적인 걱정이지. 그 때문에 같은 동포를 믿는 것도 어려운 일이 되어버렸다네. 누구를 믿어야 할지 모르는 상황이지. 지금도 그렇고."

"하지만 그녀도 당신만큼은 신뢰하지 않습니까."

"신뢰는 일부분에 불과하다네. 제임스, 나 역시 프랑스 관료제도의 창조물 아닌가. 전에 그녀가 아주 귀중한 정보를 전달해주었을 때 나는 임무를 위해서 그걸 적절한 정부 부처로 넘겨주었다네. 하지만 일이 항상 애초에 의도했던 대로 흘러가진 않았네. 신속성을 필요로 하는 순간에도 일은 느려터지게 진행되었지. 발랑이 내게 정보를 넘겼던 약탈 미술품 상자 112개를 정부가 추적하는 데만 무려 두 달이 걸렸다네. 두 달 말이야. 그때까지 상자들은 제대로 보호받지 못했지. 마침내 찾아냈을 때는 일부가 약탈당한 흔적도 있더군."

조자르는 로라이머를 바라보았지만 기념물 전담반원은 아무 말도 하지 않았다.

"그녀를 도와줄 외부인이 필요하네, 제임스. 일을 제대로 할 수 있는 사람 말일세. 지금 여기에는 그녀가 신뢰할 만한 사람이 하나도 없네."

"하지만 그녀는 저를 제대로 알지도 못하지 않습니까."

"자네가 그녀를 제대로 모르는 거지. 그녀는 이미 자네를 잘 알고 있을 거야. 줄곧 지켜보고 있었으니까. 자네가 프랑스에 와서 한 일에 깊은 인상을 받은 모양이더군. 왜 직접 자네한테 말하지 않느냐고 묻고 싶은가?"

조자르는 한 손을 치켜들었다.

"아니라고 할 생각은 말게. 자네는 자네가 생각하는 것보다 훨씬 더 많은 일을 했다네. 어떤 걸림돌이 생길 때마다 최소한 그 관료주의의 벽에다 머리를 들이박기라도 했으니까. 그것만 해도 대단한 거라네. 하지만 우리 둘이 밤새 로즈 발랑 이야기만 할 수는 없지. 내 친구인 알베르 앙로와 이야기를 해보게. 그 친구가 위원회 대표이고 우리와 마음이 같으니까. 자세한 이야기는 그 친구가 해줄 걸세."

그는 문 옆의 옷걸이에서 모자를 집어 든 다음 복도를 따라 걷기 시작했다.

"〈바이외 태피스트리〉는 아무리 들여다봐도 싫증이 나지 않는다니까. 저 물건이 마침내 여기, 루브르에 와 있다는 게 믿어지나? 이 작품이 파리에 마지막으로 왔을 때가 언제인지 아는가? 1804년일세. 나폴레옹이 바이외에서 압류해 이리로 가져왔지. 영국을 침공할 계획을 세우고 있던 그는 휘하의 장군들을 격려할 필요가 있었던 거지."

로라이머는 벽을 흘끗 바라보았다. 박물관의 일부 벽은 여전히 비어 있었다. 컬렉션 가운데 회수된 것은 극히 일부분에 불과했다.

"오해하지 말고 들어주십시오. 자크, 그녀가 저쪽 편이 아니었는지 어떻게 확신하십니까? 그러니까 제 말은, 로즈 발랑이 정말로 나치를 위해 일하지 않았다는 것을 어떻게 아시냐는 겁니다."

"왜냐하면 그녀가 나를 위해 정보원 노릇을 했기 때문이지. 내가 시켰다네. 계속 죄드폼에 머물러 있으라고 말이야. 그녀는 위험을 불사하고 기꺼이 그러겠다고 했지. 거의 매주 내게 정보를 가져다주었다네. 아주 값진 정보를 말일세. 그녀 덕분에 레지스탕스는 프랑스의 훌륭한 개인 컬렉션에서 도난당한 가치 높은 미술품을 실은 독일군의 마지막 기차를 막을 수 있었다네."

조자르는 잠시 말을 멈추었다가 다시 이었다.

"나는 그녀를 잘 안다네, 제임스. 프랑스와 미술품에 대한 그녀의 충성심은 의심의 여지가 없어. 자네도 그녀를 알고 나면 내 말을 이해할 수 있을 걸세. 그래도 그녀가 의심스럽다면 그 미술품 열차에 관해 자세히 물어보게나."

그는 미소를 머금고 말했다.

"로즈 발랑이 구출한 중요한 회화는 아마 대부분의 보존 전문가가 평생 다루는 작품의 숫자보다 훨씬 더 많을 걸세. 특히 이 망할 놈의 전쟁을 직접 겪지 않은 전문가라면 더더욱 말일세. 아, 드디어 도착했군."

이들은 〈바이외 태피스트리〉가 두 벽에 걸쳐 길게 펼쳐져 있는 전시실로 들어갔다. 로라이머는 옆을 따라 걸으며 그 예술성에 흠뻑 빠져들었다. 세밀함, 놀라울 정도로 다양한 이야기, 그리고 중세의 생활상이 그의 눈앞에서 한껏 뽐내며 그림 형태의 소설을 보여주고 있었다.

"2주일 전에 이곳에 왔을 때부터 줄곧 궁금했던 게 하나 있습니다."

로라이머가 전시실의 한쪽 끝에서 말했다. 그의 기억에 따르면 마지막 장면 가운데 하나로 뿔뿔이 흩어진 병사들이 각자 무기를 쳐들고 있는 부분이 분명 있었는데 그 위에 임시 벽이 설치되어 있었다.

"혹시 이것도 손상을 입은 건가요? 벌써 몇 세기째 멀쩡했던 걸로 아는데요."

"태피스트리 상태 때문에 그런 것이 아니라네. 거기에 적힌 문구 때문이지. '영국인들은 도망쳐버렸다'(In fuga verterunt Agli)라는 문구 말이네."

그제야 로라이머는 뿔뿔이 흩어진 병사들의 모습이 무엇을 상징하는지 깨달았다. 영국군이 프랑스군의 위세에 눌려 도망치는 모습이었던 것이다. 그는 자신도 모르게 웃음을 터트렸다.

"너무 예민한 것 아닌가요?"

조자르는 어깨를 으쓱했다.

"어쨌거나 지금은 전쟁 중이니까."

19

크리스마스 소원
Christmas Wishes

프랑스 메스 | 1944년 12월

1944년 겨울은 아마 서부전선 전쟁 중에서도 가장 잔인한 기간이었을 것이다. 몽고메리 장군이 지휘하는 영국군과 캐나다군 연합의 제21집단군은 라인 강에서 참호를 파고 응전하는 독일군 때문에 뒤로 밀려났고, 몇 주일 동안이나 이 강의 위험천만한 삼각주를 지나가고 있었다. 필요한 보급품을 조달하기 위해서는 중요한 항구도시인 벨기에의 안트베르펜을 점령해야 했기 때문이다.

미국 제1군은 휘르트겐 숲에 진입했는데 이곳은 가파른 계곡을 따라 독일군의 요새와 참호 주둔 병력, 그리고 지뢰가 널린 위험한 통로였다. 12월이 되자 나무마다 눈이 두껍게 쌓이고 땅이 단단하게 얼어 1인용 참호를 팔 수조차 없었다. 그런 까닭에 진군은 힘들기 짝이 없었다. 숲 속 깊숙한 어느 구간에서는 한 달 동안 겨우 3킬로미터를 진

236

격하는 데 그쳤고 병력 손실은 4,500명에 달했다. 1944년 9월에 시작해서 1945년 2월까지 이어진 휘르트겐 숲 전투는 미국 육군 역사상 매우 긴 전투 중 하나로 기록되고 있다. 이 전투가 끝났을 무렵 제1군의 점령지역은 겨우 130제곱킬로미터에 불과했다.

더 남쪽에서는 패튼 장군의 미국 제3군이 프랑스 동쪽 국경에 있는 중무장 요새화 도시 메스를 향해 쾌속 질주하고 있었다. 여러 개의 참호와 터널로 연결되는 요새 및 관측소로 둘러싸인 이 도시는 로마시대부터 성채였으며, 게르만족의 침입에 최후까지 버티다 항복한 도시이기도 했다. 이후로 이곳은 유럽 중서부에서도 가장 고달픈 지역이 되었다. 그 이유는 제1차 십자군에서부터 부르봉 왕조의 여러 왕들, 영국의 도적에 이르기까지 수많은 적과 맞붙어야 했기 때문이다.

프랑스-프로이센 전쟁 중인 1870년에는 막강한 공세를 견뎌냈지만 결국 프로이센의 공성에 함락되어 일시적으로 독일의 일부가 되었다. 훗날 프랑스는 전쟁이 아닌 외교를 통해 이곳을 탈환했다. 1944년 11월, 제3군은 메스를 정복하려 했던 수많은 군대의 기나긴 대열에서 다음 차례로 진입한 셈이었다.

공중 폭격이 실패로 끝나자 패튼은 병력을 내보냈다. 이 전투는 거의 한 달 가까이 지속되었으며 병사들은 가파른 요새의 돌 벽을 기어오르고, 면도날 철조망과 쇠창살이 곳곳에 깔려 있는 터널에서 전투를 벌였다. 결국 방어의 주축이며 이미 자진해서 항복한 드리낭 요새를 제외한 독일군 진지는 모두 전투 끝에 연합군에게 점령되었다.

모젤 강을 따라 진군할 때는 4만 7,000명의 미군 사상자가 나왔지만 그러한 대가를 치르고도 50킬로미터도 진군하지 못했다. 독일군의 방어는 물론, 진군 도중에 내린 20센티미터의 폭우에 잔뜩 약이 오른 패튼 장군은 전쟁부 장관에게 이런 편지를 썼다.

"나중에 이 전쟁을 마무리하는 최종 협약을 맺으실 때 제발 이 로렌 지방은 독일놈들이 가져가도록 힘써주시기 바랍니다. 매일같이 비가 내리고 넉넉한 거라고는 거름 더미밖에 없는 이 지독한 동네를 갖는 쪽은 분명 엄청난 부담을 떠안게 될 테니 말입니다."[1]

12월에는 상황이 더 나빴다. 메스에서 최후의 독일군이 공식 항복한 12월 8일, 패튼 장군은 병사들에게 다음과 같은 기도문을 포함한 크리스마스 축하 인사를 전했다.

"전능하시고 무한히 자비로우신 하느님 아버지, 당신께 간절히 구하노니, 당신의 크신 선하심을 발휘하사 이 어마어마한 비를 부디 멈춰주시옵소서. 우리에게 전투를 위한 화창한 날씨를 주시옵소서. 당신께 호소하는 우리 병사들의 목소리에 부디 귀를 기울여주시고, 당신의 권능으로 무장하시어 우리를 연일 승리와 함께 진군하게 하시고, 우리 적들의 압제와 사악을 물리치게 하시어 인류와 국가에 당신의 정의를 실현하게 하소서. 아멘."[2]

하지만 '날씨 기도문'은 효험이 없었다. 하늘엔 계속해서 구름이 가득했고 기온마저 뚝 떨어졌다. 나무가 우거진 협곡에서는 눈이 어깨 높이까지 쌓였다가 위험한 얼음 덩어리가 되어 떨어졌다. 짙은 안개가 몰려오면 온 세상이 그늘에 덮였고 갑자기 안개가 걷히면 짙은색 옷을 입은 병사들이 눈밭 위에서 쉽게 눈에 띄었다. 아덴 숲에서는 땅이 단단하게 얼어붙어 야삽과 곡괭이로도 깨지지 않았다. 몇몇 운 좋은 부대는 다이너마이트를 터트려 개인호를 만들었다. 다른 부대는 소형 텐트와 이불을 함께 사용했다. 지독한 추위에 손가락이 곱았고 장갑을 끼고 있어도 사정은 마찬가지였다. 너무 춥거나 발이 부어 전투화를 벗지 못하는 불쌍한 병사들 사이에 참호족(습기나 영하에 가까운 기온에 장시간 노출된 까닭에 발이 썩는 현상)이 돌기도 했다. 동상과 저체온증은 독일군의 포대에 버금가는 또 다른 적이었다.

최근까지만 해도 쾌속 질주했던 연합군의 여러 부대는 이제 독일 국경의 양쪽 측면에서 극심한 소모전을 벌였고, 진군 거리는 킬로미터가 아니라 미터 단위로만 측정이 가능했다.

로버트 포시는 아마도 캐나다 북부의 황량한 지역으로 배치되었던 최초의 경험을 떠올리며, 자신이 지금 텐트 대신 프랑스 낭시의 막사에 머물고 있다는 사실에 감사해 마지않았으리라. 그가 살펴본 메스는 문화재 손상이 어마어마했다. 무엇보다 이 도시의 유명한 중세 필사본 컬렉션이 화재로 소실되었다. 그나마 가치 있는 미술품은 대부분 보관소로 옮긴 상태였지만 샤를마뉴의 망토를 비롯한 대성당의 보물들은 안전 보호를 빌미로 독일로 이송된 상태였다.

하지만 낭시는 거의 손상을 입지 않았고 마침 제3군이 사령부를 두고 있었던 터라 포시는 이곳의 건축 및 미술 역사에 관해 역사적 주석을 담은 짧은 통신문을 쓰기로 작정했다. 이 통신문은 병사들 사이에 어마어마하게 인기가 높았다. 지금 자신들이 싸우고 있는 땅의 역사와 가치를 일부나마 파악할 수 있었기 때문이다. 그렇다고 통신문을 쓰는 것이 늘 용이했던 것은 아니다. 낭시는 상업과 미술 분야에서 중심축 역할을 했지만 12월의 추위 속에서 포시가 다시 떠올리게 된 역사는 바로 군사에 관한 것이었다. 병사들은 추위 속에서 싸우다 죽어갔으며 그는 한시도 그 사실을 잊지 않았다. 그가 군대 체질이라는 것은 아내 앨리스에게 보낸 편지에 잘 나타나 있다.

"아는 사람을 만났을 때의 반가움은 대학보다 군대가 더 강한 것 같아. 유대감이 친밀감을 더해줘서 그런가봐."[3]

물론 그는 기념물 전담반에 대해 이야기하는 것이 아니었다. 포시는 앨라배마의 작은 읍 모리스 외곽에 있는 지저분한 농장에서 자랐지만 그의 가문은 전쟁과 밀접한 관련을 맺으면서 명예와 희생의 역사를 이어왔다. 그가 프랑스 동부의 알자스와 로렌 지방에서 특별한 감회에 젖었던 것도 그러한 역사에 대한 유대감 때문이었으리라. 그곳의 공동묘지에 가보면 훈족의 왕 아틸라가 로마제국을 암흑 속으로 밀어 넣은 이래 주민 가운데 단 한 세대도 평화를 누리며 산 적이 없다는 사실이 증명되어 있다.

앞서 그는 프랑스의 도시 베르됭 근처를 지나왔다. 제1차 세계대전 당시 치열한 전투가 벌어졌던 그곳에서는 100만 명이 부상을 당하고 25만 명이 사망한 바 있다. 그는 당시의 사망자가 묻혀 있는 뫼즈 아르곤과 로마뉴 수 몽포콩에 있는 군인 묘지를 조사해보았다. 제1차 세계대전에서 쓰러진 영웅들을 기리기 위한 몽세크의 기념비는 이번 전쟁으로 곳곳이 파손되어 있었다. 미군 묘지가 있는 생 미엘에서는 '다윗의 별' 표시가 새겨진 비석을 독일군이 모조리 파괴한 다음이었다.

그는 크리스마스를 떠올려보았다. 아들 우기 녀석이 과연 아빠를 보고 싶어 할까? 고향의 가족은 선물과 양말, 칠면조를 즐길까 아니면 그냥 배급 식량에 의존하고 말까? 여기서는 축하행사가 거의 없을 것이다. 전장의 크리스마스는 또 한 번의 고된 하루에 불과했으며 이는 그가 앨라배마에서 자라날 때도 마찬가지였다. 어린 시절에 그나마 운이 좋은 해에는 크리스마스 선물로 손수건 한 장과 오렌지 하나를 얻었다.

과거를 회상하던 그는 연필을 내려놓고 앨리스가 보내준 말린 무화과와 땅콩 쪽으로 손을 뻗었다. 무화과와 땅콩. 이것은 어린 시절에 상상하지도 못했던 크리스마스 선물이었다. 땅콩은 아직 몇 상자나 남아 있었고 종이로 꼭꼭 싸맨 또 다른 상자도 하나 있었다. 그것은 크리스마스 아침에 열어볼 생각으로 일부러 그대로 남겨두었다.

그는 저 바깥에 세상이 있음을 처음으로 깨달았던 순간을 떠올렸다. 여덟 살 때 어느 산의 사진을 보게 되었다. 산꼭대기에는 눈이 덮여 있었지만 그 아래 계곡에는 꽃이 만발했다. 왜 그럴까? 그는 심각하게 이 문제를 고민해보았다. 생각하면 할수록 삶이 복잡하고 놀랍게만 보였다. 세상에는 많은 질문이 있다는 것과 거기에 대한 답변을 얻으려면 평생 바쁘게 노력해야 한다는 깨달음이 찾아왔다.[4]

이제 그는 유럽에 있었다. 고대의 도시를 거닐 수도 있고 길게 이어지는 거리와 그 주위의 건물에 쌓인 눈더미도 볼 수 있었다. 아니, 그는 단순히 거기 있는 것이 아니라 전문가로서 도시를 보전해야 할 임무를 띠고 있었다. 동시에 그는 군인이었다. 미국 육군 최고의 전사인 조지 패튼 2세 장군을 만난 적도 있다. 패튼 장군은 "개새끼"라는 욕설이 절로 나오게 만들면서 또한 그럴 때조차 존경심을 품지 않을 수 없게 만드는 인물이었다.

포시는 다른 병사들로부터 들은 한 가지 일화를 떠올렸다. 1943년에 패튼이 시칠리아에서 미국 제7군을 지휘하고 있을 때의 일이다. 아

그리젠토에 있는 로마시대의 폐허를 본 패튼 장군은 그 지역의 전문가에게 이렇게 물었다고 한다.

"설마 우리 제7군 때문에 이렇게 파손된 것은 아니겠지요, 선생?"

"아닙니다, 장군님. 여기는 지난번 전쟁 때문에 이렇게 된 것입니다."

"지난번 전쟁이라니, 그게 언젠데요?"

"제2차 포에니 전쟁 말입니다."[5]

이 이야기는 모두의 폭소를 자아냈지만 한편 중요한 메시지를 담고 있었다. 바로 역사는 길고 유산은 중요하다는 점이다. 로버트 포시는 보병도 아니고 총 한번 직접 쏜 적 없지만 주어진 임무는 막중했다. 그는 그 임무에 몸과 마음을 다 바치기로 작정했다. 날씨가 지독하고 위험이 눈앞에 있었지만 지금 이 세상에서 포시가 머물고 싶은 유일한 곳은 바로 제3군이었다. 물론 집을 제외하고 말이다.

다시 한 번 그는 연필을 내려놓고 앨리스와 우기가 보내준 다른 상자를 바라보았다. 지금은 12월 10일로 크리스마스까지는 아직도 2주일이 남아 있었다. 그는 더 이상 기다릴 수가 없었다.

첫 번째 상자에는 프랑스 아이들에게 나눠줄 작은 선물들이 담겨 있었다. 그는 앨리스에게 굳이 그런 걸 보내지 않아도 된다고 말했었다. 자신은 계속해서 이동 중이라 특별히 아이들과 친해질 시간도 없다고 말이다. 하지만 그녀는 고집스레 선물을 보냈다. 다음 날 그는 그 선물을 들고 밖에 나갔는데 놀랍게도 아이들이 거리에서 은 종이로 크리스마스 트리를 장식하고 있었다. 은 종이는 연합군의 레이더 신호를 방해하기 위해 독일군이 비행기로 살포한 것이었다. 그해에 이곳에서 유일하게 풍부한 물건은 그것 하나뿐이었다. 그는 문득 자신의 불우했던 어린 시절을 떠올렸고 그제야 앨리스의 깊은 마음 씀씀이에 가슴이 저려왔다. 그는 아이들에게 앨리스의 선물을 나눠주면서 한 가지 조건을 내걸었다. 자기 아들에게 보내는 편지를 프랑스어로 하나씩 써오라고 말이다.

사랑하는 데니스에게

지금 보내는 제3군 크리스마스 카드가 마음에 들었으면 좋겠구나. 두 달 전에 아빠가 편지와 함께 보낸 제3군 수장(袖章)도 잘 받았겠지. 이 카드에는 우리 탱크가 노르망디에서 독일군 전선을 돌파하고, 브르타뉴로 치고 들어가 프랑스를 가로질러 베를린으로 향하는 모습이 나와 있어. 아빠는 여기 머물면서 그 모든 것을 지켜보았지. 우리는 워낙 힘이 세기 때문에 머지않아 베를린에 들어가게 되리라고 확신한단다.

이 모든 일은 매우 감동적이고 극적이지만 다른 한편으로는 나쁘기도 해. 전투가 벌어지는 곳에 사는 사람들에게 큰 고통을 주기 때문이지. 또한 군인들은 고향을 떠나 이 먼 곳까지 와서 힘들고도 쓰라린 일을 겪게 되니까.

독일은 작은 나라를 하나씩 침략해서 급기야 프랑스와 영국이 전쟁을 선포하지 않을 수 없게 만드는 방식으로 이번 전쟁을 시작했어. 우리는 프랑스와 영국을 도왔지만 싸움을 시작하지는 않고 있었지. 그러다가 갑자기 일본이 우리를 공격하고 동시에 독일이 우리에게 전쟁을 선포했어. 그래서 싸움을 하게 되었지. 처음에는 아주 힘들었단다. 우리가 전혀 준비되어 있지 않기 때문이지. 이젠 우리도 강해졌어. 영국도 마찬가지고. 러시아도 이전까지는 독일에게 공격을 당했지만 이제는 달라졌어. 독일 편에 섰던 이탈리아는 우리에게 진 뒤에 우리 편으로 돌아섰지. 독일에게 졌던 프랑스도 우리에게 해방되고 나서 강력한 군대를 갖게 되었어. 그리스, 벨기에, 그리고 네덜란드의 일부 지역도 해방되어서 우리를 돕고 있어. 중국도 일본의 멍에를 힘들게나마 떨쳐내고 있단다.

머지않아 독일과 일본을 물리치고 그들에게 단단히 교훈을 주게 될 거라고 생각해. 아마 너나 네 또래의 다른 아이들이 어른이 되었을 무렵에는 또다시 저 두 나라와 싸우는 일은 없을 거야. 아빠는 어떤 나라도 자기 뜻을 이루기 위해 싸움을 시작하지 않았으면 해. 전쟁은 나쁘니까.
이 모든 것을 잘 알기 때문에 아빠는 이번 크리스마스를 너와 엄마랑 멀리 떨어져서 보내면서도 슬퍼하지 않는 거야. 멋진 선물 많이 받고 즐거운 시간 보냈으면 좋겠구나. 아빠 대신 엄마 생일과 크리스마스에 멋진 선물 드리렴. 이만 줄인다.

사랑을 전하며, 아빠가

20

라 글레즈의 성모
The Madonna of La Gleize

벨기에 라 글레즈 | 1944년 12월

로버트 포시가 프랑스 동부에서 일하는 동안, 조각가 워커 행콕은 자동차를 몰고 벨기에의 시골을 누비고 있었다. 최전선 바로 뒤에 있는 점령지역에서의 임무 때문이었다. 그가 도중에 들른 벨기에의 라 글레즈라는 마을은 아헨 같은 경외감이나 브뤼헐의 작품으로 추정되는 회화처럼 긴장감을 주진 않았지만, 평화로웠다. 드넓고 맑은 겨울 하늘 아래 언덕 꼭대기에 조용히 자리 잡은 몇 개의 투박한 건물 외에 아무것도 없었다. 행콕의 목적지는 그곳의 대성당이었다.

보호 요망 기념물 목록에는 그 건물이 11세기 것이라고 되어 있었지만 건물 앞에 선 그는 크게 실망하고 말았다. 종탑은 이미 떨어져 나갔고 오래된 석벽은 파괴되고 없었다. 그러나 그것은 전쟁의 참혹함 때문이 아니라 수리가 잘못된 탓이었다. 그 기념물은 목록에 올라

갈 만한 가치가 없어 보였다.

그는 일단 안으로 들어갔다. 문 바로 뒤에는 회중석의 한가운데에 놓인 주춧대 위에 성모 마리아 목상이 서 있었다. 그는 걸음을 멈추었다. 비록 솜씨는 조잡했지만 거친 외관이 오히려 조각상의 비범한 우아함을 돋보이게 하고 있었다. 외형이 크거나 웅장하지는 않았지만 어쩐지 그 목상이 교회 내부를 지배하고 있는 듯했다. 성모는 한 손을 가슴에 갖다 댔고 한 손은 펼쳐 보이고 있었다. 들어 올린 손의 손가락은 놀라우리만치 섬세했는데 그 손짓은 누구라도 멈춰 세울 수 있을 것만 같았다. 이 보잘것없는 미술품은 거칠고 단순하긴 했어도 주위 풍경을 초월하는 아름다움을 지니고 있었다.

대성당의 담당 교구신부는 자리에 없었다. 하지만 관광안내소에 있던 어느 젊은 여성이 라 글레즈를 안내해주었다. 아든 숲으로 이어지는 경사진 들판은 상당히 아름다웠다. 거의 텅 비어 있는 이 읍에는 주로 농부들이 살고 있었다. 그 젊은 여성의 아버지는 본래 이곳에서 여관을 운영했지만 관광 수요가 없어진 다음부터는 농사일을 하고 있다고 말했다.

이른바 '라 글레즈의 성모'로 알려진 그 목상은 인근 교구에서 무척이나 부러워하는 조각상이었다. 이것은 1300년대에 제작되었지만 사실은 겨우 50년 전에 대성당을 잘못 수리하는 과정에서 발견했다. 그리고 그 조각상이 회중석 한가운데에 놓인 지는 불과 몇 년밖에 되지 않았다.

그 젊은 여성은 성모상 사진이 나와 있는 기념엽서를 한 장 선물하면서 행콕을 저녁식사에 초대했다. 한 달 내내 휴대식량만 먹다가 진짜 음식을 먹어서 그런지 아니면 함께한 사람들이 쾌활하고 따뜻해서 그런지 모르겠지만 음식 맛이 일품이었다. 그날의 저녁식사와 기적적이면서도 잘 알려지지 않은 성모에 대한 기억은 이후 몇 달 동안 그의 머릿속에 남아 있었다. 비와 추위, 참호, 폭격, 그리고 폐허로 변한 여러 마을을 거치는 와중에도 말이다. 진정으로 이 전쟁의 손길이 전혀 닿지 않은 유일한 곳이 있다면 그곳은 바로 라 글레즈였다.

워커 행콕이 아내 세이마에게 보낸 편지
1944년 12월 4일

내 소중한 세이마에게

오늘은 우리 인생에서 정말 대단한 날이야. 내게는 가장 행복한 결혼기념일이니까. 오늘로부터 딱 1년 전에 내가 당신을 사랑했다면, 이번 12월 4일에는 그보다 몇 배로 더 사랑해. 지난 1년간 우리가 함께 보낸 시간은 짧았지만 어떤 의미에서 우리는 항상 함께 있었지. 그동안 당신은 만약 우리가 집에서 행복하게 정상적인 생활을 했다면 결코 가능하지 않았을 방식으로 나를 도와주고 자라게 해주었으니까. 물론 정상적인 생활도 곧 올 것이고 그대가 되면 우리의 기쁨은 끝도 없겠지. 지난 몇 달간 당신이 내게 해준 것을 직접 경험하지 못했다면 상상만으로는 결코 알지 못했을 거야. 당신의 편지는 나의 버팀목이었어. (……)

군대에서는 뭐든 한 번에 조금씩 해내는 법을 배울 필요가 있어. 물론 기회가 있을 때 감당할 수 있는 것 이상으로 덤빈다고 해서 잘못은 아니지. (……) 벙커에서 폴란드인 병사가 내게 하는 말이 올 크리스마스가 고향을 떠나 군대에 들어와서 보내는 여섯 번째 크리스마스라고 하더군. 그 친구는 아주 낙담한 듯했어. 우리는 이번이 그가 고향을 떠나서 보내는 마지막 크리스마스일 거라고 위로해주었지.

내일, 아니면 모레쯤 조지 스타우트를 만나러 갈 거야. 그 양반이 제1군으로 돌아올 생각이 있는지 궁금하네. 그랬으면 좋겠는데. 지금 나 혼자 감당하기 어려울 정도 일이 많거든. 세상 그 무엇보다 더 사랑해.

귀여운 자기, 사랑해.

워커

21

열차
The Train

프랑스 파리 | 1944년 8월, 그리고 그해 12월 말

로즈 발랑은 최근에 죄드폼에서 벌어진 일들을 다시 한 번 생각해보
았다. 조자르와 볼프 메테르니히가 협조해 아베츠 대사의 공세를 물
리친 이후, 나치는 문화유물을 '합법적으로' 프랑스에서 반출한다는
새로운 계획으로 공격을 가했다. 1940년 9월 17일, 총통은 ERR에
"서부 점령지역 내의 주택, 도서관, 기록보관소를 수색해 가치 높은
자료를 찾아낼 수 있는, 아울러 그 물건을 게슈타포를 통해 안전 보호
할 수 있는"[1] 권한을 부여했다. ERR의 공식적인 역할은 알프레트 로
젠베르크의 '학술' 기관에 자료를 제공하는 것이었고, 이 기관의 주요
목표는 유대인의 열등함을 과학적으로 증명하는 일이었다. 머지않아
나치는 ERR이야말로 가치 높은 미술품과 문화유산을 프랑스에서 반
출할 수 있는 완벽한 위장막임을 깨닫게 되었다. ERR에 권한을 부여

한 지 몇 주일 뒤인 10월 말, 미술품 분류 목록 작성과 포장 및 수송을 위한 작전사무소가 죄드폼에 문을 열었다.

이후 4년간 나치는 죄드폼 박물관을 프랑스에서 약탈한 예술품을 보관하는 물류창고로 사용했다. 그 기간에 프랑스 시민들, 특히 유대인들의 개인 컬렉션이 본래의 전시실에서 제국으로 마치 계곡물처럼 쏟아져 들어갔다. 게슈타포 경비병들은 죄드폼의 책임자이자 이 지역의 ERR 지휘관인 쿠르트 폰 베어 대령의 허가증이 있는 사람들 외에는 아무도 안으로 들여보내지 않았다. 물론 작전사무소의 직원들은 이에 구애받지 않았다. 사실 죄드폼은 나치의 손아귀에 들어간 이후부터 비방과 절도, 음모의 온상이 되었지만 그건 어디까지나 지휘관들 사이에서의 일이었다. 작전사무소는 항상 철저한 효율성에 따라 움직였고 독일군은 이곳의 처리실을 거쳐 간 수많은 미술품을 차곡차곡 본국으로 실어 날랐다.

1944년 여름, 이 작전에 종말이 찾아왔다. 연합군이 노르망디 해안에 상륙했기 때문이다. 모두가 연합군의 파리 입성은 시간문제라고 생각했다. 6월, 약삭빠르고 탐욕스러운 독일의 화상으로 어찌어찌해서 ERR의 위계질서 안으로 들어온 브루노 로제는 스키 여행을 갔다가 다리가 부러지고 신장질환이 있다는 진단을 받고서 돌아왔다. 하지만 그것은 거짓말이라는 소문이 돌았다. 마음이 다급해진 독일군이 신체 멀쩡한 남자는 모조리 최전선으로 내보낸 탓에 일부러 아픈 척했다는 것이다.

7월 말, 전투가 위험한 단계로 돌입하자 로제는 허리에 연발권총을 차고 노르망디로 향했다. 그가 떠나면서 남긴 말은 "전장으로 가자!"

였지만, 불과 이틀 만에 닭과 버터, 양고기 구이를 트럭에 잔뜩 싣고 돌아왔다. 파리에 있는 그의 아파트에서는 큰 파티가 벌어졌고 죄드 폼에서 그의 상관이자 경쟁자였던 폰 베어 대령까지 초대되었다.[2] 그리고 이들은 갑자기 모두 떠나버렸다.

발랑은 일지에 이렇게 적었다. "드디어 살았다!"[3] 그러나 안도감의 이면에는 두려움도 없지 않았다. 지난 4년간 박물관에서 근무하면서 그녀는 나름대로 일과를 개선해나갔다. 물론 사자 굴속에 혼자 고립되어 있는 것은 불쾌한 일이었지만 그래도 참을 만했다. 그녀는 사람의 마음을 읽는 재능이 뛰어났고 자신의 역할을 잘 알았다. 약탈품의 조사 및 분류 목록 작성을 담당한 미술사가 보르허스 박사는 그녀를 상당히 신뢰해 가까운 친구처럼 대했다. 그는 자기도 모르는 사이에 그녀에게 많은 정보를 흘렸다. 보르허스가 알려준 여러 가지 비밀은 결국 자크 조자르와 프랑스 레지스탕스의 귀에 들어갔다.

본래 쿤스트슈츠에서 일하다가 ERR에 들어간 부패한 미술학자 헤르만 분예스는 발랑을 경멸할 가치조차 없는 인간으로 치부했다. 교활하고 겁이 많았던 로제는 발랑을 죽이고 싶어 했다. 적어도 발랑은 그렇게 느꼈다. 로제는 키가 크고 잘생겼으며 파리의 여성들에게 인기가 많았지만 발랑이 보기에는 약삭빠른 냉혈한에 불과했다. 발랑은 혹시라도 독일군 고관 중에 누군가가 자기를 죽인다면 그건 십중팔구 로제일 거라고 생각했다. 1944년 2월, 그는 이런 속내를 가차 없이 드러내기도 했다. 마침 그녀는 어떤 선적 문서에 기록된 주소의 암호문을 해독하려다 그에게 발각되었다. 그는 그녀의 눈을 똑바로 보며 경고했다.

"허튼짓하다가는 총 맞을 줄 알아."

"그렇게 위험을 무릅쓸 만큼 어리석은 사람은 여기 아무도 없어요."

그녀는 차분하게 대답하면서 그의 시선을 피하지 않았다.⁴ 로제는 이렇게 다뤄야 했다. 그에게는 결코 두려움을 보여서는 안 되었다. 나치가 당신을 닦아세울 수 있다는 사실을 알게 될 경우, 놈들은 당신이 죽을 때까지 닦아세울 것이다. 따라서 당신은 나치가 손쉽게 닦아세우지 못하도록 가급적 말썽을 일으키지 않는 동시에 나치가 당신에게 지루함을 느낄 정도로 너무 조심해서도 안 된다. 여기에는 미묘한 균형이 필요했지만 그녀는 그 방법을 완벽하게 터득하고 있었다.

그녀는 여러 차례에 걸쳐 정탐, 절도, 파괴활동, 정보유출 등의 혐의로 박물관에서 쫓겨나기도 했다. 그럴 때마다 자신이 관련되어 있다는 사실을 강하게 부인했고 며칠이나 찾아와 항의했다. 그러다 보면 결국 나치도 그녀를 도로 받아들일 수밖에 없었다. 사실 그녀가 수상쩍어 보일수록 나치의 상급자들에게는 더 쓸모 있는 존재가 되었다. 어떤 문제가 생기든 그녀에게 뒤집어씌울 수 있기 때문이었다. 특히 로제가 더욱 그러했다. 사람들은 그가 온갖 미술품을 훔쳐 개인적인 용도 혹은 선물용으로 사용하지 않나 하고 의심했다. 물론 발랑은 그가 하는 짓을 잘 알고 있었다. 1942년 10월에도 승용차 트렁크에 회화 4점을 숨기는 장면을 목격했다. 그녀는 아무 말도 하지 않았다. 한편으로는 도둑놈이 또 다른 도둑놈의 것을 훔치는 셈이었기 때문이고, 다른 한편으로는 로제가 자신의 과묵함을 높게 평가했기 때문이다. 그의 입장에서 발랑은 간혹 화풀이를 하기에 좋은 대상이었다. 그녀의 가장 증오스러운 적이 한편으로는 그녀의 은밀한 보호자였던 셈이다.

그것도 어디까지나 그녀를 곁에 두고 있는 쪽이 편리할 때나 그랬을 뿐이다. 약탈 작전이 점차 축소되고 연합군이 파리로 진격하자 그녀는 오히려 불편한 존재로 여겨졌다. 그러던 중 6월에 ERR에서 일하던 프랑스인 비서가 갑자기 사라지자 나치는 그 비서가 첩자였을 거라고 확신했다. 그 직후 어느 프랑스인 남성과 결혼한 독일인 비서가 간첩 혐의로 체포되었다. 나치는 단순히 미술품만 싹쓸이한 것이 아니었다. 아예 그 일에 참여한 직원들까지 싹쓸이하기로 작정했던 것이다.

로즈 발랑은 자신이 의심의 대상에 오르지 않은 소수의 프랑스인 직원 가운데 하나일 거라고 자신했다. 그렇다고 해서 독일군이 자신을 죽이지 않으리라고 확신할 수 있는 상황은 아니었다. 자신들의 대의가 사라졌다고 생각될 경우, 나치는 주위의 증인을 모조리 죽여 없앨 수도 있었다.

8월 1일부터 일종의 마무리 작업이 시작되었다. 독일군은 연합군이 도달하기 전에 박물관에 있던 모든 것을 쓸어가려고 했다. 로즈 발랑은 이를 지켜보면서 귀를 기울였다. 로제는 어디에도 없었다. 분예스는 언짢은 표정으로 복도를 오갔다. 사람들이 미친 듯이 바쁘게 움직이는 그곳에 죄드폼의 책임자인 쿠르트 폰 베어 대령이 서 있었다.

그녀는 1940년 10월에 그를 처음 보았을 때를 생생히 기억하고 있었다. 당시에 군복 차림으로 똑바로 서서 뒷짐을 지고 있던 그는 승리를 거둔 직후의 독일군 지휘관을 묘사한 유명한 판화를 연상하게 했다. 키가 크고 잘생긴 그는 군모를 푹 눌러써서 눈이 보이지 않았는데, 알고 보니 한쪽의 유리 의안을 감추기 위해서라고 했다. 매력적이고 세속적인 그 독일 남작은 프랑스어도 상당히 잘했다. 승리를 축하하던 시절만 해도 그 정복자 양반께서는 나치라고 해서 모두 야만인은 아니라는 점을 보여주기 위해 우호적인 태도를 취했다. 심지어 발랑이 죄드폼에서 계속 일할 수 있도록 허락하는 너그러움을 과시하기도 했다.

그로부터 4년이 지난 뒤 그는 전혀 다른 사람으로 변했다. 당황한 듯한 표정에 몸을 구부정하게 움츠리고 얼굴에는 주름이 가득했으며 대머리가 되어 있었다. 몰락한 남작 가문 출신인 그는 사실 군인도 아니었다. 그는 나치에 의해 프랑스 적십자 대표로 임명되었기 때문에 장교 계급 따위는 없었는데도 대령 계급을 사칭했다. 그는 딱한 인간이자 지극히 위험한 인간이기도 했다. 자신의 왕국이 급격히 무너져 내리는 모습을 지켜보는 그의 눈에는 이제 분노만 남아 있었다. 그는 여러 점의 회화를 탁탁 부딪쳐가며 충전재도 없이 나무상자 안에 집어넣고 있는 불운한 독일군 병사들에게 조심하라며 딱딱거렸다.

병사들의 눈에는 두려움과 도망치고 싶어 하는 열망이 나타나 있었다. 그토록 자랑했던 독일군의 규율은 어디로 갔단 말인가. 훗날 로즈 발랑은 당시에 자신이 그에게 다가가고 싶었다고, 그래서 무언가 그를 무너져 내리게 할 만한 한마디를 던지고 싶었다고 회고했다. 하지만 대령의 주위에는 기관총으로 무장한 호위대가 있었다. 그녀는 무척이나 "아쉬웠다."[5]

그가 발랑을 흘끗 쳐다보았다. 위협과 분노가 뒤섞인 표정이었다.

순간 그가 하고 있을 법한 생각이 그녀의 머릿속에 떠올랐다. '증인

이 될 만한 놈들을 아예 없애버릴까?'

"폰 베어 대령님, 트럭이 거의 꽉 찼습니다."

어느 병사의 말에 폰 베어는 그녀에게서 눈길을 거두고 그쪽을 바라보았다. 그가 으르렁거렸다.

"그럼 더 끌고 와, 이 바보야!"

그가 다시 시선을 돌리기 전에 로즈 발랑은 슬그머니 자리를 빠져나왔다. 지금은 폰 베어를 조롱할 때가 아니었고 또한 자신은 암살자도 아니었다. 그녀의 역할은 어디까지나 정보원이었으며 약탈자들의 토대에 느리지만 확실하게 구멍을 뚫는 조용한 생쥐였다. 이제 곧 점령이 끝날 것이고 지금은 최대한 몸을 사릴 필요가 있었다.

그녀의 끈기는 평소와 마찬가지로 그만한 보답을 얻었다. 프랑스에서 약탈한 미술품 가운데 마지막에 실은 여러 대의 트럭은 곧바로 독일로 향하지 않았다. 박물관을 꼼꼼히 뒤진 끝에 발랑은 그들이 파리 교외의 오베르빌리에 기차역에 가서 화차에 물건을 실을 예정이라는 사실을 알아냈다. 트럭이라면 뒤를 추적하기가 불가능하지만 기차는 그렇지 않았다. 그녀는 화차의 번호를 알아내는 데도 성공했다.

다음 날인 1944년 8월 2일, 148개의 나무상자를 실은 다섯 량의 화차가 봉인된 상태로 오베르빌리에에 대기하고 있었다. ERR은 죄드폼에서 가져온 마지막 화물을 서둘러 포장했지만 그로부터 며칠 뒤까지도 이 화차는 기차역을 떠나지 못했다. 이 미술품 열차는 당시 폰 베어가 지휘하던 또 다른 나치의 약탈 조직 'M-아크티온'(M은 독일어에서 '가구'(Möbel)라는 단어의 약자)의 약탈품을 실은 46량의 다른 화차와 연결되어 함께 떠날 예정이었기 때문이다. 46량의 화차에는 아직 화물이 실리지도 않은 상태였다.

며칠 뒤, 제40444호 열차가 여전히 기차역에 세워져 있는 상황에서 로즈 발랑이 조자르를 찾아갔다. 그녀가 가져간 나치의 화물 운송 명령서 사본에는 기차와 화차의 번호, 나무상자의 종착지(오스트리아 뵈클라브루크 소재 코글 성과 모라비아 니콜스부르크의 물품 보관소) 및 내용물이 자세히 기록되어 있었다. 그녀는 기차를 아예 떠나지 못하게 하는 편이 낫지 않겠느냐고 제안했다. 조만간 연합군이 들이닥칠 것이었기 때문이다. 조자르는 동의했다.

폰 베어가 기차역에서 고함을 질러가며 다른 화차에 물건을 싣기 위해 끙끙대는 무장 경비병들과 병사들을 다그치고 있을 무렵, 프랑스 레지스탕스에 소속된 조자르의 연락책들은 로즈 발랑이 입수한 정보를 이용해 기차를 멈춰 세우기 위한 작전에 나섰다.

8월 10일, 미술품은 적재가 끝났지만 갑자기 1,000명의 프랑스 철도 노동자가 파업을 하는 바람에 기차는 오베르빌리에를 떠날 수 없었다. 열차는 8월 12일에 다시 운행을 시작했으나 겁에 질린 독일인과 그들의 개인 재산을 수송하는 다른 열차를 먼저 보내기 위해, 미술품 열차는 잠시 측선으로 빠져 있어야 했다. 지난 열흘 동안 줄곧 혹사를 당하느라 지친 독일군 경비병들은 소문 때문에 신경이 곤두선 듯했다. 프랑스군이 불과 몇 시간이면 들이닥칠 수 있는 가까운 곳까지 왔다는 소문이 퍼지고 있었기 때문이다.

문제는 계속해서 불거졌고 시간이 지체되면서 미술품 열차는 우선순위에서 맨 뒤로 밀려나버렸다. 거의 3주일이 지난 뒤에야 미술품 열차는 드디어 독일을 향한 여행길에 올랐다. 하지만 기차는 겨우 몇 킬로미터 떨어진 르 부르제에서 멈춰서고 말았다. 약탈품이 가득한 51량의 화차가 너무 무거운 탓에 기계에 고장이 났고(적어도 그렇다는 구실이었고) 수리에 48시간이 필요했다. 이 기회를 틈타 프랑스 레지스탕스는 철로의 중요한 병목 지점에서 기관차 두 대를 탈선시켰다. 결국 미술품 열차는 파리에서 발이 묶였고 발랑은 조자르에게 편지를 썼다.

"미술품을 가득 실은 148개의 나무상자가 적재된 화물 열차는 이제 우리 것이 되었습니다."[6]

그러나 이후의 일은 생각만큼 쉽지 않았다. 며칠 뒤에 자유프랑스군의 제2기갑사단이 도착하자, 레지스탕스는 그 기차의 중요성을 분명히 설명해주었다. 르클레르크 장군이 파견한 부대는 그중 몇 개의 나무상자가 열려 있고 상자 2개는 약탈당했으며 은제품 컬렉션은 모조리 사라져버렸음을 확인했다. 이들은 148개의 나무상자 가운데 르누아르, 드가, 피카소, 고갱, 그리고 다른 거장들의 작품을 담은 36개의 나무상자를 일단 루브르로 보내기로 했다. 이들 작품은 원래 파리의 유명한 미술상 폴 로젠베르크의 방대한 컬렉션에 들어 있었던 것인데, 마침 그의 아들이 이날 기차를 조사하러 온 자유프랑스군의 사단 지휘관이었다.

하지만 나머지 나무상자는 거의 두 달이 지나도록 박물관으로 돌아오지 못하고 기차역에 그대로 남아 있었다. 로즈 발랑으로서는 아쉬움과 좌절감이 클 수밖에 없었다. 12월의 추운 날씨에 기차에 실려 있는 마지막 내용물을 확인시켜줄 역장을 기다리는 동안, 그녀의 마음 한구석에는 관리 태만에 대한 분노가 스며들고 있었다.

"역장님을 좀 뵈러 왔습니다."

제임스 로라이머는 퐁탱 역의 안내원에게 이렇게 말하고 나서 겨울 추위에 손을 호호 불어댔다. 뒤에서는 로즈 발랑이 담배를 깊이 한 모금 빨아들이며 자기만의 생각에 빠져 있었다. 언젠가 그녀는 로라이머에게 담배를 피우는 이유를 말해주었다.

"이게 나쁘다는 건 나도 알아요. 하지만 담배를 피울 때만큼은 내가 하는 일 외에 다른 것은 모두 잊을 수 있어요."[7]

그녀는 정말로 속을 짐작하기 힘든 사람이었다. 그는 아무리 생각해도 그녀와 자신이 어떤 관계인지 이해할 수가 없었다. 물론 좋은 관계라는 것은 알고 있었다. 단순히 그녀가 자신을 줄곧 지켜보았고 또한 존경해왔다는 앙로의 말 때문만은 아니었다. 발랑이 몇 주 전에 직접 그런 낌새를 드러냈다.

12월 16일, 로라이머는 미군 군사시설에서 발견한 몇 점의 이류 회화와 판화를 위원회에 인도했다. 발랑은 고맙다고 말하며 이렇게 덧붙였다.

"그런데 당신네 동료 해방군들은 이 나라에 들어오고도 이 나라 사람들은 전혀 신경 쓸 필요가 없다고 생각하는 것처럼 행동하는 경우가 너무 많더군요."[8]

로즈 발랑이 그에게 한 말 중에서 가장 개인적인 것이었다.

어쨌든 앙로 역시 조자르와 마찬가지로 발랑으로부터 더 많은 정보를 얻어내라고 권했고 지금 이들은 함께 행동하고 있었다. 하지만 과연 두 사람의 관계는 얼마나 우호적인 것일까? 발랑은 그를 어느 정도로 믿는 것일까? 로라이머는 조자르가 들려준 이야기를 떠올렸다.

르클레르크 장군이 파리를 해방시키던 날, 이를 축하하던 군중이 죄드폼으로 몰려들자 로즈 발랑은 혼자서 그들을 물리쳤다. 그녀는 지하실로 들어가려는 폭도를 막아섰다. 점령 기간 동안 박물관의 컬렉션을 그곳에 보관해두었기 때문이었다. 누군가가 소리를 질렀다.

"지하실에 독일군을 숨겨놓았을 거야!"

"부역자다!"

군중의 고함소리가 건물 안에 메아리쳤다.

"부역자야!"

총구가 등을 찌르는 상황에서도 발랑은 침착하게 사람들을 데리고 가서, 지하실에는 보일러와 파이프, 미술품밖에 없음을 분명히 보여주었다. 그리고 이들의 항의에도 불구하고 모조리 박물관 밖으로 몰아냈다. 그녀는 결코 만만한 여자가 아니었다. 강인하고 자기주장이 뚜렷하면서도 남들 눈에는 과소평가될 만큼 평범해 보였다. 그녀는 의무나 명예에 관해 자신만의 뚜렷한 생각을 지니고 있었고 총구 앞에서도 원칙을 지켰다.

로라이머는 조자르가 굳이 그 일화를 들려준 까닭이 무엇인지 알 수 없었다. 그녀의 비밀주의와 결의를 설명하기 위해서였을까, 아니면 두 사람 사이에 미묘한 선을 긋기 위해서였을까. 조자르만 해도 자기 동포로부터 위협을 받은 적이 있었던 것이다.

어쨌든 로라이머의 일에는 진척이 있었다. 12월 16일, 그는 되찾은 미술품을 죄드폼에 있는 발랑에게 가져다주면서 미술품 회수위원회 위원장인 알베르 앙로를 방문했다. 그는 로라이머에게 ERR이 사용하던 창고 아홉 군데의 위치를 알려주고 아직 문을 열어보지 않은 화차가 있다는 것도 말해주었다. 앙로는 그에게 발랑과 함께 그곳에 가서 조사를 해보라고 제안했다.

"그녀는 지금까지 우리에게 이야기한 것보다 더 많은 정보를 알고 있어요, 제임스. 당신은 아마 그게 뭔지 알아낼 수 있을 겁니다."

로즈 발랑과 함께 아홉 군데를 돌아보는 동안, 로라이머는 그녀로부터 각각에 얽힌 이야기를 들을 수 있었다. 죄드폼에서 정보원으로 일할 때 그녀는 파리에 있는 나치의 주요 창고 주소는 물론 나치가 약탈한 집의 주소까지도 수집했다. 그녀는 8월 초에 이 정보를 조자르에게 전달했고 조자르는 그것을 새로 들어선 프랑스 정부에 전달해서 조사하도록 부탁했다. 그 덕분에 루브르로 미술품 몇 가지가 돌아왔지만 더 이상의 소식은 없었다. 그녀가 그처럼 고생해서 알아낸 나치 창고를 직접 방문한 것도 이번이 처음이었다.

이들 역시 많은 것을 발견하지는 못했다. 한 창고에는 수천 권의 희귀본이 쌓여 있었다. 다른 몇 군데 창고에는 프랑스 정부가 이미 한 번 조사를 벌이고 지나간 자리에 몇몇 이류 예술품이 남아 있었다. 어떤 면에서 이것은 또 하나의 막다른 길이었다. 집에 보내는 편지에는 이 임무가 정말 좋다고 말했지만, 로라이머는 의구심과 짜증이 겹치면서 만족감이 줄어들었다.

다른 한편으로 그는 향수를 느끼고 있었다. 영국에 있을 때만 해도 집에 감상적인 편지 따위는 보내지 않겠다고 다짐했었다. 그런 편지는 "쓰는 사람이나 받는 사람 모두에게 불필요한 감정의 혼란을 야기할 뿐"[9]이기 때문이었다. 6개월 동안 그는 충실하게 이 원칙을 지켰다. 하지만 10월 말이 되자 마음이 무너져서 아내에게 이런 편지를 보냈다.

"요즘 당신을 자주 생각하게 돼. (……) 우리가 함께할 행복한 미래를 구상하는 일 말고는 모조리 어리석게 느껴지기 때문이야. 나는 우리 애가 어떤지 묻지도 않고 내가 앤을 얼마나 보고 싶어 하는지도 말하지 않았지. 그건 진심이 아니야. 나는 이전에 당신에게 감정의 낭비에 불과한 개인적이고 자질구레한 편지는 쓰지 않겠다고 했지. 그런데 이곳 아파트 관리인의 아이를 볼 때마다 우리가 함께 누려야 마땅한 순간을 박탈당하고 있다는 느낌이 들어."[10]

당시 앤은 8개월째였지만 아빠는 딸을 한 번도 본 적이 없었다. 그리고 가까운 미래에 보게 될 가능성도 전혀 없어 보였다. 그는 지쳐 있었다. 그것도 완전히. 끊임없이 맞닥뜨리는 막다른 길, 관료주의의 횡포, 끝도 없이 발생하는 자잘한 걸림돌, 가족과 친구로부터의 소외감이 갈수록 누적되었기 때문이다. 마침내 그가 자신의 다짐을 어긴 것도 알고 보면 사소한 계기 때문이었다. 그가 프랑스로 건너와서 구입하여 애지중지하던 타자기를 도둑맞았던 것이다. 물론 대단한 일은 아니었지만 당장은 구입하려 해도 재고가 없었다. 그는 결국 집에 편지를 보내 어머니에게 타자기를 한 대 보내달라고 했는데 그러려면 육군의 특별 허가가 필요했다. 그의 어머니는 아들의 편지를 목 빠지게 기다렸지만 타자기 없이 어떻게 편지를 쓴다는 말인가.

몇 주일이 지나 그 문제를 다시 생각하자 그는 자신이 도대체 왜 분개했는지 이해할 수가 없었다. 물론 타자기는 여전히 없는 상태였다. 그로서는 그것이 더 깊고 근본적인 문제와 관련돼 있음을 미처 알지 못했다. 사교계 명사들과의 만찬, 파리의 영광스러운 기념물, 임무에 대한 믿음에도 불구하고 그는 파리가 기념물 임무의 중심지가 아니라는 것을 서서히 깨달았다. 정말로 중요한 일은 독일에서 일어나고 있었다. 로라이머는 그토록 중요한 일로부터 자신이 멀리 떨어져 있다는 사실이 싫었다. 그렇지만 이것은 잠재의식에서 일어나는 일일뿐 정작 본인은 그 사실을 모르고 있었다.

어쨌든 그는 이 전쟁을 "인류에 대한 봉사라고 일컬을 만한 일"을 할 수 있는 기회로 생각했으며, 나름대로 성과를 올리기 위해 열심이었다.[11] 그런 까닭에 ERR의 창고에서 물건을 발견하지 못했을 때도 크게 괴로워하지 않았다. 텅 비어 있는 창고를 바라보는 순간, 그곳이야말로 또 다른 세계로 들어가는 입구에 불과하다는 것을 알 수 있었다. 여러 달 만에 그는 처음으로 뭔가 더욱 거대한 세계로 이끌려 가는 듯한 기분이 들었다. 나치가 약탈한 물품을 잔뜩 채워놓았던 창고를 보는 것만으로도 그 약탈 작전의 규모와 복잡성을 알 수 있었기 때문이다.

그것은 뜻하지 않게 손상을 입혔거나 분노에 가득 차 보복을 하는 차원이 아니었다. 의도적이고 기만적으로 던진 거대한 그물이었다. 이 그물은 파리 전역은 물론 저 멀리 나치의 본국인 베를린의 히틀러 사무실까지 연결되어 있었다. 조자르는 이 그물 안으로 로라이머를 밀어넣은 셈이었다. 조자르는 오케스트라의 지휘자였고 내밀한 작전에서 중심을 차지하고 있는 인물이었으며, 나치의 소유욕에 최대한 효과적으로 대응할 수 있는 연줄과 통찰을 지닌 유일한 존재였다. 조자르는 프랑스의 박물관과 국가 소유의 컬렉션은 보호했지만 개인이 소장한 프랑스의 국보급 미술품과 귀중한 문화유산을 보호하는 데는 힘을 쓰지 못했다. 제임스 로라이머는 비로소 깨달았다. 조자르는 그 잃어버린 세계로 통하는 문을 열어준 것이며 로즈 발랑은 이제 그의 길잡이가 되리라는 것을.

발랑이 확인한 창고 가운데 처음 아홉 군데는 건물이었다. 그녀가 가장 중요시하는 곳은 열 번째 창고, 즉 미술품 열차였다. 나치 점령 시기의 마지막 몇 달 동안 그녀가 확인한 나무상자 36개는 지난 8월 에 안전 보관을 위해 루브르로 반환되었다. 하지만 10월 초에 이르러 서도 나머지 112개의 나무상자는 여전히 어딘가에 세워져 있는 열차 에 남아 있는 것으로 추정되었다. 조자르의 거듭된 요청에도 불구하 고 그 열차가 어디에 있는지는 끝내 알아내지 못했다. 미술품 열차의 나머지 화차가 어디서 측선으로 접어들었는지 추적할 수 있는 사람 이 분명 있겠지만, 그 일은 관료주의의 태만 속에서 기약 없이 미뤄 지고 있었다.

10월 9일, 팡탱 시의 경찰서에서 루브르로 연락을 해왔다. 팡탱 철 교 인근 에두아르 바일랑 교 아래 정차되어 있는 열차에 미술품이 잔 뜩 실려 있는데, 정부에 거듭 요청을 했는데도 누구 하나 조치를 취하 지 않고 있다는 이야기였다. 이 경찰서에는 귀중한 미술품을 지킬 만 큼 충분한 인력이 없었다. 그뿐 아니라 열차는 탄약을 잔뜩 싣고 있는 화물열차에 너무도 가까이 세워져 있었다. 박물관 사람들은 다시 행 동에 돌입했다.

10월 21일, 로즈 발랑은 자크 조자르에게 메모를 보냈다. 10월 17 일부터 19일까지 "회수된 회화들"을 담은 나머지 112개의 나무상자 가 죄드폼으로 이송되었다는 내용이었다. 그중 일부는 상자가 열리고 약탈당했으며 "이 수송열차 가운데 유대인에게서 약탈한 물품을 적재하고 있던 화차 대부분이 이와 유사하게 약탈당한"[12] 것으로 보인다고 썼다.

오늘 제임스 로라이머와 그녀가 다시 조사하러 나선 대상도 바로 그 46량의 화차에 실렸던 화물이었다. 나이 많은 한 남자가 역사에 들어서며 말했다.

"제가 역장인 말레르보입니다. 어떻게 오셨는지요."

"미술품 열차를 찾아내신 분이십니까? 세잔과 모네의 그림을 운반하던 열차 말입니다."

남자는 경계하는 듯한 눈빛으로 로라이머의 군복을 흘긋 바라보더니 곧바로 그 뒤에서 담배를 피우고 있는 여자를 살폈다. 아직도 파리에는 독일군 첩자와 파괴 활동가가 남아 있었고 대개는 보복 전문가였다. 따라서 주의할 수밖에 없는 상황이었다.

"그건 왜 물으시는 거죠?"

"저는 미국 육군 센 지구 소속 로라이머 소위라고 합니다. 이쪽은 국립박물관 소속 로즈 발랑이고요. 이분이 바로 레지스탕스에 그 화물 운송에 관한 정보를 알려준 분입니다."

"죄송합니다만 그 미술품 건은 이미 다 해결되었는데요. 남은 것이라곤 별 볼 일 없는 것들뿐입니다."

"나머지라도 직접 보고 싶은데요."

남자는 깜짝 놀란 표정이었다.

"그럼 이리로 오시죠."

화차에 실려 있던 화물은 어느 창고로 내려진 상태였다.

"어디 별 볼 일 없는 것들이 뭔지 봅시다."

역장이 창고 문을 여는 사이 로라이머는 발랑에게 말했다. 발랑이 확인한 주소에 나온 이전의 아홉 군데 창고는 두 사람이 찾아갔을 무렵 텅 비어 있었다. 하지만 이 마지막 창고는 뭔가로 가득 차 있을 것만 같았다. 로라이머는 과연 무엇을 찾아낼 수 있을지 벌써부터 기대가 되었다.

그런데 막상 그들 눈앞에 펼쳐진 냉랭한 창고 안의 풍경은 그의 예상을 깨트리고 말았다. 딱히 무언가를 기대한 것은 아니었지만 창고 안에 수북이 쌓인 평범한 가정용품 더미는 예상 밖이었다. 소파, 의자, 거울, 탁자, 냄비, 프라이팬, 액자 심지어 장난감 같은 물건이 그의 키보다 두 배나 높은 산을 이루며 쌓여 있었다. 비록 별 볼 일 없는 것들이긴 했지만 양만큼은 정말 아찔했다. 무려 46량의 화차에 가득 찼으니 말이다. 전후에 확인된 바에 따르면 M-아크티온은 무려 2만 9,436량의 화차에 이처럼 평범한 가정용품을 실어 독일로 보냈다.

아니, 독일놈들은 겨우 이런 것 때문에 미술품 열차의 출발을 지연시켰다는 건가? 로라이머는 가슴이 철렁 내려앉았다.

'아무런 쓸모도 없는 물건뿐이네. 하나같이 쓰레기고.'

문득 그는 생각을 멈추었다. 아니, 완전히 쓸모없는 물건은 아니었다. 이것은 원래 사람들의 소유물이었으니까. 그들의 삶을 이루던 수많은 파편이고 나치는 그들의 집으로 쳐들어가 모조리 약탈한 것이었다. 심지어 가족사진까지도.

"당신이 기대하던 물건들은 아니죠, 안 그래요?"

발랑은 이렇게 말하며 주머니에 양손을 넣었다. 그녀의 단순한 한

마디는 천둥처럼 그를 강타했다. 그녀는 가치 있는 물건이 실려 있는 화차의 번호를 알고 있었다. 로즈 발랑은 이 열차에 무언가 중요한 것이 실려 있지 않다는 것을 알고 있었던 것이다. 그녀는 직접 보고 싶었을 뿐이다. 미술품 열차를 세운 것은 그녀에게 대단한 승리였지만 그 결과를 직접 볼 수는 없었다. 그녀는 기껏해야 정부의 하급 공무원에 불과했으니까. 정보를 제공한 사람은 발랑이었으나 그것을 직접 보려면 적어도 미군 소속 장교인 로라이머 정도는 되어야만 했다. 그는 그녀가 이전까지는 함부로 들어갈 수 없던 장소, 그러니까 그녀가 목숨 걸고 찾아낸 장소로 들어갈 수 있는 일종의 입구 역할을 해주었던 것이다.

로라이머는 그녀가 과연 어떤 정보를 갖고 있을지 생각해보았다. 그녀는 나치의 약탈 작전 전체를 이해할 수 있는 열쇠였다. 또한 이미 약탈당한 물건을 찾아내 제자리에 돌려놓을 수 있는 유일하고도 진정한 정보원이었다. 하지만 그녀는 공무원 사회의 피라미드에서 가장 말단에 속해 있었으므로 그가 그녀를 필요로 하는 것만큼이나 그녀도 그를 필요로 했다.

"당신은 알죠? 도둑맞은 미술품 말이에요."

로라이머의 질문에 그녀는 말없이 뒤로 돌아서서 걸어갔다.

"어디에 있는지 당신은 알잖아요. 안 그래요, 로즈?"

그는 서둘러 그녀를 따라잡았다.

"그런데 무얼 더 기다리고 있는 거예요? 혹시 누구 믿을 만한 사람이라도 기다리는 거예요?"

"잘 아시네요."

그녀는 미소를 지으며 말했다. 로라이머는 그녀의 한쪽 팔을 붙잡았다.

"그럼 나한테라도 당신이 아는 정보를 알려줘요. 나는 그 정보를 오로지 당신이 원하는 대로만 사용할 거니까요. 프랑스를 위해서요."

갑자기 그녀는 미소가 싹 가신 얼굴로 그의 손에 붙잡힌 팔을 빼내며 말했다.

"어디 있는지는 때가 되면 내가 알아서 말해줄 거예요."[13]

22

벌지 전투

The Bulge

서부전선 | 1944년 12월 16~17일

로버트 포시는 더 이상 기다릴 수가 없었다. 사실 아내 앨리스가 보내준 크리스마스 선물 꾸러미 중에서 마지막 상자는 크리스마스 당일까지 기다렸다가 풀어볼 생각이었다.[1] 하지만 무려 엿새나 기다렸는데도 날짜는 이제 겨우 12월 16일이었다. 도저히 더는 참을 수가 없었다. 결국 그는 상자를 열었다. 차가운 플라스틱이 손끝에 닿았다. 레코드판이었다. 그날 밤 그는 앨리스에게 편지를 썼다.

"가장 놀라운 것이었어. 녹음된 크리스마스 카드 말이야. 나는 곧바로 레크리에이션 중대로 달려갔지. 담당 하사가 전축으로 레코드판을 틀어주고 나는 다른 방에 앉아 스피커로 들었어. 그건 사람이 받을 수 있는 선물 중에서 최고였어. 당신 목소리는 정말 완벽했어. 심지어 당신이 데니스한테 '하고 싶은 말 해봐'라고 말하는 것까지 한 음절도 빠짐없이 다 들리더라니까. 두 사람이 함께 출연한 라디오 프로그램을 재방송으로 듣는 것 같았어. 조절기만 돌리면 당신 목소리를 더 크거나 작게 들을 수 있었지. 마지막으로 봤을 때보다 데니스의 목소리가 더 성숙해졌을 거라고 생각했는데. 막상 들어보니 아직 어린아이 같더군. 우리 야옹이, 앨리스는 아직 좀 수줍은 것 같고."[2]

그날 밤 늦게 그는 또 한 번 깜짝 놀랐다. 독일군이 공세를 시작했던 것이다. 군 사령부 간의 무전으로부터 나온 정보에 따르면 연합군은 후퇴하고 말았다. 워커 행콕은 다음 날에야 이 아덴 공세 혹은 그보다는 널리 명명되는 벌지 전투에 관해 알게 되었다. 마침 전위부대가 그를 멈춰 세우더니 그가 가려고 했던 와이메스가 지금 독일군 수중에 들어가 있다고 했다.

다음 날 그는 밤새도록 등화관제 상태로 호송대를 따라 서쪽으로 달렸다. 불빛이라곤 바로 앞에 가는 지프에 달린 '야간반사경'의 작은 초록색 빛뿐이었다. 다행히 도중에 포격은 한 번밖에 없었다. 그는 크리스마스 이브를 벨기에 리에주의 어느 지하실에서 보냈다. 다음 날 아침에는 크리스마스 미사 도중에 독일군의 폭격이 있었다.

연합군의 삼지창 중에서도 북쪽의 가지에 해당하는 제1캐나다군 소속인 로널드 밸푸어는 벌지 전투 당시 병원에 있었다. 11월 29일, 그러니까 네덜란드로 진입한 지 나흘째 되던 날 그는 트럭 충돌사고로 발목이 부러졌다. 그가 다시 근무지로 돌아온 것은 1월 중순이 다 되어서였다. 조지 스타우트는 12월 초에 미국 제12집단군으로 공식 발령이 났다. 이는 파리 외곽 베르사유에 있는 사령부에 장기 배속된다는 의미였다. 1944년 12월 14일, 그는 로라이머와 함께 베르사유 궁전의 중세 컬렉션을 조사했다. 그리고 그다음 몇 주 동안 사무실에 틀

어박혀 기념물 전담반의 1944년 활동 보고서를 작성하고 공식 절차를 다시 정리했다. 그는 아내 마지에게 근황을 알렸다.

"대부분 실내에서 시간을 보내고 있어. 책상 앞에서 일하는 거지. 물론 나쁠 건 없어. 날씨가 아주 혹독하니까."[3]

그해 겨울은 역사상 가장 힘든 겨울이었다. 어찌나 추운지 디젤유 조차 얼어붙었다. 파리에도 눈이 엄청나게 내렸다. 독일군의 기습 공격으로 많은 손실을 입은 미국 제3군은 보충병을 찾아 나섰다. 그때 준비된 자원자인 로버트 포시가 다른 누구보다 앞에 나섰다. 포시는 전투 훈련을 받지 않았고 시력이 나빠 불과 100미터 전방의 적도 알아보지 못할 정도였지만 상부의 지시는 간단했다.

"더 이상 쏠 수 없을 때까지 갈기기만 하면 돼."[4]

그는 실제로 그렇게 했다. 그는 서리가 끼고 얼음이 덮인 아덴 숲에서 총을 쏘았고 총알이 다 떨어지면 다시 장전했다. 적군의 총알이 얼어붙은 나무 사이로 날아왔지만 동료 병사들이 총을 쏘고 진군하면 그도 똑같이 했다. 총을 쏘면서 개활지를 가로질러 안개가 자욱한 숲 속으로 뛰어들었다.

23

샴페인
Champagne

프랑스 파리 | 1944년 크리스마스 직전

파리에서는 로즈 발랑이 서유럽을 온통 뒤덮은 눈 속을 뚫고 터벅터벅 걸어가고 있었다. 그로부터 며칠 전, 다시 말해 독일군이 로버트 포시가 있던 아덴의 연합군 전선 쪽으로 치고 내려올 무렵, 그녀는 제임스 로라이머에게 샴페인 한 병을 보냈다. 미술품 열차를 보러 갔을 때 자기가 좀 퉁명스럽지 않았나 하는 생각이 들었기 때문이다. 그녀는 그에게 나쁜 인상을 남기고 싶지 않았다. 자신의 정보를 공유하고자 하는 그의 의지와 며칠 동안 나치의 창고를 조사하며 함께했던 일이 마음에 들었던 것이다.

물론 두 사람은 미술에 대한 사랑으로 고역조차 마다하지 않는 박물관 전문가만의 유대감을 공유했지만, 무엇보다 그녀는 그의 개인적인 자질을 높이 평가했다. 그는 근면하고 자기주장이 뚜렷했으며 상황의 중요성이나 잠재력을 곧바로 파악할 수 있을 정도로 충분히 통찰력이 있었다. 더구나 그는 정중했고 그녀가 성취한 바를 제대로 평가했다.

그녀는 두 사람이 동료이자 친구라는 사실이 자신에게 얼마나 큰 의미가 있는 일인지 그가 알아주었으면 하고 바랐다. 그래서 샴페인을 보낸 것인데 로라이머는 그에 대한 보답으로 그녀를 초대했다. 그녀는 눈을 헤치고 걸어가는 내내 자신이 지금 일종의 결단을 향해 걸어가고 있다는 생각을 했다. 하지만 그것이 어떤 결단인지는 그녀 자신도 알지 못했다.

참으로 먼 길을 지나온 셈이었다. 그녀는 평범한 집안 출신이었고 돈이나 미술과 관련해 어떠한 특권도 누린 적이 없었다. 작은 도시에서 성장한 그녀는 리옹에서 미술을 공부하고 파리로 진출해 배고픈 화가의 길을 택했다. 하지만 그녀는 곧 땡전 한 푼 없는 삶이 얼마나 고달픈지 깨닫게 되었다. 현실적인 이유 때문에 그녀는 에콜 드 보자르에서 미술 분야 학위를, 에콜 뒤 루브르와 소르본느에서 미술사 학위를 얻었다. 발랑은 유럽 미술의 수도, 즉 파리에서 성공하겠고 결심했다.

첫 번째 기회는 죄드폼에서 찾아왔고 그녀는 미술을 더 가까이하고 싶은 마음에 무급 자원봉사자로 일하기 시작했다. 이런 기회를 잡는 것조차 그리 쉽지 않았다. 박물관, 특히 루브르 같은 유명한 곳에서 무료로 봉사를 하겠다는 미술계 사람들이 꽤 많았기 때문이다. 지원자는 대개 부유하거나 귀족 가문 출신으로 박물관에서 지급하는 적은 월급에 관심이 없었다. 돈도 사회적 연줄도 없는 로즈 발랑은 그 사회에선 그야말로 예외에 불과했다.

그녀는 개인 교습, 즉 가정교사 노릇을 해서 생계를 유지했다. 남는 시간에는 목각을 새기거나 그림을 그리면서 공부했다. 하지만 그녀는 죄드폼에서 끝내 승진하지 못했다. 프랑스 사람들은 '큐레이터'라는 호칭을 무척이나 까다롭게 사용했고, 어디까지나 공식적으로 자격을 부여받은 사람만 사용할 수 있었다. 파리에서 10여 년을 보낸 뒤에야 발랑은 자신이 그런 호칭을 부여받는 게 얼마나 어려운 일인지 새삼 깨달았다. 그러다가 전쟁이 터졌다.

1939년에 그녀는 국립 미술관들의 대부 격인 자크 조자르를 도와 프랑스의 국가 소유 컬렉션을 안전하게 옮기는 일을 했다. 그리고 1940년에 독일군이 진군하자 다른 시민들과 마찬가지로 파리를 떠났다가 전투가 끝나자마자 박물관으로 돌아왔다.

1940년 10월, 그녀에게 새로운 삶이 찾아왔다. 나치 점령 4개월째쯤, 조자르가 개인적으로 지시를 내려 계속 죄드폼에 머물면서 나치의 활동을 지켜보다가 중요한 정보가 있으면 알려달라고 했던 것이다. 그녀 같은 말단직원, 그것도 무급직원에게 나치를 정탐하는 것은 결코 쉽지 않은 선택이었을 것이다. 물론 발랑은 그 기회를 기꺼이 붙잡았다. 어쨌든 그녀는 계속 남아 있을 생각이었고 조자르가 믿어준 덕분에 그녀의 임무는 한층 높은 차원으로 바뀌었다. 개인을 위해서나 조국을 위해 의미 있는 방식으로 기여할 기회가 생긴 셈이었다.

그로부터 얼마 후, 조자르는 특별한 프로젝트를 가지고 그녀에게 접근했다. '착한' 나치 볼프 메테르니히 백작과 협상한 끝에 독일 대사관에 보관 중이던 약탈 미술품을 다시 루브르의 세 군데 보관실로 옮기기로 했다는 것이었다. 폰 베어 대령과 헤르만 분예스는 조자르를 찾아와 압수한 미술품을 보관할 장소를 내놓으라고 요청했다. 당시의 상황은 상당히 혼란스러웠다. 파리가 독일군의 수중에 떨어지자마자 온갖 나치 조직이 달려들어 최대한 전리품을 챙기는 참이었다. 조자르는 모든 약탈물을 한데 모아놓는 것이 유용하다는 판단 아래 죄드폼을 나치 관리들이 이용할 수 있도록 주선했다. 하지만 거기에는 한 가지 요구조건이 있었다. 약탈물의 목록 작성은 프랑스인이 하게 해달라는 것이었다. 보다 구체적으로 말하면 그는 로즈 발랑이 목록 작성을 담당하길 원했다.

1944년 12월, 발랑은 떨어지는 눈송이를 바라보며 문득 이런 생각을 했다.

'때로는 사람의 운명이 알아서 머리 위에 떨어지기도 한다.'

그녀의 임무는 그다지 원활하게 이루어지지 않았다. 나치가 죄드폼을 장악한 첫날인 1940년 11월 1일 아침, 그녀는 독일인 관료를 만나게 되리라 생각하며 출근했다. 그런데 갑자기 나치가 군대를 이끌고 나타났다.[1] 그들은 이미 모든 것을 준비해둔 상태였다. 미술품을 잔뜩 실은 트럭들이 연이어 도착했고 군복 차림의 병사들이 폰 베어 대령의 지시에 따라 화물을 내리고 운반했다. 이전까지만 해도 조용하던 박물관에 군화 발자국 소리와 독일어로 고함치는 소리가 울려 퍼지자 섬뜩한 느낌이 들었다.

병사들은 다음 날 아침에도 다시 찾아왔다. 그들은 쇠지레로 나무 상자를 열고 거기에 있는 회화를 꺼내 옆 사람에게 전달하는 방식으로 뒤쪽 전시실로 옮겼고, 전시실 벽에 기댄 예술품은 대여섯 더미씩 쌓여갔다. 병사들은 거칠고 험악하게 움직였다. 그런 폭풍 같은 상황에서는 회화가 떨어지고 캔버스가 찢어지는 것이 당연했다. 병사들은 그저 '빨리빨리'만 외칠 뿐이었다.

보관실 하나가 가득 차면 이번에는 다른 보관실에 회화를 옮겼다. 로즈 발랑은 멍한 상태에서 박물관 안을 돌아다녔다. 위대한 미술품들이 상당수는 액자조차 없는 상태로, 심지어 어떤 것은 서둘러 옮기는 과정에서 파손된 상태로 쌓여 있었고 일부는 독일군의 군홧발에 짓밟히기도 했다. 해질 무렵이 되자 무려 400개 이상의 상자가 속을 비웠고 예술품 중 상당수에는 원소유주의 이름이 적혀 있었다.

다음 날 발랑은 조수 몇 사람과 함께 복도에 책상을 가져다 놓았다. 누군가가 미술품을 들고 복도를 지나가면 직원들은 최대한 빨리 그 이름과 화가, 출처를 적었다. 베르메르, 렘브란트, 테니르스, 르누아르, 부셰…… 회화 가운데 상당수는 잘 알려져 있어서 딱 보자마자 알 수 있었지만 워낙 빨리 지나가는 바람에 전부 적을 수는 없었다. 정신없이 일에 몰두하던 발랑은 문득 웬 군복 차림의 남자가 어깨너머로 자기가 작성한 목록을 들여다보고 있음을 깨달았다. 바로 헤르만 분예스였다. 그 부패한 쿤스트슈츠의 관리는 폰 베어와 작당해 이 박물관을 징발한 장본인이었다.

그는 딱딱하고 불친절했으며 약간 구부정한 자세에 얼굴에는 혐오스러운 표정이 드러나 있었다. 한때 이류 학자였던 분예스는 나치의 권력에 아부하기 위해 자기가 추구하던 모든 것을 내던진 인물이었다. 이후 그는 몇 년 동안 로제, 그리고 다른 ERR 관리들과 손잡고 일하면서 음모, 절도, 협박을 일삼았다. 그곳에 온 첫날, 그는 그녀가 쓴 목록을 내려다보더니 갑자기 공책을 탁 하고 덮어버렸다.

"이제 그만하지."

이 한마디로 조자르가 계획한 목록 작성은 미완성으로 끝나버리고 말았다. 하지만 그들은 그녀를 쫓아내지 않았다. 폰 베어 대령은 자비심을 발휘해 그녀가 이 박물관의 영구 컬렉션 관리인으로 계속 머물러 있도록 해주었다. 그 컬렉션에는 휘슬러의 〈화가 어머니의 초상〉 같은 현대 미술작품이 포함되어 있었는데, 나치는 이런 작품을 몹시 혐오했다.

그로부터 몇 년 뒤, 추운 파리의 거리를 걸어가면서 그녀는 '운명은 단 한 번의 분투가 아니다'라는 생각을 했다. 통찰과 근면으로 이루어진 1,000개의 작은 순간이 사람을 올바른 방향으로 이끄는 것이었다. 마치 철가루가 자석의 움직임에 따라 달라붙듯 말이다.

운명이 찾아오기까지 오래 기다릴 필요가 없었다. 사실은 조자르의 지시를 받은 지 사흘 만에 그 운명이 찾아왔다. 첫째 날, 박물관은 텅 비어 있었다. 둘째 날, 박물관의 모든 공간에 미술품이 가득 들어찼다. 셋째 날, 마치 왕이라도 맞이하는 것 같은 전시회가 열렸다. 회화와 태피스트리가 멋지게 벽에 걸렸고 그 사이마다 조각상들이 놓였다. 전시실에는 관람용 좌석이 놓였는데 바닥에는 값비싼 양탄자가 깔렸다. 그리고 얼음에 담근 샴페인이 거의 보이지 않게 구석에 놓여 있었다.

갈색 제복에 검은 철십자가 그려진 빨간 완장을 찬 경비병은 차려 자세를 취했다. 폰 베어 대령, 헤르만 분예스, 그리고 다른 박물관 지도자들 역시 군복을 입고 있었다. 심지어 어떤 사람은 철모도 쓰고 있었다. 나치들이 반짝이는 군화를 신고 차려 자세를 취하고 있는 모습은 매우 인상적이면서도 섬뜩했다.

마침내 도착한 사람은 히틀러가 아니었다. 알프레트 로젠베르크도 아니었다. 죄드폼에서의 약탈 작전은 ERR의 이름 아래 가동되었지만 이것은 어디까지나 이름뿐이었다. 로젠베르크는 오로지 유대인의 열등함을 증명하는 데만 몰두하는 철저한 인종차별주의자에 불과했다. 미술에 아무런 관심이 없었던 그는 히틀러에게 건네받은 그 백지수표의 잠재능력조차 깨닫지 못했다. 그 잠재능력이란 유대인의 열등함을 증명하는 그의 조사에 도움이 될 만한 물건은 무엇이든 본국으로 이송할 수 있는 막강한 권한이었다.

발랑은 로젠베르크가 죄드폼을 방문한 날을 기억하고 있었다. 1942년 말, 그는 자신이 작전의 통제권을 이미 상실했다는 것을 깨달은 모양이었다. 그는 몇몇 측근만 대동하고 박물관을 휙 둘러보았다. 그의 방문에 대비해 마련해놓은 것이라고는 보관실 몇 군데에 있는 국화 화분뿐이었다. 아이러니하게도 그 소품은 장례식장을 연상시켰다.

ERR의 기회를 적극 이용한 진짜 실세의 방문은 준비부터 차원이 달랐다. 한 사람을 위한 전시회가 정성껏 마련되었고 전시된 작품도 그의 취향에 맞춰 고른 것이었다. 샴페인 병은 마개를 따지 않고 아예 베어버렸다. 그 극적이면서도 과장된 절차로 샴페인 병의 마개가 막혀 있는 상태에서 주둥이 아래를 겨냥해 칼을 휘둘러 병을 열었다. 아첨을 좋아하는 ERR 관리들은 그의 취향과 승리를 위해 건배한 다음 그의 꽁무니를 졸졸 따라다니며 칭찬을 듣고 싶어 안달이었고 그의 어설픈 농담에도 박장대소했다. 그리고 그 실세는 이런 아부를 무척이나 즐겼다. 제국원수 겸 히틀러의 최측근인 헤르만 괴링은 탐욕스럽고 허영심이 강했다.

로즈 발랑은 그의 과욕을 결코 잊지 못할 것 같았다. 그는 특별히 제작한 군복을 열댓 벌이나 갖고 있었는데 대부분 금실로 꿰매고 비단 장식을 했으며 나중에 제작한 것일수록 더 많은 견장과 술, 훈장이 달려 있었다. 그는 주머니에 에메랄드를 넣어 갖고 다니면서 사람들이 주머니 속 동전을 만지작거리듯 주무르고 있었다. 그리고 그는 가장 좋은 샴페인만 마셨다.

1941년 3월 로트실트의 보석 컬렉션을 강탈하러 왔을 때, 그는 그중 제일 좋은 보석 2개를 꺼내더니 마치 어린애가 사탕을 훔치듯 그 자리에서 주머니에 넣어버렸다. 이보다 더 큰 미술품을 훔칠 때는 자신의 전용 열차에 화차를 하나 더 연결해서 끌고 갔다. 카이사르가 자신의 전용 전차 뒤에다 전리품을 싣고 다닌 것처럼 말이다.[2] 베를린으로 가는 내내 그는 금장식이 달려 묵직한 붉은 비단 기모노 차림을 하고 있었다.[3] 또한 아침마다 그의 뚱뚱한 체구를 고려해 열차 내에 특별히 넓게 설치한 붉은색 대리석 욕조에 들어가는 사치를 즐겼다. 그는 기차가 덜컹거리는 것을 싫어했다. 그럴 때마다 욕조의 물이 넘쳐흘렀기 때문이다. 이런 까닭에 제국원수 괴링이 목욕하는 시간이 되면 전용 열차는 숨을 죽이고 멈춰 있어야 했다. 그러다 보니 인근의 철로를 지나가는 다른 열차들까지 멈춰 설 수밖에 없었다. 제국원수가 목욕을 마친 뒤에야 탄약이나 장비, 병력을 태운 열차도 목적지로 떠날 수 있었다.

하지만 이것은 나중의 일이었다. 죄드폼을 방문한 첫날, 이 뚱뚱한 제국원수는 ERR이 마련한 모든 영광을 만끽하며 긴 갈색 외투 차림으로 박물관을 이리저리 거닐었다. 멋진 정장에 머리에는 낡은 중절모를 썼고 화려한 색상의 스카프로 포인트를 주었다. 발랑은 그를 보자마자 이런 생각이 들었다. 뚱뚱하고 요란하고 우쭐거리는 그의 취향은 이상하다 싶을 정도로 싸구려라고 말이다.[4]

괴링은 제국원수였을 뿐 아니라 루프트바페, 즉 독일 공군의 총사령관이기도 했다. 그는 자신의 명성을 걸고 루프트바페가 영국을 완패시킬 수 있다고 히틀러에게 호언장담한 바 있다. 그가 죄드폼을 방문한 1940년 11월 3일, 루프트바페는 벌써 넉 달째 이른바 '영국 전투'를 진행하고 있었고 그 기간에 런던은 적의 공습에 휩싸여 있었다. 하지만 루프트바페는 실패의 늪으로 빠지고 있는 중이었다. 사상 처음으로 이 폭군들이 지고 있었던 것이다. 그 책임은 모두 괴링에게 떨어졌다.

그와 동시에 서유럽에서 벌어지고 있던 괴링의 개인적인 약탈 전투도 그다지 원활하게 진행되진 않았다. 탐욕스러운 제국원수의 입장에서는 이쪽의 차질도 영국 해협 상공에서의 전투에 맞먹는, 혹은 그를 능가하는 타격이었다. 나치의 공습 직후, 네덜란드와 프랑스의 미술 시장은 완전히 난장판이 되고 말았다. 온갖 악당, 부역자, 기회주의자, 수상쩍은 중개상 등이 잔뜩 달려들어 각종 미술품을 훔치고 담보로 잡고 야바위 치고 심지어 유럽을 떠날 수 있는 비자와 맞바꾸기도 했다.

수백 명의 독일인이 세기의 대격동이라 할 만한 이 시기에 나름대로 한몫을 챙기려 벼르고 있었다. 괴링은 무자비하고 효율적이면서도 위세당당한 인물이었지만, 다른 한편으로 자만심에 젖어 잘 속기도 했다. 그래서 막대한 시간과 에너지를 들여가며 미술품 중개상과 거래를 했음에도 불구하고 자신이 원하는 것을 채 절반도 얻지 못했다. 급기야 미술품을 사들이는 일에 짜증이 난 그가 파리까지 행차하게 되었다.

1940년 11월 3일, 그 추운 겨울날 죄드폼에서 그의 대리인들이 보여준 미술품은 이제껏 그가 비장(秘藏)하고 있던 것과는 차원이 달랐다. 그들은 괴링에게 새로운 세계를 보여준 셈이었다. 교활하게도 그들은 프랑스의 숱한 보물 가운데 극히 일부분만 보여주면서 나머지도 쉽게 얻을 수 있다고 아부를 했다. 왜 굳이 돈을 주고 사려고 하십니까? 왜 굳이 협상하고 흥정하면서 다른 나치들과 경쟁을 하십니까? 로젠베르크라는 친구는 아예 대놓고 훔칠 수 있는 허가를 받았는데요?

나중에야 로즈 발랑은 그날의 방문이 일종의 연극 무대였음을 깨달았다. 폰 베어 대령, 헤르만 분예스, 그리고 괴링의 전속 큐레이터인 발터 안드레아스 호퍼가 제국원수를 낚기 위해 꾸민 자리였던 것이다. 그들은 제국원수가 무엇을 원하는지를 알았고 자기들이 그걸 제공할 수 있다는 것도 알았다. 무엇보다 그들은 그에게 미술품을 맛보기로 보여주면 그 대가로 무슨 일이든 할 수 있다는 것을 알았다. 이 비열한 나치들은 제 나름대로 기회를 잡은 셈이었다. 그들은 괴링에게 말했다.

"우리는 각하의 부하이자 각하의 조직입니다. 우리가 각하께 드릴 수 있는 것은 이 정도입니다. 뭐든 분부만 하십시오."

이틀 뒤인 1940년 11월 5일, 죄드폼을 다시 방문한 괴링은 먼저와는 사뭇 다른 사람이 되어 있었다. 발랑은 그의 두 눈에서 마치 늑대 같은 기쁨, 일종의 승리감을 엿볼 수 있었다. 그는 휘하의 전문가들과 함께 미술품에 관해 큰 소리로 허풍스레 이야기를 나눴고, 자신이 좋아하는 작품의 장점을 설명했으며 보다 자세히 살펴보기 위해 아예 벽에서 회화를 떼어내기까지 했다. 불과 이틀 만에 그는 탐욕을 충족시키는 전략을 완성했고 심지어 포고령 초고도 작성해두었다. 그것은 제국원수의 명령과 총통의 승인에 따라 이후로 ERR의 압수품에 대한 제1위의 선택권은 히틀러가 갖는다는 내용이었다. 물론 괴링은 제2위의 선택권을 가졌다. 그리고 로젠베르크는 제3위였다. 로젠베르크는 이의를 제기했지만 히틀러는 괴링의 편을 들어주었다. 나치 사령부에서는 누구도 로젠베르크를 존중하지 않았다. 발랑이 생각하기에는 전 세계가 그를 증오하는 것 같았다.

이후로 파리에서 자행된 ERR의 약탈은 대부분 괴링의 개인적인 약탈이나 다름없었다. 그는 무려 스물한 번이나 죄드폼을 찾았으며 그때마다 자신의 하수인들로부터 엄청난 향연을 대접받았다. 폰 베어 대령, 헤르만 분예스 그리고 나중에 참여한 로제 등이 그의 하수인 노릇을 했다. 이들은 괴링의 앞잡이 노릇을 하면서 한몫을 잡을 수도 있고 사람의 목숨을 앗아갈 수도 있으며 심지어 세계를 바꿀 수도 있는 권력을 누렸다. 탐욕스러운 로제는 기회가 있을 때마다 돈을 벌기 위해 혈안이 되었다. 야심가인 폰 베어는 점령 치하의 파리 사교계에서 가장 높은 지위까지 진출했다. 권력에 굶주린 분예스는 자신에게 걸맞은 지위를 얻었다.

분예스가 쿤스트슈츠의 임무를 잠식하고 있다는 사실을 알게 된 볼프 메테르니히는 곧장 그를 파면했다. 그러자 괴링은 분예스를 루프트바페의 장교 겸 파리 주재 SS 예술사 연구소의 소장으로 임명했다.

말단 관리이자 이류 학자에 불과한 인물을 말이다. 하루아침에 직위를 뒤바꿀 수 있는 것이야말로 제국원수의 권력이었다. 그러니 죄드폼의 앞잡이들이 그의 권력을 숭배하는 것은 당연했다.

로즈 발랑은 사치와는 거리가 멀었다. 작은 아파트에는 가구도 별로 없었고 친구도 그리 많지 않았다. 이것은 그녀의 보호용 껍질 중 일부였다. 그녀에게는 자칫 나치에게 이용될 수도 있는 애착의 대상 자체가 없었던 것이다. 그녀가 비밀을 털어놓을 만한 가장 가까운 인물은 직속상사인 자크 조자르 정도였다. 그녀는 그를 무척 존경했고 그가 건네준 기회에 무한한 감사의 마음을 품고 있었다. 그런데 이제 조자르는 발랑을 로라이머 쪽으로 밀어붙이는 듯했다. 지난주 내내 그녀는 이 문제를 놓고 어리둥절해했다. 조자르는 저 미국인 기념물 전담반원에게 신뢰와 존경을 보내는 것이 분명했다.

정말로 그는 믿을 만한 인물일까? 그녀는 지난 4년간 정보를 모으기 위해 분투했다. 처음 몇 달 동안은 그저 두려울 뿐이었지만 점점 자신의 능력을 드러냈다. 1941년 7월, 죄드폼의 프랑스인 큐레이터가 병에 걸리자 조자르는 그녀를 '유급' 직책인 큐레이터 보조로 임명해 박물관 업무를 모두 관장하게 했다. 그리고 나중에는 죄드폼 박물관장 보조로 임명했다. 자원봉사자로 오랜 세월을 보낸 끝에 얻은 승진이었다! 그때부터 그녀는 나치의 편의를 위해 관리직원들을 통솔했고 이 덕분에 박물관 곳곳을 마음대로 돌아다닐 수 있었다. 더구나 몇 년 동안 의도적으로 가꿔온 수수한 외모 덕분에 그녀는 경비병들에게 몸수색을 당하지도 않았다. 그녀는 정기적으로 조자르에게 정보를 넘겨주었다.

시간이 흐르면서 점차 두려움이 사라지자 그녀는 위험을 무릅쓰게 되었다. 열차에 적재된 목록이나 열차 번호, 도착하는 곳의 주소 같은 것은 외우기가 힘들었기 때문에 내용을 적어두기 시작했다. 나중에는 밤마다 관련 서류를 집에 가져가 베낀 뒤, 다음 날 아침 나치가 도착하기 전에 서류함에 도로 갖다놓았다. 그녀는 정보를 얻기 위해 포장업자나 비서, 나치 장교 사이를 오갔다. 그녀는 이들이 나누는 대화를 외웠지만 나치는 그녀가 독일어를 알아듣는다는 생각은 꿈에도 하지 못했다.

문서 작성에 철저한 나치는 일일이 보고서를 작성하고 사진을 촬영했다. 그녀는 이런 자료를 훔쳐내 밤마다 몰래 현상했고 덕분에 모든 사진을 갖고 있었다. 심지어 그녀는 경비원의 업무일지도 가지고 있었다. 물론 그로 인해 지불한 대가도 만만치 않았다. 벌써 몇 년째 그녀는 밤마다 제대로 잠을 이루지 못했다. 처음 몇 주일은 공포가 이어졌고 그다음으로는 점령 상태가 끝날 때까지 살아남지 못할 수도 있다는 불안감이 찾아들었다. 그렇게 알게 된 것과 수집한 내용을 미군 소속의 일개 장교에게 모조리 공개해도 되는 걸까?

문득 그녀는 1944년 8월 19일에 저항을 위한 최초의 총성이 울려 퍼졌을 때를 떠올렸다. 그날을 누가 잊을 수 있을까. 그날 철도 노동자들이 파업을 벌였다. 그다음에는 경찰이, 나중에는 우체국 직원이 들고 일어났다. 대부분의 사람들이 조만간 봉기가 있을 거라고 예상했지만 막상 총성이 들리자 파리의 하늘은 곧바로 프라이팬 뚜껑이 열린 것처럼 들끓었다. 시민들의 열광과 기쁨이 도시 곳곳에 울려 퍼졌다. 당시 그녀는 다른 큐레이터들과 함께 루브르에 있었다. 이들은 박물관에 프랑스 국기를 게양하고 싶어 했지만 조자르는 자신들의 임무는 컬렉션을 보호하는 것이므로 안 된다고 했다. 독일군의 반격을 받을 만한 위험을 무릅써서는 안 되었다.[5]

그녀는 끝까지 죄드폼과 함께하겠다는 결심을 하며 루브르를 나와 자신의 자리로 돌아왔다. 바깥 모퉁이에는 독일군의 관측탑이 있었다. 계단에 설치된 독일군의 기관총 총신은 아직도 발사의 열기가 남아 있어 뜨거웠다. 밤새도록 독일군 부대가 튈르리 공원으로 내려와 방어를 준비했다. 박물관에서 공원을 지나 저 건너편에서는 파르티잔이 나무를 베고 포석을 깨트려 바리케이드를 만들었다. 맨 위층 창문에서 내려다보니 자유프랑스군(FFI) 마크가 그려진 시트로엥 세단이 보였다. 하지만 아무 일도 일어나지 않았다. 이후 며칠간 파리에는 긴장만 들끓고 있었다.

마침내 8월 24일 밤, 밤하늘에 불빛이 번쩍이면서 긴장이 깨졌다. 경찰이 먼저 봉기한 것이다. 포탄이 센 강을 따라 정신없이 날아다녔고 독일군의 대포 포신이 새빨갛게 달아올랐다. 다음 날 독일군은 박물관의 마당에 서 있는 조각상 옆에 쌓아둔 모래주머니 뒤에 웅크리고 있었다. 그녀는 이들이 하나하나 총에 맞아 죽어가는 모습을 지켜보았다. 겁에 질린 젊은 병사 하나가 부대를 이탈했다가 결국 박물관 계단에서 총에 맞아 쓰러졌다. 나머지는 항복했다. 불과 2시간도 지나지 않아 르클레르크 장군의 탱크가 리볼리 거리를 따라 줄줄이 나타났다. 그의 부하들이 노획한 독일군의 탄약과 철모를 죄드폼의 내부에 쌓아두는 동안, 파리 시민은 발코니에 나와 거리에 있는 병사들에게 환호성을 질렀다.

바로 그때 총소리와 비명소리가 들리더니 사람들이 갑자기 죄드폼으로 몰려들었다. 알고 보니 박물관 직원 가운데 하나가 멍청하게도 지붕에 올라가 르클레르크 일행의 도착을 지켜보다가, 그만 독일군 관측병으로 오해를 받은 것이었다. 발랑이 르클레르크 휘하의 여러 장교에게 애원한 다음에야 비로소 무마되었다. 한편 발랑이 죄드폼의 영구 컬렉션이 보관된 지하실을 공개하지 않자 사람들은 그녀가 독일군을 숨겨주고 있다고 비난했다. 누군가가 그녀에게 부역자라고 외치자 프랑스 병사 하나가 그녀의 등에 총구를 겨누었다. 할 수 없이 그녀는 지하실을 보여주기로 했다.

그녀는 미술품 열차와 관련해 벌어졌던 재난에 가까운 일도 생각해보았다. 귀중하기 짝이 없는 미술품이 적재된 열차가 관료주의의 진흙탕 속에서 두 달이나 방치되지 않았던가. 그녀는 미술 관련 기관의 일부 인사가 자신을 이기적인 사람으로 여길 수도 있을 거라고 생각했다. 그녀가 자신의 가치를 높이기 위해 정보를 감춰놓고 있다고 볼 수도 있었다. 심지어 어떤 사람은 그 정보라는 것이 사실은 그녀가 꾸며낸 것일지도 모른다고 수군거렸다. 어쨌든 그녀는 보조요원에 불과하고 정식 큐레이터는 아니었으니까. 사람들은 그녀가 이번 일로 이름을 빛내려는 수작을 부리고 있다고 의심했다.

어쩌면 그 말이 맞는지도 몰랐다. 10월 25일 「르 피가로」가 미술품 열차에 관한 기사를 실으면서 그 발견의 공을 온통 프랑스 철도 관계자들에게 돌리자 그녀는 격앙되고 말았다. 그녀는 조자르에게 편지를 써서 그 기사가 "국립박물관이 받아야 할 마땅한 공을 박탈하고 말았다"고 상기시켰다. 하지만 그녀의 진정한 불만은 그보다 앞에 나오는 문단에 잘 드러나 있었다.

"개인적인 심정으로는 사실을 있는 그대로 다시 정정해주셨으면 좋겠습니다. 제가 제공한 정보가 아니었다면 독일로 향하는 수많은 수송 열차 가운데 약탈된 회화의 운송을 정확히 보고하고 찾아내는 것은 불가능했을 테니까요."[6]

그녀는 눈 덮인 파리의 거리를 물끄러미 바라보았다. 그랬다. 그녀는 자신이 한 일에 대해 공로를 인정받고 싶었다. 그녀가 적절한 시기에 적절한 장소에 있었던 것이 운명의 작용 때문인지는 몰라도 결국 그 기회를 붙잡은 것은 자신이었다. 다른 사람들은 그냥 도망치거나 숨어버렸다. 심지어 어떤 사람은 나치에게 붙어버렸다. 그녀는 생명의 위협을 무릅쓰면서까지 원칙과 조국을 위해 일했다. 단순히 개인적인 영광을 위해서가 아니었다. 그녀는 옳은 일을 하기 위해 나섰던 것이었다.

결국 미술품을 위해 가장 바람직한 일은 프랑스 정부의 관료주의와 내부 다툼을 피해 제임스 로라이머에게 도움을 요청하는 것임을 그녀도 알고 있었다. 현재로선 그 외에 다른 방법이 없었다. 어쨌든 독일과 오스트리아에 있는 나치의 보관소에 맨 처음 도달하는 병력은 미군일 것이었다. 로라이머는 지금 그녀가 유일하게 믿을 수 있는 사람이었다. 더구나 조자르도 그를 믿고 있었다. 그녀가 볼 때 조자르는 아예 그녀가 로라이머와 움직이기를 원하는 것 같았다.

몇 분 후 그녀는 그 미국인의 아파트에 도착했다. 벽난로에는 불이 지펴져 있었고 방 안은 따뜻했다. 그는 그녀의 코트를 받아 걸고 자리를 권했다. 최전선의 꽁꽁 얼어붙은 현실로부터 멀리 떨어진 세계였지만, 사실은 상당히 긴밀하게 연결되어 있기도 했다. 때로는 이렇게 작은 방에서 샴페인 잔을 기울이는 행위가 그 임무의 성격을 결정하기 때문이다.

훗날 제임스 로라이머는 그 만남이 전환점이 되었다고 회고했다. 바로 그날 로즈 발랑은 처음으로 자신이 갖고 있는 정보의 폭과 규모에 관해 힌트를 드러냈다. 한마디로 그녀는 약탈당한 프랑스의 기념물을 찾아내기 위해 반드시 알아야 할 모든 것을 알고 있었다.

하지만 발랑에게는 그날의 만남이 제임스 로라이머가 그녀에게 딱 어울리는 동지라는 사실을 다시 한 번 확인한 것에 불과했다. 평소처럼 그의 신뢰, 통찰, 예의, 지성, 그리고 불독 같은 끈기가 잘 드러났지만 아쉽게도 그는 그녀가 그 정보를 얻기 위해 바친 희생을 모두 이해하지는 못했다. 하지만 그녀는 그에게서 중요한 공통점을 한 가지 발견했다. 바로 목표의식이었다. 발랑과 마찬가지로 로라이머는 자신의 운명이 지금 그녀가 갖고 있는 정보와 얽혀 있다고 믿었다. 로라이머는 간절히 부탁했다.

"부탁이에요. 제발 그 정보를 저에게도 알려주세요. 저한테도 좀 나눠주시라고요."

그녀는 당연히 그렇게 될 것임을 알고 있었다. 이전에 그녀가 조자르에게 정보를 서둘러 넘겨주었던 것은 그것이 그녀의 임무였기 때문이지만 지금은 관료주의에 대한 의심이 극에 달해 있었다. 명령체계의 어느 단계에서 어떤 부주의한, 혹은 고집불통인 사람이 하나라도 있을 경우 정보의 흐름 전체가 딱 멈춰버리기 십상이었다. 실제로 그런 일이 있었다. 전쟁이 끝나고 한참 뒤에 일찍이 그녀가 SHAEF에 제공한 사진들이 전혀 관계도 없는 사무실의 서류함에 온갖 '쓸모없는' 문서들과 함께 방치되고 있다는 사실이 밝혀지기도 했다.

그녀는 로라이머에게 건네줄 수 있는 서류의 사본을 갖고 있었다. 그렇다고 1944년 12월에 당장 그 서류를 내놓은 것은 아니었다. 그녀에게는 한 가지 요구조건이 더 있었다. 그녀는 로라이머가 자신이 건넨 정보를 다른 누군가에게 넘겨주는 것을 원치 않았다. 그녀는 다른 여러 유능한 MFAA 요원들이 최전선에서 활동하고 있다는 사실을 미처 몰랐다. 설령 그들에 관해 알았다 하더라도 그 정보를 여러 사람이 공유하길 바라지 않았으리라. 그녀는 그 정보를 로라이머가 직접 이용해주기를 바랐다. 이는 곧 그가 최전선으로 직접 나서야 한다는 뜻이었다.

이미 몇 주째 힌트를 주었던 그녀는 다시 한 번 시도해보았다.

"당신은 지금 여기서 시간낭비를 하고 있는 거예요, 제임스. 당신 같은 사람은 파리가 아니라 독일에 가 있어야 한다고요."

"당신이 정보를 줘야 말이죠."

그녀는 그가 결국 최전선으로 가리라는 것을 알았다. 그는 이 도전, 이 기회를 절대로 거부하지 않을 것이었다. 이것은 어디까지나 시간 문제였다. 그러나 지금 이들에게는 시간이 결코 넉넉하지 않았다. 그녀가 쓸 수 있는 카드는 단 한 장, 자신이 갖고 있는 정보뿐이었다. 그녀는 마음을 바꿔 입을 다물었다. 여기서 다시 한 발 더 물러나면 자기 쪽이 우세해질 것 같았다. 그가 확실히 독일로 가게 될 때까지 기다리는 편이 더 안전해 보였던 것이다.

"로즈."

로라이머가 이렇게 말하며 한 번 더 재촉하듯 그녀의 손을 잡았다.
그녀는 고개를 돌리고 속삭였다.

"미안하게 됐어요, 제임스. 정말 미안해요."

Section *3*

독일
Germany

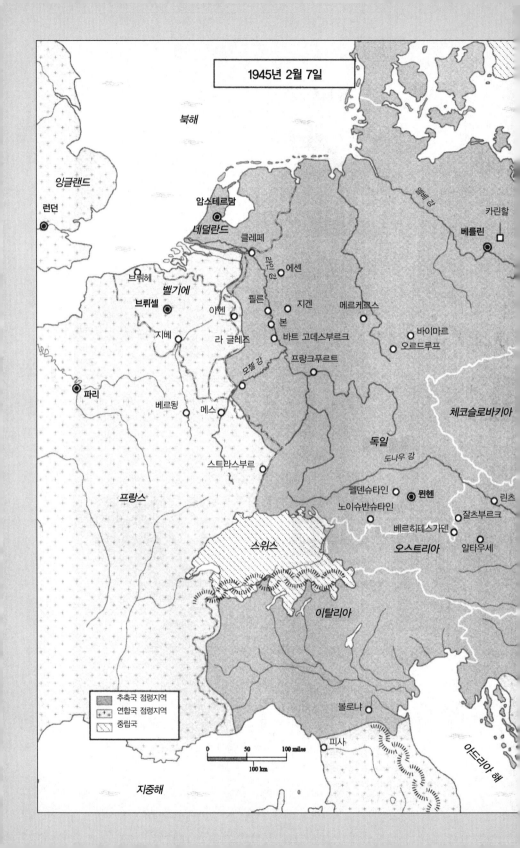

24

미군 소속의 독일계 유대인
A German Jew in the U.S. Army

벨기에 지베 | 1945년 1월

해리 에틀링어는 아침마다 뉴저지 주 뉴어크 북부에 있는 집에서 버스를 타고 시내의 고등학교까지 통학했다. 그의 아버지는 미국에 온지 3년이 지나서야 여행가방 제조공장 경비원으로 첫 직장에 다니게 되었다. 그들의 삶은 곤궁했고 해리는 전쟁으로 인한 배급제가 무엇인지도 모르고 살았다. 하지만 버스를 타고 가다 보면 변화는 확연히 눈에 띄었다. 뉴저지 도심의 주택마다 좁은 앞마당에 콩과 당근, 양배추를 직접 심었고, 영부인 엘리너 루스벨트도 백악관의 잔디밭에서 똑같은 일을 하고 있었다. 사람들은 그곳을 가리켜 '승리의 정원'이라고 불렀다.

학생과 학부모 모두 '승리의 자전거'를 타고 다녔는데, 이는 전쟁에 불필요한 재활용 고무와 금속으로 만든 물건이었다. 버스마다 다음과 같은 석유 절약 포스터가 붙어 있었다.

"승용차를 혼자 타고 가는 사람은 히틀러와 함께 타고 가는 셈이다."

아무도 자가용을 몰지 않았다. 그런 생각을 하는 것조차 범죄처럼 간주되었다. 딱히 갈 곳도 없으면서 드라이브에 나섰다가 걸리면 과태료를 문다는 소문도 있었다.

버스는 밤낮으로 가동되는 뉴어크의 산업지구로 들어섰다. 전쟁 이전만 해도 텅텅 비었던 버스가 항상 만원이었다. 특히 공장 앞 정류장에서 사람들이 잔뜩 올라타는 바람에 서 있을 자리조차 없었다. 그들은 대부분 노인이나 여성이었는데 지치고 피곤해 보이긴 했지만 얼굴에는 자부심이 가득했다. 천막과 군복을 제조하는 데 필요한 천을 아끼기 위해 여자들은 더 짧은 옷을 입고 다녔다. 마찬가지 이유로 남자들의 바지에는 아랫단이 사라졌다.

특히 눈에 많이 띄게 된 것은 국기였다. 모든 공장과 거의 모든 주택마다 미국 국기가 나부끼고 있었다. 주택가에서는 거의 모든 창문마다 파란 별 하나와 빨간 테두리가 그려진 흰색 바탕 깃발이 달려 있었다. 이는 식구 중 누군가가 지금 군 복무 중이라는 뜻이었다. 그 깃발에 노란 별과 노란 테두리가 있으면 식구 중 누군가가 전사했다는 뜻이었다.

해리가 고등학교를 졸업하면 그의 부모님도 그런 깃발을 하나 창문에 내걸게 될 것이었다. 어쩌면 2개를 걸지도 몰랐다. 그의 동생 클라우스도 열일곱 살이 되자마자 해군에 입대할 작정이었기 때문이다. 이미 고등학교 친구들은 하나둘씩 떠나갔고 졸업생 대표였던 캐시미어 키아칼라는 태평양에서 총에 맞아 전사했다. 해리의 반 친구들 중에서 졸업식 축하행사에 참석할 생각이 있는 사람은 3분의 1에 불과했다. 나머지 친구들은 이미 육군과 해군에 들어가 조종사나 전차병, 보병 훈련을 받고 있었다.

예상대로 그가 졸업하자마자 징집영장이 날아왔고 1944년 8월 11일 해리 에틀링어는 기초 훈련을 받기 위해 배를 타고 떠났다. 연합군은 이미 노르망디를 뚫고 들어갔고 최전선은 유럽의 북부와 동부를 따라 계속 퍼져나가고 있었다. 해리와 그의 동료 훈련병들은 지금 연합군이 어디쯤 진군하고 있는지 일일이 따져보지 않았다. 이들에게는 아무 상관이 없었다. 결국 유럽으로 가서 싸울 것이고 그중 일부는 죽게 될 것이었다. 어디서 그런 일이 벌어지는지는 중요하지 않았다.

지금 이들은 조지아 주의 메이컨에 있었다. 일찍 일어나 몸을 씻고 옷을 입고 잠자리를 정리하고 아침식사를 하고 행군하고 M1 소총을 지급받고 또 반납했다. 예, 알겠습니다, 아닙니다, 시정하겠습니다를 반복하고 행군하고 식사하고 또 행군하고 몸을 씻고 잠자리에 들었다가 다음 날 아침 일찍 일어나 같은 일을 반복했다. 훈련병들은 매일 매시간 10인 1조로 함께 움직였다. 키가 큰 사람부터 작은 사람까지 정렬한 그 훈련조가 그들에게는 세계나 다름없었다. 훈련이 거의 끝나가던 11월 중순, 해리 에틀링어는 아침 점호 시간에 불려 나갔다. 어느 장교가 물었다.

"자네는 미국 시민인가, 에틀링어 이병?"

"아닙니다."

"그럼 자네는 독일인이로군. 그런가, 이병?"

"아닙니다, 독일계 유대인입니다."

"이 나라에 온 지 몇 년이나 되었나?"

"5년 되었습니다."

"그럼 날 따라오게."

몇 시간 뒤, 그는 조지아 주의 지역 판사 앞에서 미국 시민이 되기 위한 선서를 했다. 그로부터 6주 후에는 벨기에의 지베에 와 있었다. 그가 태어난 나라로부터 겨우 몇 킬로미터 떨어진 곳이었다. 그는 이 곳에서 조원들과 함께 전방으로 가라는 명령이 떨어지길 기다리고 있었다.

지베는 연합군의 보충대로 병사들 사이에서는 '보대'로 통했다. 병력 손실이 막중한 부대로 보충병을 배치하는 일종의 부대 집결지였던 것이다. 지베에서 해리 에틀링어와 1,000명의 동료 신병은 커다란 헛간에 있는 3층 침대에서 잠을 잤다. 그해 1월에는 기록적인 추위가 몰아닥쳤고 헛간 벽의 낡은 판자 틈새로 들어오는 매서운 바람 앞에 석탄 난로의 열기는 재빨리 달아나기 일쑤였다. 눈이 워낙 많이 와서 해리는 벨기에의 풀을 단 한 포기도 구경하지 못했다. 하늘은 2주 동안이나 잔뜩 흐려 있었다.

마침내 하늘이 맑게 개자 그는 밖으로 나갔다. 지평선 위를 날아다니는 수많은 비행기가 보였다. 그로서는 서부 연합군의 막강한 전쟁 기계를 처음 본 셈이었다. 벌지 전투는 이미 승패가 결정되어 있었다. 독일군은 바스토뉴와 아덴에서 격퇴되었고 연합군은 다시 진군에 나섰다. 하지만 어느 누구도 환상을 품지는 않았다. 독일군은 쉽사리 항복하지 않을 것이고 자기네 땅의 모든 도시가 흔적도 없이 파괴될 때까지 싸울지도 몰랐다. 이는 곧 연합군 병사가 한 걸음 나아갈 때마다 수천 명이 쓰러지고 독일군 병사와 민간인 역시 숱하게 죽어나갈 것임을 의미했다. 하지만 지금 당장은 무엇보다 추위가 가장 견디기 힘들었다. 그날 밤은 해리가 평생 겪은 것 중에서도 가장 추운 밤이었다.

　그로부터 며칠 뒤 드디어 보충 병력의 이동 명령이 떨어졌다. 헛간 밖에는 100대 이상의 트럭이 눈밭에 늘어서 있었다. 장교들이 각 훈련조의 고유 번호를 부르면 병사들은 각자 짐과 총, 장비를 챙겨 트럭에 올랐다. 어디로 가는지는 아무도 몰랐다. 다만 최전선 어딘가에 있는 제99보병사단에 합류하러 간다는 것만 알려져 있었다. 해리는 자기 조에 속하는 8명의 동료와 함께(그중 한 명은 무슨 일인지 빠졌다) 다섯 번째 트럭에 탔다. 이들은 벌써 5개월 이상을 함께 지내온 터였다. 다른 트럭에 병사들이 올라타기를 기다리는 사이 이들은 거의 말을 하지 않았다. 모두 함께 움직였고 마음마저 닮아갔다. 모두 흥분되기도 했고 두렵기도 했다.

　트럭이 막 움직이려는 순간, 하사관 한 명이 수송대 옆으로 달려오더니 양팔을 휘저으며 트럭에다 멈추라는 신호를 보냈다. 하사관은 트럭에 타고 있는 수천 명이 모두 들을 수 있도록 이리저리 오가며 소리를 질렀다.

　"지금 호명하는 3명은 각자 장비를 챙겨 나를 따라오도록!"

　해리는 자기 이름을 듣고 깜짝 놀랐다. 차마 트럭에서 내릴 수가 없었다.

　"너 부르잖아."

　누군가가 이렇게 말하며 쿡 찔렀다. 해리는 트럭에서 내려와 장비를 발치에 내려놓았다. 무려 2,500명 가운데서 선발된 나머지 2명의 모습도 저만치 보였다. 그는 자기 조에 속했던 8명, 즉 자신의 전우들을 돌아보았다. 그로부터 불과 한 달 사이에 이들 가운데 3명은 전사했고 4명은 심한 부상을 입고 말았다. 전쟁이 끝나고 멀쩡한 모습으로 돌아간 전우는 단 한 명뿐이었다.

"이병 에틀링어입니다."

하사관이 다가오자 해리는 경례를 했다. 하사관은 고개를 끄덕이며 메모판에 있는 이름을 확인한 다음, 수송대에게 움직이라는 손짓을 해보였다. 트럭이 멀어지는 사이 해리는 짐을 들고 헛간으로 향했다. 자신이 어디로, 왜 가는 것인지 알 수 없었지만 적어도 최전선이 아닌 것만은 분명했다. 그날은 1945년 1월 28일로 마침 그의 열아홉 번째 생일이었다. 해리 에틀링어는 남은 평생 동안 이것이 자기가 받은 최고의 생일선물이었다고 생각했다.

25

우리는 전투를 이겨냈다

Coming Through the Battle

벨기에 라 글레즈 | 1945년 2월 1일

워커 행콕이 벨기에의 라 글레즈에 도착한 것은 몹시 추운 2월의 어느 오후였다. 벌지 전투 이전에 그는 이곳에서 멋진 성모 마리아 목상을 본 적이 있었다. 벌지 전투 동안 적의 전선이 서쪽으로 움직이면서 아헨을 집어삼키고 지크프리트 방어선을 넘어선 뒤, 마침내 벨기에로 밀어닥쳐 앙블레브 계곡에서 딱 멈춰 서자 그는 영 마음이 불편했다. 지도상에 핀으로 표시된 그 교착지점이 바로 라 글레즈였다. 그는 그 핀이 꽂힌 곳을 자주 바라보았고 전에 만난 젊은 여성과 특이했던 성모상을 생각했다. 불과 몇 주일 전만 해도 그곳은 전쟁으로부터 완전히 동떨어진 곳이었다. 그는 그곳이 과연 살아남았을지 걱정하며 이렇게 생각했다.

'그 무엇도 이 전쟁을 피해갈 수 없어. 아무것도 안전하지 않아.'

벌지 전투가 끝나고 연합군이 다시 독일군을 격퇴하자 행콕은 그 평화로운 마을에 무슨 일이 벌어졌는지 알고 싶어 안달이 났다. 벌지 전투 이후에 그 계곡을 다녀온 최초의 기념물 전담반원 빌 레슬리는 라 글레즈가 사실상 모조리 파괴되었다고 알려왔다. 이미 정보를 들었음에도 참상을 직접 보게 된 행콕은 놀랄 수밖에 없었다. 집은 모두 폐허가 되어 있었고 길가에는 깨진 가재도구와 탄피가 널려 있었다. 대성당은 중포의 공격에 당한 듯 껍데기만 덜렁 남아 있었다.

기묘하게도 대성당의 문은 잠겨 있었다. 행콕은 벽에 난 구멍을 통해 안으로 들어갔다. 지붕은 날아가버렸고 바람에 흔들리는 부러진 들보에는 눈과 얼음이 쌓여 있었다. 회중석은 뒤집어져서 바리케이드로 변해 있었고 의자는 아무렇게나 뒹구는 상태였다. 폐허 속에서 그는 탄약과 붕대, 휴대식량 깡통, 군복 쪼가리를 발견했다. 독일군은 대성당을 일종의 요새로 쓰다가 나중에는 야전병원으로 사용한 모양이었다. 그는 다시 한 번 그 무엇도 이 전쟁을 피해갈 수 없다는 생각을 했다.

그래도 피해간 것이 하나 있기는 했다. 바로 성모상이었다. 성모상은 두 달 전에 본 바로 그 자리에 멀쩡히 서 있었다. 마치 주위의 상황은 전혀 알지 못하는 듯 초연한 신성의 모습이었다. 상황이 상황이다 보니 성모상은 그 어느 때보다 기적적이고 희망적으로 보였다.

마을에는 사람이 남아 있었다. 큰길을 따라 걷다 보니 주민 몇 명이 충격을 받고 지친 표정으로 자기네 집의 폐허에서 무언가를 찾고 있는 모습이 보였다. 대성당의 교구신부는 역시나 보이지 않았지만 이번에는 조르주라는 사람이 도와주겠다며 나섰다. 그는 머리에 피 묻은 붕대를 두르고 있었다.

"저 성모상 때문에 왔습니다."

행콕은 허름한 부엌 식탁에 앉아 조르주와 그의 아내를 바라보며 말했다. 그는 이 지역에 대한 권한을 갖고 있는 리에주 주교가 서명한 편지를 꺼냈다.

"주교께서는 전쟁이 끝날 때까지 리에주에 있는 신학교의 지하실을 보관 장소로 제공하겠다고 하셨습니다. 물론 날씨가 좋지 않습니다만, 시간이 없어서 말입니다. 제가 트럭과 운전병도 대동하고 왔습니다. 오늘 당장 옮길 수 있습니다."

조르주는 인상을 찌푸렸다. 그의 아내도 마찬가지였다.

"성모상은 라 글레즈를 떠나지 않을 겁니다. 오늘도 그렇고 앞으로도 죽 그럴 겁니다."

조르주는 성모상이 대성당에서 다른 곳으로 옮겨지는 모습조차 보고 싶지 않은 모양이었다. 그렇다면 저 눈과 추위, 바람, 그리고 금방이라도 무너질 것 같은 지붕은 어찌할 것인가? 행콕은 설득에 나섰지만 상대방은 꿈쩍도 하지 않았다.

"그러면 마을 회의를 소집하겠습니다."

조르주가 마침내 이렇게 말하며 대화를 끝냈다. 1시간 뒤, 열댓 명의 사람이 잔뜩 인상을 찌푸린 채로 조르주의 집에 모여들었다. 지금 이 마을에 살아 있는 사람은 이들이 전부란 말인가? 행콕은 아무래도 역부족이라는 생각이 들었지만 최선을 다해 상황의 위급함을 설명했다. 조르주가 마침내 입을 열었다.

"우리 집에도 튼튼한 지하실이 있습니다. 교구신부께서는 전투 내내 우리와 함께 이곳에 머물러 계셨습니다. 몇몇은 작은 유리창으로 들어온 총알에 부상을 입었지만 위험은 지나갔습니다. 그러니 저는 성모상을 이곳 지하실에 놓는 게 좋다고 생각합니다."[1]

행콕은 영 탐탁지 않았지만 지금으로서는 그게 최선의 타협책인 것 같았다. 적어도 그 집은 당장 무너질 위험은 없어 보였다. 그때 누군가가 말했다.

"하지만 성모상을 옮기는 건 불가능해요. 목상의 철제 연결 부분과 석제 주춧대가 단단히 붙어 있어서 뗄 수가 없어요. 진즉에 이야기했어야 했는데. 내가 직접 시멘트로 이어 붙였거든요."

그때 행콕이 나섰다.

"만약 댁이 성모상을 단단하게 이어 붙일 정도로 실력이 좋다면 당연히 깔끔하게 떼어놓을 수도 있지 않을까요?"

석공은 고개를 저었다.

"세상에 그 어떤 힘으로도 그걸 떼어놓을 수는 없을 겁니다."

"그러면 차라리 주춧대 자체를 떼어내면 어떨까요?"

석공은 잠시 생각에 잠기더니 차라리 그게 낫겠다고 했다. 그 순간, 누군가가 크게 소리를 질렀다.

"성모상을 함부로 옮겨서는 안 돼요."

행콕이 고개를 돌리자 체구가 작고 턱이 각진 한 남자가 자리에서 벌떡 일어나 있었다. 조르주가 진정하라고 타일렀지만 그 남자는 다시 앉으려 하지 않았다. 성모상은 이미 전투를 멀쩡하게 겪어냈다는 것이 그 남자의 주장이었다. 마을에서 옛날과 똑같이 남아 있는 것이라고는 성모상 하나뿐이었다. 그 성모상은 하느님의 축복이요, 이들의 구원이었다. 그런데 이 외지 사람이 대체 누구이기에 갑자기 나타나서 우리한테 이래라 저래라 하는 건가? 성모상은 늘 그랬듯 대성당에 멀쩡히 서 있어야 마땅했다. 제아무리 대성당의 상당 부분이 파손된 상황이라 해도 말이다. 석공이 거들었다.

"나도 공증인 양반 말에 찬성입니다."

이들에게 성모상은 단순히 미술품이 아니었다. 그것은 곧 이들의 삶, 공동체, 영혼을 상징했다. 그들은 왜 성모상을 지하실에 숨겨야 하느냐고 물었다. 지금이야말로 성모상이 어느 때보다 더욱 필요한 순간이 아닌가? 성모상은 전쟁을 이겨냈다. 그들 역시 위험을 이겨낸 지금, 다시 위험이 찾아오리라는 사실을 인정하고 싶어 하지 않았다.

하지만 행콕은 이미 위험이 다가왔다는 사실을 알고 있었다. 적어도 그 목상에게는 박살 난 지붕과 손상된 벽이 위험이었다. 그가 제안했다.

"그럼 일단 대성당으로 같이 가봅시다. 거기 가보면 뭔가 해결책이 생각나겠죠."

누군가가 열쇠를 가져와 대성당 문을 따고 들어갔다. 하지만 사실 거기서 불과 1미터 정도 떨어진 곳에는 아예 벽이 없었다. 굵은 눈발이 성모상 위에 내려앉았다. 사람들은 성모상에서 발산되는 열기를 쪼이듯 그 주위에 둘러섰다. 행콕은 성모상의 얼굴을 바라보았다. 슬픔과 평화가 깃들어 있으면서도 어딘가 놀란 표정이었다.

그가 성모상을 대신해 뭐라고 얘기를 시작하자마자 갑자기 지붕이 무너져버렸다. 우두둑 소리가 들리더니 커다란 나무판이 바닥에 쿵 하고 떨어져 그 적막을 깨트렸다. 눈과 먼지가 구름을 이루며 위로 확

피어올랐고 커다란 얼음 덩어리가 비 오듯 쏟아졌다. 먼지와 잡동사니가 가라앉은 뒤 눈처럼 새하얘진 공증인의 얼굴이 보였다. 그는 방금 들보가 떨어진 곳의 바로 옆에 서 있었다. 자칫하면 거기에 맞을 뻔했다. 행콕이 다시 무언가 말을 꺼내려는 순간 이번에는 얼음조각이 공증인의 발치 가까이로 툭 떨어졌다. 공증인이 서둘러 말했다.[2]

"성모상을 얼른 조르주 씨네 지하실로 옮기도록 합시다."

석공의 말대로 목상을 주춧대에서 떼어내기는 불가능했다. 사람들은 부러진 천장 들보 2개를 주춧대에 단단히 연결하고 그것을 통째로 흔들어 바닥에서 떼어놓았다. 성모상의 주춧돌은 높이가 1미터 남짓이었지만 그걸 들고 미끄러운 경사로를 지나 마을 한가운데까지 옮기는 데 8명이 달려들어야 했다.

성모상을 지하실에 안치한 후, 어느 마을 주민이 다가와 행콕과 운전병을 식사에 초대했다. 자세히 살펴보니 그에게 호의를 베풀어준 사람은 지난번에 이곳을 처음 방문했을 때 만났던 젊은 여성의 아버지였다. 행콕은 휴대식량을 먹고 인스턴트 커피를 타 먹을 뜨거운 물이나 좀 얻을까 했지만 그는 집의 절반이 파손된 상태에서도 행콕에게 식사를 대접했다. 주위에는 수류탄과 팬저파우스트(대전차 로켓), 그밖에 다른 탄약이 잡동사니와 섞여 한쪽에 쌓여 있었다. 가족이 한곳으로 치워놓은 모양이었다.

뭔가가 단단히 잘못되고 어쩐지 현실이 아닌 것 같았다. 그렇지만 그곳에는 그때와 똑같은 사람들이 있었다. 지쳐 보이긴 했지만 그래도 아직 건강하게 살아 있었고 잔칫상에 가까운 식사를 대접해주었다. 그 폐허 속에도 신선한 고기와 야채가 있다는 것이 무엇보다 놀랍고 의외였다. 행콕은 오랜만에 맛보는 음식을 실컷 먹었다. 그러다가 문득 한 가지 사실을 깨달았다.

"그런데 여기는 제가 전에 왔던 그 집이 아닌데요."[3]

젊은 여성의 아버지는 포크를 내려놓고 자신이 겪은 일을 들려주었다.

"어느 날 밤 침대에 누워 있다가 눈을 떠 보니 벽에 난 구멍 사이로 하늘이 훤히 보이더군요. 내가 지금 어디에 있고 왜 여기에 있는지 더 들어보기 시작했습니다. 그러곤 생각했죠. '이것이 평생 고생하며 나이를 먹은 내게 주어진 결과란 말인가? 나와 내 가족이 들어가 머물 벽조차 없는 상황이라니!' 그제야 이게 내 집이 아니라는 데 생각이 미쳤습니다. 여기 살던 친구는 죽고 말았죠. 내가 직접 지은 예전 우리 집은 벽 한 귀퉁이 남지 않고 모두 날아가버렸습니다. 아주 슬프긴 했지만 그때 한 가지 사실을 깨달았죠. 바로 우리는 전투를 이겨냈다는 겁니다. 전쟁 내내 우리에겐 먹을 것이 충분했습니다. 모두 건강하고 일도 할 수 있었으니까요."

그는 가족을 향해, 그리고 식탁 건너편에 앉은 2명의 미군 병사를 향해 고개를 끄덕였다.

"우리는 운이 좋은 사람들입니다!"[4]

전투는 이미 지나갔다. 행콕은 이제 다시 라 글레즈 인근에서 전투가 벌어지는 일은 없을 것이라고 확신했다. 하지만 저 멀리 동쪽, 그러니까 독일에서는 전쟁이 계속 진행 중이었다.

26
새 기념물 전담반원
The New Monuments Man

룩셈부르크와 독일 서부 | 1944년 12월 5일~1945년 2월 24일

1944년 12월 초, 조지 스타우트는 미군 제12집단군의 MFAA에 신규 요원이 몇 명 추가되리라는 이야기를 전해 들었다. 이들은 모두 징집된 병사로 현장에서 기존 요원들의 조수 역할을 할 예정이며 입대 전에는 제각기 문화 분야에서 전문가로 활동한 바 있다고 했다. 평소와 마찬가지로 이들이 공식 발령을 받기까지는 몇 주가 더 흘러야 했지만 최소한 신규 요원이 오는 중이라는 것은 미리 알 수 있었다.

실력이 뛰어난 미술품 보존 전문가 셸던 케크는 미국 제9군 소속 기념물 전담반 월터 '허치' 헉트하우젠의 조수로 배치되었다. 케크는 1943년부터 육군에서 복무하다가 최근에 기념물 임무 쪽으로 전출되었다. 케키라는 별명으로 통하는 어린 아들을 둔 케크는 스타우트가 보존 임무의 적임자로 생각하던 타입의 전문가였다.

래먼트 무어는 내셔널 갤러리의 큐레이터로, 1941년에 그곳의 주요 소장품을 빌트모어의 사유지로 옮기는 일에 관여했다. 그는 제12집단 군 MFAA 사무소에 남아 조지 스타우트를 돕기로 했으며 특히 스타우트가 최전선에 출장을 가 있는 동안 중요한 책임을 담당하기로 했다. 워커 행콕에게는 레멘이라는 하사관 조수를 붙여주기로 했는데, 그는 육군의 관료주의로 인해 전출이 늦어지고 있었다.

마지막 신규 요원은 그들 중에서도 가장 인상적인 인물이었다. 링컨 커스타인 일병은 당시 서른일곱 살로 상당히 유명하고 연줄도 좋은 지적 비평가에다 문화적 흥행주였다. 그의 아버지는 자수성가한 사업가로 훗날 루스벨트 대통령의 친구가 되었다. 커스타인은 어린 시절부터 비범한 재능을 드러냈다. 1920년대에 하버드 대학에 다닐 때는 '하버드 현대미술 동호회'를 만들었는데 이것은 나중에 뉴욕 시에 생긴 현대 미술관의 직계 선조쯤 되었다. 또한 그가 공동 창간한 「하운드 앤드 혼(Hound and Horn)」이라는 문학 평론지는 워낙 명성이 높아 소설가 앨런 테이트나 시인 e. e. 커밍스 같은 유명 작가의 신작을 처음 소개하기도 했다. 「하운드 앤드 혼」은 특히 미술을 향한 히틀러의 야욕에 대해 최초의 경고(당시 새로 생긴 현대 미술관의 초대 관장이던 앨프리드 바가 필명으로 기고했다)를 한 잡지이기도 했다.

대학 졸업 후에 커스타인은 소설가 겸 화가로 활동했지만 그가 명성을 얻게 된 것은 예술의 창작자가 아니라 후원자로서였다. 그는 이미 30대 초에 널리 존경받는 비평가로서 뉴욕 시 문화계의 주도적인 인물로 자리매김했다.

1942년, 일반 보병으로 징집되고 싶지 않았던 커스타인은 해군 예비군에 자원했다. 하지만 그는 대부분의 유대인이나 흑인, 아시아인, 남유럽인과 마찬가지로 최소한 3대 이상 미국 시민이어야 한다는 인종차별적 자격요건을 채우지 못해 불합격 처리되었다.[1] 그는 해안 경비대에도 지원했으나 눈이 나빠서 또다시 불합격 판정을 받았다. 결국 1943년 2월 이병으로 육군에 입대했다. 당시 그는 국회도서관의 사서로 근무하던 친한 친구 아치볼드 매클리시에게 보낸 편지에서 신병 훈련소에서의 경험을 이렇게 설명했다.[2]

"나는 나이 서른여섯 살에 스물여섯 살에게도 만만치 않을 법한, 그리고 열여섯 살에게나 재미있을 만한 일을 힘들게 하고 있어."

또 다른 친구에게는 좀 더 자세하게 설명했다.

"나이가 들어서 그런지 훈련이 무척 힘들더군. (……) 어쩌나 힘이 드는지 잠도 안 오더라니까. 더구나 여기에서는 4시간 30분만 자면 충분하다고 생각하는 것 같아. (……) 나는 소총을 쏘고 분해하는 법을 (거의) 배우고, '돌격 앞으로'도 배웠지. 끔찍한 장애물 코스를 아주 느리게 통과하고 웅덩이에 떨어지기도 했고. 정말로 재미가 없어. 다른 녀석들은 재미있다고 생각하는 것 같지만."[3]

그는 적어도 몸무게를 20킬로그램이나 빼는 데는 성공했다고 농담을 했다. 기본 훈련을 마친 뒤 커스타인은 세 번째, 네 번째, 다섯 번째 지원에서도 줄곧 거절당했다. 전쟁부의 방첩부서, 육군 정보국, 육군 통신대에서 모조리 거절당한 것이다. 그는 버지니아 주 포트 벨보어에서 전투공병으로 훈련을 마쳤으며 그곳에서 훈련 교범을 집필했다. 육군 특유의 느린 속도에 지루함을 느낀 커스타인은 병사들이 만든 미술품을 기록했는데, 처음에는 포트 벨보어의 전투공병들 작품에 집중하다가 나중에는 전체 병사의 작품으로 확대했다. 지칠 줄 모르는 커스타인은 결국 여러 사람들의 도움을 받아 '전쟁 미술 프로젝트'를 육군의 지원을 받는 정규 조직으로 만들었다. 1943년 가을, 링컨 커스타인이 병사들의 회화와 조각 가운데 선정한 9점의 미술품이 「라이프」지에 수록되었다. 곧이어 그는 이들 작품을 비롯해 몇 작품을 더 가지고 워싱턴 D.C.의 국립 미술관과 함께 국회도서관에서 '미국 전투 미술' 전시회를 열었다.

그 직후 로버츠위원회에서는 커스타인을 위해 MFAA에 자리를 마련해주었다. 비록 장교는 아니었지만 이 분야에 대한 그의 능력을 고려한 결정이었다. 1944년 6월, 그는 3명의 하사관 출신 기념물 전담반원과 함께 영국에 도착했다. 그리고 이제 곧 효율적이고 명확한 작전에 가담하게 되리라는 기대에 부풀어 있었다.

하지만 상황은 전혀 그렇지 않았다. 기념물 전담반의 원조 요원들은 이미 노르망디에 가 있거나 영국 해협을 건너기 위해 배편을 기다리고 있었다. 슈리브넘 기지는 민간인 전문가와 민사 장교들로 가득했고 군 조직 내에 MFAA가 들어갈 자리는 없었다. 런던에 도착한 커스타인과 동료들은 자신들이 온다는 것을 아무도 모르고 있다는 사실을 알게 되었다. 그들이 대화를 나눠본 사람 중에 기념물 전담반에 대해 들어본 사람은 아무도 없었다. 이들은 일단 서류가 정리될 때까지 대기하라는 지시를 받았다. 그런데 노르망디 전투로 인해 정신이 없었던 육군에서는 이들에 관해 깡그리 잊어버리고 말았다.

그래도 커스타인은 메트로폴리탄 미술관의 큐레이터로 일하면서 뉴욕 사교계에서 활동하던 제임스 로라이머와 접촉하는 데 성공했다.

로라이머는 아내에게 이런 편지를 썼다.[4]

"참으로 이상한 일이야. 링컨 같은 사람이, 그러니까 저서 여섯 권에 수많은 논문, 하버드에서 6년, 「하운드 앤드 혼」 창간, 아메리카 발레 스쿨의 책임자 등 수많은 일을 해낸 사람이 아직까지도 일반 사병으로 고생하고 있다니 말이야. 한마디로 골 때리는 일이지. 하긴 뭐 윌리엄 사로얀도 일반 사병이니까. 그래도 그는 아마 전쟁 연극을 만들 거야. 1,000명 이상의 병사들이 마지막 하나까지 적절히 제 능력을 발휘할 수 있으리라고 기대하기는 힘들지. 행운, 성향, 친구, 연줄 중에서 뭐가 가장 중요한지는 나도 모르겠어. 능력 자체만으로는 그다지 큰 이득이 없는 것 같아."

당시에는 로라이머도 MFAA에 배치되기까지 수개월 간 전개해온 싸움이 거의 막바지에 접어들었기 때문에 명석하기는 해도 깡그리 무시당하던 커스타인 이병을 위해 딱히 해줄 수 있는 게 없었다. 그러나 연줄이 빵빵한 커스타인은 프랑스로 가는 데 성공했고 나중에는 결국 파리까지 갔지만 그곳에서도 별다른 임무가 주어지지 않았다. 할 일이 없던 그는 나무상자를 포장하고 담당하는 사무실을 개설한 뒤 아침 일찍부터 편지나 잡지 기사를 썼다. 그러나 자신의 임무가 전혀 쓸모없는 것으로 드러나면서 덩치 크고 몸집이 육중한 커스타인은 불안을 느끼는 한편 점점 좌절감에 빠져들었다.

육군의 관료주의라는 덫에 걸린 커스타인은 1944년 초가을 내내 우울했으며, 연합군이 유럽을 가로지르는 상황에서도 사정은 마찬가지였다. 그해 10월, 깊은 절망 속에서 로버츠위원회를 향해 신랄한 편지를 보냈다. 그는 자신이 MFAA의 활동을 위해 공군의 상사 계급 제안도 거절한 바 있다면서 서른일곱 살에 사병 노릇을 하는 게 얼마나 무익한지 아느냐고 개탄했다.

"스킬턴, 무어, 케크, 그리고 저는 귀 위원회에 너무 많은 문제를 야기했거나 아니면 깡그리 잊혔겠지요. (……) 저 개인적으로는 위원회의 소행이 아무리 점잖게 말해도 냉담하고 무례하다고 생각합니다."[5] 그는 임무 지시가 오지 않는다면 "계속 병원(兵員) 명단에 이름을 올릴 의향이 전혀 없다"고 쓰기도 했다.

편지는 그리 성공을 거두지 못했다. 로버츠위원회에서는 링컨 커스타인을 전방에 보내고 싶어 했지만, 뒤늦게야 군대의 규정상 일개 사병은 MFAA에서 근무할 수 없다는 사실을 알고 깜짝 놀랐다. 이 문제를 해결하기 위한 새로운 절차를 마련하려면 명령체계에 따라 오르내려야 했다. 그러는 중에 전방의 장교들은 기진맥진한 반면 후방의 조수들은 하는 일 없이 빈둥거리고 있었다.

1944년 12월, 마침내 커스타인에게 명령이 떨어졌고 그는 12월 5일자로 임시 근무를 위해 미국 제3군에 가서 신고했다. 관료주의가 더욱 짜증스러울 수밖에 없었던 이유는 발령 직후에야 제12집단군의 기념물 전담반이 얼마나 많은 도움을 필요로 했는지 드러났기 때문이었다.

하버드 대학원생 시절의 커스타인을 가르치기도 했던 스타우트는 이 신병의 명석함을 잘 알고 있었다. 어쩌면 그는 커스타인이 쉽게 좌절한다는 것, 기분이 금세 변한다는 것, 그리고 군 생활을 혐오한다는 점까지 알고 있었을지도 모른다. 스타우트가 의도적으로 처리한 것이었겠지만 커스타인은 완벽한 짝을 만날 수 있는 곳으로 배치되었다. 바로 조지 패튼이 이끄는 제3군의 기념물 전담반원 로버트 포시의 곁으로 가게 되었던 것이다.

사실 이들 한 쌍은 그야말로 아이러니였다. 한쪽은 과묵한 앨라배마의 블루칼라 출신 건축가이고 다른 한쪽은 조울증 기질에 결혼은 했지만 동성애자인 뉴욕의 유대계 미식가가 아닌가. 포시는 안정적인 사람인 반면, 커스타인은 감정적인 사람이었다. 포시는 계획가에다 자제력이 강했지만 커스타인은 충동적인 데다 뭐든 털어놓는 성격이었다. 포시는 사려가 깊은 대신 커스타인은 통찰력이 있었고 종종 그 능력을 십분 발휘했다. 흥미롭게도 포시는 집에 부탁한 것이 고작 허시 초콜릿 바였으나 커스타인이 받은 소포에는 훈제 치즈, 아티초크, 연어, 「뉴요커」 최신호 등이 들어 있었다. 가장 중요한 차이점은 포시가 군인 기질이 강하다는 것이었다. 커스타인은 육군의 경직성과 관료주의를 짜증스러워했고 장교는 대부분 엄청나게 지루한 인간이라고 생각했다. 그러나 이러한 차이를 뒤집으면 한쪽이 다른 한쪽을 완벽하게 보완하면서 훨씬 더 효율적으로 일할 수도 있었다.

두 사람을 나란히 붙여놓은 데는 더 실용적인 이유도 있었다. 포시는 MFAA 장교 중에서도 상당한 경력을 쌓은 인물이었다. 그는 이 임무를 어떻게 수행해야 하는지 잘 이해했으며 건물과 건축 자재에 관한 전문가이기도 했다. 하지만 그는 교양이 높거나 책을 많이 읽지 않았고 외국어를 전혀 할 줄 몰랐다. 반면 커스타인은 프랑스와 독일 문화에 친숙했고 예술품에 관해 광범위한 지식을 갖추고 있어서 완벽하게 보완해줄 수 있었다. 무엇보다 프랑스어에 능통하다는 귀중한 장점이 있었다.

불행히도 이들의 완벽한 결합에는 한 가지 구멍이 있었다. 둘 중에 독일어를 유창하게 구사하는 사람이 없었던 것이다. 물론 커스타인이 어느 정도 의사소통을 할 수는 있었지만 말이다.

커스타인의 실력이 뛰어나다는 것은 의심의 여지가 없었지만 그는 여전히 일개 사병이었고 그것도 자기 임무에 갓 배치된 상황이었다. 그는 곧바로 침수된 지하실에서 펌프로 물 퍼내기, 대령의 애완견 입마개 찾아오기, 합판 더미 옮기기, 식사 받아오기, 화장실 파기, 그리고 보고서를 쓰고 서류를 작성하는 등의 허드렛일에 매달려야 했다. 그중에서도 서류 작업은 최악이었다. 서류 한 장당 여덟 부씩 타자기로 사본을 만들어야 했으며, 윗줄의 누군가가 오타라도 하나 지적하는 날에는 처음부터 모조리 다시 만들어야 했다. 하지만 링컨 커스타인은 그런 일에 굴하지 않았다. 7개월간의 빈둥거림 끝에 전방에 오고 나니 무엇을 해도 흥미가 있었고 활동한다는 것 자체가 좋기만 했다.

커스타인은 프랑스 메스에서 기념물 전담반 임무에 관한 교육을 받았다. 포시와 커스타인은 1월의 마지막 몇 주 동안 낭시에 있는 제3군 사령부와 메스 사이의 얼음 깔린 길을 종종 오갔다. 그 무렵 벌지 전투 와중에 독일군이 미군 복장을 한 낙하산부대를 연합군 후방에 떨어트렸다는 정보가 들어왔다. 이들의 정체를 파악하는 방법은 철저하게 미국인만 아는 이야기, 가령 야구 같은 것에 대해 질문하는 것뿐이었다. 물론 독일군은 전혀 알 길이 없는 질문이었다.

얼마 뒤, 어느 마을로 가기 위해 샛길을 달리던 포시와 커스타인은 숲 속에서 총소리를 들었다. 최전선에서 어느 정도 떨어진 곳이었던 터라 그들은 연합군이 사격 훈련을 하는 모양이라고 생각했다. 그런데 다음 날 알고 보니 독일군이 이들을 겨냥해 총격을 가한 것이었다.

포시는 전혀 걱정하는 표정이 아니었다. 그것도 임무의 일부분이라는 식이었다. 커스타인은 그 정도로 자신하지는 못했다. 그에게 유일하게 위안을 준 말은 "제리(독일군을 가리키는 미군의 속어)놈들은 총을 제대로 못 쏜다"는 것이었다.

그래도 주의할 필요가 있었으므로 1월에는 큰길로만 다녔다. 벌지 전투가 막바지에 이르자 로버트 포시는 메스에 있던 보물들이 어디로 옮겨졌는지 알아보려 했다. 그러기 위해서는 도시 안팎의 북적이는 연합군 포로수용소에서 여러 공무원 및 미술 관련 하급 관리를 찾아내 면담을 해야 했다. 나치의 진짜 악당들은 이미 동쪽의 모국으로 돌아간 뒤였다. 말단 공무원들은 아는 게 거의 없었고 그들을 면담하는 것은 지루하기 짝이 없었다.

링컨 커스타인은 이것이 MFAA가 담당해야 하는 고역임을 깨달았다. 적절한 관련자를 찾아낼 때까지 마지못해 응하는 관리들을 계속 찾아내 면담하는 것 말이다. 이것은 탁구를 치는 것과 유사한 데가 있었다. 일단 포시가 이름을 하나 알아내 사람을 찾아내면 약간의 정보와 또 다른 이름 몇 개가 나온다. 그들을 찾아내 몇 가지 질문을 던지면 그제야 상황을 대충이나마 짐작할 수 있는 식이다. 답변이 한 정보원에게서 곧장 나오는 경우는 드물었다. 도움이 안 되는 면담만 이어지는 경우가 더 많았고 완전한 형태의 그림은 아주 느리게 나타났다.

중요한 정보원, 가령 기록물 전문가로 포로 면담 과정에서 거듭해서 언급된 에드바르트 에빙 박사 같은 인물을 찾아내면 포시는 곧바로 제12집단군 소속인 조지 스타우트를 불렀다. 커스타인은 1941년 메트로폴리탄의 모임에서 보존 임무에 대한 관심을 주창한 주인공이 던 스타우트가 다른 모든 전담반원이 의지하는 권위자라는 것을 알게 되었다. 무언가 해결해야 할 일이 있으면 스타우트는 그 방법을 알고 있었다.

1월 15일, 스타우트는 이들을 찾아왔다. 이틀 뒤에 그는 에빙 박사에게 질문을 던졌고 커스타인은 그 내용을 받아 적었다. 처음에는 별로 기록할 것이 없어 보였다. 에빙 박사는 조용히 앉아 재빨리 대답했다. 독일군은 오래전부터 연합군이, 특히 그런 미술품을 감상할 능력조차 없는 미군이 유럽의 미술품을 압수해서 고가에 매각하려는 계획을 세우고 있다고 주장해왔다. 따라서 MFAA는 통찰력 있는 초기 결정 중 하나로서 미술상을 기념물 임무에서 완전히 배제하고 대신 공공기관 및 학계의 문화 관료들을 집중적으로 배치했다. 비슷한 처지의 공무원이라면 유럽의 미술 관료들로부터, 심지어 나치로부터도 쉽게 신뢰를 얻어낼 수 있으리라 계산한 것이었다. 그런 의미에서 조지 스타우트보다 더 신뢰할 만한 인물은 없었다. 그에게서는 지식, 직업의식, 문화유물에 대한 순수한 사랑과 존중이 물씬 풍겨 나왔기 때문이다.

결국 에빙도 털어놓기 시작했다. 나치가 보기에 메스는 본래 독일의 영토였다. 독일은 제1차 세계대전 말에 영토를 프랑스에게 빼앗겼다. 물론 이곳의 역사는 그보다 훨씬 더 복잡했지만 나치는 그걸 최대한 단순화했다. 그는 히틀러의 말을 인용했다.

"가장 단순한 개념을 천 번쯤 반복하면 대중이 그걸 기억하도록 만들 수 있다."[6]

20여 분 만에 에빙은 이들 앞에 놓인 도전이 어느 정도인지 커스타인에게 충분히 알려준 셈이었다. 독일군 치하에서는 연합군이 독일에 진입할 수도 있다는 생각을 입에 올리기만 해도 최대 사형에 처해지거나 자칫하면 동부 전선으로 끌려갈 수도 있었다. 그럴 가능성에 대비하는 것조차 일종의 반역으로 간주되었다. 따라서 메스의 미술 전문가들은 분류 목록을 작성하기는 했지만, 차마 유물을 옮길 준비는 하지 못하고 있었다. 그러다가 연합군의 진격이 부정할 수 없는 사실로 굳어진 다음에야 유물을 옮길 수 있었다. 물론 에빙은 이를 물품의 안전을 위한 '일시적인 압류'라고 불렀으며 독일이 이번 전쟁에서 이기면 다시 돌려줄 거라고 주장했다.

나중에 스타우트는 커스타인에게 이렇게 들려주었다.

"그런 식의 부정은 아주 전형적이라네. '우리'가 아니라 '그들'이 한 짓이라고 지칭하지 않나. 범죄를 저지른 것은 내가 아니라 다른 누구라는 뜻이지. 어쨌든 그건 별로 중요하지 않아. 우리의 임무는 판결이 아니라 미술품을 구출하는 것이니까."

메스의 보물들은 여러 장소에 있었다. 호텔 한 곳, 대성당 지하실 한 곳, 광산 한 곳. 에빙은 스타우트에게 건네받은 지도에서 여러 읍의 위치를 가리켜 보였다. 커스타인이 보아 하니 스타우트는 이 가운데 유독 한 장소에 관심을 보이는 것 같았다. 바로 지겐이었다. 〈겐트 제단화〉는 어떻게 되었을까? 에빙은 그 작품의 약탈에 대해 이미 알고 있었으며 아직까지 독일에 남아 있으리라고 확신했다. 어쩌면 코블렌츠 인근의 지하 벙커에 있을 수도 있었다. 아니면 괴링의 사저인 카린할에 있을지도 몰랐다. 베르히테스가덴에 있는 히틀러의 별장 베르크호프에 있을 가능성도 있었다.

"만약 거기 없다면 〈어린 양에 대한 경배〉는 이미 스위스나 스웨덴, 에스파냐로 옮겨졌을 수도 있지만 솔직히 나도 잘 모르겠습니다."

커스타인은 뒤늦게야 한 가지 사실을 깨달았다. 정확히 언제 어디서 깨닫게 된 것인지는 잘 모르지만 말이다.

'독일인이라고 해서 모두 똑같은 것은 아니군. 나치 중에도 여러 유형이 있고, 나치는 아니었지만 두려움 때문에 입을 다물고 사는 사람도 있어. 그저 살아남기 위해, 경력을 쌓기 위해, 그리고 현상 유지를 위해 나치에 가담한 사람들도 있지. 한편으로는 골수분자, 즉 광신도도 있고 말이야. 우리가 지금 찾고 있는 것을 몽땅 찾아내는 일은 그런 광신도들이 최후의 한 사람까지 죽어버린 다음에야 끝날지도 몰라.'

27

지도를 살피는 조지 스타우트

George Stout with His Maps

프랑스 베르뒹 | 1945년 3월 6일

기념물 전담반원 조지 스타우트는 다 찌그러진 소포들을 바라보았다. 그 위에는 '손상된 상태로 수령되었음'이라는 육군 우체국장의 도장이 찍혀 있었다. 그는 첫 번째 소포를 뒤집었다. 덜그럭거리는 소리로 미루어 아마도 운송 중에 박살이 난 것 같았다. 송장에 적힌 글씨는 아내 마지가 쓴 것이 분명했지만 그것을 제외하면 그 소포가 집에서 왔다는 사실을 드러내는 증거는 없었다. 우편 소인은 1944년 12월로 되어 있었다. 지금은 1945년 3월 6일이었다. 조지 스타우트는 크리스마스 선물을 뒤늦게 받게 된 모양이라고 짐작했다. 그제야 그는 지난 세 달 동안의 커다란 변화를 돌아볼 여유를 갖게 되었다.

일단 벌지 전투, 서부 연합군의 진군, 엄청나게 추운 겨울, 그리고 미국 제12집단군(미국 육군의 대부대를 아우르는 지휘단)으로의 전출이 있었다. 그로 인해 그는 전투지역을 떠나 프랑스로 가야 했지만 덕분에 따뜻한 침대를 사용할 수 있었다. 물론 아주 따뜻한 것은 아니었지만 그래도 현재 육군이 독일로 향하는 길에 마주치는 참호나 개인호보다는 나았다. 지난가을에 독일군이 버리고 간 침낭을 하나 주워 오지 못한 것 때문에 겨울 내내 자신의 고지식한 양심을 탓하는 중이었다.[1]

파리에서는 아침마다 진짜 계란을 먹고 저녁에는 독일군에게서 포획한 와인을 조금씩 마실 수도 있었다. 또한 책상 하나, 작은 사무실, 그리고 130만 명에 달하는 4개 군대에 대해 재량권을 갖게 되었다. 그 병력 가운데 최전방에서 활동하는 MFAA 대원은 겨우 9명뿐이었다.

파리로의 전출은 일종의 진급이었지만 스타우트에게는 그 중간관리직이 최악의 악몽 같았다. 서류 업무, 회의, 그리고 SHAEF와 최전방 요원들에게 메시지를 보내는 일이 여간 고역이 아니었기 때문이다. 그의 일지에 적힌 전형적인 항목은 이런 식이었다.

"MFAA 행정부에서는 다음을 게시했다. 평가, 선발, 자격, 봉급, 임기, 권한 책임. 박물관 행정의 집중화 문제. 야전에서 MFAA 문서를 모두 마이크로필름에 담는 절차. MFAA와 다른 민간요원에게 필요한 정보. 독일 소재 보관소 정보."[2]

그러다가 독일과의 국경 인근이자 전투지역과 가까운 프랑스의 베르됭에 자리 잡은 전방 사령부로 돌아가게 된 스타우트는 기분이 한결 좋아졌다. MFAA 장교 중에서도 선임이었던 그는 이제 자기 앞에 놓인 영역에만 머물러 있을 필요가 없었다. 비록 통행증이 필요하고 그것을 한번 얻으려면 며칠이 걸렸지만 그래도 제12집단군 담당 지역 안에서는 어디든 여행할 수 있었다. 덕분에 동료 요원들은 무언가 중요한 발견이 있을 때마다 그를 불렀다.

최근에 그는 워커 행콕과 함께 벨기에의 앙블레브 계곡에 다녀왔는데, 이는 벌지 전투 당시에 그곳의 여러 마을이 입은 손상을 조사하기 위해서였다. 미국 제3군이 있는 메스에서는 포로 면담에 참여했다. 독일 아헨에서는 1944년 10월에 미국 제1군의 공격으로 인한 손상 상태를 살펴보았다. 이 무렵에야 야전 요원들은 자신들이 더 큰 조직의 일부라는 사실을, 나아가 유럽의 문화유산을 위해 싸우는 과정에서 결코 외롭지 않다는 사실을 처음으로 깨닫게 되었다. 원치 않던 제12집단군으로의 진급을 통해 스타우트는 갑자기 필요 불가결한 인물이 되었고 유럽 북부에서 기념물 임무가 구축될 수 있는 기반 노릇을 하게 되었던 것이다.

어쩌면 당연히 예정되어 있던 것인지도 모른다. 1941년 12월에 뉴욕 시에서 있었던 최초의 회의 이래, 영국의 슈리브넘을 거치고 노르망디의 산울타리를 지나 독일 국경까지 진격하는 내내 조지 스타우트는 꼭 필요한 인물이었다. 그때와 지금의 차이는 뭔가 공식적인 직위를 갖췄다는 점뿐이었다.

1945년 3월 6일, 가장 힘든 임무가 눈앞에 나타났다. 스타우트는 일단 집에서 보낸 소포를 옆으로 밀어두고 지도를 펼쳤다. 당시 미국 제2군은 네덜란드로 진격하기 위해 독일의 북쪽 가장자리에 있었다. 그쪽 상황은 영국 학자 로널드 밸푸어가 잘 통제하고 있었지만 그는 아직 자신의 주요 목표물, 즉 미켈란젤로의 작품 〈성모자〉의 위치를 파악하지 못하고 있었다.

연합군의 진군 방향에서 남쪽으로는 미국 제7군이 있었는데 그곳에는 아직 기념물 전담반원이 배치되어 있지 않았다. 스타우트가 얻을 수 있는 유일한 위로라고는 제7군이 기념물 자체가 거의 없다시피 한 독일 남서부의 중공업지대로 향하고 있다는 것뿐이었다. 하지만 그 부대에도 기념물 전담반원이 한 명쯤 필요하게 될 것이므로 그는 저 후방의 SHAEF에 있는 장교들이 누군가 유능한 인물을 염두에 두고 있었으면 싶었다.

남북으로 하나씩 놓인 2개 군대 사이에 스타우트가 담당한 4개 군대, 즉 제1군, 제3군, 제9군, 제15군이 있었다. 제15군의 보존 임무는 원래 제1군 소속이었다가 그쪽으로 전출된 기념물 전담반원 에버릿 '빌' 레슬리가 담당하고 있었다.

남쪽의 모젤 강 계곡에는 패튼 장군의 제3군이 있었다. 1945년 1월 29일, 제3군은 마침내 메스 외곽에서 지크프리트 방어선을 뚫었고 그 때부터 독일의 심장부로 진격했다. 지난 몇 주간의 경험을 통해 스타우트는 포시와 커스타인이 이 임무 수행에 있어서 '환상의 팀'이라는 것을 확신하게 되었다.

제9군은 아헨이라는 독일의 중요한 도시를 담당하고 있었다. 이곳의 기념물 전담반원은 월터 헉트하우젠으로 그는 원래 미네소타 대학의 건축학 교수였다. 허치가 최전방에 도착한 직후에야 그를 처음 만나게 된 스타우트는 그가 어떻게 해서 MFAA에 참여하게 되었는지 전혀 모르고 있었다. 그가 아는 것이라고는 허치가 1944년에 런던에서 루프트바페의 폭격에 부상을 당했다는 사실 뿐이었다. 이런 이유로 허치는 디데이 직전에 슈리브넘에서 다른 동료들과 함께 시간을 보내지 못했다. 어쨌든 스타우트가 알아낸 정보에 따르면 허치는 기념물 전담반을 선발할 때 처음부터 물망에 올랐던 인물이었다.

허치는 박식했고 세상 경험도 풍부했으며 전문가다운데다 활동적이었다. 건축과 디자인을 모두 공부한 그는 유럽 문화에도 익숙했다. 나이는 마흔 살로 전형적인 기념물 전담반 장교와 비슷했지만 연갈색 금발에다 유난히 동안이라 젊은이처럼 보였다. 스타우트는 그의 온화한 태도와 소년다운 매력보다 그의 헌신에 주목했다. 이미 그는 아헨 시민을 대상으로 '바우암트'(건축 관장 부서)를 조직해 긴급 복구를 관장하도록 했으며, 1944년 가을에 워커 행콕이 독일군 미술품 보관소의 분류 목록을 입수한 장소이기도 했던 주에르몬트 박물관을 제9군 담당 지역에서 발견되는 미술품의 수집 거점으로 삼았다.

이제는 문화유물이 단순히 야전에서만 들어오는 것이 아니라 독일 민간인이 나치 정부로부터 보호하기 위해 이용한 은닉처로부터도 쏟아져 들어왔다. 스타우트가 최근에 그곳을 방문해보니 주에르몬트 박물관에 소장된 제단화만 해도 라인란트 전체에 있는 것으로 추정되는 숫자보다 많을 것 같았다. 기념물 전담반은 이러한 미술품을 조사 및 수리한 다음 적법한 소유주에게 돌려보냈다.

그 무렵 스타우트가 가장 걱정한 것은 제1군이었다. 지난 12월 그는 행콕을 이곳의 선임 기념물 전담반원으로 앉혔다. 제1군은 독일 서부의 여러 숲을 헤치고 라인란트로 진격했는데, 라인 강을 따라 수많은 인구가 밀집한 그 지역에는 독일의 주요 문화 지역이 상당수 모여 있었다. 스타우트는 커다란 지도를 접어놓고 이번에는 라인란트 지도를 펼쳤다. 그는 현황을 표시하기 위해 지도 위에 덮어씌우는 반투명지인 오버레이를 며칠에 한 번씩 업데이트했다. 그래서 지금 지도는 독일군 미술 관료나 미술품 보관소가 있는 것으로 알려진 지역을 나타내는 온갖 원과 삼각형으로 범벅이 되어 있었다. 이 모두가 아직은 최전선의 독일군 지역에 있었지만 그중 상당수는 겨우 강 건너편에, 정말이지 감질날 정도로 가까이에 있었다.

그가 보기에 독일군은 메스와 아헨이 함락되기 직전에 그랬던 것처럼 연합군의 진격에 맞춰 미술품을 더 동쪽으로 옮길 것 같았다. 그렇게 많은 물건을 포장하고 수송하려면 트럭과 휘발유, 병력이 필요한데 지금 독일은 그 무엇도 감당하기 힘든 지경이었다. 그는 기념물들이 강 건너편에 무사히 있기를 바라고 또 바랄 뿐이었다.

그는 주요 도시 중 하나인 쾰른을 손가락으로 짚은 다음 거기서 라인 강을 따라 남쪽에 위치한 본까지 죽 내려가보았다. 이곳은 파리 주재 쿤스트슈츠의 전직 담당자이자 현재는 라인 주 담당 '콘제르바토르'(보존 전문가)인 프란츠 폰 볼프 메테르니히 백작의 마지막 거처로 알려진 곳이었다. 볼프 메테르니히는 현재 독일에 있는 수배 대상 미술 관리 중에서도 가장 많은 정보를 보유하고 있을 터였다. 만약 파리에서 온 보고서가 믿을 만하다면 그는 연합군 관리에게 협조할 가능성이 가장 큰 인물이기도 했다.

늘 다음 단계를 미리 생각하는 스타우트의 손가락은 본에서 멈추지 않았다. 다음 단계, 그다음 단계도 마찬가지였다. 거기서 라인 강을 건너 지도상으로 몇 센티미터쯤 동쪽으로 가면 지겐이 나왔다. 그는 지명을 톡톡 두드렸다. 아헨, 메스, 그리고 나치의 다른 정보 출처로부터 숱하게 들어온 이름이었다. 그는 그곳에 상당한 규모의 미술품 보관소가 있을 거라고 확신했다. 반드시 그래야만 했다. 브르타뉴에서 독일에 이르는 모든 해방 지역마다 미술품은 이미 사라진 뒤였기 때문이다. 그것도 그냥 미술품이 아니라 불멸의 거장들, 즉 미켈란젤로, 라파엘로, 렘브란트, 베르메르의 작품이었다. 그것은 분명 어디엔가 존재할 것이었다.

종교 관련 성물, 제단화, 토라 두루마리, 교회 종, 스테인드글라스, 보석, 기록물, 태피스트리, 역사적 유물, 그리고 책도 있었다. 심지어 암스테르담에서는 거리에서 운행하던 시내 전차를 훔쳐갔다는 소문도 떠돌았다.

나치가 훔쳐간 물품의 종류보다 더 많은 것이 바로 물품의 양이었다. 어쨌든 5년이란 세월은 절도를 저지르기에 넉넉한 시간이었고 미술 전문가, 경비원, 포장업자, 공학자 등 약탈 작전에 관여한 사람만 해도 수천 명에 달했다. 작전에는 수천 량의 기차와 수만 리터의 연료가 동원되었다. 그 정도면 100만 점이라도 가져갈 수 있었을 것이다. 언뜻 불가능해 보이지만 나치라면 충분히 그러고도 남으리라. 그들은 끝없이 탐욕스러웠고 효율성, 경제성, 그리고 잔혹성의 대표적인 존재였기 때문이다.

문제는 나치가 예술품을 광적으로 모아들이긴 했어도 신중한 보존 전문가는 아니었다는 데 있다. 적어도 지금까지 드러난 사례를 보면 그러했다. 서유럽의 웬만한 정부 소유 미술품 보관소는 깨끗하고 조명이 밝았으며 지도상에 분명히 드러난 위치에 여러 해 전 혹은 수백 년 전부터 미리 마련한 장소였다. 가령 영국 웨일스의 매노드에 있는 미술품 보관시설을 개축하는 데 꼬박 한 해가 걸렸다. 스타우트가 메스에서 만난 나치의 미술 관리자들은 독일이 1944년에 이르러서야 보관소를 준비하기 시작했다고 말했다.

독일군에게 약탈당했다가 연합군이 다시 찾아낸 작품들은 대부분 습기 찬 지하실에 보관되어 있었으며 일부는 노랗게 변하고 또 어떤 것은 곰팡이가 피어 있었다. 어떤 회화는 캔버스에 구멍이 뚫리거나 찢어진 부분도 있었다. 또 어떤 물품은 부적절한 상태로 나무상자에 담겨 있었으며 어떤 것은 아예 나무상자에 넣지도 않았다. 계획보다는 항상 긴급 상황이 우선이었기 때문이다. 그렇다면 그즈음에 워커 행콕이 늘 떠올렸던 그 이야기는 무엇이란 말인가?

"독일군은 자기들이 유리할 때는 놀라울 정도로 예의바르고 '올바르게' 행동했다. 하지만 떠나야 한다는 것이 분명해지자 광폭해졌다."

만약 독일군이 미술품에 손상을 입혔다면 어떻게 될까? 자신들이 저지른 범죄의 증거를 없애버렸다면? 만약 나치의 무리 가운데 어떤 악질, 혹은 일반 범죄자가 중요한 작품을 훔쳤다면 어떻게 될까? 지금과 같은 혼란한 시기에는 한 끼 식사나 안전한 통행, 아니면 생명과 미술품을 선뜻 맞바꾸기 일쑤니 말이다. 나치가 권력을 장악하고 있던 시기에는 실제로 그러했다.

만약 나치가 그 물건들을 정말로 옮기려 한다면 어떻게 될까? 연합군 조종사들이 독일군의 트럭 행렬을 발견하고 총격을 가했는데 나중에 알고 보니 그 트럭에 독일군 대신 미켈란젤로의 조각상이 실려 있었을 수도 있는 것 아닌가. 만약 그 트럭이 실수로 지뢰를 밟게 된다면 어떻게 될까? 폭격을 만나면? 더구나 이제는 새로운 걱정거리가 더해지고 말았다. 동부전선에서 소련군이 200만 명의 병력을 동원해 진군하기 시작했던 것이다. 그들이 먼저 미술품을 발견하게 될 가능성은 없다고 누가 장담할 수 있겠는가? 스타우트는 옛 동료인 공군 소령 딕슨 스페인을 떠올렸다. 그는 이미 MFAA 부대를 떠났지만 대신한 가지 지혜를 남겨주었다.

"전쟁에서 굳이 서둘러야 할 이유 같은 건 없다네."[3]

스타우트는 지난 수년간의 경험을 통해 무언가를 두 번 연이어 하는 것보다는 차라리 제대로 한 번 하는 쪽이 더 낫다는 것을 알고 있었다. 그는 지도를 치우고 서류 업무로 돌아섰다. 월간 보고서는 이틀 전에 육군에 제출했다. 해군에 제출할 월간 보고서는 이제 곧 발송할 예정이었다. 최근에 있었던 출장 보고서는 며칠 전에 완성해서 결재를 받고 보관되어 있었다. 그는 레슬리, 포시, 행콕, 허치가 보낸 2월분의 야전 보고서를 읽었고 이어 숫자를 계산해보았다. 현재 점령지역 내에 있는 MFAA의 보호 요망 기념물은 366종에 달했지만 이 가운데 조사가 이루어진 것은 겨우 253종뿐이었다.

남은 곳은 거의 400개소에 달하는 지역이었고 하나같이 라인 강 서쪽에 있었다. 제12집단군이 라인 강을 건널 경우 전방에 2,500여 제곱 킬로미터의 지역이 나타나는 셈이지만 이곳을 담당할 기념물 전담반 장교는 9명뿐이었다. 물론 일반 사병 조수도 4명 있었다. 어쩌면 SHAEF 역시 딕슨 스페인의 말에 찬동하는지도 몰랐다. 전쟁에서는 굳이 서둘러야 할 이유 같은 건 없다는 말 말이다.

적어도 그에게는 포획한 고물 폭스바겐이 있었다. 기념물 전담반은 대부분 여전히 개인 차량도 없이 활동했다. 일단 지금은 SHAEF에서 지급한 새 카메라로 만족해야 했다. 그러나 필름은 지급되지 않았다. 카메라는 프랑스제 중고품에 불과했지만 지금은 그것만 해도 감지덕지였다.

　빌어먹을 독일놈들 같으니! 왜 계속해서 싸우려고 드는 걸까? 서부 연합군이 벌지를 뚫고 나왔을 때 전쟁의 승부는 이미 결정된 셈이었다. 그것은 누구나 아는 사실이었다. 지금 '당장'은 아니더라도 '조만간' 연합군의 승리는 확실해진다. 그런데 이 얼마나 엄청난 대가란 말인가. 왜 병사들, 민간인, 죄 있는 놈들, 죄 없는 사람들, 늙은이, 젊은이는 물론 역사적 건물, 기념물, 미술품까지 모두 희생시켜야 한단 말인가!

　전장에서의 승리는 인류의 문화유산 보전에서 승리하는 것과는 차원이 다르다. 간혹 스타우트는 자신이 지금 병사들과 전혀 다른 전쟁을 수행하고 있다는 생각을 했다. 그것은 전쟁 속의 또 다른 전쟁, 즉 아래로 쏟아지는 급류 속에서 역류하는 소용돌이나 마찬가지였다. 만약 전쟁에서는 이겼지만 지난 5,000년간 이룩한 문화사를 잃어버린다면 어떻게 될까? 스타우트는 그 심정을 아내에게 털어놓았다.

　"당신이 그때 물었지. 왜 독일 사람들은 싸움을 포기하고 학살을 중단하지 않느냐고 말이야. 내가 어떤 나라를 특별히 두둔한 적이 없다는 걸 당신도 잘 알 거야. 하지만 진군하는 내내 그들에 대한 내 평가는 점점 바닥으로 추락하더군. 그들은 성숙하지 못하고 야비해. 꼭대기 놈들은 교활하고 밑바닥 놈들은 성숙하지 못하고 정말이지 어리석어. 그놈들이야 항복을 해도 얻을 게 없다고 보는 거지. 멍청한 생각으로는 말이야. 하지만 싸우기만 하면 군사적 영광이라는 환상을 여전히 움켜쥘 수 있다고 보는 거야."[4]

　어쨌든 조지 스타우트는 독일 문화를 포함한 세계의 문화를 보호하기 위해 무슨 일이든 할 작정이었다. 그는 시계를 바라보았다. 저녁식사 시간이 지나 있었고 식당은 이미 닫혀버렸다. 오늘도 또 뱃속에서 천둥 치는 소리가 들렸지만 최근 며칠 동안 겪은 괴로움은 허기가 아니라 유행성 감기 때문이었다. 그는 독일 지도를 잘 말아 보관용 통안에 넣었다. 그런 다음 책상 한가운데에 놓인 갈색 상자 쪽으로 다가갔다. 이것은 또 다른 세계에서 온 인공물로 그의 옛 생활과 연결해주는 매개체였다. 그는 흐뭇한 마음으로 상자를 바라보았다.

테이프를 뜯고 뚜껑을 열자 그 안에는 포장된 선물들과 함께 과일 케이크가 하나 들어 있었다. 그는 집 부엌의 모습과 아내가 그릇에 반죽을 하고 아들들이 그것을 지켜보는 광경을 떠올렸다. 아들 중 한 녀석은 아직도 엄마의 치맛자락에 매달려 있었지만 다른 한 녀석은 최근 해군에 입대했다. 그는 대검을 꺼내 케이크를 한 조각 썰었다. 아직도 촉촉하고 맛이 좋았다.

'과일 케이크의 유통기한에 불과한 짧은 시간에도 세상이 이토록 크게 바뀔 수 있다니, 참으로 놀랍군.'

그날 밤, 그는 유난히도 긴 하루를 맞이한 다음에 종종 그랬던 것처럼 다시 펜을 잡았다.[5]

마지에게

지금은 8시 30분이고 전화를 한 통 기다리느라 아직 일과를 마무리하지 못하고 있어. 기다리는 동안에 당신이 보낸 크리스마스 소포 2개가 오늘 오후에 도착했다는 기쁜 소식을 전해주려고. 약간 파손되긴 했지만 그래도 덕분에 무척 행복했어. 과일 케이크는 말짱했고 이제 거의 다 먹어치웠어. 딱 맞춰 왔더라고. 마침 양말도 필요했고 다른 물건도 정말 좋더군. 버사의 손수건을 보니 거의 눈물이 날 지경이더라고. 그리고 예쁜 리본과 포장지, 크리스마스 양초는 정말 끝내줬어. 여기서는 상당히 값진 물건이고 구하기 힘든 것들이지.

여기는 할 일이 많아. 지금 당장은 마치 쫓기는 듯한 느낌이지만 시간이 지나면 잘 해결되겠지. 체계적인 절차에 따라 제대로 해결될 거야. 당신이 어떤 상황에도 잘 대처하고 있고 이런저런 바보 같은 변덕에 휘둘리지 않는다는 사실을 알면 언제나 위안이 돼. 사실 내가 포그 미술관에서 늘 좌절했던 까닭이 변덕스런 상황 때문이었는데 말이야. 다음에는 어떻게 될지 궁금하군.

고마워 여보. 사랑해.

조지

28
미술품의 이동
Art on the Move

소련 적군은 폴란드를 나치의 지배에서 해방시키고 1945년 2월 8일 오데르 강을 건너 독일로 진입했다. 그로부터 며칠 전, 버스와 트럭 행렬이 베를린 북동부 쇼르프하이데 숲에 있는 헤르만 괴링 소유의 별장이자 화랑 겸 제국 궁전인 카린할을 출발해 피난길에 올랐다. 이곳에서 피난길에 오른 물품은 인근의 기차역에서 열차로 옮겨 실렸고 괴링의 전용 열차는 물론 11량의 추가 화차도 가득 채웠다. 화물은 대부분 미술품이었다.

그로부터 한 달 뒤인 1945년 3월 13일, 괴링의 미술품 컬렉션을 담당했던 발터 안드레아스 호퍼가 제국원수의 귀중한 미술품 컬렉션을 더 많이 갖고 와서 또 다른 열차에 가득 채웠다. 독일 동부의 상실보다 개인 재산의 운명에 더 관심이 많았던 괴링은 카린할을 직접 방문해 각각의 열차 편에 보낼 물건을 손수 골랐다. 파리에서 ERR 작전을 통해 입수한 미술품은 그냥 남겨놓자는 것이 그의 뜻이었다. 의외로 자신의 정직성에 자부심이 있던 괴링에게 그런 물건은 합법적으로 입수한 것보다 못해 보였을지도 모른다. 하지만 호퍼는 제국원수와 격렬한 언쟁을 벌인 끝에 결국 뜻을 이루었다. 이로 인해 죄드폼에서 카린할로 옮겨온 물품은 수백 점의 다른 물품과 마찬가지로 적군을 피해 더 남쪽에 있는 괴링의 다른 거처로 옮겨가게 되었다.

한스 멤링의 작품 6점과 로히어르 판 데르 베이던의 1점을 포함한 몇 가지 작은 회화들은 괴링과 그의 아내가 직접 가져갔다. 이것은 재난이 찾아올 경우를 위한 재정적 안전망이라는 것이 괴링의 설명이었다. 또한 괴링의 아내는 제국원수가 가장 아끼는 재산, 얀 베르메르의 〈간음한 여인과 그리스도〉를 직접 챙겼다. 이전에 소유했던 베르메르의 작품 2점을 히틀러에게 빼앗겼기 때문에(당시만 해도 이 거장의 작품은 겨우 38점밖에 되지 않는 것으로 알려졌다) 이것만큼은 절대로 자기 손아귀에서 빠져나가게 두고 싶지 않았던 것이다. 그는 이 회화 1점을 구입하기 위해 다른 귀중한 회화를 무려 150점이나 내놓아야만 했다.

제국원수 괴링은 수천 점의 귀중한 미술품을 모았다. 카린할에 있는 그의 화랑과 숙소에는 회화들이 줄지어 걸려 있었고 늘 공간이 부족해 두세 점을 위아래로 나란히 걸기도 했다. 심지어 문간과 가구 옆에도 회화가 쌓여 있었고 작품의 시대나 양식에는 별로 관심을 두지 않았다. 이는 질보다 양을 앞세우는 노골적이고 과시적인 전시로, 괴링에게 진정한 천재성을 알아보는 눈이 부족했기 때문이었다.

유럽의 미술상은 누구나 괴링이 유명한 화가의 작품을 마다하지 않는다는 것을 알았고, 그들은 이 멋모르는 나치에게 유명한 화가의 열등한 작품을 팔아넘기기 일쑤였다. 가령 그는 네덜란드의 거장 야코프 판 라위스달의 회화를 30점 갖고 있었으며 프랑스의 프랑수아 부셰의 작품도 그쯤 소유했다. 그리고 네덜란드의 화가 얀 반 호이엔의 회화는 40점 이상, 자신이 애호하는 독일의 거장 루카스 크라나흐 1세의 회화는 무려 60점이나 갖고 있었다.[1]

호퍼는 그의 컬렉션이 질적으로 더욱 향상되도록 도와주었다. 그중에서 질이 좀 낮은 작품들은 펠덴슈타인과 마우테른도르프에 있는 괴링의 별장에 갖다 놓고 최고의 것들만 골라 쿠르퓌르스트에 있는 공습 대비용 벙커에 넣어두었다. 하지만 괴링의 열차가 아무리 길어도 두 번 만에 카린할의 미술품을 모두 가져갈 수 없었다. 거기서 불과 80킬로미터 떨어진 곳까지 소련의 적군이 진격했을 무렵, 호퍼는 다음번 운송이 마지막이 될 가능성이 크다는 점을 깨달았다.

마지막 화물 운송은 4월 초에 시작되었지만 열차를 가득 채운 다음에도 카린할에는 여전히 미술품이 남아 있었다. 육중한 조각상과 장식품은 아예 땅에 묻어버렸다. 몇 점의 큰 회화와 ERR이 약탈한 수많은 가구는 넓은 방에 남아 있었다. 그리고 괴링의 첫 번째 아내이자 그의 사저 이름을 제공한 카린의 시신은 그냥 인근의 숲에 묻었다.[2]

이곳에 남은 물건들 사이에는 수백 킬로그램의 폭발물을 설치했다. 괴링의 명령에 따라 루프트바페의 전문가들이 그의 사저에 파괴 장치를 갖춰놓았던 것이다. 제국원수는 자신의 귀중한 재산을 소련의 손에 호락호락 넘겨줄 생각이 없었다. 웅장한 저택과 그 안에 있는 모든 것을 날려버리는 한이 있어도 말이다.

29

두 가지 전환점

Two Turning Points

독일 클레페 | 1945년 3월 10일
프랑스 파리 | 1945년 3월 14일

독일 클레페에서는 서부 연합군의 진군에서 북쪽을 담당한 제1캐나다군 소속의 기념물 전담반 장교 로널드 밸푸어가 폭격으로 큰 피해를 당해 무너질 위험에 있는 '왕이신 그리스도' 교회의 보물들을 담은 종이상자와 나무상자를 조사하고 있었다. 평소와 마찬가지로 보급이 빠듯했던 터라 이 도시에서 유일하게 사용 가능한 운송수단은 목제 손수레뿐이었다. 4명의 독일 민간인이 손수레 가득 실은 물건들을 일단 안전한 곳으로 옮기기 위해 클레페 기차역으로 나르고 있었다.

'트럭이 있으면 훨씬 더 쉬웠을 텐데.'

하지만 1944년 11월에 그가 겪은 트럭 사고 이후 상황이 복잡해졌다. 그사이에 그가 제1캐나다군 사령부에서 잘 알고 지내던 장교 2명이 다른 곳으로 전출되었고, 새로 온 사람들은 늘 이런저런 핑계를 대며 트럭을 내주지 않았다. 처음에는 육군 내에 여분의 차량이 없다고 했다. 나중에는 그가 예전에 트럭을 하나 잃어버렸기 때문에 새 트럭을 내줄 수 없다고 말했다. 그가 야영지 주차장에서 예전 트럭을 찾아내자 단순히 예전 트럭을 찾아낸 것만으로는 충분하지 않다는 대답이 돌아왔다. 이번에는 'BLR 증명서'가 있어야 새 트럭을 내줄 수 있다는 것이었다. 그러나 새로 온 장교들은 그에게 BLR 증명서를 발급해주지 않았다. 마침내 증명서를 얻어내긴 했지만 최근 차량 배치에서 MFAA에게 할당된 것이 없다는 이유로 여전히 트럭을 얻지 못했다.

그는 미켈란젤로의 〈성모자〉에 대해 전혀 들은 바가 없었다. 물론 벨기에의 혼란스러운 상황을 고려해보면 놀랄 일도 아니었다. 어딘가 이상하긴 했지만 정보 부족은 그저 이 특정 작품에 대한 궁금증을 더해줄 뿐이었다. 이는 어쩌면 그 작품에 어울리는 일인지도 몰랐다. 그 조각상은 오래전부터 비밀리에 안치되어 있었기 때문이다.

작품을 판매할 당시 미켈란젤로는 어느 누구도 허락 없이 보게 해서는 안 된다고 주장했다. 이것은 그 작품이 단순히 대중의 관람을 위해 안치되어서는 안 된다는 의미였다. 일부 학자는 작품의 완성도에 부끄러움을 느낀 까닭이라고 주장했지만 그보다 훨씬 더 그럴싸한 설명이 있었다. 그 조각상은 본래 교황의 의뢰를 받아 만든 것임에도 불구하고 나중에 무스크롱이라는 플랑드르의 상인 가문에 몰래 판매했기 때문이라는 것이다. 그 원인은 아직 20대 초반이던 청년 미켈란젤로가 도저히 거부할 수 없는 경제적 제안을 받은 데 있었다.[1]

1506년, 무스크롱 가문은 그 조각상을 몰래 고향인 브뤼헤로 가져왔다. 1400년대만 해도 브뤼헤는 상업의 중심지인 동시에 벨기에에서 가장 유명한 화가 3명의 고향이기도 했다. 그 3명은 바로 히틀러가 훔쳐간 〈겐트 제단화〉를 그린 반 에이크 형제와 역시 히틀러가 특별히 좋아한 작가 한스 멤링이었다. 하지만 1506년에 이르러 바다 속에 침적토가 쌓이면서 화물 선적이 어려워지자 이 도시는 항구로서의 중요성을 빠른 속도로 잃고 말았다. 그래서 미켈란젤로라는 젊은 미술가에 대해 들어본 적 없는 사람들이 대부분인 이 도시에서 〈성모자〉는 곧바로 잊히고 말았다. 미술가 전기로 유명한 조르조 바사리조차 1500년대에 저서를 집필하면서 이 조각상(미켈란젤로의 생애 동안 유일하게 이탈리아 밖으로 반출된 작품)이 흰 대리석이 아니라 청동으로 만들어졌다고 지레짐작했을 정도였다.

지금도 〈성모자〉를 보는 사람은 누구나 그 위대함을 단박에 깨닫는다. 그 작품에 나타난 성모의 아름다운 얼굴과 돌에 새긴 예복은 미켈란젤로의 동시대 걸작인 〈피에타(Pietà)〉와 유사하며 예수가 어머니의 팔에 안겨 있는 것이 아니라 어머니의 치맛자락을 붙잡고 있다는 점만 다르다.

1600년대에 이르러 미켈란젤로의 명성이 최고조에 달하자, 벨기에 사람들은 그제야 그 조각상을 국보로 여기게 되었고 그로부터 한 세기 뒤에는 프랑스가 그 유명한 작품을 약탈했다. 1794년, 나폴레옹 전쟁에서 벨기에를 정복한 프랑스가 〈성모자〉를 파리로 보내라고 요구했던 것이다. 조각상이 반환된 것은 그로부터 20여 년 뒤에 나폴레옹이 패배한 다음의 일이었다. 과연 〈성모자〉는 이번에도 그때처럼 운이 좋을 수 있을까?

로널드 밸푸어는 이 질문에 대한 대답은 라인 강 어귀의 항구도시인 네덜란드의 블리싱겐에 있을 것이라고 생각했다. 만약 바다를 통해 가져갔다면 〈성모자〉는 분명히 블리싱겐을 지나갔을 테니 말이다. 연합군이 도로와 철도를 모조리 막아놓은 상황에서 웬만한 비행기에는 싣기도 힘들 만큼 무거운 물건을 가지고 포위망을 빠져나가려면 그 방법밖에는 없었을 것이다.

밸푸어는 라인 강을 따라가는 내내 탐문조사를 했지만 별다른 성과가 없었다. 결국 쓸 만한 정보를 얻어낼 최후의 기회는 블리싱겐에 있을 거라고 생각했다. 하지만 그는 2월의 마지막에서 며칠이 더 지나고 나서야 겨우 그 도시에 도착했고 막상 그때가 되자 추적은 막다른 길에 직면하고 말았다. 네덜란드 사람들은 아무것도 몰랐다. 그 화물에 관해 알 만한 독일군 고위 장교는 이미 도망치고 없었다. 동쪽으로 옮겨간 〈성모자〉는 다시 한 번 그의 손아귀를 빠져나간 셈이었다.

하지만 블리싱겐에서 그가 느꼈던 실망감은 클레페에서 어느 정도 잦아들었다. 날씨가 아직 추웠지만 3월 초에 내린 눈 덕분에 이 역사적인 도시는 더욱 아름다워 보였다. 역사적 문서에 대해 학자 특유의 감식안이 있었던 그는 클레페의 기록물 보관소와 보물을 구출한 것을 영광스럽게 생각했다. 그는 길 건너편에서 독일인 4명이 금색 성배와 은색 예복, 그리고 은색 성물이 하나 가득 들어 있는 손수레를 끌고 가는 모습을 바라보았다. 세상 사람들은 이런 장관을 보고 감탄할지 몰라도 밸푸어라면 그런 물건을 오래된 종이의 부드러운 온기와 기꺼이 맞바꾸고도 남았다.

문득 저쪽을 바라본 밸푸어는 기차역이 겨우 반 블록 앞에 있음을 깨달았다. 그는 길 건너편에서 손수레 뒤를 따라오고 있는 크리스트 더 킹 교회의 관리인 하흐만을 향해 말했다.

"잠깐 멈추십시오. 금방 돌아오겠습니다."

텅 빈 도시에는 차량이 없었지만 그는 평소처럼 교차로의 길 양옆을 꼼꼼히 살펴보았다. 그런데 그가 모퉁이를 막 돌아가자 갑자기 폭발음이 들려왔다. 길 건너편에 서 있던 교회 관리인은 폭발의 여파로 몸이 흔들렸다. 자욱한 연기가 그를 에워쌌고 마치 화재경보기가 작동하는 것처럼 귀가 울렸다. 연기가 걷히고 나자 세상은 원래의 모습으로 돌아왔지만 거리에 서 있는 사람은 그 혼자뿐이었다. 4명의 독일인은 피신처를 찾아 도망친 다음이었다. 10여 미터 앞에는 기념물 전담반원 로널드 밸푸어가 피범벅이 된 채 길가의 난간에 기대 있었다.

1945년 3월 14일, 최근에 승진한 제임스 로라이머 중위는 자전거를 타고 로즈 발랑의 아파트로 갔다. 클레페에서 폭발 사고가 있던 날로부터 나흘 뒤, 그리고 카린할의 제2차 피난이 이루어진 날로부터 하루 뒤의 일이었다. 로즈가 사는 곳은 라틴 지구라고 알려진 파리의 오래된 지역 제5구에 있었다. 이곳은 전쟁 이전부터 관광객 사이에 인기가 높았지만, 로라이머는 문득 발랑이 사는 중산층 주거지역을 찾아가 본 관광객이 몇 명이나 될까 하는 의문을 품었다. 외롭게 격리된 이 지역은 1944년 8월 독일군의 포격으로 화재가 발생한 곳과 인접해 있었다.

그는 이제 곧 최전선으로 향할 예정이었다. 발랑과 샴페인을 마신 직후인 1944년 12월 28일, 그는 상급자들과 만나 전출 문제를 논의했다. 이미 프랑스 관계자들이 미국 쪽에 전출을 제안한 바 있었다는 사실을 알고도 그는 놀라지 않았다. 조자르가 1944년 8월 26일 루브르에서 부하 직원들을 모아놓고 로라이머가 파리에 들어와서 한 일을 설명하던 중에 좌중이 눈물을 흘렸다고 전했기 때문이다.[2]

그는 오랫동안 기다려온 전출이 조자르와 로즈 발랑의 배후 작업 덕분이라고 확신하고 있었다. 발랑으로부터 당신은 최전선에 가 있어야 한다고 말을 듣고, 이제 그녀를 충분히 잘 알았던 로라이머는 한 가지를 확신할 수 있었다. 그녀가 최대한 남의 눈에 띄지 않는 방식으로 그의 전출을 추진하고 있었다는 사실을 말이다. 정식으로 조치가 취해지기까지는 두 달이 넘게 걸렸고, 1945년 3월 1일이 되어서야 로라이머는 조만간 미국 제7군의 기념물 전담반 장교로 배치될 예정이라는 공식 통지를 받게 되었다.

그 직후 발랑은 그에게 전화를 걸어 자신의 아파트로 와 달라고 말했다. 최근 몇 달 동안 그녀는 자신이 보유한 정보를 조금씩 그에게 흘려주고 있었다. 로라이머는 모든 것을 알고 싶어 했고 발랑도 그 사실을 알고 있었다. 두 사람의 관계가 발전하면서 로라이머는 자신이 원하는 정보를 그녀가 제공해줄 거라는 사실을, 그러나 필요할 때만 그렇게 하리라는 것을 깨달았다.

드디어 로즈 발랑의 아파트에 도착하자 그녀의 태도에서 변화가 뚜렷이 감지되었다. 발랑은 그가 미국 제7군에 배치되었다는 사실을 알고 있었다. 그녀는 잔뜩 쌓인 사진에서 제일 위의 것을 보여주었다.

"이 사람이 로젠베르크예요. 나치의 영적이고 철학적인 훈련을 감독하도록 히틀러가 선발한 인물이죠. 한마디로 악질 인종차별주의자라고 보면 돼요."

발랑은 계속해서 사진을 하나하나 보여주었다. 괴링, 로제, 폰 베어, 그리고 나치와 ERR의 주요 인물들이었다. 그녀는 괴링의 다른 사진들도 보여주었다. 발터 안드레아스 호퍼, 브루노 로제, 폰 베어 대령을 대동하고 미술품을 살펴보는 그의 모습이 있었다. 괴링이 목에 비단 스카프를 두르고 한 손에는 시가를 든 채 작은 풍경화를 만져보는 사진도 있었다. 또 다른 사진에서는 로제가 자기 후원자에게 회화를 1점 건네주고 있었으며 폰 베어는 군복 차림으로 커다란 책상 뒤에 서 있었고 그의 다른 종복들은 옆에 있는 의자에 앉아 있었다. 그녀가 이름을 말해주지 않아도 로라이머는 그들이 누구인지 딱 알아볼 수 있었다. 그러다가 문득 깨달았다. 그 까닭은 발랑이 이미 여러 번에 걸쳐 그들을 구체적으로 잘 묘사해주었기 때문이라는 것을 말이다.

'그녀는 나를 훈련시키고 있었던 거야. 줄곧 나를 훈련시키고 있었어.'[3]

발랑은 잠깐 어디론가 사라지더니 더 많은 자료를 가지고 돌아왔다. 영수증, 기차 고지서 사본 등이었다. 하나같이 연합국 측에서 죄드폼을 통한 독일의 약탈 및 수송 작전을 입증하기 위해 반드시 필요한 자료였다. 그녀는 자리에서 일어나더니 또 다른 자료를 한 무더기 가져왔다. 미술품 가운데 일부의 사진이었는데 회화의 경우에는 상당수가 운송의 편의를 위해 액자에서 떼어낸 상태로 벽에 걸려 있었다. 또 다른 사진을 보니 어느 커튼 뒤에 온갖 미술품이 벽과 전시대를 가득 메우고 있었다. 발랑은 그중에서도 특히 중요한 작품 하나를 가리키며 말했다.

"베르메르의 〈천문학자〉예요. ERR이 로트실트의 집 거실에서 훔쳐 온 거죠. 괴링은 베르메르의 회화라면 환장을 했거든요."

로라이머는 그저 경악할 따름이었다. 〈천문학자〉는 완성되자마자 전 세계적인 걸작으로 공인된 보기 드문 작품 중 하나였기 때문이다.

"그럼 이것도 괴링의 개인 컬렉션에 들어갔나요?"

"아니에요. 이건 히틀러한테 갔어요. 그놈들 말로는 히틀러가 프랑스에서 약탈한 다른 어떤 작품보다 그걸 더 탐냈대요. 그래서 괴링도 1940년 11월에 이걸 히틀러한테 보낸 거죠. 로젠베르크에게서 ERR 작전의 권한을 가져오기로 작정한 다음의 일이었어요. 괴링은 이 작전이 독일의 영광을 드높이는 데 이용될 수 있다는 사실을 히틀러에게 증명하고 싶어 했죠. 최고의 작품은 총통을 위해 따로 떼어놓았다가 본국으로 실어 보낼 수 있다는 것까지도요. 물론 다른 수많은 작품은 괴링의 개인 컬렉션으로 들어갔지만 말이죠."

"그러면 나머지는요?"

"일부는 그놈들이 불태워버렸어요. 1943년 여름의 일이었지요. 현대 거장들의 작품 중에서 나치가 보기에 세상을 타락한 곳으로 묘사했다고 판단한 것들이었죠. 그래도 나중에 팔아먹을 수 있겠다 싶은 것들은 따로 빼돌렸어요. '가치 없는' 것으로 판명된 작품들은 칼로 찢어서 트럭에 싣고 죄드폼으로 가져왔고요. 그리고 그곳 마당에서 불태워버렸죠. 군용 트럭으로 한 대 분량이었는데 계산해보니 대략 500에서 600점의 작품이더군요. 대개 클레, 미로, 막스 에른스트, 피카소의 작품이었어요. 일단 액자와 캔버스 틀을 박살 내고 그림을 불속에 집어넣었지요. 작품들은 순식간에 타오르면서 재가 되고 말았어요. 안타깝게도 그 상황에서는 아무것도 구할 수가 없었어요."[4]

"마치 1938년 베를린에서 있었던 일 같았겠네요."

로라이머가 말했다. 지금보다 더 순진무구했던 그 시절에도 현대
예술품에 대한 화형식은 전 세계를 놀라게 했다. 나치에게는 못할 짓
이 없다는 것을 전 세계가 모두 알게 된 다음이었다.

"그러면 나머지 작품들은요?"

발랑은 자리에서 일어나 침실로 들어갔다. 곧이어 그녀는 또 한 무
더기의 증거물을 들고 왔다.

"나머지는 독일에 있어요."

그녀는 하일브론, 북스하임, 호헨슈방가우에 있는 나치의 미술품
보관소에 관한 정보를 그에게 건네주었다. 그 지명 역시 그녀로부터
들은 바가 있었다. 그녀가 이들 지역의 위치와 중요성을 설명해주는
사이, 로라이머는 또 한 가지를 깨닫게 되었다. 이 보관소는 모두 독
일 남부에 있었고 제7군의 진격 예상 지역에 해당되었다. 그곳은 그의
부대이자 담당 지역이었다. 갑자기 그는 이 막중한 임무의 무게를 느
낄 수 있었다. 지난 4년 동안 그 보물을 보전하는 임무는 전적으로 로
즈 발랑의 책임 아래 놓여 있었다. 오늘에 와서야 그녀는 그 부담 혹
은 특권을 그에게 나눠주고 있는 셈이었다.

그녀는 사진을 한 장 들어 그에게 건네주었다. 미술사에 대해 방대
한 지식은 없었지만 로라이머는 마치 동화 속에서 튀어나온 것처럼
우뚝 솟은 노이슈반슈타인 성의 커다란 탑을 곧바로 알아볼 수 있었
다. 발랑이 말했다.

"바로 이 성이에요. 나치는 프랑스에서 훔친 수천 점의 미술품을 이

곳에 모아놓았지요. 여기 가보세요. 그러면 EER의 모든 기록과 문서, 그리고 미술품을 찾아낼 수 있을 거예요."

그녀는 잠시 말을 멈추었다.

"나치가 자신들의 패배에 대한 앙갚음을 보물에다 하지는 말았으면 하는 마음뿐이에요."

로라이머는 가만히 사진을 바라보았다. 전 세계가 다 아는 것처럼 노이슈반슈타인은 19세기 바이에른의 왕이던 미치광이 루트비히가 만든 낭만주의적 초대형 건축물이었다. 발랑은 지금 그에게 이곳이 전 세계 최고의 보물 창고일지도 모른다고 말하고 있었다. 그런데 노이슈반슈타인은 바이에른 알프스의 바위투성이 산꼭대기에 있었고 워낙 외지기 때문에 현대식 교통수단으로는 접근이 불가능한 곳이었다. 따라서 미술품이 가득 들어 있는 수백 개의 묵직한 나무상자를 거기까지 옮기려면 어마어마한 노력이 들어갔을 것이었다. 그런 원시적인 방법으로 옮기는 물건 치고는 양이 방대했지만 발랑이 죄드폼을 거쳐 간 것으로 기록한 2만 점에 비하면 훨씬 적은 수치였다.

"그걸 어떻게 확신할 수 있죠?"

마침내 그가 물었다.

"내 말을 믿어요. 여자 특유의 직감을 넘어서는 확신이니까."[5]

30

히틀러의 네로 명령

Hitler's Nero Decree

독일 베를린 | 1945년 3월 18~19일

히틀러의 전속 건축가이자 나치의 군비 및 전시 생산 담당 장관인 알베르트 슈페어는 고통에 가까운 번뇌에 휩싸여 있었다. 그는 나치당의 초기 가담자가 아니었지만(그의 정당 가입 번호는 474481이었다) 1930년대 중반 이후로 히틀러와 가까운 사이가 되었다. 총통은 아마추어 건축가를 자처했으며 항상 동료 '예술가들'에게 특별한 호의를 품고 있었다. 10여 년간 함께 일하면서 슈페어는 한 번도 총통의 지시를 어긴 적이 없었다. 그런데 최근 히틀러는 독일의 기반시설을 모조리 파괴하려는 계획을 세웠다. 교량, 철도, 공장, 창고를 비롯해 적의 진군을 방해할 수 있는 것이라면 무엇이든 말이다. 몇 주일 동안 슈페어는 신중할 필요가 있음을 강조하며 실행을 만류하는 데 성공했다.

그런데 1945년 3월 18일, 슈페어는 히틀러의 명령을 따르지 않았다는 혐의로 4명의 장교가 처형당했다는 이야기를 듣게 되었다. 이들의 혐의는 레마겐에 있는 다리를 폭파시키지 않음으로써 서부 연합군이 라인 강을 건너 진격하게 했다는 것이었다. 레마겐에서의 실패가 자칫 히틀러의 '초토화' 전략 실시를 위한 구실이 될까 걱정한 슈페어는 서둘러 22쪽짜리 메모를 작성했다. 히틀러가 계획한 파괴가 가져올 파멸적인 결과를 설명하는 내용이었다.

"작은 규모의 운하와 계곡에 위치한 수많은 철교 혹은 고가교를 폭파할 경우,[1] 또한 독일에서 계획대로 교량들을 파괴할 경우, 식량 공급이 차단돼 이 도시의 산업 활동과 주민 생활이 향후 수년간 불가능해질 것입니다. 그런 파괴는 베를린의 죽음을 의미합니다."

하루 뒤인 3월 19일, 그는 총통의 답변을 받았다. 그 답변은 모든 군 장교들에게 보내는 명령의 형태로 되어 있었다.[2]

총통

총통 사령부, 1945년 3월 19일

우리 민족의 존재 자체를 위한 투쟁 때문에 적의 전투 채비를 약화시키고 적
의 진군을 저지할 수 있는 모든 수단을 취하지 않을 수 없게 되었다. 적의 타
격 능력에 가장 오래 지속가능한 손상을 꾀할 수 있는 직간접적인 모든 기회
를 최대한 이용해야 한다. 우리가 승리를 거두고 나서 아직 파괴되지 않았거
나 일시적으로 사용 불능 상태인 그곳의 교통, 통신, 생산, 공급 시설을 다시
사용할 수 있으리라고 믿는 것은 실수다. 적이 후퇴할 경우에는 우리에게 초
토화된 지역만 남겨줄 것이며 우리 국민의 복지에 관해서는 아무런 고려도
하지 않을 것이다.

따라서 나는 다음과 같이 명령하는 바이다.

1. 모든 군사·운송·통신·산업·식량 공급 시설은 물론 제국 내에서 지
   금 당장, 또는 가까운 미래에 전쟁의 지속적인 수행을 위해 적이 사용할
   가능성이 있는 모든 자원을 파괴하라.

2. 이 임무의 책임은 다음 사람들에게 있다. 운송 및 통신 시설을 포함한
   모든 군사목표를 담당한 군사 지휘관들, 지방장관, 그리고 모든 산업
   및 공급 시설과 기타 자원의 방위위원장. 필요할 경우, 우리 임무를 수
   행하기 위해 군 병력이 지방장관과 방위위원장을 지원할 것이다.

3. 이 명령은 곧바로 모든 부대 지휘관에게 통보하도록 하라. 이와 반대되
   는 지시는 무효로 간주한다.

아돌프 히틀러

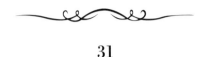

31

제1군, 라인 강을 건너다

First Army Across the Rhine

독일 쾰른과 본 | 1945년 3월 10~20일

미국 제1군 소속 기념물 전담반 워커 행콕은 지프를 몰고 독일 본의 교외를 뚫고 나아갔다. 지난 며칠 동안 그는 새로운 상관이 된 조지 스타우트와 함께 출장을 다녔는데, 그와 함께 다니면서 그의 전문 지식을 나눠 받는 것은 말할 수 없이 즐거운 일이었다. 아헨에서 행콕은 도시 안을 걸어 다녔다. 어느 블록에는 문을 연 식당이 있었고 몇 사람이 보도에 나와 있었으며 한 여성은 식료품을 담은 가방을 들고 있었다. 그러나 다음 모퉁이를 돌자 아헨은 마치 죽은 도시처럼 잘려나간 철조망과 녹슨 금속, 개똥으로 더럽혀진 잡석 더미가 뒤섞여 커다란 묘지 같았다. 그는 거리를 바라보면서 어느 누구도 돌아오지 않는 그곳의 모습을 상상해보았다. 어쩌면 사람들이 모두 죽었을지도 모른다. 그 순간, 그는 쾰른도 이곳 못지않게 나빴다는 사실을 기억해냈다.

연합군은 독일에 맹타를 퍼부어 굴복시키겠다고 했다. 이전에도 그런 말을 여러 번 들었지만 행콕은 쾰른에 들어가고 나서야 비로소 '대규모 공중 폭격'이 무슨 의미인지 깨달았다. 연합군의 연이은 폭격(정확히 262회지만 당시 행콕은 알 길이 없었다)을 당한 그 도시의 시내 중심부에서 수많은 사상자가 발생했다. 건물은 부서진 정도가 아니라 아예 사라져버렸으며 땅으로 무너져내린 뒤에도 계속해서 폭탄을 맞고 또 맞아 가루가 되어버렸다. 그는 세이마에게 이렇게 썼다.

"인간이 상상할 수 있는 수준 이상의 참상."[1]

조지 스타우트는 이 지역의 기념물 가운데 75퍼센트가 파괴되었다고 추산했는데 그나마 도시 외곽에 있는 것들은 무사한 편이었다. 도시 중심부에는 조사할 만한 것이 하나도 남아 있지 않았다. 유일하게 멀쩡한 모습으로 서 있던 것은 대성당으로, 그것은 불모지의 한가운데에 손상되지 않은 채로 남아 있었다. 그 인상적인 광경은 연합군의 동정심을 드러내는 사례일 수도 있었지만 행콕은 그런 생각이 들지 않았다. 독일군을 굴복시키기 위해 연합군이 행한 잔인무도한 파괴는 생각하기조차 고통스러웠다.

'다른 건물도 충분히 남겨놓을 수 있었다. 하지만 그들이 선택한 건물은 이것 하나뿐이었다.'

손상되지 않은 상태로 서 있는 대성당은 이런 의미를 전하는 듯했다. 행콕은 세이마에게 자신의 심정을 털어놓았다.

"이 모든 것을 보면서 나는 우리 세계, 우리 임무에 관한 생각 속으로 더 오랫동안 도피하게 되더군. 어떤 면에서는 지금 내 눈으로 보는 것보다 그쪽이 더 실제적이라는 생각이 들어."**2**

연합군은 화가 나 있었다. 그들은 독일에 대해, 그리고 그 안의 모든 것에 대해 화가 나 있었다. 이 분노는 노르망디 이후로 줄곧 쌓여 있었고 어쩌면 끔찍한 겨울 동안 더욱 가속화됐을지도 모른다. 전쟁 이전에 쾰른의 인구는 거의 80만 명에 달했다. 행콕은 현재 이 도시에 남아 있는 사람은 4만 명 미만일 것이라고 추산했다. 그들은 상처 받고 괴로워했으며 말로 표현하기 힘들 만큼 고통을 겪고 있었다. 스타우트는 쾰른 시민에 관해 이렇게 썼다.

"나는 (그들의) 괴로움과 증오를 느낄 수 있었어. 당신이 세찬 북풍에 대해 품는 생각처럼 말이지. 나는 호기심에 그들의 얼굴에서 감정이라는 것을 찾아보려 했어. 하지만 늘 똑같더군. 일종의 증오, 그리고 무언지 모를 절망뿐이었어. 아니면 공허함."**3**

공허와 낙담으로 가득한 표정들을 바라보며 행콕은 문득 세이마를 떠올렸다. 자리를 잡고 집을 지어 안락한 가정을 꾸리자는 두 사람의 계획을 생각해보았다. 그는 궁금했다. 내가 쾰른에서 어느 가족과 함께 식사를 했다면 과연 라 글레즈에서 젊은 여성의 가족과 함께 식사했던 것과 비슷한 기분이 들었을까? 내 감정은 라 글레즈의 벨기에인들은 희생자이지 공격자가 아니라는 사실과 결부되어 있는 것일까?

또 다른 생각도 떠올랐다. 동맹국의 문화재는 물론 적국의 문화재를 구하기 위해 목숨까지 걸었다가, 전쟁에서 이기자마자 문화재를 돌려주는 것은 전무후무한 일이 아닌가. 지금 행콕과 다른 기념물 전담반이 하는 일이 딱 그것이었다.

아헨의 보물들은 저 어딘가에 숨겨져 있을 것이다. 그걸 찾아내는 것이 그의 임무였다. 아니, 그것은 단순히 임무가 아니라 열정이었다. 파괴된 곳을 보면 볼수록 행콕의 열정은 더욱더 끓어올랐다.

쾰른에서는 아무런 단서도 잡을 수 없었다. 이동 가능한 미술품은 이미 사라졌고 최악의 파괴를 당하기 전에 옮겨졌다. 그와 스타우트는 이전의 면담을 통해 이 지역 관리 몇 사람의 이름을 얻어냈지만 아무도 직접 만나지는 못했다.

스타우트는 인근의 더 작은 마을을 조사하러 나섰다. 행콕은 본으로, 그러니까 파리 쿤스트슈츠의 지휘관 볼프 메테르니히 백작의 사무실로 알려진 마지막 장소를 찾아갔다. 만약 그가 사망했더라도 서류는 분명 남아 있을 것이었다. 나치는 서류 하나만큼은 충실하게 챙겼으니 말이다. 행콕은 몇 달에 걸친 수수께끼 놀음이 드디어 막바지에 도달했다고 생각했다.

본의 외곽에는 햇빛이 찬란했다. 건물은 손상 없이 남아 있었지만 다른 수많은 도시와 마찬가지로 중심부로 들어갈수록 더 많은 손상을 볼 수 있었다. 거의 다 파괴된 도시 중심부의 폐허 속에서 벗나무에 꽃이 만발해 있었다. 그는 18세기에 지어진 어느 건물 앞에 멈춰 섰다. 아치 모양의 돌 문간은 거리에서 얼마간 떨어져 있었고 나선형의 금속제 격자 세공이 쐐기돌로 끼워져 있었다. 문은 누구라도 들어갈 수 있게 열려 있었다. 그는 어두컴컴한 현관으로 들어가 작은 나무 계단을 올라갔다. 잠시 후 그는 위층의 작은 방에 경외감을 느끼며 서 있었다. 그곳은 바로 루트비히 판 베토벤이 태어난 방이었다. 이 도시의 교외에는 낡아빠진 수레에 살림살이를 싣고 피난하는 농민과 불타는 석탄 광산, 연기로 검게 그을린 세계가 있었다. 하지만 이 성역, 이 예술적 성유물함은 건재했다. 그는 폐허 속에서 꽃을 피운 벚나무를 떠올렸다. 독일에도 희망과 아름다움, 그리고 행복과 미술의 작은 조각은 여전히 살아남았던 것이다.

콘제르바토르의 사무실이 있던 지역은 다행히 연합군 조종사들의 폭격을 피했고, 그 블록에서 유일하게 한 건물만 완전히 쓸려 나갔다. 그곳은 바로 바흐슈트라세 9번지, 즉 콘제르바토르인 볼프 메테르니히 백작의 사무실이었다. 어쩌면 당연한 일이다. 나치라면 약탈물을 고스란히 적의 손에 넘겨주느니 차라리 폭파시키지 않겠는가. 행콕은 당황과 짜증 속에서 어찌할 바를 모르고 지프에 앉아 있었다. 곧이어 그는 철모를 단단히 쓰고 끈을 조인 다음 인근의 집들을 방문하기 시작했다.

"아니, 아닙니다. 우리는 아무것도 모릅니다."

아무도 입을 열려고 하지 않았다. 말할 것이 전혀 없다는 식이었다. 마침내 그는 입을 연 한 남자를 찾아냈지만 그는 그 건물에 관해 아는 게 별로 없었다. 아는 것이라곤 거기에 무슨 사무실이 있었는데 폭탄을 투하해 파괴했다는 것뿐이었다. 행콕은 서류철과 목록이 어떻게 되었는지 물었다. 그 남자는 어깨를 으쓱하며 어디론가 옮기지 않았겠느냐고 추정했다.

"그 사람들은 벌써 몇 주일 전에 베스트팔렌으로 갔어요. 전부 다 갖고요."

행콕은 얼굴을 찡그렸다. 베스트팔렌은 적의 전선 후방에 있었다. 연합군이 거기에 도착할 무렵이면 아마도 볼프 메테르니히와 그의 서류철은 또다시 어딘가로 가버린 다음일 것이다.

"그곳에서 일했던 사람을 하나 알아요. 건축가인데 콘제르바토르의 조수로 일했어요. 바트 고데스베르크에 있지요. 이름은 바이레스고요."

"고맙습니다."

행콕은 안도의 한숨을 내쉬며 말했다. 다행히 막다른 길까지는 아니었다. 적어도 지금은 말이다. 그가 몸을 돌리자 상대방이 그를 멈춰 세우고 말했다.

"혹시 주소가 필요하지 않으세요?"

워커 행콕은 본에서 조지 스타우트의 전화를 받았다. 스타우트는 방금 한 가지 충격적인 소식을 전해들은 참이었다. 기념물 전담반원 로널드 밸푸어가 독일의 클레페에서 임무 수행 도중 유탄에 척추 관통상을 당해 사망했다는 것이었다. 행콕은 비록 밸푸어를 잘 알지 못했지만 기념물 임무를 담당한 동료의 사망 소식에 커다란 충격을 받았다. 슈리브넘 시절에 보았던 그의 뒤틀린 미소를 기억하고 있었고 학자풍의 분위기, 작은 체구에서 발산되는 놀라운 힘을 똑똑히 보았던 까닭이다.

밸푸어의 사망 소식은 이 임무가 얼마나 외로운 일인지 더욱더 느끼게 해주었다. 이들은 100만 명이나 되는 군대 한가운데에서 친구도, 동료도 없이 고립된 상태였다. 로널드 밸푸어가 이미 열흘 전에 사망했다는 사실이 이를 보여주었다. 최전선에서 일하는 기념물 전담 반원들은 이제야 그 비보를 듣게 된 것이다.

행콕만 해도 함께 다니는 조수가 없었다. 서로 다른 전장에서 활동하다 보니 만약 로버트 포시나 월터 '허치' 헉트하우젠 같은 동료가 갑자기 문앞에 나타난다 해도 과연 알아볼 수 있을까 싶은 의문이 들었다. 엄청난 압박감을 안겨주는 '전쟁'이라는 사건을 겪으면서 9개월이 마치 9년처럼 느껴졌지만 이들은 그저 보고서상의 이름으로만 존재할 뿐이었다. 하지만 늘 그렇듯 필요한 경우에는 스타우트가 그를 지원해주곤 했다.

슬픈 소식을 나누는 중에도 행콕은 스타우트에게 보고할 좋은 소식이 있어 다행이다 싶었다. 그는 독일의 바트 고데스베르크에 있는 바이에스, 즉 볼프 메테르니히 백작의 조수를 찾았던 것이다. 그 남자는 정보가 가득 담긴 보물 상자인 셈이라 행콕은 그를 어떻게 다루어야 할지 조언을 듣고 싶었다. 그러나 스타우트는 로널드 밸푸어에 대한 생각에 사로잡혀 있었기 때문인지 간단하게 대답했다.

"내가 자네한테 굳이 뭘 지시할 필요까지는 없을 걸세, 워커."

다음 날 아침, 행콕은 미술품 보관소에 관한 구체적인 정보를 제1군의 선봉부대에 전달해주었다. 그로부터 며칠 뒤, 그는 최전선의 병력에게 라인 강 동부에 있는 보관소 109개소의 위치를 알려주었다. 이로써 독일 내의 미술품 보관소 숫자는 알려진 것보다 무려 두 배로 늘어난 셈이었다.

그로부터 일주일 뒤인 1945년 3월 29일, 어느 미군 지휘관이 지겐 시장의 집 대문을 쿵쿵 두드렸다. 깜짝 놀란 시장이 문을 열자 지휘관은 거두절미하고 이렇게 물었다.

"그림 어디 있소?"

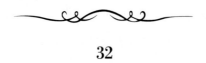

32

보물지도

Treasure Map

독일 트리어 | 1945년 3월 20~29일

1945년 3월 말, 패튼이 지휘하는 미국 제3군의 기념물 전담반 로버트 포시 대위와 링컨 커스타인 이병은 프랑스와 독일 사이의 국경을 따라 자르 계곡을 지나가고 있었다. 이들의 주위에는 농사를 짓지 않고 묵힌 농지가 녹슬고 망가진 공장처럼 방치되어 나치 점령의 후유증을 여실히 보여주고 있었다. 사람들은 고기는 찾아보기 힘들고 이제는 순무가 주식이라고 했다. 그곳 시민은 대부분 연합군의 대의에 공감했으며 담배 한 대만 얻을 수 있으면 어떤 도움이라도 기꺼이 제공하려 했다. 담배가 워낙 귀했던 터라 그곳의 많은 사람들이 독일군 영토의 더 깊은 곳에 수용된 전쟁포로들이 내버린 꽁초로 몇 년째 욕구를 달래오던 차였다.

제3군은 전쟁으로 인해 졸지에 가난해진 그 지역을 창고 겸 보급 지역으로 사용했다. 하지만 커스타인은 그곳의 아름다움을 한눈에 알아보았다. 눈이 녹으면서 초록으로 물들기 시작한 들쭉날쭉한 언덕, 나른한 모습의 강 유역, 그림 동화를 연상시키는 어두운 숲은 한 폭의 그림이나 다름없었다. 오래된 작은 농장들을 비롯해 고대에 지어진 문과 탑을 보니 알브레히트 뒤러의 판화에 배경으로 등장하는 환상적인 나라가 떠올랐다. 로버트 포시는 모젤 강을 건너 독일에 첫 발을 내딛은 직후 아내 앨리스에게 편지를 썼다.[1]

"이제 우리를 향한 독일인의 태도를 관찰할 기회를 얻게 되었어. 진군이 워낙 빨라서 크게 손상되지 않은 마을도 상당수야. 사람들은 길가에 나와 수송대가 지나가는 것을 구경하더군. 물론 환호성은 없었지만 그건 이 사람들이 프랑스인보다 덜 감정적이라 그럴 거라는 생각이 들더라고. 이들의 얼굴에는 생생한 호기심이 떠올라 있었지. (……) 많은 사람들이 몰려나와 우리 공병들이 새로 나무다리를 만들어주는 걸 구경했어. 자기네 무기가 파괴되는 것을 조금이라도 늦추려는 생각인지 독일군이 며칠 전에 다리를 날려버렸다더군. 프랑스에서는 삼색기가 펄럭이고 있었는데 여기서는 집집마다 무조건 항복을 뜻하는 흰 깃발이 펄럭이고 있어. (……) 어느 할머니는 앞치마 자락으로 눈물을 훔쳤는데, 허리가 굽고 머리가 센 그 양반은 어쩌면 히틀러에게 목숨을 바친 아들을 생각했을지도 모르지. (……) 불도저로 걸림돌이던 굵은 나무기둥을 옆으로 밀어냈더니 사람들은 우리 일이 끝날 때까지 지켜보고 있다가 그걸 자르고 쪼개 장작으로 쓰려고 가져가더군. (……) 그나저나 저놈들은 왜 싸우고 있는 건지……."

1945년 3월 20일, 기념물 전담반은 제3군의 기지가 있는 트리어에 도착했다. 이곳은 유럽 북부에서도 상당히 역사적인 도시 가운데 하나였다. 중앙의 시장 광장에 위치한 어느 집에는 이런 명문(銘文)이 적혀 있었다.

"트리어는 로마가 수립되기 이전에도 1,300년 동안 건재했다. 부디 앞으로도 영원한 평화를 누리길."

물론 그 설립 연도는 날조에 불과했지만 트리어는 아우구스투스의 로마군단이 도착하기 이전부터 요새 도시였다. 불행히도 이곳은 이번 전쟁에서도 순탄하게 정복되지 않은 까닭에 혹독한 대접을 받았다.[2] 제3군의 진격에 관한 요약 보고서에서 포시는 트리어를 가리켜 "박살났다"[3]고 표현했다. 커스타인은 과연 이곳이 중세 이래로 이보다 더 끔찍한 상황에 놓였던 때가 또 있었을지 의구심을 품었다. 그는 이렇게 썼다.

"엄청나게 황폐했다. (……) 도로는 일방통행만 가능했다. 길가의 모든 것이 무너져 내렸기 때문이다. 도시는 사실상 텅 비어 있었다. 9만 명 가운데 2,000명이 남아 있었으며 그들은 와인 창고 같은 곳에 살고 있었다. 그래도 사람들은 매우 활기차 보였고 여자들은 바지, 남자들은 작업복 차림이었다. 그들을 못 본 척해주는 것이 일반적인 규약이었다. 일부 주택에서는 흰 시트나 베갯잇을 내걸었다. 남아 있는 것이 거의 없었다. 15세기의 방수관 파편, 바로크의 박공과 고딕 탑이 엉망이 된 채 온갖 것들과 뒤섞여 있었다. 신형 육류 절단기, 샴페인 병, 관광포스터, 싱싱한 자주색과 노란색 샤프란, 화창한 날씨, 가스와 부패, 에나멜 간판, 은도금 가지 촛대, 그리고 섬뜩하고 소름끼치도록 움푹 꺼진 폐허 들뿐. 생로 쪽이 더 심각했지만 거기에는 딱히 중요한 것이 없었다. 그러나 이곳에 있는 유물은 하나부터 열까지 초기 기독교, 로마, 로마네스크 혹은 경이로운 바로크의 것들이었다."[4]

나치는 트리어, 특히 시장을 복원하는 데 막대한 돈을 들였지만 이제는 대부분 파괴되고 말았다. 이른바 '독일 역사의 거리'로 일컬어지던 시메온슈트라세도 마찬가지였다. 대성당의 외관과 부설 수도원, 그리고 인근 지역도 큰 손상을 입었다. 케셀 백작이 살던 바로크 양식의 궁전도 파괴되었다. 1818년에 트리어에서 태어난 카를 마르크스의 생가는 나치가 신문지국으로 사용했는데 이번에는 연합군이 그곳을 완전히 박살 내버렸다. 그 와중에도 여전히 남아 있는 것은 세계적인 수준의 건물들이었다. 커스타인은 자신이 살펴본 상황을 기록했다.

"대성당의 내부는 말짱했다. 종탑에서 종이 떨어졌을 뿐이다. 리프프라우엔(성모 마리아) 교회에는 크게 화재가 났지만 그래도 무너지지 않고 서 있었다. 분홍색과 푸른색의 로코코 대리석이 완벽한 조화를 이루는 장크트 파울린(성 바울) 교회는 포탄에 맞았다. 어리석은 나치가 그 전면에 탱크를 배치했기 때문이다. 포르타 니그라(고대 로마의 문)는 그 바보들이 기관총을 배치해놓은 곳을 제외하면 대체로 온전했고 장크트 마티아스 예배당은 성물실이 약탈당한 것 외에는 멀쩡했다."[5]

로마군 병사들이 죽어가는 그리스도로부터 훔쳤다고 전해지는 '신비의 겉옷'을 비롯한 대성당의 보물들은 이 도시의 고대 석제 기초에 만들어진 비밀 벙커 안에 안전하게 숨겨져 있다가 발견되었다. 포시와 커스타인은 곧바로 병사들에게 그 도시의 역사적 가치를 교육하기 시작했다. 특히 포시는 제3군이 트리어에 도착했을 무렵 커스타인과 함께 그 도시와 그곳 건물의 역사에 대한 논고를 담아 책을 한 권 저술했다. 병사들이 역사적 기념물을 다루는 데 주의하지 않거나 무심코 약탈하는 행위를 막기 위해서였다. 나치 이전의 훌륭한 독일 문화를 병사들에게 가르침으로써 올바른 관심과 이해를 불러일으킬 수만 있다면 병사들은 분명 신사적으로 처신할 것이었다.

그렇다고 몇 가지 기념품을 수집하는 것까지 막을 수는 없었다. 포시만 해도 종종 자질구레한 물건을 집에 있는 우기에게 보냈다. 대개는 엽서와 독일 주화였다. 그는 트리어에서 알루미늄으로 된 깃대 장식을 보내며 나치 깃발은 불타버렸지만 이 깃대는 전쟁 이전에 만들어져 "전쟁 내내 사용했음이 분명하다"고 우기에게 설명했다.

"독일군은 금속이 충분하지 못해서 지난 3, 4년 동안 비행기를 만들지도 못했거든."[6]

포시와 커스타인은 메스와 다른 도시에서의 면담을 통해 트리어 관리들의 이름을 알아낸 다음 그 정보를 이용해 전문가로 구성된 5인 위원회를 만들었다. 그 목적은 연합군 군정부의 지시 아래 "파편을 수거하고 손상된 벽을 새로 쌓으며 가능한 곳을 임시로 수리하는 것을 비롯해 흩어진 문서를 모으고 비밀 통로를 열며 (……) 필수적인 긴급 조치에 관해 조언을 제공하는"데 있었다.[7] 위원회는 트리어가 제3군의 수중에 들어온 지 이틀 뒤부터 가동했는데 관리들은 그곳으로부터 더 동쪽에 있는 독일 관리들에 관한 정보를 제공해주었다. 트리어에서 처음 수립된 이 모델, 즉 아군 병사들에 대한 교육과 그 지역 관리들의 참여를 병행하는 것은 이후 남은 전역 내내 제3군 기념물 전담반의 주요 임무가 되었다.

1945년 3월 29일, 로버트 포시는 심한 치통을 느꼈다. 그의 부상은 어제오늘 이야기가 아니었다. 노르망디에서는 등에 부상을 입기도 했다. 그가 상륙정에 올라타는 중에 어느 하사관이 그의 손을 밟는 바람에 졸지에 기관총 총좌로 떨어졌던 것이다. 벌지 전투에서는 발바닥 한가운데를 다치고 말았다. 제3군의 어느 장교가 퍼플하트(상이기장)를 받으라고 했지만 포시는 거절했다. 퍼플하트는 전투 중 적에 의해 부상을 당한 병사에게 주는 것이지 발을 헛디뎌 부상당한 병사에게 주는 것은 아니라는 이유에서였다.

그런데 그 두 번의 부상보다 더 괴로웠던 것이 치통이었다. 불행히도 지금 가장 가까이 있는 치과 군의관은 160킬로미터쯤 떨어진 프랑스에 머물고 있었다. 포시가 계속되는 통증에 신음을 쏟아내자 커스타인은 길에서 만난 금발 소년에게 이가 아프다며 손짓 발짓을 해보였다. 그가 박하 껌을 3개 건네주자 소년은 커스타인의 손을 붙잡고 거기서 몇 블록 떨어진 건물로 안내해주었다. 고딕 양식의 문 위에는 이 모양의 간판이 걸려 있었다.

나이가 많은 치과의사는 비록 독일어 억양이 강하긴 했지만 제법 훌륭한 영어를 구사했고 "이발사보다 더 빠르게 조잘거렸다."[8] 그는 트리어에서 모르는 사람이 없는 것 같았는데 포시의 사랑니를 고치는 동안 독일의 문화재를 구출하러 온 기념물 전담반의 임무에 비상한 관심을 보였다. 치료가 끝나자 그는 의료도구를 치우고 손에 묻은 피를 닦아내며 말했다.

"그럼 우리 사위하고 한번 이야기를 해보시죠. 우리 사위는 미술학자이고 프랑스를 잘 안답니다. 점령 당시에는 거기에서 한동안 머물기도 했죠. 여기서 몇 킬로미터 떨어져 있다는 게 문제이긴 한데 혹시 차를 갖고 계시다면 제가 안내해드릴 수 있습니다만."

기념물 전담반은 망설이지 않았다. 곧 세 사람은 도시의 동쪽으로 빠져나갔다. 도로에는 총탄과 포탄이 널려 있었고 농가 가운데 일부에서는 여전히 연기가 피어오르고 있었다. 나무는 초록색으로 변하고 봄 새싹이 반쯤 돋아났지만 들판은 헐벗고 갈색이었으며 포도나무는 전혀 손질되어 있지 않았다. 치과의사는 기분이 들뜬 모양이었다.

"최고예요. 트리어 밖으로 나와본 지가 언제였는지 기억이 안 날 정도라니까요."

그는 번번이 농장에 들러 친구와 인사를 나누거나 작은 가게에 들어가 물건을 산 다음 이렇게 말하곤 했다.

"정말 최고예요. 지난 몇 달 동안 신선한 우유를 먹지 못했어요."

산산조각 난 어느 마을의 여관 밖에서 치과의사가 나오기를 기다리는 동안 커스타인이 포시에게 물었다.

"이게 과연 잘하는 일일까요?"

이들은 트리어에서 20킬로미터나 벗어나 있었고 점차 이들에게 적대적으로 보이는 언덕으로 둘러싸인 곳으로 들어가고 있었다. 이제 흰색 베갯잇으로 만든 항복 깃발도 더 이상 보이지 않았다.

"아마 아닐 걸세."

포시가 말했다. 치과의사가 싱싱한 채소를 들고 만면에 미소를 지으며 나타났다.

"최고입니다. 정말 최고예요."

"더 이상은 차를 세우게 하지 마시오."

부풀어 오른 잇몸을 따라 혀를 움직이며 포시가 무뚝뚝하게 말했다. 그는 애초에 치과의사를 의심하긴 했지만 그래봤자 사기꾼 정도일 거라고 생각했을 뿐이다. 하지만 점점 더 자주 차를 세우게 하고 계곡의 끝이 가까워질수록 이 모두가 함정이 아닐까 하는 의구심이 짙어갔다. 마침내 계곡 맨 아래에 이르자 치과의사는 내리자고 했다. 언덕 아래에 흰색 회칠이 된 큰 집이 하나 나왔고 그 뒤에는 숲이 있었다. 언덕을 반쯤 오르자 작은 건물이 보였다. 부주의한 미술 전문가를 함정에 빠트리기에 딱 알맞아 보이는 외딴 주말용 오두막이었다. 포시와 커스타인은 서로 얼굴을 바라보았다. 이 얼마나 어리석은 짓인가? 만약 그의 사위가 정말로 미술학자라 하더라도, 그리고 정말로 혼자 있더라도 그가 과연 무엇을 알 수 있을까? 포시는 마지못해 언덕을 올라갔다.

오두막 안은 환하고 깨끗했으며 프랑스식의 아름다움과 지성이 깃들어 있었다. 벽에는 에펠 탑, 노트르담, 베르사유, 그리고 파리의 여러 기념물 사진이 붙어 있었다. 책장에는 미술과 역사에 관한 책들이 꽂혀 있었다. 그 광경을 보자마자 커스타인은 "전쟁과 멀리 떨어진 어느 학자의 교양 있는 삶, 가정적이고 온화하며 기분 좋은 분위기"[9]를 느꼈다.

그 학자라는 남자는 잘생겼고 기껏해야 30대 중반인 듯했지만 어딘가 모르게 구부정했고 지친 모습이 역력했다. 커스타인은 전쟁이 모두에게 독기를 뿜었다고, 심지어 이런 시골 학자에게도 그런 모양이라고 생각했다. 젊은 학자는 연합군 미술 관리자들을 보자 미소를 지으며 프랑스어로 말을 걸었다.

"어서 오십시오. 그렇잖아도 여러분이 오시기를 고대하던 참이었습니다. 여러분의 부대가 도착하기 24시간 전에 파리를 떠난 이후 아직 누구와도 이야기를 해본 적이 없거든요. 그 대도시를 매일같이 그리워하던 참이었습니다."

그는 앉으라고 권하더니 오두막의 다른 식구들을 소개했다.

"이쪽은 제 어머니이십니다. 이쪽은 제 아내 힐데가르트고요."

그는 이 대목에서 잠시 긴장한 듯 장인인 치과의사를 바라보았다.

"이 아이는 제 딸 에바, 이 아이는 제 아들 디트리히입니다."

학자는 자랑스레 말하며 아내의 팔에 안긴 아기를 가리켰다. 포시는 붙잡아보라는 듯 손가락을 내밀었지만 아기는 몸을 움츠렸다. 우기와는 전혀 닮지 않았지만 아이만 보면 집에 있는 아들이 떠올랐다.

"장인어른께서 여러분은 미국 육군에 소속된 미술학자라고 하시더군요. 아마 트리어가 얼마나 멋진 도시인지 아셨을 겁니다. 장크트 파울린 교회는 무사하다고 하더군요. 얼마나 다행입니까. 그 교회의 천장은 진정한 예술품이라고 할 수 있죠. 비록 200년밖에 안 되었어도 말입니다. 제 연구 분야는 중세미술입니다. 구세계의 끝이자 우리 시대의 탄생인 시대지요. 사실 저는 중세 프랑스 조각 분야에서 약간 이름을 얻은 미술학자에 불과합니다. 일 드 프랑스에 있는 12세기 조각에 대한 저서를 하나 완성했죠. 원래는 아서 킹슬리 포터라는 영국 사람과 함께 쓰던 것이었습니다. 혹시 그 분을 아십니까?"

"그럼요."

커스타인은 학부 시절에 미술사를 가르치던 나이 많은 교수를 떠올렸다.

"하버드에서 그분한테 배운 기억이 있습니다."

"저도 그렇습니다. 대학원 과정이었죠. 그분 사모님에 대해서도 좋은 인상을 받았습니다. 지금까지 만난 분 중에서 가장 똑똑하고도 광적인 양반이었죠."[10]

그가 갑자기 아내를 바라보며 말했다.

"코냑 좀 부탁해."

아내와 아이, 치과의사가 방을 나가자 이 학자의 어조가 바뀌었다. 그는 몸을 앞으로 숙이더니 빠른 속도로 자기 이력을 설명했다.

"여러분께 굳이 거짓말을 하지는 않겠습니다. 저는 파리에서 괴링과 알고 지냈습니다. 로젠베르크하고도요. 사실은 두 사람과 함께 일했습니다. 저는 학자로서는 별 볼 일 없습니다만, 대신 그 작자들과 그들의 작전을 유심히 관찰해왔습니다. 괴링이 미술품을 옮기려고 기차에 잔뜩 실을 때 저도 같이 있었거든요. 제가 그랬지요. 유대인으로부터 압류한 국보급 미술품을 당신이 이렇게 처분하는 것은 육상전에 관한 헤이그조약은 물론, 히틀러의 명령에 대한 육군의 해석과도 배치된다. 그랬더니 저보고 설명을 해보라더군요. 제가 이러저러하다고 설명을 했더니 그 작자가 이러더군요. '일단 자네는 내 명령이나 똑바로 준수하게. 오로지 내 명령에 따라서만 움직이란 말이야.'[11] 프랑스의 군사 명령과 법무부, 즉 제3제국의 법정대리인은 아마 의견이 다를 것이라고 제가 그랬죠. 그랬더니 그 작자가 저한테 이러는 겁니다. '이 친구야, 지금 나보고 그걸 걱정하라는 건가? 지금 이 나라에서 제일 높은 재판관은 내가 아닌가.' 그러면서 저한테 직접 명령을 내리더군요. 1941년 2월 5일자로, 방금 말씀드린 그대로요. 일개 미술학자가 무슨 힘이 있겠습니까? 게다가 그보다 더 지위가 낮은 나치 관리들의 손에 미술품이 뿔뿔이 흩어지는 것보다는 차라리 괴링의 손에 들어가는 편이 안전하리라는 생각도 들더군요. 이해하시겠지만 저는 어디까지나 미술품을 보호하려고 그랬던 겁니다. 입수를 통한 보존이었던 셈이죠."

그의 아내가 코냑을 들고 돌아왔다. 술잔을 몇 번인가 기울인 끝에 그 학자는 이렇게 말했다.

"저한테는 정보가 있습니다. 그리고 제시하고픈 조건도 하나 있습니다. 저와 제 가족이 독일 밖으로 나갈 수 있는 안전한 경로를 제공해주십시오. 지금 제가 바라는 것이라고는 저서를 마무리하고 평화롭게 살아가는 것밖에 없습니다. 그 대가로 저는 그 작자들이 가져간 물건이 무엇인지는 물론, 어디로 가져갔는지도 알려드리겠습니다."

커스타인이 물었다.

"그런데 왜 굳이 안전한 경로를 원하는 겁니까?"

"저는 원래 SS 대위로 복무했습니다. 5년 동안 말입니다. 하지만 어디까지나 직업을 위해서였죠. 아시다시피 제 관심은 항상 미술에 관한 것뿐이었으니까요. 그러나 이 계곡에 사는 다른 사람들이 아는 날에는……. 그 사람들이야 제 의도를 전혀 이해하지 못할 테니까요. 어쩌면 저를 총살할지도 모릅니다. 모든 사태를 제 탓으로 돌리려고 하겠지요."

포시와 커스타인은 서로 얼굴을 마주보았다. 지금껏 여러 명의 미술 관리와 면담을 해보았지만, SS 장교를 마주한 것은 이번이 처음이었다. 도대체 이 사람은 어떤 학자인 걸까? 포시의 말을 커스타인이 통역했다.

"지금 나에게는 그런 협상을 할 수 있는 권한이 없습니다."

독일인은 한숨을 내쉬었다. 그는 코냑을 마시더니 갑자기 자리에서 일어나 방을 나갔다. 몇 분 뒤에 그는 제본한 책자를 하나 들고 들어왔다. 프랑스에서 나치가 훔친 미술품의 분류 목록이었다. 제목, 크기, 환율, 가격, 원 소유주 등의 정보가 나와 있었다. 그는 독일어로 적힌 내용을 직접 번역해가면서 설명해주었다. 그러더니 갖고 있는 지도를 탁자 위에 펼쳐보라고 하고는 각각의 물품을 어디서 찾을 수 있는지 설명하기 시작했다. 그는 세부적인 내용까지 모조리 기억하고 있는 듯했다.

"괴링의 컬렉션은 이제 카린할에 없습니다. 지금은 펠덴슈타인에 있습니다. 바로 여기죠. 하지만 제 생각에는 여기에서도 오래 머물러 있을 것 같지 않군요."

그는 폴란드와 러시아의 보물들이 독일 내의 여러 박물관에 분산된 이야기 등 독일 미술계 내부 활동에 대해서도 들려주었다. 그는 베를린의 어느 미술상이 약탈한 작품을 적극적으로 매매했는지도 알려주었다. 프랑스에서 약탈한 미술품 중에서 어떤 것이 스위스에 숨겨져 있는지, 어떤 미술품이 더 멀리까지 갔는지 등도 털어놓았다. 포시가 물었다.

"〈겐트 제단화〉는 어떻게 되었습니까?"

"반 에이크의 〈어린 양에 대한 경배〉 말입니까?"

포시는 영어로 말했지만 이 학자는 그 이름을 듣자마자 대뜸 이렇게 대답했다.

"그건 히틀러의 방대한 미술품 컬렉션에 들어 있습니다."

그는 남서쪽으로 손가락을 옮겨 오스트리아 알프스에서도 가장 깊은 지역, 즉 히틀러의 고향인 린츠에서 멀지 않은 지점을 가리켜 보였다.

"여깁니다. 알타우세의 소금 광산이죠."

히틀러의 컬렉션? 포시와 커스타인은 어안이 벙벙해서 아무 말도 할 수가 없었다. 지금까지 몇 달에 걸쳐 파편에 불과한 수많은 정보를 서로 맞춘 끝에 갑자기 이들이 줄곧 바라던 것, 아니 그 이상의 것이 모습을 드러냈기 때문이다. 이들은 단순한 정보만 얻어낸 것이 아니라 총통의 보물창고가 있는 곳까지 정확히 알아낸 것이다. 이때까지만 해도 총통에게 그런 보물창고가 있다는 사실을 알아낸 사람은 아무도 없었다. 학자는 말을 이었다.

"나치는 그야말로 촌놈입니다. 완전한 사기꾼이죠. 미술품의 아름다움은 전혀 이해하지 못하고 단지 값이 비싸다는 것만 알았죠. 로트실트 가문에서 은제 식기를 가져다가 베를린의 항공 클럽에서 마치 일반 식기처럼 써먹었죠. 그 값을 따질 수 없이 귀중한 포크로 음식을 뚝뚝 흘리며 먹어치우는 모습은 보기만 해도 욕지기가 날 정도였어요."

학자는 자리에서 일어나 코냑을 한 잔 더 따랐다. 그런 다음 자기 저술에 대해서, 파리와 대성당에 대해서, 그리고 파괴된 시간과 전쟁 불감증으로 인해 얼마나 많은 것을 잃게 되었는지에 대해 이야기했다. 커스타인은 나중에 이렇게 적었다.

"모젤의 쌀쌀한 봄날, 도시의 살육과 멀리 떨어진 곳에서 프랑스를 사랑하는, 그것도 열정적으로 사랑하는 독일인 학자가 작업에 골몰하고 있다. 그것도 가망이라고는 없는, 좌절된 숙명론을 품고."**12**

커스타인은 이 남자를 좋아하지 않을 도리가 없었다. 마침내 그 학자는 쐐기를 박았다.

"제가 여러분을 도와드리겠습니다. 무엇이든 요구만 하십시오. 대신 제 가족이 파리로 돌아갈 수 있게 도와주시기 바랍니다."

마치 이 순간을 기다리고 있었다는 듯 갑자기 그의 아내와 아기가 문간에 나타났다. 포시는 도와줄 방법을 찾아보겠다고 말하며 자리에서 일어났다. 두 사람은 태연한 척했지만 사실 머릿속은 벌떼가 날아다니듯 웅웅거렸다. 지난 20주 사이에 알아낸 것보다 더 많은 사실을 불과 20분 만에 알아내지 않았던가. 이제 그들에게는 새로운 임무가 생겼다. 그것도 아주 큰 임무가. 히틀러의 미술품 비밀 보관소를 찾아 그곳에 있는 물건들을 되찾아오는 것이었다.

독일인 학자는 미소를 지으며 한 손을 내밀었다. 안전 통로를 얻을 수 없다는 사실에 낙심하긴 했지만 그는 내색하지 않았다.

"만나서 반가웠습니다. 여기까지 와주셔서 감사합니다."

"감사드립니다, 분예스 박사님. 정말 큰 도움이 되었습니다."

물론 이들은 오후 내내 함께 이야기를 나눈 상대방이 다름 아닌 괴링의 심복이며 쿤스트슈츠의 부패한 관리라는 사실을, 그리고 죄드폼에서의 악명 높은 약탈 작전을 수행한 최고 지휘관 중 하나였다는 사실을 꿈에도 알지 못했다.

33

짜증
Frustration

유럽 북부 전장 | 1945년 3월 30~31일

리처드 코트니 일병은 짜증이 치밀었다. 미국 제1군의 동료 병사들과
마찬가지로 그는 노르망디 이후에 줄곧 진창 속에서 빈둥거리고 있었
다. 그는 해안을 둘러싼 독일군의 집중 포화도 뚫고 나왔고 지크프리트
방어선에서도 살아남았다. 그는 9월에 아헨을 점령하기 위해 싸웠으며
벌지 전투 이후에는 그곳을 탈환하기 위해 다시 싸웠다. 이제 그는 라인
강 건너편, 그러니까 브라이덴바흐라는 작은 읍 인근에 있는 어느 시골
사유지를 수색(군대 용어로는 '청소')하고 있었다. 무려 9개월간의 전투 끝
에 사유지에서 본 광경은 도무지 믿을 수가 없었다. 그 집의 소유주가
나치당 지휘관이라는 설명은 들었지만 아무리 그래도 회화와 유리 식
기, 은제 식기, 그리고 조각상 컬렉션이라니! 이 저택에 살았던 나치는
분명 그 모든 것을 유럽 전역에서 수집해온 게 틀림없었다.

코트니 일병이 정말로 화가 난 까닭은 그곳 지하실에 들어가자마자 적십자 위문품이 천장까지 가득 쌓인 것을 보았기 때문이다. 그것은 전부 미국인 전쟁포로에게 가야 할 것이었다. 이게 대체 왜 여기에 있는 거지? 나치 관리가 식량과 반창고를 어디에 쓰려고 이렇게 모아놓았을까? 상자를 보면 볼수록 그는 점점 더 화가 났다. 어찌나 화가 나던지 쇠지레를 하나 집어 들고 주위의 물건들을 때려 부수기 시작했다. 상자, 거울, 도자기, 미술품, 샹들리에가 그의 손에 박살이 났다. 심지어 벽에 있는 스위치까지 온전하지 못했다. 어느 누구도 그를 말릴 수가 없었다. 이윽고 난리가 끝나자 동료 병사가 물었다.

"도대체 왜 그런 거야?"

코트니 일병은 쇠지레를 내던지고 자기가 저지른 파괴의 현장을 둘러보더니 낮게 중얼거렸다.

"포로수용소에 있는 우리 친구들을 위한 복수지."

한편 해리 에틀링어는 벨기에 리에주에 있는 '보충대'에서 주사위 노름에 몰두하고 있었다. 한 달이나 기다렸지만 아직 임무가 부여되지 않았다. 그는 육군 월급 60달러를 밑천 삼아 1,500달러를 땄으나 하루 뒤에 모조리 잃었다. 그러고는 밖으로 나가 밤하늘을 바라보았다. 모든 것이 거기서 수백만 킬로미터 떨어진 곳에 있는 듯했다. 벌써 그는 두 달째 아무 일도 하지 않고 있었다.

해리 에틀링어는 최전선으로 나가고 싶었다. 보충대에 오래 있던 다른 병사들은 우울해하고 있었다. 한 병사는 파리에 머물 때 향수를 잔뜩 사놓았다가 지금 고가로 판매하고 있었다. 부대 내에 향수 냄새가 진동했고 모두들 다시 파리로 돌아가 향수를 살 수 있었으면 좋겠다는 생각을 하고 있었다.

해리 에틀링어는 향수에 관심이 없었다. 동쪽 어디선가는 그가 없는 상황에서 전쟁이 계속되고 있었다. 그는 자신도 뭔가 쓸 만한 일을 하게 될 거라고 확신했지만 지난번 열아홉 살 생일에 트럭에서 내리게 된 이유가 무엇인지 전혀 모르고 있었다. 아무도 이야기해주지 않았기 때문이다.

파리에서는 제임스 로라이머가 전방으로 가서 미국 제7군 소속 기념물 전담반원으로 신고하라는 통지를 받았다. 그곳에는 아직까지 기념물 전담 장교가 없었다. 독일 내에서 제7군의 담당 구역은 길이 450킬로미터, 폭 130킬로미터에 걸쳐 있었다. 모두 5만 9,000제곱킬로미터에 달하는 이 지역에서 그가 유일무이한 기념물 전담반원이 될 예정이었다. 하지만 그는 기념물 전담반의 다른 어떤 동료도 얻지 못한 자산을 갖고 있었다. 바로 2주 전에 로즈 발랑으로부터 건네받은 정보와 지난 몇 달 내내 그녀로부터 은연중에 배운 지식이었다. 발랑 덕분에 그는 자신이 어디로 가야 하는지 정확히 알고 있었다. 바로 노이슈반슈타인에 있는 동화 속의 성이었다. 하지만 아직은 정확히 무엇을 찾아야 하는지, 그리고 어떻게 하면 그곳으로 신속히 갈 수 있는지 알 수 없었다. 로라이머는 아내에게 당시의 상황을 알려주었다.

"파리에서의 마지막 날 저녁식사 때 로저스 장군께서 나를 찾아오셔서 임무를 잘 수행했다며 치하를 하시더군. 내 직속상관인 해밀턴 중령께서도 우리 조에 특별히 칵테일을 선사해주시고, 내가 당신 휘하에서 나와 독일로 떠나게 됐다니까 눈물을 흘리려고 하시더군. 그래, 나는 여기서 입지를 다졌지. 이제는 전혀 다른 환경에서 새로운 입지를 만들어야 하지만 말이야."[1]

그는 망설이지 않았다. 이것이야말로 그가 무엇보다 하고 싶어 하던 일이었다. 출발 준비를 하는 동안, 그는 '빛의 도시' 파리에서 보낸 나날을 흐뭇한 마음으로 돌아보았고 그보다 열렬한 마음으로 앞에 놓인 모험을 생각했다. ERR의 거대한 미술품 보관소, 나치 악당, 프랑스의 세습 재산을 구출할 수 있는 기회가 바로 그 모험이었다. 문득 로즈 발랑의 일이 궁금해졌다. 자크 조자르의 말대로 그녀는 영웅이었다. 어쩌면 프랑스 문화의 '최고' 영웅인지도 몰랐다. 그렇다면 지금 그녀에게 남은 것은 무엇일까? 그녀는 목숨을 걸고 건져낸 정보를 제자인 그에게 모두 넘겨주었다. 제자가 떠난 다음에 스승은 과연 무엇을 하고 있을까?

결코 좌절을 모르는 로즈 발랑은 프랑스 육군에서 장교 임관을 추진 중이었다. 그녀는 제임스 로라이머가 적격자라고 생각했지만 프랑스의 세습 재산을 구출하는 임무의 중요성을 고려해볼 때 단 한 사람의 활약에 의존할 수는 없었다. 로즈 발랑은 소심한 미술 관리자도 아니고 시들어버린 꽃도 아니었다. 그녀의 평범한 외모 뒤에는 전사가 숨어 있었다. 그녀는 최전선으로 직접 가서 프랑스의 귀중한 미술품을 찾아내고자 하는 열망과 의지를 모두 갖고 있었다.

베를린에서는 알베르트 슈페어가 다시 한 번 총통 앞에 서 있었다. 소련의 대포와 서부 연합군의 폭격기가 도시를 때리고 있던 그 순간에 아돌프 히틀러는 제국 수상관저 아래에 있는 벙커에 내려가 있었다. 세상을 외면한 그는 자신의 우울한 기분을 달래주던 미술품 카탈로그조차 외면하고 침투가 불가능한 대형 벙커 안에 들어앉은 것이다. 그는 더 이상 베르메르의 〈천문학자〉를 찍은 사진조차 바라볼 수가 없었다. 그가 가장 소중하게 간직했던 이 작품 속에서는 어느 위대한 지식인이 관람객으로부터 약간 고개를 돌린 채 창문을 통해 들어오는 빛을 바라보며 마치 세상을 움켜쥐려는 듯 한 손을 천구의(天球儀) 위로 뻗고 있었다.

히틀러는 벙커로 내려가면서 린츠 건설 계획도를 챙겼다(인근의 신(新) 수상관저 지하실에는 린츠의 축소 모형이 있었다). 그는 여전히 비전을 잃지 않았다. 얼굴은 창백하고 지쳐 보였지만 여전히 강철 같은 의지를 드러내고 있었다. 그는 그저 자신이 곤경에 처했을 뿐 제국이 끝장났다고 생각하지는 않았다.

희망의 끈을 놓지 않은 사람은 그 혼자만이 아니었다. 그의 부관 마르틴 보어만의 보고에 따르면, 슈페어가 직접 루르로 가서 그곳 지방 장관에게 히틀러의 네로 명령에 불복종하도록, 다시 말해 독일의 기반시설에 손대지 말도록 설득했다고 했다.

슈페어는 이 사실을 부인하지 않았다. 분노에 사로잡히긴 했지만 아직 망상증까지 보이진 않았던 히틀러는 자신의 친구이자 군비 담당 장관인 슈페어에게 병가를 신청하라고 제안했다.

"슈페어, 우리가 전쟁에서 진 것이 아니라는 확신이 들거든 그때 다시 돌아와서 장관 일을 수행해주게."

"그럴 수는 없습니다. 무슨 일이 있어도 안 됩니다. 실제로는 확신도 없으면서 각하 앞에서 승리를 확신한다고 아첨하는 각하 주위의 저 간신들 가운데 하나가 되고 싶지는 않다는 겁니다."

"자네에게 지금부터 24시간 동안 결정할 시간을 주겠네."

히틀러가 이렇게 말하며 뒤로 돌아섰다.

"자네는 여전히 우리가 이 전쟁에서 이기기를 바라는지 아닌지를 생각해보고 내일 내게 보고하도록."[2]

슈페어가 떠나자마자 히틀러는 운송 책임자에게 지시해서 다시 한 번 네로 명령을 강조하는 내용의 텔레타이프를 보내도록 했다.

"파괴 예정 시설물 목록에는 온갖 유형의 교량과 철로, 기관차고, 화물역의 모든 기술설비, 작업용 장비, 그리고 운하의 수문과 갑문이 포함되어 있었다. 모든 기관차, 객차, 화차, 화물선, 바지선도 완전히 파괴될 예정이었고 운하와 강에 있는 배를 가라앉혀 통행을 못하게 만들 셈이었다."[3]

히틀러는 제국의 완전한 파괴를 주문했던 셈이다. 그날 밤 슈페어는 히틀러에게 편지를 한 통 썼다.

"저는 더 이상 우리의 훌륭한 대의의 성공을 믿지 못하겠습니다. 우리는 이 결정적인 몇 달 동안 국가 존재의 기초를 동시다발적이고도 조직적으로 파괴했습니다. 이는 우리 민족을 향한 너무도 커다란 불의이기 때문에, 만약 계속 그렇게 할 경우에는 '운명'이 더 이상 우리에게 호의를 보이지 않을 것이며 (……) 따라서 저는 우리 민족에게 이처럼 해로운 방법을 실행하지 말도록 간청하는 바입니다. 이 문제에 관한 각하의 정책을 변경하신다면 저는 가장 큰 에너지를 발휘해 계속해서 일할 수 있는 믿음과 용기를 회복할 것입니다. 운명은 더 이상 우리 손에 달려 있지 않습니다. 더 높은 '섭리'만이 우리의 미래를 바꿀 수 있습니다. 우리는 오로지 국가의 영원한 미래에 대한 확고부동한 믿음과 강인한 태도로만 기여할 수 있을 뿐입니다. (……) 하느님께서 우리 독일을 보호하시기를."[4]

히틀러는 그 편지를 받지도 않았고, 오로지 구두로만 답변을 요구했다. 1945년 3월 30일, 자신이 그토록 사랑하고 또한 충성했던 총통 앞에 선 알베르트 슈페어는 결국 굳은 결의를 잃어버렸다.

"총통 각하, 무조건 각하를 따르겠습니다."[5]

그로부터 사흘 뒤, 베를린 서쪽으로 600여 킬로미터 지점에 있던 워커 행콕과 조지 스타우트는 국보급 미술품과 연관된 수수께끼와 희망으로 지난 몇 달간 궁금증의 대상이 되었던 곳으로 접근하고 있었다. 그곳은 바로 독일의 지겐이었다.

소중한 세이마에게

지난 며칠 동안은 내 평생 가장 믿을 수 없는 시간이었어. 한 가지 예를 들자면 며칠 전에 조지 스타우트, 아헨에서 온 주교, 그리고 내가 독일 서부에서 가장 큰 국보급 미술품의 은닉처를 확인하러 갔었어. 우리는 그 도시를 점령한 바로 그날차 할 수 없을 거야. 가끔 민간인이 은신처에서 나와 돌아다니기도 했지만 거리는 대부분 텅 비었고 완전히 폐허가 되었어. 옆에 놓인 어느 미군 철모 안에 피가 가득했어. 그것만 봐도 어떤 상황인지 알겠지.

함께 간 주교는 미술품이 은닉된 곳으로 들어가는 터널 입구로 우리를 안내해주었어. 텅 빈 마을과 달리 이곳에는 불쌍한 사람들이 잔뜩 있다군. 우리는 좁은 통로를 지나 어둡고 숨 막히는 광산 속으로 들어갔어. 사람들이 어찌나 많던지 그런 상황에서 하루라도 살 수 있다는 것이 기적처럼 보이다군. 모두 2주일 넘게 그 장소를 떠나지 않았다고 했어. 우리는 언덕 비탈을 뚫고 더 깊이 들어갔지. 눈이 어둠에 익숙해지는 동시에 귀도 트여서 속삭이는 말까지 잘 들을 수 있었어(코만큼은 그 고약한 냄새에 도통 적응되지 않았지만 말이야). 그들은 미국인을 처음 보았던 모양이야. 모두들 깜짝 놀라 소리를 지르다군. "미국인이다, 미국인! 그들이 온다!" 어떤 여자는 두려운 나머지 아이들을 부르다군. 하지만 다른 사람들은 전혀 두려워하지 않았어. 어떤 꼬마는 조지의 손에 매달려 한참 동안 따라오더군. 또 어떤 사람은 영어로 이야기하려 했고. 이 도시의 노인과 젊은이, 병든 사람들은 이곳에 모여 서로 부둥켜안고 있었어. 우리는 계속 걸어갔지. 250미터 이상, 언덕 속으로 말이야.

워커

조지 스타우트가 아내 마지에게 보낸 편지
1945년 4월 4일

마지에게

벌써 나흘 동안이나 당신에게 편지를 쓰지 못했군. 출장 때문에 시간이 없었어. (……) 그저께 벌어진 일은 워낙 중대해서 내가 지금 당신한테 전해주려는 어설픈 설명보다 훨씬 더 자세히 이야기할 만한 가치가 있지. 물론 그 도시가 정확히 어딘지는 아직 말해줄 수 없는데(라인 강에서 한참 동쪽에 있는 곳이야), 왜냐하면 그 안에 뭐가 있는지 확인되지 않았기 때문이야. 그곳에 보관소가 있다는 정보는 지난 11월에 아헨에서 입수했고, 그때 이후로 더 많은 정보를 얻게 되었지. 그 도시 외곽에 있는 철광산 어디엔가 있다고 하더군. 우리는 마침 어느 독일인 주교를 찾아냈는데, 정말 두려움을 모르는 양반이었어. 그 양반은 거기에 다녀온 적이 있다면서 우리를 순순히 안내하더군.

먼저 기갑부대가 도시로 진입하고 보병 연대도 뒤를 따랐지. 하루 종일 전투가 벌어졌지만 독일 병력 대부분은 이미 진압된 다음이었어. 우리는 오후 4시 30분에 도시로 들어갔어. 워커 행콕, 사병 2명, 주교와 나까지 5명이 말이야. 거리는 차를 몰고 다니기에 불편했어. 잡석 더미며 전차 전선이 여기저기 떨어져 있었거든. (……) 사병 중 한 명을 차에 남겨 두고 우리는 무너진 도시 사이로 500미터쯤 걸어서 광산에 도착했어. 두려움을 모르는 주교양반도 출입구가 어디인지 잘 모르더군. 그 안에서 펼쳐진 광경은 놀라웠어.

가파른 언덕에 난 구멍 주위에 20여 명이 서 있었어. 터널(오래된 갱도)은 폭이 2미터가 채 되지 않았고 높이는 2.5미터 정도였는데 천장은 아치형에 벽은 거칠었어. 입구의 밝은 빛이 사라지자 통로에는 수증기가 가득해서 플래시 불빛도 희미하게 보이더군. 그 안에 사람들이 있었어. 처음에는 잠깐이면 지나가겠지 싶었어. 그저 몇 사람이 몸을 피하려고 들어와 있는 거겠지 싶었는데, 아무리 걸어도 사람이 계속 나오더군. 거리를 판단하기가 쉽지 않은 곳이었어. 거의 500미터는 걸었을 거야. 그 안에는 다른 갱도도 여러 갈래로 뻗어 있더군. 어떤 곳은 너비가 6미터 정도 되는 곳으로 이어지더라고. 우리가 걸어간 공간은 기껏해야 1미터도 되지 않았어. 통로 안의 나머지 공간은 온통 사람들로 가득했지. (……)

우리는 그들이 처음 본 미군이었어. 미군은 야만인이라는 헛소문을 들은 게 분명하더군. 우리의 플래시 불빛에 드러난 창백하고도 굳은 얼굴에는 두려움과 증오가 가득했지. 아이들은 우리가 다가가면 얼른 옆으로 피했어. 우리가 다가가기도 전에 두려움에 가득 찬 말이 먼저 들려왔어. 말과 속삭임의 중간쯤 되는 크기로 "미국인이다!"라고 하더군. 기분이 묘했어. 수백 명의 마음속에 담긴 증오와 두려움이 우리 주위로 좁혀 들어왔고 우리는 그들 모두의 표적이었으니까. (……) 절반 정도 걸어갔을 때쯤 누군가가 내 손을 만지기에 그쪽으로 플래시를 비춰 보았지. 일곱 살 정도 되는 남자아이였어. 미소를 지으며 내 손을 잡은 채 따라오더라고. 그냥 내버려두었지. 기분이 좋더라고. 그 녀석이 왜 그랬는지는 잘 모르겠어. 무엇 때문에 그 녀석은 내가 괴물이 아니라고 생각했던 걸까. 그 녀석과 또 다른 녀석은 우리를 따라 공기가 맑은 곳까지 나오더군.

우리는 다른 입구로 들어가서야 비로소 보관소를 찾아냈어. 첫 번째 시도에
서 길을 잃고 헤맨 것이 아깝지 않을 정도였지. 공연히 길기만 하고 두서없는
이야기가 되었지만 당신이 들으면 좋아할 만한 이야기 같았어.

많은 사랑을 보내며, 조지

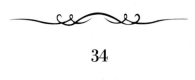

34

산속으로
Inside the Mountain

독일 지겐 | 1945년 4월 2일

조지 스타우트는 어느 언덕 안쪽으로 1킬로미터쯤 떨어진 곳에 파묻혀 있는 굳게 잠긴 문을 두드렸다. 파괴된 도시를 지나 한참을 걷고 다시 엉뚱한 터널을 따라 1킬로미터 정도 간 다음, 그보다 더 좁은 통로로 내려왔지만 이 정도 고생쯤은 아무것도 아니었다. 스타우트는 문이 열리자마자 온갖 미술품 및 문화유물이 와르르 쏟아져 나오지 않을까 기대했지만 아쉽게도 그 안에서 나온 것은 굳은 표정에 체구가 작은 한 남자였다.

지금까지 산전수전 겪어온 까닭에 스타우트는 웬만한 일에는 눈 하나 깜짝하지 않았다. 그런데 문을 열어준 경비원은 그렇지 않았던 모양이었다. 그는 깜짝 놀란 표정으로 미군 병사들, 그 곁에 서 있는 아헨 대성당의 주교, 그리고 이들과 함께 온 다른 2명의 미군 병사를 바라보았다. 주교가 말했다.

"안녕하신가, 에츠코른."

기념물 전담반은 안내인을 데려가라는 사령부의 지시로 인해 그날 아침의 귀중한 시간을 상당히 허비했지만, 알고 보니 슈테파니 주교는 그런 수고를 무릅쓸 만한 가치가 있는 사람이었다. 그는 바로 행콕이 아헨 대성당에서 만났던 인물로 당시 대성당의 소방대를 포로수용소에서 풀어달라고 부탁했었다. 주교는 오래전 손님을 다시 만나게 되자 깜짝 놀라는 한편, 자신이 지겐에 관해 줄곧 알고 있었다는 사실을 뒤늦게 시인하며 부끄러워했다. 당시에 그는 아헨 대성당의 보물들이 어디로 갔는지 전혀 모른다고 딱 잡아뗐었다.

"잘 오셨습니다, 주교님."

에츠코른은 무뚝뚝하게 인사하고는 마지못해 옆으로 비켜서서 병사들을 안으로 들어오게 했다. 그가 문을 닫자 경비병으로 보이는 독일군복 차림의 한 무리가 차려 자세를 취하고는 역시 기념물 전담반이 지나가도록 길을 비켜주었다. 이들 뒤에는 지하실로 통하는 문이 있었다. 에츠코른은 묻기도 전에 열쇠를 가져왔다.

문이 열리자 행콕은 플래시 불빛으로 벽돌로 만든 거대한 지하 전시실을 훑어보았다. 곧이어 그는 공기를 느껴 보았다. 따뜻하면서도 축축했다. 연합군의 폭격으로 환기장치가 고장 난 데다 천장에서 물이 똑똑 떨어지고 있었기 때문이다. 조지 스타우트가 먼저 안으로 들어갔다. 그의 플래시 불빛이 일련의 커다란 목제 선반 위로 떨어졌다. 선반들은 천장까지 높이 이어져 있었고 그 안에 구석구석 미술품이 들어차 있었다. 조각상, 회화, 장식, 제단장식화 등이 단단히 포장되어 있었던 것이다. 플래시 불빛 속에서 행콕은 렘브란트, 반 다이크, 반 고흐, 고갱, 크라나흐, 르누아르, 그리고 루벤스의 그림을 알아볼 수 있었다. 17세기의 위대한 플랑드르 화가였던 루벤스는 이곳 지겐 출신이다. 몇몇 캔버스에는 곰팡이가 슬었고 나무판에 그려진 몇 점의 회화에는 눈에 띄게 기포와 박편이 일었다. 주교가 한쪽 구석에서 소리쳤다.

"여기 있습니다!"

스타우트와 행콕은 14개의 커다란 벽면 기둥 중에서 맨 끝으로 달려갔다. 그 안에는 '아헨 대성당'이라고 적힌 6개의 커다란 나무상자가 놓여 있었다. 스타우트가 말했다.

"아직 봉인을 뜯지 않았군."

관리인이 여전히 굳은 표정으로 말했다.

"2주일 전에 아헨 시장님께서……."

슈테파니 주교가 말을 고쳐주었다.

"전(前) 시장님이라고 해야지."

에츠코른은 그 공무원에 대한 주교의 적대감을 의식하지 못한 모양이었다.

"예, 아헨의 전 시장님께서 말입니다. 이 보물들을 운반해 가려고 하셨습니다. 미군들이 올 때 말입니다. 그런데 이 나무상자가 좀 무거워야지요."

행콕은 양손으로 나무상자를 쓰다듬었다. 그 안에는 샤를마뉴의 흉상, 성모 마리아의 예복, 로타르 2세의 행렬용 십자가, 그 십자가와 함께 세우는 아우구스투스의 카메오, 그밖에 여러 가지 도금하거나 세공한 금속 성체 용기가 들어 있었다. 그는 아무런 표시도 없는 나무상자 하나를 조심스럽게 열어보았다. 그 안에는 12세기에 만들어진 도이츠의 성 헤리베르트의 성체 용기가 들어 있었다. 누군가가 놀란 듯한 목소리로 속삭였다.

"그거 금으로 만든 겁니까?"

행콕은 일행을 호위해서 광산 속까지 따라온 사병이 있었다는 사실을 깜박 잊고 있었다. 기념물 전담반에서는 여기에 보관소가 있다는 사실을 몇 달 전부터 알고 있었다. 따라서 무엇을 찾을지 어느 정도 짐작하고 있었지만 인류의 과거로 향하는 이 중요한 연결물까지는 미처 헤아리지 못한 상황이었다.

"금과 에나멜이라네."

행콕이 이렇게 말하며 그 병사에게 크고 무거운 뚜껑을 들어 올릴 수 있도록 도와달라는 신호를 보냈다.

"이건 값이 얼마나 나가는 겁니까?"

"그야 우리 두 사람이 생각하는 것보다 더 많이 나가겠지."

행콕은 일행을 데리고 한 바퀴 돌며 구경시켜 주었다. 벽면 기둥 사이 공간에는 대부분 독일 서부의 여러 박물관 소장품이 보관되어 있었다. 본, 쾰른, 에센, 뮌스터에서 온 것들이었다. 다른 곳에는 라인란트의 여러 교회의 보물들이 놓여 있었다. 실망스럽게도 지겐에 보관된 유일한 외국 물품은 프랑스의 메스에서 온 것뿐이었지만 이에 관해서는 기념물 전담반도 어느 정도 예상하고 있었다. 서유럽의 다른 지역에서 훔쳐온 문화유산은 여전히 다른 어딘가에 숨겨진 채 발견되기를 기다리는 모양이었다.

에츠코른이 40개의 상자를 가리키며 말했다.

"본에 있는 베토벤의 생가에서 가져온 것이랍니다. 제6번 교향곡의 친필 악보도 저 안의 어딘가에 있다더군요."

입구 근처에는 2개의 커다란 오크 문짝이 놓여 있었다. 행콕은 거기에 달린 여러 개의 패널이 그리스도의 생애를 투박하고 얕은 부조로 묘사하고 있음을 알아보았다. 그는 조각가 특유의 손을 거기에 대고 저 옛날의 끌 자국을 느껴보고 싶었다. 조각은 원시적인 동시에 역사적이었는데 아마도 그걸 처음 본 중세 사람들에게는 말로 표현할 수 없는 마법처럼 느껴졌을 것이다. 에츠코른이 진정으로 감동을 받은 듯한 어조로 말했다.

"쾰른의 장크트 마린 임 카피톨의 문짝입니다. 저는 그 교구를 아주 잘 알지요."

행콕은 고개만 끄덕였을 뿐 아무 말도 하지 않았다. 장크트 마린은 이미 파괴되어버렸다. 어쩌면 이 문짝이 그곳에서 남은 유일한 것인지도 모른다. 대강이나마 조사를 마치고 나자 스타우트가 행콕에게 말했다.

"자네가 무슨 생각을 하고 있는지 알고 있네. 이 물건들을 여기 그대로 남겨둔 채 떠나는 것이 어리석은 일처럼 보이겠지. 이 습기와 탁한 공기를 보면 말일세. 거기다 관리인도 영 미덥지 않고 말이야. 하지만 지금 우리에게는 트럭, 포장업자, 인부가 없지 않은가. 심지어 이걸 가져다놓을 만한 더 나은 장소도 없는 실정이지. 그러니 보병사단에 무장 경비병을 몇 명 붙여달라고 하고 내일 다시 와서 우리가 찾은 게 구체적으로 무엇인지 알아보세. 여기 있는 물건을 지금 당장 가져갈 수는 없네. 적절한 준비가 갖춰질 때까지는 안 되지. 걱정 말게. 그래도 이 정도면 안전한 편이니 말이야. 지금 당장은 아무런 해도 없을 걸세."

두 사람은 다른 2개의 터널보다 짧은 또 다른 터널을 통해 밖으로 나왔다. 이것이 보관실로 드나드는 주 출입구인 모양이었다. 이곳에는 연합군의 공격 때부터 피난을 온 사람들로 가득했다. 대부분 군복을 입고 있었는데 모양과 색깔이 제각각이었다. 미군 병사들이 지나가자 그중 상당수는 차려 자세를 취하고 경례를 붙였다.

"연합군이 우리를 구하러 오는 겁니까?"[1]

누군가가 프랑스어로 묻기에 행콕이 고개를 돌려보니 여러 명의 프랑스 포로가 무언가 기대하는 듯한 표정으로 그를 바라보고 있었다. 행콕은 자기도 그것까지는 자세히 알지 못하지만 지난 몇 주 동안 포로 신세에서 풀려난 병사들을 가득 태운 트럭이 서쪽으로 가는 모습을 보았다고 대답했다. 입구에서는 웬 노인이 행콕의 소매를 붙잡고는 나치의 잔혹성에 대해 하소연을 늘어놓았다. 노인은 자기 가족의 운명을 설명하느라 입가에 거품이 고일 정도였다. 자신도 가족을 따라가고 싶었지만 몸이 너무 약해서 갈 수 없었다고 했다. 행콕은 그 노인을 언덕 기슭에 남겨두고 다른 사람들과 함께 그곳을 빠져나왔다.

뒤를 바라보자 노인은 여전히 그 자리에 서서 이들이 떠나는 모습을 바라보고 있었다. 행콕은 문득 끔찍한 생각이 들었지만 너무 지친데다 지금 당장은 해줄 수 있는 게 없었다. 지하에 있던 시간은 그리 길지 않았지만 마치 평생 들어가 있었던 것 같은 기분이 들었다.

그는 마지막으로 뒤를 한 번 더 돌아보았다. 기울어가는 저녁의 햇

살 속에서 그 언덕은 독일의 여느 언덕과 다르지 않아 보였다. 부서지고 황량하고 잡석 더미가 흩뿌려진 모습이었다. 그 안에 들어 있는 경이와 공포를 암시하는 것이라곤 전혀 없었다.

35

상실

Lost

독일 아헨 동부 | 1945년 4월 4일

에센의 북쪽이자 아헨의 동쪽에 해당하는 이른바 루르 고립지역에서는 미국 제9군 소속의 기념물 전담반 월터 '허치' 헉트하우젠 대위와 그의 조수 셸던 케크 하사가 자동차를 몰고 전선으로 향하고 있었다. 제단장식화에 관한 보고가 들어와 자세한 내용을 조사하러 가는 길이었다. 허치는 사람 만나는 것을 좋아하는 독신자로, 런던 폭격 당시에 당한 부상으로부터 완전히 회복된 마흔 살에 본격적으로 임무를 시작했다.

　미술품 보존 전문가인 케크는 아들 '케키'가 태어난 지 3주째인 1942년부터 군 복무를 시작했다. 그때 이후로 아들을 한 번도 본 적이 없지만 역시 미술품 보존 전문가인 그의 아내 캐롤라인은 결코 불평하지 않았다. 그녀는 1930년대에 베를린에서 공부한 적이 있는데, 당시에는 식량을 구하기도 힘들었고 취업 자체가 불가능했으며 부패가 만연해 있었다. 그녀가 다니던 대학에서는 한 달에 무려 15명의 학생이 자살했고 그러다가 어느 날 갑자기 학교가 폐쇄되고 말았다.

그녀는 히틀러의 연설을 두 번이나 직접 들었는데 그의 말은 지금 생각해도 뼛속 깊이 전율이 느껴질 정도였다. 그녀는 셸던이 얼른 돌아왔으면 하는 마음이었지만, 다른 한편으로는 그의 임무가 얼마나 중요한지 잘 알고 있었다.

케크는 2, 30분쯤 길을 관찰하고 나서 이렇게 말했다.

"그래도 이쪽에는 차가 많지 않습니다."

평소와 마찬가지로 지도는 소용이 없었다. 길이 파괴되거나 적군 때문에 통행 불가능한 도로가 상당히 많았던 것이다. 기념물 전담반은 종종 길을 잃기도 했지만 그때마다 지나가는 지프나 탱크, 트럭(전방에서 만날 수 있는 일반적인 지원 차량)을 이용하는 데 익숙해져 있었다.

"길을 물어야겠어요."

케크가 말했다. 그러나 공교롭게도 길가에는 연합군 초소가 하나도 없었다. 2, 3킬로미터쯤 더 나아가자 미군들이 도로변 제방 꼭대기에서 어딘가를 바라보는 모습이 눈에 띄었다.

"마침 잘됐네요."

케크는 이렇게 말하며 차를 천천히 몰았다. 그런데 그가 브레이크를 밟자마자 총격이 시작되었다. 조수석에 있던 셸던 케크는 갑작스런 폭발음과 거의 동시에 강력한 힘에 떠밀려 뒤쪽 바닥으로 쓰러졌다. 미군 병사들이 제방에서 달려오는 모습을 곁눈으로 보고 나니 아드레날린이 온몸을 압도하면서 세상이 온통 캄캄해지고 모든 것이 사라졌다. 그다음에 그가 기억하는 것이라고는 누군가의 다정한 손길이 그를 어느 참호로 끌어들인 것뿐이었다. 지프는 벌집이 된 채 도로에 서 있었다. 병사들은 방금 허치가 앰뷸런스에 실려 갔다고 했다.

"귀에서 피가 나고 얼굴이 새하얗더군요."[1]

케크는 이틀 동안이나 이곳저곳 야전병원을 돌아다니며 상관을 찾았지만 어디에서도 소식을 알아내지 못했다. 마침내 그의 소식을 접한 곳은 야전병원이 아니라 사망자 명단에서였다. 월터 '허치' 헉트하우젠은 아헨의 동쪽 도로에서 적의 총격을 받아 즉사했다. 그의 시신이 확 쓰러지면서 케크를 지프 바닥으로 넘어트렸고 이후 총알을 온몸으로 막아주어 부하를 살린 셈이었다. 셸던 케크는 평생 그 순간을 잊지 못할 것 같았다. 물론 허치 덕분에 사랑하는 아버지를 다시 만날 수 있었던 그의 아들도 마찬가지일 것이다.

허치의 사망 소식은 그 이전에 있었던 로널드 밸푸어의 사망 소식과 마찬가지로 MFAA 요원들 사이에 느리게 퍼져 나갔다. 최전선에서 활동하는 장교 9명 중 2명이 사망한 것이다. 소식을 들은 동료들은 체념하는 듯한 표정으로 조용히 생각에 잠겼다. 워커 행콕은 여러 달 뒤에 아내 세이마에게 보낸 편지에서 이렇게 적었다.

"상당히 멋진 친구였어."

그는 허치의 업적이 혹시라도 잊힐까 봐 걱정하고 있었다.

"다들 그 친구의 근본이 선하다고 굳게 믿고 있었지. 빌 레슬리는 허치와 오랜 친구 사이였으니 나보다 그를 더 잘 알았지만 내 기억에 뚜렷이 남아 있는 것은 이 전쟁에서 임무를 대하는 허치의 태도였어. (……) 그가 젊은 건축가 시절에 짓고 싶어 했던 건물은 앞으로도 영

영 존재할 수 없겠지만 (……) 그가 임무를 수행하는 모습을 바라본 몇몇 사람만큼은 적이든 친구든 덕분에 인류에 대해 좀 더 긍정적으로 생각하게 되었을 거야."[2]

36

기억할 만한 한 주
A Week to Remember

독일 메르케르스 | 1945년 4월 8~15일

월터 헉트하우젠이 사망한 지 이틀 뒤인 1945년 4월 6일, 흙길을 따라 천천히 걸어가는 두 여자 뒤로 미군 지프 한 대가 접근했다.

"실례하겠습니다."

헌병 가운데 한 명이 총의 방아쇠에 손가락을 얹은 채로 말을 걸었다.

"지금은 엄격한 통행금지가 실시되고 있습니다. 아시죠? 패튼 장군께서 내리신 명령입니다."

곧이어 헌병은 여자 가운데 한 명이 임신 중임을 깨달았다. 알고 보니 이들은 프랑스 출신의 강제 이송 난민이었고 인근의 키젤바흐에 있는 산파를 찾아가는 중이었다. 미국 제12군단 헌병사령부에 문의해 본 결과 이들의 이야기가 사실임이 밝혀지자 헌병들은 여자들을 차에 태우고 키젤바흐로 향했다. 메르케르스 외곽에서 헌병들은 언덕 비탈을 깎아낸 흔적을 발견하고 저게 무슨 광산이냐고 물어보았다. 여자들 가운데 한 명이 작은 문을 가리키며 프랑스어로 말했다.

"금(Or)."

헌병들은 갑자기 차를 세웠다.

"금이라고요? 확실합니까?"

그 여자는 고개를 끄덕였다.

"금괴(Lingots d'or)."

그로부터 이틀 뒤인 1945년 4월 8일 오후, 미국 제3군 소속 기념물 전담반의 로버트 포시와 링컨 커스타인이 문제의 광산에 도착했다. 이들이 입구를 찾느라 헤맬 염려는 애초에 없었다. 겨우 몇 걸음 간격으로 경계 근무를 서고 있었고 좁은 도로를 따라 대공포가 자리 잡고 있었기 때문이다. 처음엔 중대 하나(100명 이상)가 경비를 서는 것 같았는데, 검문소와 초소를 더 지나고 보니 1개 대대의 절반쯤(200명 이상)이 있는 것 같았다. 실제로 메르케르스를 경비하는 병력은 무려 2개 보병대대에 달했고 기갑대대도 2개나 지원하고 있었다.

프랑크푸르트에 있는 사령부에서 금과 화폐를 확인하기 위해 파견한 다른 장교들과 함께 엘리베이터에 올라타자, 유황 같은 냄새가 풍기면서 무언가가 삐걱거리는 소리가 들려왔다. 곧이어 커스타인은 압력으로 인해 귀에 통증을 느꼈다. 그가 엘리베이터를 조종하는 기사에게 물었다.

"도대체 이 광산은 깊이가 얼마나 됩니까?"

기사 대신 어느 장교가 대답했다.

"거의 1킬로미터지. 엘리베이터를 움직이는 저 녀석은 독일놈일세.

우리말은 전혀 알아듣지 못하네."

"아직까지 후방에 남아 있는 SS 장교가 아니었으면 좋겠습니다."[1]

"걱정 말라고, 일병. 이 안에는 별 3개짜리가 수두룩해. 그러니 자네 같은 쫄따구한테는 관심도 없을 거야."

엘리베이터 문이 열리자 마치 단테의 《신곡》 중에서 '지옥편'의 한 장면 같은 광경이 펼쳐졌다. 어둠, 그림자, 사방으로 뛰어다니는 사람들, 수증기, 물, 전선, 곤충처럼 이리저리 뻗어 있는 금속 장비, 큰 소리로 명령하는 장교, 그리고 온갖 소리가 석벽에 이리저리 부딪쳐 메아리쳤다. 불빛은 일그러진 벽면을 비추었고 사람들의 목과 팔에는 대부분 흰 서리가 끼어 있었다. 이를 제거하기 위해 호스로 사람과 장비에 물을 뿌려대는 통에 바닥이 웅덩이처럼 되어 질척거렸다. 불과 몇 초 만에 커스타인은 온몸이 흠뻑 젖어버렸다. 그는 이마를 문지르려고 손을 뻗었다가 곧이어 아픈 목을 문질렀다. 누군가가 천 조각을 내주며 말했다.

"여기는 벽이 온통 암염으로 되어 있어서 그래. 이걸로 코를 막으라고. 그리고 위로 올라가면 이걸로 군화를 닦아야 하네. 그러지 않으면 하루 안에 군화에 소금물이 배어들고 마니까."

경비를 담당하는 병사들을 지난 뒤 이들은 엘리베이터 근처에 쌓여 있는 어마어마한 지폐 더미를 운반하는 사람들을 지나쳤다. 나치의 은행 관리들은 지금으로부터 일주일 전에 돈 더미를 옮기려 했지만, 마침 부활주일이라 기차역에 근무하는 사람이 아무도 없었다. 돈 더미 너머에는 모래 주머니로 올린 포좌가 하나 있었고 과묵한 GI 2명이 지키고 있었다. 그들 뒤에는 은행 지하실에나 어울릴 것 같은 거대한 강철 문이 있었다. 열쇠를 갖고 있던 사람이 없었는지 문에 1미터는 돼 보이는 구멍이 나 있었다. 포시와 커스타인은 그 구멍으로 들어갔다. 맨 처음 이들의 눈에 들어온 것은 사진을 촬영하는 어느 미군 장교였다. 그의 손에는 금화가 가득 담긴 철모가 들려 있었다. 그 너머에 있는 제8호실이 바로 나치의 거대한 보물창고였다.

링컨 커스타인은 위를 올려다보았다. 거대한 돌 천장에 수백 개의 불빛이 반사되고 있었다. 그는 그곳의 길이가 기둥 하나 없이 50미터에 달하고 폭이 20미터에 이른다고 추산했다. 높이는 6미터쯤 되는 것 같았고 방 한가운데에는 조명장치가 줄지어 늘어져 있었다. 불빛 너머로는 철로가 보였다. 방 저편 끝에는 몇 개의 손수레가 세워져 있었는데 병사들이 거기에 상자를 싣고 있었다. 포시는 상자들의 열이 짧은 데다 수량도 많지 않아 보인다고 생각했지만 그건 원근법으로 인한 착시현상이었다.

상자들의 높이는 수레에 짐을 싣는 병사들의 키보다 훨씬 더 높았다. 상자가 늘어선 곳 앞에는 수천 개의 똑같은 자루가 놓여 있었다. 자루는 평범한 갈색에 크기는 빵 덩어리 정도였고 주둥이가 꼭 묶여 있었다. 그 자루를 4개씩 쌓아 한 칸을 만들고 그렇게 다섯 칸을 나열해 한 줄을 만들었다. 그리고 한 구역당 스무 줄씩 배열하고 각 구역 사이마다 통로를 마련해두었다. 커스타인은 전체가 몇 구역인지 세어보려 했지만 그것은 불가능했다. 마지막 구역이 워낙 멀리 떨어져 있어서 그 사이에 난 통로는 물론 각각의 자루도 볼 수 없었다. 멀리서는 마치 점처럼 보였는데 그런 자루가 수천, 수만 혹은 수십만 개나 있었고 자루마다 하나같이 금이 들어 있었다.

근처의 다른 방에 들어 있는 미술품은 대부분 회화였다. 일부는 상자에 담겨 있었고 일부는 경첩 달린 뚜껑과 맹꽁이자물쇠로 잠근 상자에 들어 있었다. 또 일부는 그냥 갈색 포장지로 싸여 있을 뿐이었다. 상당수는 마치 싸구려 포스터처럼 나무로 만든 고정틀에 똑바로 쌓여 있었다. 커스타인은 회화들을 이리저리 뒤적여보았다. 멀리 떨어져 있는 범선을 묘사한 카스파르 다비드 프리드리히의 멋진 회화는 하늘 부분이 심하게 찢겼지만 다른 작품은 손상이 없는 듯했다. 포시가 말했다.

"생각보다 많지 않군."

지나가던 어느 장교가 포시의 말을 듣고 껄껄 웃으며 말했다.

"아, 여기 있는 게 전부가 아닐세. 저 아래로 가면 이런 터널이 몇 킬로미터나 뻗어 있다네."

바깥 통로는 제8호실보다 그리 인상적이지 않았다. 더구나 지하 1킬로미터 아래에 펼쳐진 좁은 석제 튜브 속에 들어와 있다는 사실에 밀실공포증이 생길 것만 같았다. 커스타인은 이곳에 폭발물이 숨겨져 있을지도 모른다고 생각했다. 독일놈들이 미술 전문가가 도착하기를 기다렸다가 터널을 폭파시켜 졸지에 지하 무덤 속에 가둬버릴지도 몰랐다. 마치 에드거 앨런 포의 단편소설 「아몬틸라도 술통」에서처럼 희생자들을 지하로 꾈 수도 있지 않은가. 커스타인이 좁은 통로를 지나며 물었다.

"지금 우리 머리 위에 있는 흙이 몇 톤이나 될까요?"

그는 문득 카스파르 다비드 프리드리히가 묘사한 넓은 하늘 아래의 작은 범선을 떠올렸다.

"이 터널 안에 들어와 있는 병사가 되는 것보다 더 끔찍한 일이 하나 있지. 그건 바로 이 터널을 파는 광부가 되는 거야."

물론 그는 그곳에서 끔찍한 일이 벌어졌었다는 사실을 미처 모르고 있었다. 몇 톤이나 되는 금과 미술품은 강제노동으로 운반했으며 동원된 사람들은 대부분 동유럽의 유대인과 전쟁포로였다.

머지않아 그들은 메르케르스의 광산에 얼마나 많은 것이 감춰져 있는지 서서히 깨닫게 되었다. 나무상자에 담겨 있는 조각품은 급하게 포장한 흔적이 역력했고 겉에는 박물관 카탈로그에서 잘라낸 사진이 붙어 있었다. 고대 이집트의 파피루스는 금속 용기에 넣었는데 이는 아마도 광산의 소금이 젖은 판지상자를 망가트리기 때문일 터였다. 다른 여러 방에는 고대 그리스와 로마의 장식품, 비잔틴의 모자이크, 이슬람의 깔개, 가죽과 버크럼(아마포)으로 만든 포트폴리오 상자 등이 있었다. 그 옆방에서는 알브레히트 뒤러가 1498년에 제작한 판화 작품 〈요한 묵시록〉 시리즈의 목판 원본이 발견되었다. 루벤스, 고야, 크라나흐의 작품들이 이류 작품들과 뒤섞여 포장된 모습도 보였다.

커스타인이 투덜거렸다.

"순서라고는 전혀 없네요. 시대와 양식이 전부 뒤섞여 있고 걸작품 옆에 신작을 놓기도 했어요. 다른 박물관에서 온 상자가 함께 쌓여 있기도 하고요. 대체 무슨 생각으로 이렇게 한 걸까요?"

"크기에 맞춘 모양이야."

포시가 한 상자 속에 들어 있는 같은 크기의 작품들을 가리키며 말했다.

두 사람은 그날 저녁 광산에서 나와서 보고를 위해 프랑크푸르트로 향했다. 제3군에서 금과 화폐를 조사하기 위해 파견한 페레라 소령도 이들과 동행했다. 페레라의 보고에 따르면 최초의 계산 결과 금괴 8,198개, 20달러짜리 미국 금화 711자루, 기타 금화 1,300자루, 외국 화폐 수백 자루, 제국 마르크화 27억 6,000만 달러, 다양한 외국 화폐, 은, 백금, 그리고 독일 정부가 지폐를 인쇄할 때 사용하는 인쇄판까지 있었다고 한다.[2] 이 광산에 있다가 억류된 은행 관리인 피크는 이것이 독일에 남은 국가 재산의 대부분에 해당한다고 단언했다.

포시의 보고서에는 예비 조사 결과 그 미술품 중에 베를린에서 이송된 것도 있다고 나와 있었다. 포장이 엉성하고 서툰 것으로 보아 아마도 이동 가능한 것들만 추려서 보낸 것이 분명했다. 그럼에도 불구하고 이 소금 광산에 숨겨져 있는 미술품만 수천 개에 달했다. 그런데 흥미롭게도 다른 나라에서 약탈해온 미술품은 하나도 없었다.

다음 날 로버트 포시는 조지 스타우트에게 전화를 걸었다. 마침 MFAA의 부대 지휘관이자 영국의 학자인 제프리 웹도 스타우트를 만나기 위해 베르됭에 와 있었기 때문에 포시는 두 사람에게 얼른 와달라고 부탁했다. 그러고는 곧바로 커스타인과 함께 최근 제3군이 점령한 인근의 웅엔으로 갔다. 몇 시간 뒤, 두 사람은 브라운펠스 성(1246년에 요새로 세워진 성)에서 박물관 하나를 채울 만한 분량의 초기 인쇄본, 고전 필사본, 유대교의 성문서 등을 찾아냈다. 약탈한 이들 물품은 ERR의 주모자인 알프레드 로젠베르크의 인종 연구소로 옮길 예정이었다. 그의 목표는 유대인의 열등함을 증명하는 데 있었다.

그날 밤 포시는 아내 앨리스에게 편지를 썼다.

"아예 쓰지 않는 것보다는 짧고 투박한 편지라도 쓰는 게 나을 것

398

같아. 워낙 바쁘다 보니 매일 일 때문에 지치고 힘들어서 편지에 몇 글자 적는 것도 어려울 지경이야. 하루 16시간씩 일주일 내내 일에 매달리느라 여유 시간이 거의 없어."[3]

전쟁이 막바지에 이르면서 기념물 전담반의 임무는 점점 더 중요해졌기 때문에 이들은 고향에서 기다리는 가족에게 각자의 경험을 털어놓을 시간조차 없는 실정이었다.

1945년 4월 11일, 조지 스타우트는 메르케르스에 도착했다. 그는 제18보병사단이 자신의 설득을 받아들여 충분한 경비병을 배치해둔 지겐의 미술품 보관소를 다녀온 직후라 이번에는 인적 드물고 반쯤 잊힌 광산을 방문하게 될 거라고 예상했다. 그런데 의외로 메르케르스에는 서부 연합군의 장교와 독일인 안내원, 민사부서 모든 분과의 전문가가 잔뜩 모여 있었다. 경비 임무는 거의 4개 대대(2,000명 이상)가 담당하고 있었으며 그중 1개 보병대대는 최전선에서 불러왔을 정도였다. 흥미롭게도 병력 수보다 종군기자 숫자가 훨씬 더 많았다. 커스타인이 쓴 것처럼 "그 미술품들은 하필이면 (……) 제국이 보유했던 금과 가까운 곳에서 발견된 까닭에 의외로 많은 언론의 관심을 끌었다."[4]

사실 기자들은 독일의 위대한 미술품에는 별로 관심이 없어서 계속해서 잘못된 정보를 내보내기 일쑤였다. 가령 그곳의 미술품 중에 이집트 네페르티티 여왕의 두상을 가리켜 '미라'라고 잘못 보도하기도 했다. 이번에 그들이 특종이라고 본 것은 광산을 가득 채운 나치의 금이었다.

패튼은 이 발견에 대한 소식이 언론에 새 나갔다는 사실에 격분한 나머지 이에 책임이 있는 검열담당관을 파면해버렸다. 장군 자신에게 그러한 권한이 없었음에도 불구하고 말이다. 하지만 일은 이미 터져 버린 다음이었다. 「스타스 앤드 스트라이프스(Stars and Stripes)」는 일 주일 내내 메르케르스에 관한 기사를 실었고 전 세계 신문도 곧 뒤를 따랐다. 그로부터 사흘 뒤, 이번에는 다른 광산에서 그보다 훨씬 더 놀라운 발견이 이루어졌다는 소식이 전 세계를 휩쓸었다. 하지만 새 롭게 발견되었다던 그 '메르세데스'(Mercedes) 광산이 사실은 '메르케 르스'(Merkers) 광산의 오기라는 사실이 드러났다.

스타우트는 15시까지 도착하되 상관인 영국군 장교 제프리 웹은 동 행하지 말라는 지시를 받았다. 민사부서의 재정분과에서 웹의 출입 허가를 내지 않았던 것이다. 스타우트는 14시 45분에 제3군에서 내준 지프를 타고 도착해 곧바로 어느 육군 중령 앞에 출두했다. 중령은 그 에게 숙소를 하나 배당해주고 차후에 지시가 있기 전까지는 여기를 떠날 수 없다고 통보했다. 숙소에는 재정 분야의 요원들이 가득했다.

21시 15분에 아이젠하워의 민사 및 군정 재정고문인 번스타인 대령 이 도착해서 스타우트에게 그가 이 작전의 총괄 MFAA 장교로 지명되 었음을 알렸다. 제프리 웹이 이번 작전에서 배제된 것에 이의를 제기 하자, 번스타인은 광산지역의 총괄 책임자는 자신임을 명시한 패튼 장군의 편지를 보여주었다. 따지지 말고 메시지를 똑바로 알아들으라 는 뜻이었다. 이것은 단순한 작전이 아니라, 무려 '재정'에 관련된 작 전이었기 때문이다.

웹에게는 안 된 일이지만 영국군 장교는 누구도 출입이 허락되지 않았다. 미술품은 오히려 부차적인 것에 불과했다. 씁쓸했던 스타우트는 일단 링컨 커스타인을 파견해 웹에게 나쁜 소식, 즉 패튼의 말마따나 "빌어먹을 영국놈들은 아무도" 광산에 들여보내려 하지 않는다는 사실을 전했다.[5] 그런 다음 그날 저녁에 슈와베 박사와 면담을 했다. 독일인 사서인 그는 "서툴고 불필요한 복수심을 품고 있었다."[6]

다음 날 아침, 스타우트는 독일인 미술 전문가 폴 오르트빈 라베 박사를 만났는데, 그는 4월 3일부터 가족과 함께 광산 인근에서 살고 있었다. 언론에서는 라베가 프러시아의 국립 박물관 부관장이라고 보도했다. 실제로는 관장의 보조역할이었지만 단순한 아랫사람이 아니었다. 그는 헌신적이고 전문적인 박물관 관계자였음에도 불구하고 나치당에 가입하지 않았다는 이유로 화려한 경력을 쌓지 못했을 뿐이었다.

라베의 설명에 따르면 나치는 전쟁이 시작되자마자 독일의 여러 국립 미술관에 있는 보물들을 베를린 인근의 은행 지하 보관소와 방공요새에 넣어두었다. 1943년 연합군의 공중 폭격이 시작되자 그는 베를린 지역에 있는 컬렉션의 피난을 제안했다. 하지만 그것은 위험하며 심지어 치명적일 정도로 패배주의적인 생각이라는 답변이 돌아왔다. 이듬해에 그는 다시 한 번 제안했다. 그의 의견은 또다시 무시되었고 목숨마저 위태로워졌다. 그러다가 소련의 장거리 지상포가 베를린을 강타하기 시작하자 그제야 미술품을 메르케르스로 옮길 수 있는 권한이 부여되었다.

카라바조와 루벤스의 작품을 포함한 400점의 커다란 회화는 베를린의 방공요새에 그대로 남겨두었고 수많은 조각상과 골동품도 마찬가지였다. 라베는 나머지를 모두 옮기려면 대략 8주가 걸릴 거라고 예상했지만 그에게 주어진 시간은 2주뿐이었다. 결국 마지막 화물이 도착한 것은 1945년 3월 31일이었다. 그로부터 닷새 후 제3군이 그 지역을 점령했다. 라베는 어두운 목소리로 중얼거렸다.

"그렇게 어마어마한 양의 미술품을 옮기는 데 겨우 2주를 주다니!"

스타우트는 라베의 이야기가 끝나자마자 이렇게 덧붙였다.

"대단한 사치로군요. 우리는 겨우 6일 안에 해치워야 한답니다."

4월 12일의 늦은 오전, 유럽 전역 총사령관 드와이트 아이젠하워, 미국 제12집단군 사령관 오마르 브래들리, 제12군단 사령관 맨턴 에디, 무적의 제3군 사령관 조지 패튼이 비행기를 타고 메르케르스로 달려왔다. 제9군 산하 제19전술공군사령부의 사령관 오토 와일랜드 준장도 이곳에서 이들과 합류했다. 몇몇 간부와 독일인 엘리베이터 기사를 대동한 장군들이 지하 600미터에 있는 메르케르스 광산으로 내려가는 낡은 엘리베이터에 올라탔다. 달랑 하나뿐인 엘리베이터 케이블이 삐걱대는 소리와 함께 절반쯤 내려갔을 무렵, 패튼이 갑자기 농담을 했다.

"저 빨랫줄 같은 게 끊어지는 날에는 미국 육군에 대대적인 승진 바람이 불겠죠."[7]

어둠 속에서 아이젠하워의 목소리가 흘러나왔다.

"조지, 알았으니까 그만 좀 하라고. 우리가 다시 지상으로 돌아가기 전까지는 농담 금지일세."

칼륨이 가득한 광산 속으로 들어가는 것은 영 불편한 경험이 아닐 수 없었다. 이곳은 단순한 관광지가 아니라 얼마 전까지 실제로 채굴 중이던 광산이었다. 따라서 통로 자체가 매우 거칠고 좁고 답답했다. 장비는 대부분 낡았는데 이는 인력과 물자가 모조리 전쟁에 투입된 까닭이었다. 독일군이 깊은 광산을 보관소로 선택한 탓에 병사들은 종종 땅에서 400미터씩 아래로 내려간 다음, 거기서 또다시 400미터씩 수평으로 이동해야 했다. 끝없이 어둠이 이어지는 깊은 땅속에서 동굴 지도도 없는 데다가 다음 모퉁이에 부비트랩이 있거나 기둥 사이에 다이너마이트가 있을지도 모르는 상황이었으니 신경이 곤두서는 것은 당연했다. 더구나 그 지역의 광산은 폭격이나 포격으로 인해 전원 공급이 끊긴 바람에 어둡고 춥고 습기가 가득했다.

장군들은 재빨리 움직였다. 그들은 소수의 인원만 남고 모두 나간 제8호실에서 줄줄이 쌓여 있는 수억 달러어치 금괴와 은행권을 살펴보았다. 다음 방에서는 회화를 이리저리 넘겨보았다. 패튼은 그 그림들을 두고 "기껏해야 2달러 50센트짜리, 술집에 딱 어울릴 만한 것"[8]이라고 평가했다. 그가 본 것은 베를린의 카이저 프리드리히 박물관의 컬렉션 가운데 일부였다. SS의 소유품이 쌓여 있는 또 다른 방에는 금은으로 만든 쟁반과 꽃병이 가득했는데, 하나같이 운반하기 편하도록 망치로 때려 납작해진 상태였다. 또한 트렁크마다 SS가 미처 녹이지 못한 보석, 시계, 은제품, 의류, 안경, 금 담뱃갑 등의 약탈품이 가득했다.

점심식사 도중에 아이젠하워가 독일의 금은괴와 지폐를 언급하며 물었다.

"자네들이라면 저 약탈물을 가지고 뭘 하겠나?"

패튼은 평소처럼 거친 말투로 무기를 사거나 황금 훈장을 만들어서 "제3군에 있는 우리 개자식들한테"[9] 하나씩 달아줄 거라고 말했다. 장군들은 껄껄 웃었다. 어차피 이 질문은 학문적인 차원과는 거리가 멀었다. 스타우트나 다른 기념물 전담반의 입장과 상관없이 번스타인은 광산에서 발견한 모든 물건(미술품도 포함해서)을 미군이 포획한 적의 약탈물로 간주했다. 그런 입장에 변화가 온 것은 그로부터 몇 달이 지난 뒤의 일이었다.

장군들의 밝고 경쾌한 기분은 그날 오후 오르드루프를 방문하면서 싹 가시고 말았다. 이곳은 나치가 만든 강제노동수용소로 미군에 의해 해방되었다. 오르드루프는 아우슈비츠 같은 죽음의 수용소까지는 아니었지만 인간이 조직적으로 강제노동에 시달리다가 죽어 나갔다는 점에서는 마찬가지였다. 장군들과 간부들은 침묵 속에서 수용소 안을 돌아보았다. 브래들리 장군의 회고는 당시의 상황을 생생하게 보여준다.

"울타리 안으로 들어가기 전부터 죽음의 냄새가 우리를 압도했다. 무려 3,200구 이상의 벌거벗고 여윈 시체가 좁은 무덤에 던져져 있었다. 어떤 사람들은 길가에 쓰러진 채로 죽어 있었다. 뼈만 남은 몸의 노란 피부 위로 이가 기어 다녔다. 어떤 (연합군) 경비병이 시체에 피가 엉겨 붙어 생긴 딱지를 보여주었는데, 이는 굶주린 수용자들이 내장을 끄집어내 먹은 까닭이라고 했다. (……) 너무 역겨워서 말이 나오지 않았다. 이곳에서 이토록 잔혹하고 불결한 죽음이 있었다는 사실에 우리는 모두 온몸이 마비되는 듯한 충격을 느꼈다."[10]

거의 해골만 남은 몇몇 생존자가 오그라진 다리로 간신히 일어나

곁을 지나가는 장군들에게 경례를 붙였다. 장군들은 굳게 입을 다물고 있었다. 전쟁으로 혹독히 단련된 일부 간부조차 대놓고 눈물을 흘릴 정도였다. 그 오만방자한 패튼, 이른바 "피와 배짱으로 똘똘 뭉친 늙은이"도 어느 건물 뒤에 가서 구토를 하고야 말았다. 아이젠하워는 모든 미군 병사와 후방에 있는 남녀노소가 이 광경을 반드시 봐야 한다고 주장했다.

"듣자 하니 미군 병사들은 자신이 지금 무엇을 위해 싸우는지도 모른다고 한다. 이제 병사들은 최소한 자신이 무엇을 위해 싸우는지 알 수 있을 것이다."[11]

패튼은 이를 두고 더욱더 퉁명스럽게 표현했다.

"당신들이 이 더러운 놈의 장소를 직접 보기 전까지는 그 독일놈들이 얼마나 지랄 같았는지 결코 믿을 수 없을 것이다."[12]

역사상 가장 주목할 만한, 그리고 가장 끔찍한 시찰을 하고 나서 심신이 지쳐버린 패튼은 그날 자정이 되어서야 비로소 자리에 누웠다. 불을 끄기 전에 그는 자신의 시계가 멈춰버렸음을 깨달았다. 정확한 시각을 알기 위해 BBC 라디오를 틀었다가 마침 흘러나오던 충격적인 뉴스를 듣게 되었다. 프랭클린 델러노 루스벨트가 사망한 것이다.

장군들이 메르케르스의 주요 보관실을 시찰하는 동안, 스타우트는 인근의 다른 광산을 돌아보고 있었다. 메르케르스의 광산 복합체에는 60킬로미터에 달하는 갱도와 열댓 개의 출입구가 있었다.[13] 광산에서의 업무 기록은 없었지만 다행히 라베 박사는 보관된 물품의 원래 보관처인 박물관과 컬렉션의 목록을 갖고 있었다. 베를린 박물관에서 가져온 컬렉션은 맨 처음에 도착해 란스바흐 광산에 보관되었다. 그러나 이 광산이 그리 만족스럽지 않았던 라베는 이후에 도착하는 화물을 메르케르스로 보냈다. 물론 메르케르스도 습기가 차고 소금기가 많아 미술품에는 결코 이상적인 보관소가 아니었다. 스타우트는 그보다 못한 광산의 사정이 어떨지 몹시 걱정스러웠다. 그런데 마침 란스바흐 광산은 엘리베이터가 고장 난 상태라 그 안의 상황을 살펴볼 수가 없었다. 그래도 할 일은 쌓여 있으니 상관 없었다. 다음으로 필리프슈탈 광산에 들어가자 참고도서와 지도가 나왔다.

링컨 커스타인은 멘첸그라벤 광산에 들어갔는데, 때마침 전기가 나가는 바람에 지하 수천 킬로미터 속의 완전한 어둠과 침묵 속에 갇히고 말았다. 그는 편지에 이렇게 썼다.

"엠파이어스테이트 빌딩 높이의 두 배 되는 곳을 걸어 올라가는 대신, 나는 루프트바페의 군복을 엄청나게 쌓아놓은 보관소를 조사하고 낙하산용 단검 하나를 기념품으로 챙겼지."[14]

4월 13일 오전, 조지 스타우트는 미술품 운송에 필요한 포장용품을 확보하기 위해 백방으로 알아보았다. 종이상자와 나무상자, 서류철, 테이프, 그리고 수천 킬로미터에 달하는 포장재가 필요했다. 그가 내린 결론은 간단했다.

"확보할 가능성이 전혀 없다."[15]

란스바흐 광산의 엘리베이터가 복구되자 스타우트는 그다지 마음에 들지 않는 슈와베 박사와 함께 광산으로 내려갔다. 이 광산은 메르케르스의 주 갱도보다 무려 두 배 가까이 깊고 훨씬 더 좁았다. 그곳의 공간은 대부분 책이 차지하고 있었다. 스타우트는 대략 100만 권,

어쩌면 200만 권에 달할 거라고 추산했다. 베를린 박물관에서 가져온 미술품이 담긴 45개의 나무상자는 라베가 놓았다는 그 장소에 그대로 남아 있었다. 그중 7개는 누군가가 이미 훔쳐갔지만 다행히 뒤러와 홀바인의 중요한 작품들은 아무도 손대지 않았다. 국립 오페라 극장에 있던 의상 컬렉션도 누군가가 훔쳐가버렸다. 독일인 안내원 중 하나가 투덜거렸다.

"러시아나 폴란드 노동자들 짓일 겁니다."

스타우트가 생각하기에는 그들이야말로 강제로 끌려왔기 때문에 지금 독일인 입장에서 저쪽의 절도 행위를 비난하는 것은 어딘가 앞뒤가 맞지 않아 보였다. 메르케르스로 돌아온 스타우트는 번스타인으로부터 계획이 변경되었다는 소식을 전해 들었다. 원래는 4월 17일까지 여기에 있는 물건을 모두 옮기기로 했지만 4월 15일까지로 수정했다는 것이었다. 스타우트는 그날 일기에 이렇게 적었다.

"지나치게 성급한 조치였지만 군사적 중요성 때문이라고 했다."[16]

군사적 중요성이라는 표현은 과장된 감이 없지 않았다. 그보다는 군사적 편의라는 표현이 더욱 적절해보였다. 패튼 장군은 앞으로 진격하고 싶어 했지 금광 하나를 지키기 위해 무려 4개 대대를 뒤에 남겨 두고 싶어 하지는 않았다. 번스타인 역시 나름대로 서두를 필요가 있었다. 2월 말의 얄타회담에서 루스벨트와 처칠, 스탈린이 독일을 여러 개의 통치 지구로 나눠 담당하기로 했기 때문이었다. 메르케르스는 소련의 담당 구역이었고 따라서 보물 역시 소련이 관리해야 마땅했다. 만약 광산에 있는 물건을 옮기기도 전에 소련군이 도착한다면 그 물건은 졸지에 적군(赤軍)의 손으로 넘어가버리고 말 것이었다. 그렇잖아도 독일 중부의 '황무지'에서 미군 정찰대와 소련군 정찰대가 마주친 적이 있다는 소문이 오래전부터 떠돌고 있었다.

당시 소련은 냉정을 유지할 상황이 아니었고 당연히 그럴 만했다. 나치의 잔인하고도 파괴적인 침공으로 인해 러시아에서는 수백만 명의 희생자가 나왔으며, 특히 스탈린그라드 포위 공격에서만 150만 명 이상이 희생되었다. 현재 무자비하게 독일 영토로 진입하는 소련군 중에는 이른바 전리품 여단도 있었다. 그 여단에 속한 미술 및 재정 담당 관리들은 적국의 자산을 수색해서 압류하는 임무를 맡았다. 스탈린은 금과 은, 대리석 조각상, 그리고 미술품을 찾아내 자국민의 희생에 대한 보상으로 삼고자 했던 것이다.

4월 15일, 자정에서 30분이 지난 시각에 스타우트는 마침내 메르케르스에 있는 미술품 이송 계획을 마무리했다. 포장재를 구할 길이 없자 그는 커스타인이 멘첸그라벤 광산에서 발견한 루프트바페의 군복 보관소에서 1,000벌의 양가죽 코트를 꺼내왔다. 독일군 장교들이 러시아 전선에서 입었던 이 두툼한 외투로 40톤에 달하는 미술품을 칭칭 감싸고 묶어서 비슷한 작품끼리 상자에 포장해 적절한 컬렉션끼리 배치했다.

금은 워낙 무거워서 트럭에 가득 실을 수가 없었기 때문에 공간을 최대한 활용하기 위해 회화가 들어 있는 상자와 섞어 실었다. 적재는 앞으로 1시간 안에, 그러니까 새벽 2시에 시작될 것이었다. 예정 시각보다 36시간이나 앞당긴 셈이었다. 새벽 4시 30분이 되자 나무상자와 틀상자에 담겨 있던 미술품을 지상으로 옮겨 실었다. 스타우트는 "잠

잘 시간도 없다"고 적었다.[17] 미술품이 프랑크푸르트에 도착했을 때 하역과 보관을 위한 운송장은 물론 구체적인 지시사항을 준비해야 했기 때문이다.

오전 8시, 첫 번째 수송대가 떠나기 1시간 전에 스타우트는 포장되지 않은 회화 작품을 정리하기 시작했다. 원래는 지상의 어느 건물로 옮겨 임시로 보관해둘 계획이었지만, 인원을 25명이나 동원해도 불가능했다.

정오가 되자 투입된 인원은 50명으로 늘어났다. 스타우트는 먼저 지하에 있는 회화를 나무상자에 포장하기로 결정했다. 불행히도 커다란 나무상자는 다루기가 몹시 힘들었고 특히 갱도의 혼란 속에서는 더더욱 그러했다. 금 운반을 위해 지프가 아예 지하로 내려왔기 때문에 일부 통로는 아예 막혀 있었다. 지프의 매연 탓에 공기는 더욱 나빠졌고 엔진의 요란한 소리가 돌투성이 통로에 계속해서 울려 퍼졌다. 게다가 금에 묻은 광산의 부식성 소금을 씻어내기 위해 일단 그 위에 물을 뿌렸는데 이로 인해 주 갱도에서 엘리베이터가 있는 곳까지 발목 깊이의 진창이 생겼다.

병사들은 사방으로 뛰어다니며 돈다발과 금괴, 미술품을 날랐다. 스타우트가 할 수 있는 일이라고는 휘하에 투입된 인원들을 잘 통제해 엉뚱한 곳을 헤매느라 제자리로 돌아오지 못하는 일이 없도록 주의하는 것뿐이었다. 4월 16일 오전 12시 5분, 즉 자정에서 5분이 지나서야 스타우트는 이렇게 보고했다.

"모든 미술품을 지상으로 올려 보냈고 3개소에 분산 수용함. 판화상자는 지상의 2개소에 분산 수용함. 지하에 있는 나무상자에 넣은 미술품은 재분류하고 분류별로 모아 엘리베이터 갱도로 옮길 준비를 끝냈음."[18]

란스바흐에서의 적재는 오전 8시 30분에 시작되었다. 그리고 30분쯤 뒤에 메르케르스에서는 병사 75명과 장교 5명이 적재에 동원되었다. 13시에는 전쟁포로 중 일부가 작전 지원에 투입되었다. 21시가 되자 모든 작품들이 적재되었다.

스타우트는 메르케르스의 주 갱도에서 이어지는 지하통로를 따라 디틀라스 광산으로 들어갔다가 사진장비와 현대회화, 그리고 기록물이 담긴 선반을 발견했다. 그중 바이마르에서 온 어느 기록물 더미에는 933~1931년이라고 적혀 있었다. 그 도시의 1,000년 역사를 망라한 자료였던 것이다. 긴 하루를 보낸 그날, 스타우트는 다음과 같이 기록했다.

"조사는 23시에 끝났다. 메르케르스로 돌아와 저녁을 먹고 보고했다."[19]

10톤 트럭 32대와 호위차량 및 공군 지원이 따라붙은 미술품 수송대가 프랑크푸르트로 떠난 것은 오전 8시 30분이었다. 목적지에 도착한 시각은 14시였는데 스타우트는 그 상황을 아래와 같이 간단히 적었다.

"하역 작업이 복잡했다. 커스타인이 큰 도움을 주었다. 건강도 좋지 않은 105명의 PW(전쟁포로)가 전부 처리해주었다. 임시 보관소는 1층의 방 8개를 사용했고 지하실의 큰 방도 하나 사용했다."

스타우트의 목록에는 393점의 회화(비포장), 2,091개의 판화 상자, 1,214개의 나무상자, 140점의 직물 공예품이 있었으며, 이는 프러시아의 국립 미술품 컬렉션 대부분에 해당되었다.

"23시 30분에 모든 작업이 끝났다."[20]

커스타인은 이 작전에 관한 글에 이렇게 적었다.

"내가 그 물건들을 마지막으로 봤을 때, 스타우트 대위는 물건들이 놓인 새로운 장소 구석구석에서 기량계를 이리저리 휘저으며 습도를 측정하고 있었다."[21] 스타우트는 거의 나흘간 잠을 못 잔 상태이면서도 평소와 마찬가지로 일을 해냈다. 그것도 아주 제대로. 그는 4월 19일이 되어서야 평소와 같이 과묵한 어조로 글을 썼다.

"지난 닷새 동안 당신한테 편지를 한 통도 못 써서 무척이나 아쉬웠어. 정신없이 바빴지. (……) 묘하고도 이상한 일이었어. 지하 400미터 내지 800미터에 있는 소금 광산 속과 그 근처를 들락날락했으니 말이야. 이 일에 관해서는 아마 당신도 신문에서 읽었겠지. 언론이 그걸 보도한 것은 큰 실수야. 자칫하면 심각한 피해가 발생할 수도 있었어. 나도 지금은 당신에게 자세히 말할 수가 없어. (……) 작업 자체는 재미있었어. 반드시 해야 할 일이었고. 그리고 나는 잘 지내고 있어."[22]

그는 메르케르스에서 얻은 전리품에 관해 언급하며 편지를 끝냈다. 전리품은 가장자리에 털가죽 장식이 달린 코트 두 벌이었는데, 나중에 소련 쪽 전선에서 침낭으로 사용할 작정이었다. 이 코트와 낙하산 부대용 단검이 그의 유일한 전리품이었다.

메르케르스에서 스타우트와 종종 함께 일했던 로버트 포시는 이 작전에 대해 보다 솔직한 태도를 취했다.

"금이 있는 광산에서 어떤 사람들이 내 철모에 20달러짜리 미국 금화를 가득 채워주면서 가져가도 된다더군."

그는 광산에서 나온 지 며칠 뒤인 4월 20일에 앨리스에게 이런 편지를 썼다.

"그런데 그걸 들어 올릴 수가 없더라고. 돈으로 환산하면 3만 5,000달러인데 말이지. 그래서 그걸 도로 자루에 쏟아부었지. 이제는 돈 욕심이 전혀 생기지 않을 것 같아. 그렇게 많은 돈을 한꺼번에 보고 나서도 전혀 흥분되지 않았으니 말이야. 내게는 당신이 쓴 시가 더 중요해."[23]

지난 몇 주 동안의 일은 중요하고 대단했지만 기념물 전담반은 결코 축하를 할 입장이 아니었다. 서부 연합군 병력이 메르케르스를 우연히 발견했다면 기념물 전담반 역시 무언가 예상 밖의 이례적인 발견을 할 수 있다는 얘기였다. 그리고 저 어딘가, 나치가 장악한 지역에는 약탈된 유럽 최고의 미술품이 쌓여 있는 보물창고가 두 군데나 남아 있었다. 한 곳은 로즈 발랑이 지적한 노이슈반슈타인의 성으로 그곳에는 프랑스의 미술 분야 세습 재산 중에서도 최상급이 모여 있었다. 다른 한 곳은 오스트리아 알프스의 알타우세 깊숙한 곳에 있는 히틀러의 보물창고로, 거기에 전 세계의 최고 미술품 중 상당수가 숨겨져 있었다.

Section 4

진공
The Void

37

소금
Salt

오스트리아 알타우세 | 1100~1945년

유럽에서 가장 높고 울퉁불퉁한 알프스 산맥은 독일과 오스트리아의 국경을 따라 해발 2킬로미터 정도 높이로 솟아 있다. 봉우리는 가파른 데다 돌투성이고 산에는 그림 같은 샬레(오두막)가 가득한데, 깊은 계곡으로 들어갈수록 숲이 워낙 울창해 오로지 나무밖에 없는 듯하다. 그러다가 갑자기 고산 호수가 눈앞에 펼쳐지고 그 건너편 산비탈 위에 뾰족한 지붕과 조각 장식으로 이루어진 아름다운 마을이 나타난다.

잘츠부르크에서 70킬로미터쯤 떨어진 곳에 푀첸 고개가 있다. 그 고갯길은 워낙 가파르고 구불구불하기 때문에 대단히 위험해 보인다. 하지만 그곳을 넘으면 길이 평탄해지면서 높은 고산 계곡이 나타나고 그 계곡 끝에는 바트 아우세라는 작은 마을이 있다. 거기에서 몇 킬로미터쯤 더 가면 고산 호수 건너편에 작은 마을이 하나 나오는데 거기가 바로 알타우세다.

그곳에서부터 도로는 매우 가파르게 이어지는데 여기에 비하면 퓌첸 고갯길은 비교적 평탄한 길처럼 여겨질 정도다. 도로를 따라 맑고 세찬 개울물이 흐르고 그 너머로는 거대한 산들이 숨 막힐 정도로 꽉 들어차 있다. 이 산들은 석회석의 퇴적물로 날씨가 화창한 날에도 눈 덮인 꼭대기 아래가 창백한 회색을 띤다. 300미터 높이의 절벽 위에 올라앉은 그곳의 황량한 석조 건물 너머로는 낮고 불규칙하게 서 있는 건물과 석벽, 그리고 잔틀링 산의 가파른 비탈밖에 없다.

산에는 작은 터널이 뚫려 있는데 그곳이 바로 옛날 소금 광산의 주출입구다. 이 지역의 전설에 따르면 광산에서 소금을 채굴한 지 무려 3,000년이 되었다고 한다. 다시 말해 로마 건국 이전, 고대 이집트제국의 절정기부터 소금을 채굴했다는 얘기다. 그러나 이 지역에 관한 기록에는 소금 채굴이 1100년대부터 시작되었다고 밝히고 있다.

여러 도시와 제국이 흥망을 거듭하던 몇 세기 동안, 잔틀링 산의 슈타인베르크 광산에서는 계속해서 소금이 생산되었다. 소금은 곡괭이와 삽으로 채굴하는 것이 아니라 특수한 파이프와 수문을 이용해 용해했다. 봄이 되면 산 위쪽에서 광산으로 물이 흘러든다. 돌소금(巖鹽)이 녹아 있는 그 물이 거기서 30킬로미터쯤 떨어진 바트 이슐까지 흘러가면 그곳에서 물이 증발해서 순수한 소금 결정을 얻었다. 광산에서는 125명의 광부가 파이프와 수문은 물론 산의 무게를 떠받치는 지하실, 커다란 방, 그리고 터널의 미로를 관리했다. 1300년대 이래로 이 일은 광산 인근의 비탈에 살고 있는 소수의 가문이 독점했는데, 광부들은 아세틸렌 램프를 이용해 터널 안을 돌아다녔으며 흰색 리넨 옷을 입고 중세 광부 특유의 뾰족한 모자를 썼다.

1943~1944년 겨울에 이르러 알타우세의 소금 광산은 현대 문명의 습격을 받았다. 처음에는 나무 꼭대기까지 가득 쌓일 만큼 5미터나 되는 눈이 내려도 도로를 지나갈 수 있는 무한궤도 차량이 찾아왔다. 곧이어 보급품을 실은 지프가 오고 나중에는 트럭이 끝도 없이 이어지며 가파른 고갯길을 바쁘게 오갔다. 나치 장교들과 함께 온 인부들은 지하실을 더 넓히고 소금 방 수십 군데에 나무 바닥과 벽, 천장을 만들었다. 그 깊은 산속의 작업실 안에서는 거대한 나무 선반이 조립되었는데, 그중에는 높이가 3층에 달하는 것도 있었다. 이어 전문가들과 사무원들이 몰려들어서 모두 미술품 보관에 매달렸다.

처음에는 빈에 있는 여러 박물관이 각자 국보급 미술품을 알타우세로 옮겼지만, 머지않아 히틀러가 이 광산을 개인 용도로 사용하게 되었다. 연합군의 공습이 늘어나자 총통은 린츠에 있는 자신의 거대한 박물관으로 보내려 했던 모든 국보를 몇 군데로 분산시킨 다음 깊숙한 곳에 완전히 봉인했다. 그중 하나로 알타우세가 선택된 까닭은 워낙 외진 데다 린츠에서 160킬로미터 정도밖에 떨어져 있지 않기 때문이었다.

거대한 산의 옆구리를 곧바로 뚫고 들어간 이 광산은 공중 폭격에도 끄떡없었다. 그것도 폭격기가 넓디넓은 잔틀링 산맥에서 이곳을 찾아낼 수나 있을 때 얘기지만. 벽에 있는 소금이 과도한 습기를 흡수해 광산 속의 습도는 항상 65퍼센트로 일정했다. 기온은 4도(광산이 가장 시원한 겨울 기온)에서 8도(여름의 기온) 사이로 비교적 변동이 적은 편이었다. 이런 환경은 회화와 판화를 보존하는 데 유리했고 갑옷의 금속 물질 같은 경우 윤활유나 젤라틴을 살짝 발라놓으면 산화를 방지할 수 있었다. 어느 누구도, 심지어 히틀러조차 몇 톤에 달하는 약탈품을 감춰놓기에 이보다 더 이상적인 장소를 찾아낼 수는 없을 것이었다.

1944년과 1945년 사이에 미술품이 계속해서 도착하는 중에도 광부들은 소금을 채취했다. 이들은 종종 하역작업에 동원되었는데 그들이 옮긴 물건 중 상당수에는 'A.H. 린츠'라는 도장이 찍혀 있었다. 1944년 5월부터 1945년 4월까지, 뮌헨 소재 히틀러의 사무실인 총통 관저에서 이곳으로 이송된 회화가 1,687점이 넘었다. 1944년 가을에는 〈겐트 제단화〉가 노이슈반슈타인에서 이곳으로 이송되었다. 배편으로 벨기에를 떠난 미켈란젤로의 〈성모자〉도 1944년 10월에 이곳으로 옮겨졌다.

1945년 4월 10일과 그로부터 사흘 뒤인 4월 13일에 또다시 8개의 나무상자가 이 광산으로 옮겨졌다. 이것은 이 지역의 나치 지방장관인 아우구스트 아이그루버가 보낸 것이었다. 이 나무상자에는 '주의—대리석—떨어트리지 말 것'[1]이라고 적혀 있었다. 하지만 그 물건을 옮긴 광부들은 그 상자 안에 조각상 같은 물건이 들어 있을 것 같지는 않다고 생각했다. 아이그루버 지방장관은 광적인 오스트리아 출신 나치로 아돌프 히틀러의 네로 명령을 철저히 준수하는 인간이었다. 상자에 들어 있던 것은 미술품이 아니라 500킬로그램짜리 폭탄이었고 상자 하나는 여섯 사람이 편하게 걸터앉을 수 있을 정도로 컸다. 아이그루버는 여차하면 이 광산과 그 안의 귀중한 내용물을 모조리 파괴할 작정이었던 것이다.

연합군 총사령관 드와이트 아이젠하워 장군은 근심 어린 표정으로 독일 지도를 살펴보고 있었다. 서부 연합군 병력이 라인 강을 건너고 소련의 적군이 오데르 강으로 진군함으로써 이제 독일의 운명은 정해진 것이나 마찬가지였다. 처칠은 서부 연합군에게 전후의 목표를 고려하라고 재촉했고 이를 감안해 연합군은 소련보다 먼저 베를린에 도착하는 것을 목표로 삼았다. 그런데 처음에 이 목표에 동의한 아이젠하워는 육상에서의 상황을 보고는 베를린으로의 진군이 현명한 일인지 재검토하게 되었다.

3월 27일에 열린 기자회견에서 누군가가 아이젠하워를 향해 그런 진군이 과연 이루어질 수 있다고 생각하느냐고 물었다. 그때까지도 서부 연합군은 독일의 수도에서 300킬로미터나 떨어져 있었다. 반면 소련군은 겨우 50킬로미터 밖에 있었다. 이 질문에 아이젠하워는 이렇게 대답했다.

"음, 거리만 놓고 보면 소련군이 하게 내버려두어야 마땅할 것 같습니다."[2]

하지만 지금 그가 걱정하는 대상은 소련의 적군이 아니라 독일군이었다. 운명이 정해지기는 했지만 그렇다고 아직 패배한 상황은 아니었다. 베르마흐트는 지금도 모든 전선에서 싸우고 있었으며 더구나 강력한 요새인 알프스 산맥을 등지고 있었다.

여러 달 동안 서부 연합군의 몇몇 전쟁 계획가가 독일과 오스트리아의 국경지대, 즉 잘츠부르크, 린츠, 그리고 이탈리아 국경 인근의 브렌너 고개가 나치즘의 최후 요새가 되리라고 예측했다. 히틀러의 고향이기도 한 이 지역에는 무기와 식량이 잔뜩 비축되어 있다는 애기가 있었고 요새화된 방어 진지도 많다고 했다. SHAEF의 보고서 가운데 하나는 상황을 다음과 같이 요약했다.

"이 지역은 지형상 거의 난공불락이다."[3]

아이젠하워와 브래들리 장군 같은 최고위 고문들이 염려한 것은 히틀러가 베를린에서 슬쩍 빠져나가 그 산속으로 몸을 숨기지는 않을까 하는 것이었다. 정보원에 따르면 지난 몇 주 동안 최정예 SS 사단이 베를린에서 남쪽으로 이동했다고 했다. 즉, 소련 전선의 서쪽, 이탈리아 전역의 북쪽으로 옮겨간 것이다. 이들 병력은 베르히테스가덴, 다시 말해 히틀러와 최고위층 참모들의 여름 별장이 있고 종종 통치 업무를 수행하는 작은 산촌에 집결하는 것 같았다. 히틀러가 권좌에 있는 한, 아니 설사 히틀러가 없을지라도 잘 훈련된 병력이 인근의 산에서 완강하게 버티면 연합군은 앞으로 몇 년간 더 고생해야 할지도 모르는 상황이었다.

아이젠하워는 독일인을 경멸했다. 전쟁을 일으킨 것 자체는 물론 비인간적인 파괴 행위에 넌더리가 났다. 더구나 휘하의 장군들과 함께 오르드루프에서 목격한 강제노동수용소의 참상이 아직도 머릿속에 생생하게 남아 있었다. 그는 상관인 마셜 장군에게 이렇게 썼다.

"제가 본 것은 그야말로 표현할 수가 없을 정도였습니다. 수용소를 시찰하는 동안 그곳에 수용되어 있다가 구사일생으로 도망친 사람들을 3명 만났습니다. 그들과 면담을 했는데 눈으로 본 증거와 구두 증언을 통해 알아낸 굶주림, 잔혹성, 야수성이 너무 기가 막혀서 정말 속이 울렁거릴 지경이었습니다. 어느 방에는 20명에서 30명 정도의 벌거벗은 시체가 쌓여 있었는데 굶주려 죽었다고 했습니다. 패튼은 차마 그 안에 들어갈 엄두도 내지 못하더군요. 그걸 보면 속이 뒤집어질 거라면서 말입니다. 저는 일부러 들어가 보았습니다. 그래야만 혹시라도 나중에 이런 주장이 단순히 '선전'에 불과하다고 매도당하면 제가 '직접' 본 증거를 내놓을 수 있을 것이기 때문입니다."[4]

그는 아내 매미에게 보낸 편지에는 간단하게 썼다.

"그런 잔혹성, 야수성, 야만이 이 세상에 존재하리라고는 상상조차 해본 적이 없어! 정말 끔찍했다니까."[5]

아이젠하워는 나치에게 도피처는커녕 일말의 희망도 주지 않을 생각이었다. 1945년 4월 12일, 그가 메르케르스와 오르드루프를 시찰한 바로 그날, 연합군 총사령관은 패튼 장군에게 제3군을 이끌고 남쪽의 뉘른베르크와 뮌헨으로 향하도록 지시했다. 이들의 주 임무는 독일 남부를 확보하고 알프스 산맥에 남아 있는 나치를 소탕하는 것이었다. 패튼은 완강하게 반대했다.

"그보다는 차라리 베를린을 차지하고 계속해서 오데르까지 진격하는 쪽이 낫습니다."

오데르 강은 독일의 동쪽 국경에 해당되었다.[6] 이 전쟁에서 가장 큰 전리품을 차지하고 싶은 열망으로 가득했던 패튼은 미국 제3군이 48시간 안에 거기까지 도달할 수 있다고 호언장담했다. 아이젠하워는 서부 연합군이 베를린을 차지할 수도 있지만 그곳에 누가 제일 먼저 도착할지는 의문이라고 생각했다. 설사 가능하다 해도 누가 그 엄청난 모험을 바라겠는가? 브래들리 장군은 그 도시를 점령하는 과정에서 약 10만 명의 사상자가 나올 거라고 예측했다. "위신 세우기용"[7] 목표물을 얻기 위한 대가로는 너무 비쌌다.

결국 미국 제3군과 제7군은 1945년 4월 오스트리아와 나치의 마지막 피난처, 이른바 '알프스 국가 요새'(국가 요새란 전쟁에서 패배에 임박한 국가가 잔존 병력을 이끌고 계속 항전하기 위해 집결하는 지점으로, 보통은 산지나 반도처럼 방어에 유리한 지형을 지닌 곳이다.—옮긴이)라고 불리는 지역을 향해 남쪽으로 진격했다. 기념물 전담반 요원들, 특히 로버트 포시, 링컨 커스타인, 제임스 로라이머처럼 이들 부대에 배속된 요원들은 아이젠하워의 결정 덕분에 자신들이 독일 내에서도 가장 중요한 미술품 보관소 두 곳으로 향하게 되었다는 사실을 알고 있었다. 바로 노이슈반슈타인과 알타우세였다. 하지만 이들은 지방장관 아우구스트 아이그루버와 후퇴하는 SS부대의 의도는 전혀 모르고 있었다.

38

공포

Horror

독일 중부 및 남부 | 1945년 4월 둘째 주

워커 행콕은 다시 한 번 마치 다른 세상에 들어온 것 같은 기분을 느꼈다. 미국 제1군은 인구가 적고 숲이 울창한 독일 중부를 지나 동쪽으로 나아가고 있었다. 베르마흐트는 어딘가로 사라져버렸고 간혹 박격포 공격과 소규모 총격전이 벌어졌을 뿐 상당수의 마을이 별다른 손상을 입지 않았다. 물론 어떤 곳에는 전투로 인해 길바닥에 잡동사니가 널려 있었고 일부 무너진 건물과 주택도 있었다. 그러나 행콕이 독일 국경 인근에서 본 것에 비하면 훨씬 온전한 상태였다. 그곳에서 그는 세이마에게 편지를 썼다.

"우리는 완파 지역을 지나왔지. 그래서 독일 내에 이처럼 멀쩡한 도시가 있으리라고는 전혀 예상치 못했어."[1]

그는 자신이 감정적, 신체적으로 부대의 움직임보다 뒤처진다는 사실을 아쉬워했다.

"부대가 워낙 빨리 움직이기 때문에 그에 비하면 우리는 마치 순회 공연단 같아."

그는 또 다른 편지에 이렇게 적었다.

"여기에 있으면서 이곳의 삶에 조금도 관여할 수 없다는 사실이 정말 이상하게 느껴져. 진공 상태의 단지 속에서 바깥을 내다보고 있는 듯한 느낌이야."[2]

그는 자신이 무감각해진 원인이 단순히 전투 중인 병사로서 불가피하게 단련되었기 때문이 아니라 독일인의 세계로부터 멀어지려는 자신의 의도 때문이라는 사실을 미처 깨닫지 못한 것 같다. 1945년 4월 12일, 미국 제3군이 부헨발트의 집단수용소를 해방시켰다. 바이마르에 들어섰을 무렵, 행콕은 그곳에서 불과 몇 킬로미터 떨어지지 않은 곳에서 벌어진 경악할 만한 이야기를 전해 들었다. 친구와 가족의 시신 아래 숨어 있다가 살아난 쇠약한 생존자들로부터 죽음의 수용소와 가스실에 관한 이야기를 처음으로 듣게 된 것이다. 행콕은 속이 울렁거렸다. 그야말로 끔찍하고 비인간적인 일이었다. 그는 공포를 안겨주는 그 광경이 자신에게 미칠 영향을 고려해 일부러 그 수용소를 방문하지 않기로 했다.

"우리 부대 소속 장교들 가운데 몇몇이 그 수용소를 보러 갔지. 하지만 나는 가지 않았어. 내 임무는 상당 부분 독일 민간인과의 우호적인 관계 속에서 이루어져야 하는데 수용소의 공포를 직접 목격하고 나면 무고한 독일인에 대한 감정까지 변할지도 모르니까. 거기 다녀온 장교 중 여럿이 한동안 식사도 제대로 못했어. 어떤 사람은 며칠 동안 위스키만 마시더라니까."[3]

그로부터 며칠 뒤 그는 우연히 친구인 유대교 군종랍비와 마주쳤다. 이 랍비는 최근에 부헨발트에 가서 생존자들을 위한 예배를 드렸는데 생존자들은 수용소에 들어간 이후 처음으로 예배를 드린 것이라고 했다. 랍비가 들려준 이야기는 그야말로 "비통한, 차마 입에 올릴 수 없을 정도로 눈물겨운" 것이었다. 곧이어 그는 히브리어 두루마리로 된 토라(유대교의 율법서)가 없다는 사실을 안타까워했다.

"하나라도 구할 수 있으면 좋으련만. 독일군이 모조리 없애버린 모양이야."

"모조리까지는 아니야."

마침 행콕의 사무실에 한 권이 남아 있었다. 그날 그가 이 지역 SS 사령부에 갔다가 가져온 것이었다.

"정말 기적 같은 일이야!"

군종랍비는 그 두루마리를 받아들고 서둘러 부헨발트로 달려갔다. 행콕은 이후의 얘기를 들려주었다.

"그는 얼마 뒤에 내 사무실로 찾아왔지. 그러고는 생존자들이 그걸 보고 어떻게 했는지 자세히 알려주었어. 자신들의 신앙을 상징하는 물건을 보자마자 울고 손을 뻗고 입을 맞추고 기뻐했다고 하더군."[4]

워커 행콕은 다시 한 번 폐허 속에서 자기만의 장미를 발견한 셈이었다. 하지만 그 대가는 과연 무엇인가? 다행히 기념물 임무 때문에 워낙 바빴던 그는 이 질문에 대해 깊이 생각할 여유가 없었다. 미군은 드레스덴에서 소련 적군과 만나기로 되어 있었고 여전히 조수가 없던 행콕은 아주 사소한 일까지 직접 해내야 했다. 그가 세이마에게 말한 바에 따르면, 하루 16시간씩 일하면서 절반의 시간은 "좀 더 문명인답게 행동했어야 마땅한 사람들이 불필요하게 파괴한 아름다움을 보고 안타까워하는" 데 보내고, 나머지 절반은 독일의 시골에 찾아온 봄날의 즐거움을 만끽하는 데 보냈다.[5] 밤이면 늦게까지 잠을 이루지 못하고 자신의 미래와 미처 살펴지 못한 기념물들, 그리고 지금까지 마신 엄청난 양의 커피를 생각하곤 했다. 그 무렵 그가 계속해서 활동할 수 있게 해준 것은 바로 커피였다.

"매일 이 아름다운 장소에서 경험하는 기묘한, 정말로 기묘한 조합을 내가 감히 어떻게 묘사할 수 있겠어. 물론 구경은 제대로 하고 있지. 이곳은 늦봄이거든. 어디서든 나무가 꽃을 피우고 낭만적인 시골과 동화 속에나 나올 것 같은 성이 우뚝 솟은 교외의 모습이 멋진 풍경을 만들어내지. 그런데 그런 풍경 속에서 집 없는 사람들 수천 명이 떼를 지어 헤매고 있는 거지. (……) 잡석과 잔해 사이로 보이는 아름다움이야말로 우리가 만들어가는 즐거움의 전조라고 생각하는 중이야."[6]

그곳으로부터 더 남쪽에 있던 링컨 커스타인은 우울한 기분에 빠져 있었다. 메르케르스에서의 임무 이전에 충만하던 에너지와 낙관주의는 이미 사라져버렸다. 행콕과 마찬가지로 그는 부헨발트를 보러 가지 않았지만 공포를 피할 길은 없었다. 숨을 쉬는 공기 속에, 걷는 독일 땅에, 그 공포는 엄연히 존재했다. 문득 그는 땅 위에서 생존자들이 질질 끌려갔던 흔적이 똑똑히 보이는 것 같은 느낌이 들었다.

포시 역시 나치의 잔학상에 치를 떨었다. 심지어 포시는 수용소에 있던 사람들이 그간의 학대로 인해 눈앞에서 졸지에 쓰러져 죽는 모습도 목격했다. 워낙 굶주린 까닭에 미군 병사들이 건네준 고기를 먹어도 소화를 시킬 수가 없었던 것이다. 이들은 곧바로 배를 움켜쥐고 고통을 호소하다가 쓰러져버렸다. 멀쩡한 사람조차 누군가로부터 그 이야기를 전해 듣기만 해도 갑자기 배를 움켜쥐고 쓰러질 것 같은 기분이었다.

그 '진공'의 세계에서 그는 전혀 도움이 되지 않았다. 이곳은 어떤 이유나 규범도 통하지 않았고 단지 혼란으로만 규정되는 세계였다. 나치 정부는 무너지고 있었으며 독일군은 와해 중이었다. 그 혼돈의 시기에 민간인은 불타는 거리에 서서 이제 무엇을 해야 하는지 누군가가 이야기해주기를 바랐다. 민간인 중 일부는 군복 차림의 독일군과 가만히 서 있다가 체포되거나 누군가에게 끌려가기를 기다리기도 했다. 그러면서도 전쟁은 계속되었다. 최전선도, 친구와 적을 구분할 수도 없는 상황에서 말이다. 아무 사건 없이 며칠이 지나다가 갑자기 베르마흐트가 어느 다리 혹은 도로 근처에서 기관총 사격을 퍼부었다. 어디에나 파괴의 흔적이 남아 있었다. 커스타인은 당시의 상황을 자세히 묘사했다.

"누구의 관심도 끌지 못하는 작은 읍마저도 중심부는 그야말로 완전하고도 철저하게 파괴되었어. 실내의 기념물들은 대부분 쿤스트슈츠의 보호 아래 있어서 멀쩡했지만 독일 남부 지역의 진정한 영광을 보여주는 바로크 궁전과 교회는 모조리 약탈당했지. 하다못해 낭만적인 폐허조차 되지 못했어. 이들은 대체 어떤 식으로 재건할까? 잡석 더미가 5미터 높이로 쌓여 있고 기계나 사람의 힘을 빌릴 수도 없는 상황에서 말이야. 교외도 이와 비슷하거나 더 심해서 그곳으로 옮겨

갈 수도 없는 상황이야."**7**

그는 거의 동정심을 품지 않았다. 독일어를 배우려는 시도조차 그
만두었다. 더 이상 독일인과 아무런 관계도 맺고 싶지 않았기 때문이
다. 그는 이 나라에서 보내는 1분, 1초에 분개했다. 그는 그 진공의 시
기가 길고도 고통스러운 여행의 마지막 국면임을 알고 있었다. 그렇
다고 해서 그가 그 끝을 보게 된다는 의미는 아니었다. 그는 누이에게
보낸 편지에 당시의 심정을 털어놓았다.

"그중에서도 최악은 지난 5년 동안 절반의 평화조차 없었다는 거
야. 어디까지나 내 생각이지만 독일이 계속 존재하는 한 이들은 언젠
가 다시 싸우려 들 것 같아. 베르마흐트의 붕괴를 이끌어내고 신문기
사에서 의기양양하게 다루는 승리를 쟁취하기 위해 곳곳에서 정말로
수많은 사람들이 죽어나갔어. (……) 내 은퇴연금 지급이 시작되기 전
에 제대해서 누이를 만났으면 좋겠는데."**8**

커스타인은 이렇게 독일인을 혐오하면서도 한편으로 독일 문화를
파괴하는 행위에 경악했다. 불타버린 기념물과 겨우겨우 살아남은 일
부 건축물을 보면 속이 울렁거렸다.

"독일 여러 도시의 끔찍스러운 황폐화는 우리에게 흉포한 자부심을
채워주지 않을까 싶습니다."**9**

그는 이렇게 적었다.

이 세상에 모세가 말한 것 같은 복수가 실행된 곳이 있다면 여기가 바
로 그곳일 겁니다. 집단 최면적 파국 속에서 눈이 윙크를 하고 입이 미
소를 짓고 있거든요. 하지만 선제후 궁전의 츠빙거(성 안마당), 저명한

건축가 싱켈이 설계한 대저택, 그리고 훌륭한 독일 도시의 시장 건축가들은 부헨발트나 다하우의 사형집행인들이 아니었습니다. 역사상 그 어떤 시대에도 이처럼 값비싼 폐허를 만들어낸 적은 없습니다. (……) 이제는 무엇을 할 수 있을지 알아내는 것이 거의 소용이 없습니다. 지금 살아남은 대성당 주위의 도시를 재건해야 마땅한지, 성당이 재건에 충분한 힘을 불러일으킬 수 있을지 등을 말입니다. 그 단단한 폐허를 치우기 위한 온갖 수송수단, 휘발유, 인력, 물질은 과연 어디서 조달할까요? (……)

대강 요약해보겠습니다. 이동 가능한 물건인 국가와 개인의 컬렉션은 돌이킬 수 없을 정도로 고통을 겪지는 않을 겁니다. 하지만 전쟁에서 이기겠다는 열망에 사로잡혀 보복을 일삼고 패배를 전혀 염두에 두지 않는 나치는 독일의 기념물 파괴에 책임을 져야 합니다. 이탈리아보다 덜 웅장하고 프랑스보다 덜 고상하지만 저는 개인적으로 이것이 크리스토퍼 렌이 지은 런던 시내 교회를 잃는 것이나 다름없다고 생각합니다. 그것들은 지구상에서 없애기에는 너무나 우아합니다.

39

지방장관
The Gauleiter

오스트리아 알타우세 | 1945년 4월 14~17일

린츠에 있는 아우구스트 아이그루버의 사무실 안에는 수많은 청원자
가 잔뜩 몰려와 있었다. 알타우세 광산 작전본부의 총책임자 엠메리
히 푀흐뮐러 박사가 사람들을 헤치고 지나가다 보니, 그곳에는 사업
가뿐 아니라 군 지휘관과 SS 장교들도 와 있었다. 그들은 모두 손짓
발짓에 고함까지 질러가며 지방장관과의 면담을 요청하고 있었다. 그
중에는 박사의 오랜 친구인 오베르도나우(다뉴브 강 상류 지역)의 발전
소 소장도 있었다. 가만 보니 그 딱한 친구는 땀이 흥건하고 안색이
창백했다.

"저 양반이 우리 발전소를 날려버리려고 한다네."

푀흐뮐러는 가슴이 덜컥 내려앉았다.

"그러면 자네는 그러지 못하게 설득하려고 찾아온 거로군?"

"당연하지. 그나저나 자네는 여기 웬일인가?"

"나도 저 양반을 설득해서 소금 광산을 날려버리지 못하게 하려고 왔다네."[1]

1945년 4월 14일, 푀흐밀러는 아이그루버의 나무상자에 대리석이 아니라 폭탄이 들어 있다는 사실을 알게 되었다. 그는 지방장관에게 전화를 걸어 항의하려 했지만 아무도 전화를 받지 않았다. 이틀이 지난 뒤 아이그루버의 비서가 전화를 걸어 지방장관의 결정은 끝났다고 통보했다. 다시 말해 광산은 폭파될 예정이라는 것이었다.

4월 17일, 푀흐밀러는 린츠를 향해 차를 몰았다. 알베르트 슈페어에게 온 명령에 따르면 어떤 시설을 '사용불능' 상태로 만들어 적이 사용하지 못하게 할 수만 있다면 굳이 파괴할 필요까지는 없다고 명시되어 있었다. 푀흐밀러가 히틀러의 개인 비서 마르틴 보어만의 비서 헬무트 폰 홈멜 박사에게 하소연을 하자 보어만은 전보를 통해 총통의 바람을 확인해주었다. 그의 바람은 "미술품이 절대로 적의 손에 들어가지 않게 하라는 것이지 미술품을 파괴하라는 의미는 결코 아니다"라는 것이었다.[2] 이것은 아이그루버의 기세를 누그러트릴 만한 충분한 이유가 되었다. 하지만 지방장관의 사무실에 찾아온 푀흐밀러는 오베르도나우 지역의 모든 사람들이 저마다 각자의 시설을 구제할 이유를 주장하고 있음을 알게 되었다. 이는 곧 이들 가운데 누구도 구제되지 못할 거라는 의미였다.

결국 푀흐밀러는 5분간의 면담을 허락받았다. 아이그루버는 그에게 자리를 권하지도 않았다. 지방장관은 원래 철공소 직공이었으며 오스트리아 상부의 히틀러 청년단 창단 멤버였다. 스물아홉 살 때 이 지역의 지도자가 된 그는 총통에게 충성을 바쳤고 앞으로도 어떠한 동정이나 후회도 없이 오로지 파괴에 골몰하는 총통에게 기꺼이 충성을 바칠 작정이었다. 아이그루버는 슈페어나 다른 사람에게서 온 '불순한' 명령이 총통의 네로 명령을 약화시키는 것은 아닌지 의심했다. 오스트리아의 지방 공장에서 쇠를 두들기던 그의 입장에서 보면 총통이 뭔가 예외를 둔다는 것, 그것도 미술품 보존을 위해 예외를 둔다는 것은 상상조차 할 수 없는 일이었다.

만약 베를린에서 온 명령이 혼란스럽거나 모순적이라면 결국 이를 어떻게 해석하는가는 아이그루버의 권한이었다. 그는 총통을 잘 알고 있었다. 그 위대한 인물은 평생 파괴에 관해 이야기하지 않았던가. 유대인, 슬라브인, 집시, 병자, 그리고 지적장애자에 대해 그는 용감하게도 절멸을 명령하지 않았던가. 그리고 마우타우젠-구젠의 집단수용소에서는 아이그루버가, 동유럽에 흩어져 있는 여러 수용소에서는 수천 명이 열성적으로 그 명령에 복종하지 않았던가. 또한 현대 미술의 타락하고 퇴보한 본성을 비난하지 않았던가. 그는 베를린 중심부에 커다란 장작불을 지피고 미술품을 태우지 않았던가. 그는 바르샤바와 로테르담을 적의 손에 순순히 내놓는 대신 파괴하지 않았던가. 미술품이 풍부한 피렌체의 얼굴에 상처를 내지 않았던가. 그 나약한 바보 폰 콜티츠만 아니었어도 지금쯤 파리는 질병이 만연하는 폐허로 변했을 것이었다. 아이그루버는 최소한 자신이 담당한 영역에서만큼은 나약함이 활개 치지 못하게 할 생각이었다. 값진 것은 무엇이든 적의 손에 건네주지 않을 작정이었다. 그는 총통 역시 이를 승인하고도 남을 거라고 확신했다. 쾨흐뮐러가 폭탄의 폭발 범위에 대해 이런저런 이야기를 늘어놓자 아이그루버가 말했다.

"당신은 당신이 반드시 필요하다고 생각하는 일을 하시오. 핵심은 바로 완파요. 우리는 계속해서 이 입장을 고수해야만 하오."[3]

40

무너진 광산

The Battered Mine

독일 하일브론 | 1945년 4월 16일

1945년 4월 16일, 제임스 로라이머는 미국 제7군 소속 기념물 전담 반 장교로 배치된 이후 최초의 목적지인 독일 남부의 하일브론에 도 착했다. 이곳까지의 여정은 그야말로 재난이었다. 제7군은 라인 강을 건너 매우 빠른 속도로 진군했기 때문에 현재 사령부가 어디쯤 있는 지 아무도 모를 지경이었다. 철도수송사무소에서는 처음에 그를 루 네비유로 보냈는데 그곳에 도착하자 어떤 장교가 그 노선의 종착역 인 사르부르로 가라고 말했다. 마침 우연히 그의 이야기를 들은 어느 GI(병사)가 2.5톤짜리 트럭에 그를 태우고 보름스까지 데려다주었다. 거기서 다시 차를 얻어 타고 군정 사령부까지 갔더니 그곳에서는 지 금 제7군이 라인 강 너머 다름슈타트 남쪽에 있다고 알려주었다. 로 라이머가 간신히 제7군 사령부로 가서 신고를 하자마자 캔비 중령이 딱딱거렸다.

"그렇잖아도 몇 달째 자네가 오기를 기다렸네. 자네를 우리 사령부에 배속시키라는 명령이 지난 1월에 떨어졌으니 말이야."

로라이머가 자리에 앉자 캔비 중령이 무뚝뚝하게 말했다.

"이곳에서는 굳이 기념물 보존 임무를 수행할 필요가 없네. 독일 남부에 있는 주요 도시는 육군 비행단이 완전 박살 냈고 나머지는 우리 지상군 병력이 처리하고 있으니까. 내가 알기로 자네 임무는 독일놈들이 서부 연합국에서 약탈해간 미술품을 찾아내는 거라고 하더군. 그쪽이라면 우리보다 제3군이 더 유명한 것 같던데."

그는 그때까지 전 세계 신문의 특종을 장식했던 메르케르스 사례를 지적하는 것이었다.

"이제는 우리 제7군도 소금 광산을 한두 개쯤 가져볼 때가 되었지."[1]

로라이머는 하일브론의 외곽에 도착하자마자 캔비가 말한 "완전 박살"이 무슨 의미인지 깨달았다. 제7군 소속 제6군단의 여러 분대가 이 도시에 도착한 것은 4월 2일, 그러니까 조지 스타우트와 워커 행콕이 지겐에 있는 광산에 들어간 바로 그날이었다. 슈투트가르트로 가던 중에 독일 중남부의 공업 중심지로 뚫고 들어간 미군은 이 중간 크기의 읍에서는 거의 저항이 없을 것으로 예상했다. 하일브론이 영국의 공중 폭격으로 폐허가 되어 있을 거라고 생각한 것이다. 실제로 이곳은 1944년 12월에 있었던 대대적인 폭격으로 인해 기간시설의 62퍼센트가 파괴되었고, 무려 7,000명의 민간인이 사망했으며 그중에는 열 살 이하의 어린이가 1,000명이나 되었다.

하지만 표면적인 모습과 실제 상황은 다를 수도 있었다. 4월 3일, 제7군이 넥카르 강을 건너는 중에 박살 난 그 도시는 다시 한 번 생기를 띠었다. 넥카르 강은 폭이 100미터에 달했고 이 읍의 동쪽에 있는 언덕에 매복한 베르마흐트는 천천히 건너오는 공격용 소형 배가 한눈에 들어오는 완벽한 지점에 있었다. 이로 인해 거듭해서 배가 가라앉거나 후퇴하는 일이 벌어졌다. 육군 공병이 나서서 부교를 설치하려 했지만 독일군은 박격포로 부교를 박살내고 탱크 두 대를 물에 빠트렸다.

설상가상으로 간신히 건너편 강둑에 도착한 병력은 적군의 총격으로 꼼짝 못하는 상황이 되었다. 3분에 한 번씩 독일군의 박격포가 발사되었고 강이나 강둑 위로 목표물이 나타나면 더욱더 자주 발사되었다. 병사들이 시내의 거리로 포복해 들어가자 이번에는 성난 시민들이 집과 사업체의 폐허를 바리케이드 삼아 대항했다. 독일 병력 중에서도 최정예는 거의 모든 전선마다 방어 진지를 구축하고 있었다. 이 도시에서는 무려 9일 동안이나 격렬한 전투가 벌어졌으며 제7군은 이 블록에서 저 블록으로, 이 집에서 저 집으로 심지어 이 방에서 저 방으로 옮겨가며 싸움을 벌여야 했다.

유럽에 상륙한 이래 대부분의 시간을 파리에서 보낸 로라이머는 노르망디의 생로를 조사한 이래 처음으로 이 같은 폐허를 목격했다. 그는 아내에게 편지를 썼다.

"당신이 신문에서 읽은 내용은 결코 과장이 아니야. 유령 도시는 정말 이상야릇해. 적들이 항복한 직후에는 더할 수 없이 끔찍하지."[2]

도시는 완전히 무너졌고 잡석 더미를 치우는 연합군의 불도저를 제외하면 거리는 텅 비어 있었다. 남아 있는 독일인이라고는 시체뿐이었다. 악취가 사방에서 코를 찔렀다. 독일군의 정보 문서에 따르면 미술품은 이 도시의 소금 광산에 있었다. 광산의 상부 구조물, 즉 승강기를 지지하는 금속 격자 구조물은 몇 킬로미터 떨어진 곳에서도 볼 수 있었다.

로라이머는 '소금 거리'와 '소금 노동 광장'을 지나 마침내 '소금 바닥 거리'에 도착했다. 그곳에서 수직 갱도와 연결된 벽돌 및 콘크리트 건물을 처음 보았다. 전투가 매우 치열했던지 건물의 여기저기에서 아직도 연기가 피어오르고 있었다. 그래도 여기에는 비록 지치고 남루할지라도 거리에 사람들이 살아 있었다. 로라이머는 두 남자가 서 있는 곳으로 가서 광산에 관해 물었다. 하지만 그들은 고개를 저었다.

"저는 러시아 사람입니다."

그들은 소련 출신의 강제노동 종사자였던 것이다. 독일어를 할 줄 아는 사람이 없느냐고 묻자 그들은 어깨를 으쓱했다. 다행히 로라이머는 직원 주택단지에서 겁에 질린 2명의 독일인 여성을 찾아냈다. 그들의 말에 따르면 나치가 광산을 없애려고 했지만 광부들이 나서서 반대했다고 했다.

"나치가 없어도 우리는 살 수 있어요. 하지만 소금이 없으면 살 수 없어요."

하일브론의 땅속에는 채굴 가능한 소금 광산 면적이 50제곱킬로미터에 달했고 이 정도면 앞으로도 몇 세대에게 일거리를 제공할 수 있었다. 당연히 광부들은 파괴를 반대했고 나치는 그것이 아니라도 신경 써야 할 데가 너무 많았다. 결국 전투의 치열함 덕분에 광산이 보존된 셈이었다. 문제는 그 안에 물이 스며들었다는 점이었다.

이 광산은 평균 깊이가 200미터이고 열댓 개의 커다란 방이 두 층으로 배열되어 있었다. 하나의 방 위에 방이 또 하나 있는 식이었다. 그런데 그 광범위한 터널 가운데 상당 부분이 넥카르 강 아래로 뻗어 있었던 탓에 바위 틈새로 계속해서 물이 들어왔다. 물은 하루에 8시간씩 펌프로 퍼내야만 했다. 그러나 지금은 전력이 모두 끊긴 상태라 펌프가 작동하지 않았다. 엘리베이터도 작동하지 않아 누구도 광산에 가보지 못했지만 그 여성들은 지금쯤 아래층이 완전히 물에 잠겨 있을 거라고 했다.

애초에 잠깐 들러볼 생각이었던 로라이머는 난감했다. 노이슈반슈타인까지 가는 길에는 다른 보관소도 상당히 많았고 그로서는 이런 곳까지 일일이 둘러볼 여유가 없었다. 하지만 재난이 일어날 수도 있는 상황을 그냥 넘길 수는 없었다.

그는 하일브론 시장과 함께 군정 사령부로 가서 공병 작업조를 확보했다. 육군이 해줘야 할 일은 경비병을 붙이는 것이었는데 그가 다음 날 다름슈타트에 있는 제7군 사령부로 돌아가자 중령이 퉁명스레 말했다.

"떼어줄 병력은 없네. 그 광산은 자네 책임이 아닌가. 그러니 자네가 직접 고치도록 하게."

제7군은 적의 중요한 보관소를 탈취했다는 영광을 원하면서도 거기에 필요한 병력은 단 한 명, 즉 로라이머밖에 떼어주지 않았다. 하일브론으로 돌아간 로라이머는 시장에게 호소했고, 시장은 곧바로 사람을 보내 그 광산의 기술 책임자 겸 부소장이던 한스 바우어 박사를 데

438

려왔다. 바우어는 그 광산이 미술품 보관소로 사용된 것은 사실이지만 광산 책임자들에게는 어떠한 목록도 없다고 말했다. 그러나 바우어는 그 미술품 가운데 렘브란트의 〈감옥에 갇힌 바울〉과 프랑스의 스트라스부르 대성당에서 떼어 온 스테인드글라스 창문이 있었다는 것을 용케 기억해냈다. 그는 물이 들어오는 것은 심각한 문제이긴 하지만(넥카르 강에서 매일 40만 리터의 물이 광산으로 새어 들어왔다) 작품들은 구할 수 있을 거라고 장담했다. 모두 위층 방에 보관되어 있는데 그곳은 며칠, 어쩌면 몇 주가 지나도 물이 차지 않을 거라는 얘기였다.

"확실한 겁니까?"

"아뇨, 하지만 알아볼 방법은 있죠."

바우어는 로라이머를 데리고 광산으로 들어가 바닥에 난 구멍을 보여주었다.

"우리가 사용하는 비상구입니다."

구멍 한쪽에는 가늘고 약해 보이는 사다리가 하나 놓여 있었다. 하지만 불과 3미터 정도 아래까지만 보일 뿐 그 밑은 어둠 속에 가려져 있었다.

"이걸로 어디까지 내려갈 수 있습니까?"

"지하 200미터까지요."

로라이머는 어둠 속을 바라보며 이 갱도 속을 돌아다니는 것이 반드시 필요한 일인지 생각해보았다. 그런데 갑자기 아래로부터 무슨 소리가 들려왔다.

"혹시 무슨 소리 듣지 못했습니까?"

두 사람은 구멍 속을 들여다보다 말고 깜짝 놀라 뒤로 물러섰다. 온통 물에 젖고 흙투성이가 된 두 남자가 어둠 속에서 기어 올라왔기 때문이다.

"일병 로버트 스테어, 제2826공병대 B중대 소속입니다, 중위님."

둘 중 한 사람이 차려 자세를 취하며 말했다. 얼굴을 보니 아직 앳된 소년이었다.

"지금 저 아래에서 뭘 하고 오는 건가, 일병?"

"갱도를 확인하고 왔습니다, 중위님. 광부 중 한 사람이 안내해주었습니다."

"누구의 지시로?"

"지시받은 건 없습니다, 중위님."

로라이머는 지치고 흙투성이가 된 병사의 얼굴을 가만히 바라보았다. 대체 이 어린 녀석은 무엇 때문에 홍수가 난 갱도 속으로 200미터나 들어갔지? 문득 젊음의 용기 혹은 만용 때문이겠지 하는 생각이 들었다.

"그래, 뭐가 보이던가?"

"밑에는 아무것도 가동되지 않습니다. 완전히 깜깜합니다. 모조리 깊이 1미터쯤 되는 물에 잠겼습니다. 펌프도 마찬가지입니다. 통로 맨 끝에는 자물쇠가 걸린 창고가 있었습니다. 그것은 굳이 열어보지 않았습니다."

"혹시 그 안에 뭐가 있다는 표시 같은 건 없었나?"

"한쪽 문에 분필로 '스트라스부르'라고 적혀 있었습니다. 다른 쪽에는 '만하임', '슈투트가르트', '하일브론'이라고 적혀 있었습니다. 제가 본 것은 그것뿐입니다."

"그럼 물이 거기까지 올라와 있던가?"

"예, 그렇습니다. 사방이 물 천지입니다."

바우어는 그로부터 2주 뒤인 4월 30일에 가서야 무언가 실행 가능한 계획을 내놓았다. 다행히 예비용 증기기관은 크게 손상되지 않았고 적어도 몇 달 동안은 가동할 수 있을 만큼의 석탄도 있었다. 수리와 시험 가동 끝에 마침내 엘리베이터와 광산 밑바닥에서 캐낸 소금을 실어 올리는 운반용 광차가 다시 움직였다. 광차를 개조하고 거대한 두레박을 엘리베이터 통로의 바닥까지 내리는 방법을 이용하면 광산에서 물을 퍼 올릴 수 있었다. 그러면 적어도 펌프와 발전소를 수리하는 사이에 물의 수위가 높아지지 않도록 하는 데는 도움이 될 것이었다. 지금으로서는 그것이 가장 깔끔한 해결책이었다. 죽음의 도시, 하일브론에서도 이 한 마리의 짐승만큼은 살아서 씩씩거렸다. 소금 광산의 강철 손이 미술품을 보호하기 위해 물을 퍼내고 있었다.

로라이머는 이 계획이 실천에 옮겨지기 전에 그곳을 떠났다. 제7군이 이미 뮌헨 가까이에 접근 중이었기 때문에 더 이상 허비할 시간이 없었기 때문이다.

41

마지막 생일 파티
Last Birthday

독일 베를린 | 1945년 4월 20일

1945년 4월 20일, 총통의 쉰여섯 번째 생일을 맞아 나치의 고위 간부들이 제국 수상관저에 모여 서둘러 마련된 생일축하 행사를 치르고 차례차례 '작별인사'를 나누었다. 그날 파티에 참석한 고위 간부는 대부분 베를린이 아닌 다른 곳에 머물고 싶은 마음이 간절했을 터였다. 비록 총통의 생일이긴 했지만 결코 잔치 분위기는 아니었다. 바로 그날 서부 연합군이 뉘른베르크를 점령했기 때문이다. 나치당의 최초 작전기지이자 한때 나치가 매년 전당대회를 열었던 그 도시에는 이제 미국 국기가 휘날리고 있었다. 15세기의 전설적인 독일 화가 알브레히트 뒤러의 고향이 졸지에 심각한 손상을 입은 셈이었다. 히틀러가 전쟁이 시작되자마자 폴란드에서 훔쳐와서 아끼는 미술품 중 하나인 바이트 슈토스의 작품 〈대제단〉이 보관되어 있던 건물의 꼭대기 층도 파괴되었다. 다행히 〈대제단〉은 지하에 안전하게 보관 중이었다.

이 미술품을 구한 것은 전 세계에 위안이 되었지만 총통 벙커에 모인 사람들은 이에 대해 전혀 관심이 없었다. 이들의 세계와 이들에게 주어진 시간은 갈수록 줄어들고 있었다. 그날의 갑작스런 파티보다 이들의 미래를 더 잘 상기시켜주는 것은 없었다. 지난 몇 년간 이들은 진짜 잔치를 즐겼고 높은 지위에 있는 사람들은 지도자에게 선물을 바쳤는데 대개는 총통이 가장 좋아하는 약탈한 미술품이었다. 하지만 이제는 소련의 적군이 베를린을 강타했고 그 포격 소리를 깊은 지하에서도 들을 수 있었다. 원래 베를린에 머물지 않았지만 그날의 행사 때문에 어쩔 수 없이 오게 된 사람들은 서둘러 떠나고 싶어 했다.

히틀러를 보좌하던 사람들 역시 임무에서 벗어날 수 있기를 간절히 바랐다. 지난 며칠 동안 벙커 안의 분위기는 기묘하게 바뀌어 있었다. 허황된 희망은 급격하게 무너지고 졸지에 절망으로 바뀌어버렸다. 히틀러는 거의 모습을 드러내지 않았다. 그의 주된 대화 주제는 자살에 관한 것이었다. 청산가리가 나을까, 아니면 총알이 나을까? 그리고 그의 주된 활동은 음주였다.

히틀러가 뒤늦게 자신의 생일파티에 모습을 드러냈지만 추종자들의 기분은 바뀌지 않았다. 갑자기 늙어버린 듯한 그의 얼굴은 잿빛으로 변해 있었다. 왼발은 질질 끌었고 왼팔은 어깨에 힘없이 매달려 있었다. 자세가 구부정한 탓에 마치 머리가 어깨에서 아래로 푹 꺼진 것 같았다. 그는 여전히 휘하 장군들에게 호통을 퍼부었지만 이전의 불길처럼 타오르는 분노 대신 얼음처럼 차가운 분노만 뿜어져 나올 뿐이었다.[1]

그는 배신자를 찾아내거나 누군가의 약점을 잡아내는 데 능숙했는데도 이 파티에서는 누군가를 모욕하지도 못했다. 얼마나 깊은 절망에 빠져 있었던지 가장 충성스러운 측근들 앞에 나서기 직전에 주치의가 약을 복용하라고 지시했을 정도였다. 그날의 파티는 그의 마지막 무대인 셈이었다. 한때 엄청난 카리스마로 한 나라를 광기로 몰아넣은 그의 눈은 이제 공허하기만 했다.

히틀러와 악수를 나눈 헤르만 괴링은 참모들이 있는 곳으로 가봐야 한다며 서둘러 그곳을 떠났다. 그는 다시는 돌아오지 않을 작정이었다. 알베르트 슈페어는 당시의 상황을 간단하게 표현했다.

"나는 뭔가 역사적인 순간을 보고 있다는 생각이 들었다. 제국의 리더십이 이들 무리에게서 멀어지고 있었다."[2]

그다음 날인 4월 21일, 괴링은 알프스 국가 요새의 중심부에 있는 나치의 퇴각 지점, 베르히테스가덴에 도착했다. 그곳에서는 직속 큐레이터인 발터 안드레아스 호퍼가 그를 기다리고 있었다. 괴링의 미술품 컬렉션은 4월 초 펠덴슈타인에 있던 그의 사유지를 떠났고, 독일 철도가 위험한 상황에 놓이면서 수많은 지연 끝에 4월 16일 베르히테스가덴에 도착했다. 그로부터 며칠 뒤, 미술품을 실은 여덟 량의 화차가 운테르슈타인을 향해 북서쪽으로 출발했다. 괴링이 도착했을 즈음, 베르히테스가덴에 남아 있던 유일한 화차는 그의 가구와 레코드, 장서를 실은 두세 량뿐이었다. 호퍼는 그 화차 중 하나에서 머물고 있었다.

괴링은 상황이 심각하다는 것을 알고 있었다. 총통은 어딘가 아픈 것이 분명했다. 조금이라도 상식이 있는 사람이라면 총통 벙커가 곧 그의 무덤이 되리라는 것쯤은 알 수 있었으리라. 전쟁은 이미 패배한 것이나 마찬가지였다. 지난 세월 동안 얻은 개인적 보상은 뿔뿔이 흩어지고 말았다. 나치 운동은 산산조각 났다. 괴링은 자신이야말로 제국의 나머지를 긁어모아 평화협상을 성공적으로 이끌 수 있는 유일한 인물이라고 생각했다. 어쨌든 자신은 히틀러가 지명한 후계자가 아닌가.

4월 23일, 괴링은 히틀러에게 전보를 보냈다. 베를린은 가망이 없으니 이제 제국원수인 자신이 전면에 나서서 나치당을 이끌 수밖에 없다는 내용이었다. 그날 저녁, 그러니까 오후 10시까지 아무런 답변이 없으면 그는 총통이 자격을 박탈당한 것으로 간주하고 명령권을 장악하겠다고 했다. 히틀러는 1945년 4월 25일까지 아무런 답변도 하지 않았다. 하지만 그의 반응은 격하고도 단호했다. 곧바로 SS에게 제 2인자인 괴링을 체포하도록 명령했던 것이다. 제3제국은 와해되고 있었다.

그 와중에 알타우세에서는 미술품 복원 전문가 카를 지베르가 자신이 공을 들인 최고 걸작품을 손으로 쓰다듬고 있었다.

'여기가 패널이 갈라졌던 부분이지.'

그는 손가락으로 나뭇결을 문질러보았다.

'그리고 여기는 물감에 기포가 생겼었고.'

전쟁 이전만 해도 지베르는 베를린에서 상당히 존경 받는 미술품 복원전문가로 활동하고 있었다. 과묵하고 인내심이 많은 그는 지극히 애정 어린 손길로 작품을 다루었다. 그에 대한 평가는 '독일 최후의 정직한 장인'에서부터 '완전한 숙맥'까지 매우 다양했다. 그는 어느 유대인 친구의 충고에 따라 사업상의 이유로 나치당에 가담했는데 덕분에 사업은 매우 번창했다. 미술품들이 점령지역에서 베를린으로 쏟아져 들어왔기 때문이다. 비록 훔치거나 비열한 수단으로 취득했을지라도 그것은 조심스레 다루고 복원할 필요가 있었다.

지난 4년간 지베르가 다룬 세계적인 수준의 작품은 대부분의 복원 전문가가 평생이 걸려도 못 볼 정도로 많았다. 특히 그는 어마어마한 걸작이자 서양 문명의 경이 중 하나인 물건을 직접 만져볼 수 있으리라고는 꿈에도 생각지 못했다. 그 물건은 바로 〈겐트 제단화〉였다. 그는 이런 장소에서 작업을 하게 되리라는 것 역시 꿈에도 생각지 못했다. 이런 장소란 어느 산속으로 2킬로미터 정도 들어온 지점, 오스트리아의 외딴 소금 광산이었다.

그는 패널을 빙 돌려 성 요한의 얼굴을 똑바로 바라보았다. 이 나이 많은 사람의 눈에 들어 있는 인간성은 얼마나 대단한가! 정확한 세부 사항까지 일깨우는 솜씨는 또 얼마나 대단한가! 모든 머리카락은 하나의 털로 이루어진 붓을 이용해 붓질 한 번으로 그려졌다. 망토의 주름, 성서의 양피지, 나이 많은 성자의 눈에 드러난 슬픔과 경외감이 마치 손에 잡힐 듯 생생하게 느껴졌다. 성 요한의 눈에 더 이상 드러나지 않는 유일한 것은 이송 중 나무 패널에 생겼던 쪼개진 자국이었다. 지베르가 여러 달에 걸쳐 수리한 덕분에 이제는 숙련된 사람의 눈에도 그 자국이 보이지 않았다.

이런 작품을 그토록 안전하지 못한 곳에 보관한다는 것 자체가 지베르에게는 무척이나 부끄러운 일이었다. 하지만 그 나무 패널은 그보다 키가 컸고 너무 무거워서 혼자서는 옮길 수가 없었다. 산속의 더 깊은 곳으로 옮기려면 누군가의 도움이 필요했다.

그는 〈천문학자〉로 눈을 돌렸다. 1668년에 얀 베르메르가 그린 이 회화는 〈겐트 제단화〉보다 200년 하고도 50년 뒤에 나왔지만, 그 선배 격이나 마찬가지로, 섬세한 붓질과 디테일에 대한 놀라운 집중력을 보여주고 있었다.

유사점은 그게 전부다. 〈겐트 제단화〉는 탄생 순간부터 널리 공인되고 사랑받은 걸작으로 네덜란드 르네상스의 핵심 작품이었다. 반면 베르메르는 델프트에서 활동한 화가로 빚더미에 깔린 상태에서 사망했으며, 그때까지만 해도 널리 알려지지 않았다. 그가 재발견된 것은 1800년대로 사망 후 거의 200년 뒤의 일이었다. 이제 그는 네덜란드 회화의 황금시대를 이끈 주역 중 하나, 위대한 빛의 거장, 가정생활의 연대기 작가로 비할 데 없는 인물 등으로 평가된다. 그의 〈진주 귀고리를 한 소녀〉는 이른바 "네덜란드의 모나리자"[3]로 불리지만, 〈천문학자〉는 어딘가 모르게 강렬하면서도 무언가 알 수 없는 느낌을 준다. 이 그림 속에서는 방에 앉아 있는 학자가 앞에 천문학 책을 펼쳐 놓고, 실제로는 다른 것에 몰입해 있다. 바로 천구의(天球儀)이다. 어떤 땜장이든, 어떤 과학자나 미술품 복원전문가든 그런 순간을 한 번이라도 경험해보지 않았을까? 나머지 세계는 모조리 사라져버리고 오로지 손가락 끝에 있는 사실들만 내 앞에 서 있는 그런 순간을? 발견에 매료되지 않은 사람이, 또는 지식을 향한 갈망을 느껴보지 않은 사람이 있을까? 그런데 이런 순간 속에 있는 사람이 어떤 생각을 하고 있는지를 과연 누가 말할 수 있을까? 천문학자의 손길은 매우 섬세하고, 어떻게 보면 머뭇거리는 듯하다. 열린 창문을 통해 들어오는 자연광이 천구의와 그것을 향해 뻗은 천문학자의 손을 어루만진다. 그는 단순히 끝없는 거리 중 하나를 측정하고 있는 것일까, 아니면 뭔가 찾던 것을 발견했을까? 여기에는 완전히 자기 일에 둘러싸인 한 남자가, 보편적이고도 특이한 순간이, 중대하고도 대수롭지 않은 순간이 들어있다.

그러나 현실은 다르다. 세상에는 순수하기만 한 천문학자도 없고 현실과 떨어져 있는 장인도 없다. 알타우세에 있는 이 저명한 미술품 복원전문가는 이 사실을 어느 누구보다도 더 잘 알고 있었다. 한 남자를 산속으로 2킬로미터 떨어진 곳에, 문명으로부터 수백 킬로미터 떨어진 곳에 묻어버리고 그에게 평생의 업적을 남길 기회와 거기에 필요한 자원을 전부 제공하더라도, 그는 여전히 세상의 변덕에 휘둘릴 수밖에 없을 것이다.

그 학자를 마지막으로 한 번 더 돌아보니 이제는 어쩐지 그가 자신의 발견을 두려워하는 것처럼 보였다.

카를 지베르는 히틀러가 특히 좋아하는 회화를 집어 들었다. 그리고 그는 산속의 더 깊은 곳, 즉 쇠어크마이어베르크로 향했다. 그곳은 가장 파괴적인 폭발에도 살아남을 수 있으리라 여겨지는 몇 안 되는 광산 중 하나였다.

42

계획

Plans

독일 중부 및 남부와 오스트리아 알타우세 | 1945년 4월 27~28일

1945년 4월 27일, 미국 제1군 소속 전방 부대의 참모장실에 어느 젊은 병기 담당 대위가 들어왔다. 그는 씩 웃더니 작은 금속 막대기와 공을 책상 위에 내려놓았다. 부대 지휘관은 그 물건을 잠시 들여다보다가 막대기를 집어 들고는 한쪽 끝에서 다른 한쪽 끝까지 유심히 살펴보았다. 복잡한 세공에다 보석이 뒤덮인 그 막대기는 왕이 사용하는 홀이었다. 그 장교는 18세기 프러시아 군주인 프리드리히 대왕의 대관식용 홀을 들고 온 것이었다.

"이걸 어디서 찾았나?"

"군수품 저장소에서 찾았습니다."

"거기가 정확히 어딘가?"

"숲 한가운데에 있는 어느 동굴입니다."

"이것 말고 다른 것은 없었나?"

"거기에 무엇이 있는지 직접 보시기 전에는 믿기 어려우실 겁니다."

그로부터 이틀 뒤인 1945년 4월 29일, 조지 스타우트는 제1군 기념물 전담반원 워커 행콕으로부터 긴급 연락을 받았다. 마침 스타우트는 프랑스에 있는 SHAEF 사령부에 보급품을 보내달라는 급한 요청을 보낸 참이었다. 트럭, 지프, 포장용품, 여러 미술품 보관소를 경비하는 데 필요한 최소 250명 이상의 병력. 하지만 아무런 확답이 없었다.

"저는 지금 베른테로데 외곽에 있습니다. 튀링겐 숲에서 북쪽에 있는 작은 읍입니다."

행콕은 마치 누군가가 쫓아오기라도 하듯 급박한 말투로 말했다.

"여기 광산이 하나 있어요, 조지. 그 안에는 40톤이나 되는 폭발물이 있고요.[1] 더 이상은 전화상으로 말할 수가 없어요. 하지만 중요한 겁니다. 어쩌면 지겐보다 훨씬 더 중요할지도 모른다고요."

행콕이 베른테로데에 있는 광산을 조사하고 있을 때, 알타우세의 총책임자 엠메리히 푀흐뮐러는 소금 광산의 사무실에 앉아 있었다. 그의 손에는 방금 타자기로 작성한 명령서가 들려 있었다. 맨 아래에는 자신의 서명이 있었는데 자기 이름을 보는 순간 속이 울렁거렸다.

그는 그 명령을 내리고 싶지 않았지만 지금으로서는 선택의 여지가 없었다. 지난 몇 주 동안의 노력 끝에 그는 소금 광산의 운명을 좌우할 수 있는 권한을 부여받았다. 그러나 그 권한은 아이그루버에게서 온 것이 아니었다. 베르히테스가덴에 있는 어느 이류 박물관 관리, 마르틴 모어만의 비서 헬무트 폰 홈멜의 대리 역할을 한다고 소문 난 사람에게서 온 것이었다. 대리 역할은 어쩌면 날조된 소문인지도 몰랐다. 만약 퇴흐뮐러의 명령이 아이그루버의 손에 들어간다면 지방장관은 이를 일종의 반항으로 간주할 테고 그러면 그는 체포될 것이 뻔했다. 즉결 처형까지 가지는 않겠지만 말이다.

하지만 고립된 베를린으로부터 아무런 연락이 없는 상황에서 저 미치광이 아이그루버가 계속 권력을 장악하고 있는 한 알타우세의 운명은 막다른 길에 처한 것이나 마찬가지였다. 무슨 일이든 해야만 했다. 이 광산의 선임 공학자 오토 회글러의 사무실을 향해 걸어가는데, 퇴흐뮐러는 마치 자신의 사형 집행 명령서를 들고 가는 듯한 느낌이 들었다.

"새로운 명령일세. 나는 지금 바트 이슐로 가네. 내가 돌아오길 기다릴 것 없이 곧바로 이행하게."[2]

1945년 4월 28일
수신: 광산 공학자 회글러
알타우세 소금 광산
안건: 보관소 관련

귀하는 이 명령서에 의거해 최근 기념물 구조위원 자이베를 박사와의 합의에 따라 이곳 광산에 보관하던 대리석이 담긴 상자 8개를 다른 곳으로 옮긴 뒤 임시 보관소로 적절한 창고에 보관하시오.

아울러 귀하는 이 명령에 의거해 사전에 합의된 바 있던 '마비(palsy)'

를 최대한 신속히 준비하도록 하시오. 마비를 실시할 시점은 당신에게
직접 이야기하도록 하겠소.

총책임자 엠메리히 푀흐밀러

바로 그날 1945년 4월 28일, 「스타스 앤드 스트라이프스」는 미국
제7군이 켐프텐에 도착했다고 보도했다. 이곳은 노이슈반슈타인 성에
서 가까운 읍이었다. 이것이야말로 제임스 로라이머가 파리를 떠난
이래로 줄곧 기다려온 소식이 아닐 수 없었다. 그런데 확인을 위해 전
방으로 전화를 건 그는 담당 지휘관으로부터 「스타스 앤드 스트라이
프스」의 보도가 잘못된 것이라는 이야기를 들었다.

"만약 그게 사실이라면 우리 병력은 곧 노이슈반슈타인에 도착하지
않겠습니까? 그 성에는 프랑스에서 약탈해온 귀중한 미술품이 잔뜩
쌓여 있습니다. 저는 지금 몇 달째 그 뒤를 추적하고 있는 중입니다.
그러니 가능한 한 빨리 그곳에 가야 합니다. 가능하면 저를 최대한 빨
리 그곳으로 데려다주시기 바랍니다."[3]

"우리도 지금 최선을 다하고 있네."

하일브론의 광산을 떠나온 그 주에 로라이머는 기념물 임무의 현실
에 대해 일종의 집중 훈련을 받았다. 한쪽에서는 저 훌륭한 리멘슈나
이더의 조각상이 독일 내에서 가장 유명한 중세의 성벽 도시인 로텐부
르크의 지하실에 보관되어 있었음에도 불구하고 아무런 손상을 입지
않았다는 반가운 사실을 알아냈다. 로라이머는 군정 장교에게 그 조
각상을 습기 찬 지하실에서 꺼내 원래의 보관 장소로 옮겨달라고 신
신당부했다. 여기에 크게 만족한 그는 이 읍의 손상 정도에 관한 언론

보도가 과장되었다고 생각했다.

그로부터 며칠 뒤, 그는 ERR 미술품 보관소를 향해 가던 도중에 코허 강을 건너는 다리가 날아가버린 것을 발견했다. 이 지역은 부분적으로 독일군 점령 아래 있었지만 그래도 로라이머는 강을 건널 수 있는 방법을 찾아보았다. 그런데 불행하게도 그의 운전사가 울창한 독일의 숲속에서 길을 잃고 말았다. 이들은 밤새 헤매면서 연기가 모락모락 나는 어떤 마을을 두 번이나 지나치기도 했다. 칠흑 같은 밤에 조명이라고는 타다 남은 깜부기불이 전부였다. 새벽녘이 되어서야 길가를 따라 걸어오는 연합군 병사 2명을 만났다. 두 사람에게 야영지 방향을 가르쳐주고 나서 병사들이 말했다.

"세상에, 밤새 여기서 차를 타고 돌아다니셨단 말씀입니까? 이 숲은 온통 독일군 천지란 말입니다."

잠깐 눈을 붙인 로라이머와 운전사는 정오가 다 되어서야 연합군 트럭 한 대와 함께 코허 강의 얕은 지점을 건넜다. 그날 늦게 두 사람은 마침내 목적지인 인근의 어느 성에 도착했다. 로즈 발랑에 따르면 이곳은 죄드폼의 귀중한 미술품이 거쳐 간 일종의 중간 역이었다.

그 무렵 그에게 안타까운 일이 하나 발생했다. 다름슈타트의 제7군 사령부에 머물고 있을 때, 로라이머는 죄드폼의 약탈 작전 우두머리인 쿠르트 폰 베어 남작이 리히텐펠스에 있는 자기 소유의 성에 머물고 있다는 사실을 알아냈다. 그 지역은 이미 미군이 장악하고 있었다. 하지만 리히텐펠스까지 그 먼 길을 직접 갈 수 없었던 그는 총사령부로 전보를 보냈다. 누군가를 급파해서 프랑스에서의 ERR 약탈 작전에 관해 어느 누구보다 많이 알고 있는 그 나치를 체포해달라는 요청이었다.

그로부터 며칠 뒤, 그는 자신이 보낸 전보가 하이델베르크에서 지체되고 있음을, 그러니까 '긴급'인지 '일반'인지 결정하지 못해 아직 발송되지 않았음을 알게 되었다. 결국 미군이 리히텐펠스 성에 도착했을 무렵 폰 베어는 이미 이 세상 사람이 아니었다. 끝까지 귀족으로서의 체면을 지키기 위해 그는 아내와 함께 서재에 들어가 독약이 든 샴페인을 마시고 목숨을 끊었던 것이다.

43

올가미
The Noose

독일 베를린과 남부 | 1945년 4월 30일

1945년 4월 30일, 아돌프 히틀러는 베를린에 있는 제국 수상관저의 지하 벙커에서 자살했다. 그는 4월 22일에 있었던 군사 회의 도중에 신경쇠약을 일으켰고 휘하 지휘관들을 향해 히스테릭한 비난을 퍼붓다가 독일이 패배했다는 사실을 인정했다. 그의 나치당은 와해되었다. 베를린은 이미 폭탄과 포격으로 산산조각 나는 중이었다. 친구들과 부하 장군들은 그를 배신했고, 설사 그렇지 않더라도 히틀러가 그렇다고 믿었다.

격렬한 감정을 폭발적으로 분출한 그는 특히 자신을 버린 자들을 향해 격노했다. 또한 승리를 주장하면서 계속 싸우겠다고 단언하는 한편 점점 더 증오와 파괴 의지에 골몰했다. 그는 가능한 한 많은 유대인을 죽이고자 했으며 노인과 소년들을 비롯한 모든 군대를 총알

받이로 진격시키려 했다. 그뿐 아니라 독일의 모든 기반시설을 완전히 박살 냄으로써 자신을 배신한 나라, 우월한 인종이기는커녕 오히려 허약한 인종으로 판명 난 이 나라를 졸지에 석기시대로 돌려보내려 했다.

나치의 실패는 그에게서 모든 것을 앗아갔다. 마지막 순간에 벙커의 깊숙한 곳에서 소련군의 포격 소리를 들으며 점점 마음이 뒤틀리던 그에게 그나마 남아 있던 것은 미술에 대한 사랑이었다. 최근 몇 달 동안 그는 홀로, 아니면 충성스러운 측근(지방장관 아우구스트 아이그루버는 이곳을 정기적으로 찾은 사람 가운데 하나다)과 함께 수상관저 지하실에 있는 린츠의 축소 모형을 바라보곤 했다. 그는 모형 속 거대한 아케이드와 골목길, 그리고 높이 치솟은 대성당을 보면서 때론 열정적인 몸짓을 곁들여가며 뛰어난 디자인적 요소나 핵심적 사실을 지적하기도 했다. 또 때론 의자에 앉은 채 몸을 천천히 앞으로 숙이며 무의식적으로 왼손에 붙잡은 지구본을 세게 움켜쥐었다. 이때 그의 눈은 이전에 있었던, 혹은 있을 뻔했던 모든 것의 상징이 된 대상을 조용히 바라보고 있었다.

이제는 모두 끝났다. 4월 28일, 저녁식사를 하던 중(그로부터 몇 시간 뒤에 그는 오랜 연인 에바 브라운과 결혼할 예정이었다)에 히틀러는 비서인 트라우들 융에에게 말했다.

"이보게, 해야 할 일이 있네. 속기판과 연필을 가져오게. 내 마지막 유언을 받아 적도록."[1]

〔인장〕

아돌프 히틀러

나의 개인적 유언

본인은 지난 수년간의 투쟁 동안 미처 결혼이라는 책임을 감당할 생각을 못하였다. 이제 지상에서 본인의 경력을 마감하기 전에 여러 해 동안 충실한 우정을 보여준 이 여성을 아내로 맞이하고자 한다. 그녀는 자신의 자유 의지에 따라 나와 운명을 같이하고자 사실상 포위 공격을 당하는 이 도시에 들어왔다. 자신의 열망에 따라 그녀는 내 아내로서 죽음까지 나와 함께할 것이다. 이것이야말로 내 민족을 위한 봉사로써 내가 한 일로 인해 우리 모두가 잃은 것에 상쇄가 될 것이다.

내가 소유한 모든 것은, 적어도 그것이 가치가 있는 한 당에 귀속된다. 만약 당이 더 이상 존재하지 않을 경우 대신 국가에 귀속되며, 만약 국가 역시 파괴될 경우 내가 더 이상 결정할 필요는 없을 것이다.

내 그림들, 내가 지난 수년간 구입한 컬렉션에 포함된 것들은 결코 개인적인 목적으로 수집한 것이 아니며, 오로지 내 고향인 린츠 안 데어 도나우에 미술관을 설립하기 위한 목적으로 수집한 것이다.

이 유증의 내용이 지체 없이 시행되는 것이 나의 가장 진실한 바람이다. 내 유언 집행인으로는 가장 충실한 당 동지인 마르틴 보어만을 지명하는 바이다. 그에게는 모든 명령을 내릴 수 있는 완전한 법적 권한이 부여된다. 그에게는 개인적으로 가치가 있거나 소박하고 간소한 삶을 유지하기 위해 필요한 모든 것을 가져갈 수 있도록 허락한다. 내 형제들과 자매들, 다른 누구보다 내 아내의 어머니와 내 충실한 동료들, 특히 오랫동안 내 비서였던 빈테르 여사 등 여러 해 동안 나를 위해 일해준 사람들에게도 마찬가지다.

나 자신과 내 아내는 격하와 항복이라는 불명예를 피하기 위하여 죽음을 선택했다. 민족을 위해 12년간 봉사를 하면서 내 일상 업무의 상당 부분을 수행했던 그 장소에서 곧바로 화장되었으면 하는 것이 우리의 바람이다.

1945년 4월 29일 4시 정각, 베를린에서 쓰다.

A. 히틀러

그의 가족과 충성스러운 측근들에 관한 언급은 실용적인 고려였다. 그는 당은 이미 끝장난 상태라고 생각했다. 갓 결혼한 아내 에바 브라운은 그저 '이 여성'에 불과했다. 불과 몇 시간 뒤에 그녀는 그와 함께 독약으로 자살할 것인데도 불구하고 말이다. 그가 지금껏 쌓아온 모든 것이 사라지고 파괴되었지만 20세기 최악의 미치광이 중 하나였던 그는 마지막까지도 유산을 남길 가능성을 바라보고 있었다. 그것은 바로 린츠에 박물관을, 그것도 유럽 전역에서 약탈한 보물들을 가지고 '자신의' 박물관을 세우는 것이었다.

이튿날, 히틀러가 사망한 지 몇 시간 뒤에 특사가 올라탄 오토바이 3대가 총통 벙커를 출발했다. 각각의 특사는 아돌프 히틀러의 마지막 유언장 원본을 한 장씩 갖고 있었다.[2] 이들은 각자 전혀 다른 방향으로 향하고 있었지만 목적은 같았다. 나치당 지도자의 최후 소원이 그가 자기 민족과 조국, 그리고 전 세계에 불러온 파멸보다 더 오래 살아남게 하려는 것이었다.

그 순간에도 히틀러의 추종자들은 그의 소원과는 반대로 그가 그토록 애지중지하던 약탈 미술품 컬렉션을 파괴하기 위해 작업 중이었다. 일부는 감정의 동요와 빗나간 충성심 때문에, 일부는 자기 이익을 위해, 일부는 두려움 때문에, 일부는 수백만 명을 죽이고 도시 전체를 파괴하도록 지시했던 그 장본인이 이제껏 뭔가를 남겨놓으라고 지시한 적은 없으며 특히 미술품처럼 퇴폐적이고 무의미한 것에 대해서는 더더욱 그러하리라는 짐작으로 말이다. 대표적으로 지방장관 아우구스트 아이그루버는 평소와 마찬가지로 알타우세의 소금 광산을 완전히 파괴하겠다는 고집을 완강하게 밀고 나갔다.

더 나쁜 것은 그의 계획을 저지하려는 푀흐뮐러의 시도를 지방장관이 알아챘다는 사실이었다. 그의 측근인 글린츠 경찰서장이 우연히 회글러의 말을 엿들었던 것이다. 푀흐뮐러에게 명령을 받은 이 광산 감독은 마침 지방장관이 갖다 놓은 폭탄을 옮기기 위해 트럭을 부르려던 참이었다. 글린츠는 회글러를 향해 총을 빼들었다.

"그 나무상자는 원래 있던 곳에 그대로 두게. 무슨 꿍꿍이인지 다 알아. 여기서 무슨 일이 벌어지고 있는지도. 그 나무상자에 손을 대면 이 자리에서 내 손에 죽을 줄 알아!"[3]

회글러는 일단 바트 이슐의 또 다른 소금 광산을 찾아 산 아래로 내려간 푀흐뮐러를 만나 이야기를 해보라며 글린츠에게 사정했다. 글린츠와 나눈 긴장된 전화 통화에서 푀흐뮐러는 총통이 내린 4월 22일자 명령(무슨 수를 쓰든 미술품이 적의 손에 들어가지 못하게 하되 미술품을 파괴해서는 안 된다는)은 무엇보다 명백하다고 주장했다. 즉, 미술품은 절대 손상되어서는 안 된다는 것이었다. 글린츠는 간단히 대답했다.

"지방장관께서는 4월 22일자 명령이 시효가 지났다고 생각하시오. 따라서 그 명령은 이제 아무런 소용이 없게 되었소. 지방장관께서는 명백하지 않은 명령은 모조리 총통 본인에게서 나온 것이 아니라고 간주하고 계시오."[4]

비록 히틀러가 사망했지만 헬무트 폰 홈멜은 마지막으로 한 번 더 광산 관리자들에게 영향력을 발휘하고자 했다. 5월 1일 폰 홈멜은 알타우세의 미술품 복원 전문가 카를 지베르에게 편지를 보냈다.

"지난주에 총통이 다음과 같이 재차 확인했다. 오베르도나우 지역에 있는 미술품이 적의 손에 들어가도록 해서는 안 되지만, 그렇다고 최종적으로 파괴해서도 결코 안 된다."[5]

그러나 이 전보는 효과가 없었다. 광산으로 돌아온 쾨흐뮐러는 지방장관이 중무장한 경비병 6명을 출입구에 배치해두었음을 발견했다. 폭탄은 아직도 그 안에 있었다. 이제 필요한 것은 뇌관뿐이었다. 이미 뇌관이 광산 안으로 옮겨지고 있었다.

로버트 포시에게 독일 남부는 그야말로 최악의 장소였다. 무법천지가 따로 없었다. 도시와 마을은 산산조각 나 있었다. 서부 연합군 병력이 파괴했거나 궁지에 몰린 나치 극렬분자들의 짓이었다. 아니면 여전히 히틀러의 네로 명령을 준수하는 지역 지방장관의 짓이거나. 강에는 배들이 가라앉아 있었고 공장에는 불이 났으며 교량은 끊어졌다. 민간인은 여기저기를 헤매며 식량과 거처를 찾아다녔다. 수백 명의 피난민이 무리를 지어 딱히 어디랄 것도 없이 돌아다니는 모습을 흔히 볼 수 있었다.

과연 최전선을 지난 것인지 판단하기가 힘들었다. 여러 곳에서 독일군 병사가 탄 차량이 연이어 나타났지만 이들은 가급적 미군에게 항복하려고 안달이었다. 길가에서 포시는 철조망 너머에 있는 포로의 얼굴을 볼 수 있었다. 그들은 전쟁이 끝났다는 안도감 때문인지 대부분 미소를 짓고 있었다. 하지만 가끔은 독일군이 참호를 파고 그 안에 들어가 최후의 한 명까지 싸우다 죽기도 했다. 버려진 마을에서는 어두컴컴한 창문 어딘가에서 저격수의 총탄이 날아오기 일쑤였다. 눈에 보이지 않는 포좌에 얹힌 기관총이 도로를 맹공격하기도 했다.

어떤 미군 부대는 전투를 거의, 혹은 전혀 겪지 않았다. 또 어떤 부대는 이 진공 상태 동안 이전 6개월보다 더 많은 병력을 잃었다. 폭력과 평화는 모두 무작위적이었고 혼돈 투성이었다. 지도는 쓸모가 없었다. 가끔 포시는 자신의 나침반이 정말로 여전히 북쪽을 가리키고 있는지 의구심이 들었다. 상부에서 병사들에게 해줄 수 있는 최고의 조언은 가급적 자기 소속 부대에 바짝 붙어 있고, 절대로 혼자 돌아다니지 말라는 것이었다. 그렇다면 소속 부대가 없는 사람은 어떻게 해야 할까? 맡은 임무 자체가 완전히 불타버린 땅을 거의 혼자서 돌아다녀야 하는 경우라면?

포시는 종종 부헨발트를 생각했다. 사실은 지금 자신의 주변 세계가 그 강제수용소 못지않게 무척이나 끔찍해진 상황이었다. 부헨발트의 버려진 사무실에서 그는 어느 독일군 장교의 사진을 한 장 찾아냈다. 그는 얼굴 가득 미소를 짓고 차려 자세로 서서 카메라를 향해 자신의 자랑스러운 소유물을 들어 올린 채였다. 그가 포로의 교수형을 집행할 때 사용한 올가미였다. 포시는 그 사진을 자신의 연장주머니에 넣어 가지고 다니면서 밤에 잠자기 전에 한 번씩 꺼내 들여다보았다. 그 장교의 미소를 보면 어마어마한 분노와 함께 깊은 슬픔이 느껴졌다.

포시는 수많은 독일인의 얼굴에서 그 끔찍한 장교의 얼굴을 보았으며, 심지어 자기 아들뻘 되는 독일인 아이들의 얼굴에서도 마찬가지였다. 그는 파괴에 무감각해지는 동시에 한편으로는 크나큰 고통을 겪고 있었다. 어느 날, 휴대식량도 없이 야영지에서 멀리까지 나와 있던 그와 커스타인은 어느 보병 중대와 마주쳤다. 병사들은 마침 어느 시골집 뒤편에 있던 우리에서 토끼를 한 마리 잡아 요리하기로 결정한 참이었다. 이들이 그 집 마당으로 들어서자 한 여자가 문을 열고 나오더니 큰 소리로 외쳤다.

"제발요. 그거 우리 아들이 키우는 토끼예요."

병사들은 꿈쩍도 하지 않았다. 그녀가 다시 엉터리 영어를 쏟아냈다.

"제발요. 내 남편이 SS 장교였던 거 맞아요. 나도 알아요. 정말 끔찍했어요. 하지만 남편은 죽었어요. 분명해요. 남편이 전쟁에 나가기 전에 우리 아들한테 남긴 것은 저 토끼 한 마리뿐이에요. 우리 아들은 겨우 여덟 살이에요. 저 토끼는 개가 자기 아버지를 기억할 수 있는 유일한 거라고요."

로버트 포시는 한참 동안 그 여자를 바라보았다. 그러고는 연장주머니로 손을 뻗어 보호 요망 기념물에 붙이는 '출입금지' 표시판 중 하나를 꺼냈다. 그는 표시판 밑에 "미국 제3군 소속 로버트 포시 대위 백(白)"이라고 적어 토끼 우리에 걸어두었다.

"이제 댁의 아이가 키우는 토끼는 아무도 못 건드릴 겁니다."

그는 이렇게 말한 다음 보병들을 인솔해 그곳을 떠났다.[6] 며칠 뒤에 그는 앨리스에게 편지를 썼다.

"당신이 편지에서 말한 두 살짜리 흑인 아기 이야기 말이야. 어쩐지 내가 목격한 가장 끔찍한 공포를 연상시키더군. 바이마르 인근에 있는 집단수용소를 방문했을 때의 일이지. 나는 그때 본 것을 지금도 믿을 수가 없어. 나치의 가학적인 잔혹성에 관해 지금까지 읽었던 것도 그 정도까지는 아니었어. 세계의 나머지 국가가 패배한 상황에서 루스벨트 홀로 거기에 맞섰다는 것은 그 양반에 대한 훌륭한 추모가 될 거야. 그곳에서 불과 6킬로미터 떨어진 곳에 살던 바이마르 사람들은 집단수용소에서 무슨 일이 벌어지고 있는지 몰랐다고 주장하지만, 그 양반은 무려 6,000킬로미터나 떨어진 곳에서 다 알고 있었지. 어린 흑인 아이가 가족에게 버림을 받았다는 것은 우리 사회가 어딘가 올바르지 못하다는 의미가 아닐까 싶어. 어쩌면 내가 너무 감상적인지도 모르지. 하룻밤이라도 독일인의 집을 숙소로 할당받을 경우, 나는 밖에 나가 닭이나 토끼, 애완동물이 있는지 살펴보고 가능하면 물과 먹이를 주기도 해. 대개는 거기 살던 사람들이 급하게 피난을 떠나버린 바람에 거의 보호받지 못하니까. 아무래도 세상은 완고하고도 잔인한 사람들이 다스리는 것 같아. 그렇다면 나는 매일 내 양심의 한계 내에서 살아가려 노력하고, 박수갈채는 그 대가를 치르고자 하는 사람에게 돌아가도록 하는 데 만족해야 하겠지."[7]

44

발건
Discoveries

독일 튀링겐과 북스하임 | 1945년 5월 1일

1945년 5월 1일, 조지 스타우트는 베른테로데에 도착했다. 워커 행콕이 전화로 잠깐 이야기한 것처럼 그 광산의 인근에는 오로지 숲밖에 없었다. 근처의 작은 마을 사람들에게 나치 관리들이 대피령을 발동했기 때문에 이 광산에서 벌어진 바쁜 활동에 대해 아는 사람이 아무도 없었다. 유일한 문명의 흔적이라고는 강제 이송 난민들을 억류한 수용소 하나뿐이었다. 이들은 대부분 프랑스인, 이탈리아인, 소련인이었으며 광산에서 강제노동에 종사하던 중이었다.

갱도의 깊이는 무려 500미터에 달했고 그 안에서 터널이 거의 25킬로미터나 뻗어 있었다. 베른테로데는 독일 중부에서 가장 큰 군수품 생산지로 강제노동에 동원된 노동자들은 주로 탄약을 싣고 내리는 일을 했다. 이미 광산을 살펴본 군수품 담당자는 이곳에 대략 40만 톤의 폭발물이 있을 것이라고 추산했다. 프랑스인 노동자 하나가 워커 행콕에게 말했다.

"광산 안에 성냥이라도 하나 갖고 들어가면 매질을 당하거나 그보다 더 심한 일을 당했습니다."

길고 느린 엘리베이터를 타고 광산 바닥으로 내려가던 중에 행콕이 스타우트에게 말했다.

"민간인은 6주 전에 내보냈다고 합니다. 그다음 날부터 독일 병사들이 몰려들기 시작했다는군요. 완전히 비밀을 유지하면서 작업을 했다고 합니다. 2주 뒤에 이 광산을 완전히 봉인했고요. 그게 4월 2일, 그러니까 우리가 지겐에 들어간 바로 그날입니다."

엘리베이터가 갱도 바닥에서 멈추자 두 사람은 플래시를 켰다. 천장에는 전기 램프가 켜져 있었지만 불빛이 워낙 미약한데다 전력도 뚝뚝 끊겼다.

"이쪽입니다."

행콕이 이렇게 말하며 주 통로를 가리켰다. 두 사람은 지하에서 500미터 가량 걸었다. 이리저리 가지를 친 터널들은 어둠 속으로 사라지고 석벽에 끌 자국이 선명한 방들이 줄줄이 나타났다. 스타우트가 플래시로 방을 비춰볼 때마다 박격포 탄환과 폭발물 더미가 드러났다. 400미터쯤 더 아래로 내려가자 최근에 새로 쌓은 벽이 나타났다. 여기에는 아예 문이 없었고 대신 한가운데에 구멍을 뚫어 놓았다. 그 너머에는 다이너마이트가 산더미처럼 쌓여 있었다.

그들이 엉금엉금 구멍 속으로 들어가자 상상조차 하지 못했던 광경이 펼쳐졌다. 넓은 중앙 통로에는 밝은 조명장치가 있었고 양옆으로 나무선반과 보관용 칸막이가 있었다. 칸막이에는 225개의 깃발이 걸려 있었는데 하나같이 펼쳐진 채로 끄트머리에 장식이 달려 있었다. 이것은 독일의 각 연대 깃발로 초기 프러시아 전쟁부터 제1차 세계대전까지 온갖 깃발이 망라되어 있었다. 입구 근처에는 상자와 회화가 놓여 있었고 기둥 사이의 공간에는 태피스트리 등의 장식품이 쌓여 있었다. 기둥 사이의 공간 중 일부에는 커다란 관이 몇 개 있었다.[1] 그중 세 개는 아무 장식이 없었지만 한 개는 화환과 붉은 리본으로 장식되어 있었고 이름이 적혀 있었다.

'아돌프 히틀러.'

행콕이 스타우트의 어깨너머로 말했다.

"그자의 것이 아닙니다. 병기 담당자는 그렇다지만 제 생각에는 아닌 것 같습니다."

스타우트는 기둥 사이의 공간으로 걸어 들어가 장식이 된 관을 만져보았다. 그의 머리 위로는 깃발들이 흐느적거렸는데 그중 낡은 것 몇 개는 아예 그물로 감싸 제자리에 고정해놓았다. 그는 근처의 바닥에 놓인 강철 탄약 상자와 리본에 새겨진 철십자 표시를 바라보았다. 행콕의 말이 맞았다. 이건 히틀러의 것이 아니었다. 붉은 크레용으로 써서 테이프로 붙인 조잡한 라벨에는 이렇게 적혀 있었다.

'군인왕, 프리드리히 빌헬름 1세.'

그 왕은 1740년에 사망했다. 스타우트는 이 장식이 히틀러가 근대 독일의 건립자에게 바친 장식임을 알아챘다. 그는 다른 관들을 살펴보았다. 모두 크레용으로 적은 조잡한 라벨이 붙어 있었다. 그중 하나는 제1차 세계대전 당시 독일의 영웅이던 폰 힌덴부르크 육군원수의 유해였고 그 옆에 있는 것은 그의 아내의 유해였다. 네 번째 관에는 군인왕인 프리드리히 대왕 아들의 유해가 담겨 있었다.

도대체 히틀러는 어디에서 이 관들을 가져온 걸까? 혹시 이들의 묘지를 도굴한 것일까? 스타우트가 고개를 갸웃하자 행콕이 말했다.

"여기는 일종의 대관식장입니다. 이놈들은 히틀러에게 유럽의 황제라는 왕관을 씌워주려고 했던 거죠."

"아니면 세계의 황제겠지."

스타우트가 이렇게 말하며 작은 금속 상자에 있는 사진을 살펴보았다. 거기에는 군인왕부터 히틀러에 이르기까지 프러시아의 모든 군사 지휘관의 사진과 초상화가 담겨 있었다. 다음 세 개의 상자에는 프러시아 군주국의 국보들이 들어 있었다. 1540년에 제작된 알프레히트 대공의 제국 검, 1713년에 '군인왕'의 대관식에서 사용한 홀과 보주, 그리고 왕관 등이었다. 라벨에 따르면 그 왕관에 달려 있던 보석은 떼어내 '명예로운 판매'에 쓰였다.[2]

스타우트는 나머지 상자들도 살펴보았다. 강철 탄약 상자 안에는 프리드리히 대왕의 서재에 있던 책과 사진이 담겨 있었다. 기둥 사이의 공간 중에서도 가장 멀리 떨어진 곳에 놓인 271점의 회화는 베를린에 있는 그의 궁전과 포츠담에 있는 상수시 궁전(프리드리히 대왕의 여름 궁전─옮긴이)에서 가져온 것이었다. 생각에 잠겨 있던 스타우트가 말했다.

"여기는 대관식장이 아니라 성물실이군. 그놈들은 독일 군사 국가의 가장 중요한 유물을 숨겨놓은 걸세. 이 방은 히틀러를 위해 만든 것이 아니라 다음 제국을 위해 만든 것이거나 어쩌면 그다음 제국을 위한 것일세. 후세가 그의 영광 위에 또다시 제국을 건설하도록 말야."

행콕은 껄껄 웃었다.

"그런데 이번 제국이 끝나기도 전에 숨어 있다는 사실이 들통 나고 말았군요."

그곳에서 600킬로미터 정도 더 남쪽으로 내려간 곳에서는 제임스 로라이머가 마침내 고대하던 소식을 전해들은 참이었다. 미국 제7군 이 노이슈반슈타인으로 접근했던 것이다. 그는 즉시 수송대로 달려갔 지만 지휘소가 머지않아 아우크스부르크나 뮌헨으로 떠날 예정이라 지금 당장 이용 가능한 차량이 없다는 것을 알게 되었다. 그렇다고 포 기할 그가 아니었다.

적십자에서 일하는 친구를 통해 지프를 한 대 빌린 그는 곧바로 길 을 나섰다. 노이슈반슈타인은 아직 해방되지 않았기 때문에 일단 우 회로를 통해 북스하임으로 갔다. 로즈 발랑이 보여준 자료에 따르면 나치는 1943년 초부터 노이슈반슈타인에서 넘쳐나는 미술품을 이곳 으로 옮겨 보관하고 있었다. 한 독일인 경찰관은 스스럼없이 그 도시 에서 몇 킬로미터 떨어진 어느 수도원으로 가는 길을 가르쳐주었다. 거기 사는 사람은 누구나 그곳에 나치의 미술품이 보관되어 있다는 사실을 알고 있는 듯했다. 하지만 정작 그곳에 있는 미군은 보관품에 관해 전혀 모르는 것 같았다.

수도원의 바깥쪽 방들은 도둑이 문을 부수고 들어왔다 간 뒤였으 며, 연합군 병력은 굶주린 난민들로부터 곡물을 지키기에 바빴다. 미군이 전혀 관심을 기울이지 않는 수도원의 뒤쪽 방 중 하나에서 로라이머는 'D-W'라는 표시가 붙은 상자를 발견했다. 이 이니셜은 세계적인 미술품 수집가 피에르 다비트 바일을 가리키는 것으로 그 상자에는 조각상이 담겨 있었다. 수도원의 중심 구역에는 약탈한 르네상스시대 가구가 복도에까지 잔뜩 쌓여 있었다. 사제 한 명, 수녀 13명, 난민 아이들 22명이 기거하는 방에도 도자기, 회화, 장식품 등이 가득 들어차 있었다. 예배당 바닥에는 양탄자와 태피스트리가 거의 30센티미터 두께로 쌓여 있었고 그중 상당수는 로트실트 가문의 여러 사유지에서 훔쳐온 것이었다.

이 수도원의 독일인 관리인들은 의도적으로 비협조적인 태도를 보였지만 다행히 로라이머는 이곳 보관소의 감독관이자 미술품 복원 전문가인 마르타 클라인을 만날 수 있었다. 클라인이 로라이머에게 알려준 바에 따르면 이 수도원은 ERR이 프랑스에서 훔쳐온 물품의 주요 복원 작업실이었다. 그녀의 주위에는 작업에 사용하는 각종 장비, 즉 카메라, 붓, 물감, 긁개, 조명장치, 측정도구, 그림틀에 캔버스를 다시 대는 데 사용하는 우유가 놓여 있었다. 로라이머는 탁자 위에 놓인, 그리 대수롭지 않아 보이는 작은 회화를 바라보았다. 클라인은 나치가 뮌헨의 어느 은행 지하금고에서 발견한 렘브란트의 그림이라고 설명해주었다. 로라이머의 요청에 따라 그녀는 지난 2년간 이 작업실에서 자신과 다른 사람들이 복원한 회화의 목록을 건네주었다. 로라이머는 나중에 이렇게 적었다.

"우리가 이곳 북스하임에서 발견한 것만큼 대단한 컬렉션을 보유한 박물관은 흔치 않을 것이다. 더 이상은 일반적인 용어로 생각할 수조차 없을 정도로 많은 분량의 미술품이었다. 우리는 방 하나 가득, 차 하나 가득, 성 하나 가득한 양의 미술품들을 일일이 세어 보아야 했다."[3]

그렇지만 이것은 어디까지나 부차적인 미술품에 불과했다. 진짜배기인 노이슈반슈타인은 아직 몇 킬로미터 떨어진 곳에 있었다.

45

올가미가 조여지다

The Noose Tightens

독일과 오스트리아 | 1945년 5월 2~3일

5월 2일, 이탈리아에서 독일군이 공식 항복했다. 동부 전선에서는 200만 명 이상의 소련 적군이 폴란드를 지나 독일 본국으로 깊숙이 들어왔고 독일인은 군인과 민간인 할 것 없이 전멸을 피해 서쪽으로 도망쳤다. 5월 4일에는 미군이 독일 치하의 폴란드 총독으로 악명을 떨친 한스 프랑크를 추적해 체포하는 데 성공했다. 그는 오스트리아 국경에서 15킬로미터 떨어진 슐리에르세 호수 인근의 자기 고향 노이하우스에 숨어 있었다. 프랑크가 집권하던 시절, 폴란드에서는 어디서든 잔혹한 유혈 참극이 빚어졌다. 1943년 그는 당의 열성 추종자들에게 한 연설에서 이렇게 주장했다.

"폴란드에서 1만 7,000명이 총살되었다 해도 우리는 군이 이를 문제 삼아서는 안 됩니다. 우리는 반드시 단합해야 합니다. 여기 모인 우리는 루스벨트의 전쟁 범죄자 목록에 올라 있는 사람들이 아닙니까? 저는 그중에서도 제1번이 되는 영예를 누렸습니다."[1]

언젠가 그는 어느 지역을 방문한 자리에서 파르티잔 7명이 처형당했음을 알리는 포고를 보았다. 그러자 그는 측근들에게 만약 자신이 폴란드인 7명을 죽일 때마다 포고를 한 번씩 붙였다면 지금쯤 숲 하나가 사라졌을 거라고 말했다. 종이의 원료로 쓰이는 나무를 그만큼 많이 베어냈을 것이라는 얘기다.

다른 사람을 단죄하는 데는 그토록 잔혹했던 프랑크도 자신이 범죄자로 쫓길 때는 나약했다. 힘도 대안도 없고 의지도 약했던 프랑크는 모두 43권에 달하는 자신의 일기를 순순히 내놓았다. 체포된 첫날밤에 그는 손목과 목을 칼로 그어 자살을 시도했지만 실패했다. 그의 집을 수색한 병사들은 세계적으로 유명한 회화 9점을 찾아냈는데, 그중에는 크라쿠프의 차르토리스키 박물관에서 약탈당한 3점 가운데 2점이 있었다. 렘브란트의 에칭 판화 〈착한 사마리아인〉과 레오나르도 다 빈치의 〈담비를 안고 있는 여인〉이었다. 마지막 1점인 라파엘로의 걸작 초상화 〈빈도 알토비티〉는 아직도 행방이 묘연한 것으로 알려져 있다.

트리어 인근의 어느 감옥에 수용된 헤르만 분예스는 낙담 속에서 자신의 생애를 돌아보고 있었다. 기념물 전담반의 로버트 포시와 링컨 커스타인은 그의 협조 요청을 순순히 받아들이지 않았다. 포시는 육군 소속 심문관을 트리어 외곽에 있는 그의 오두막으로 보냈고 분예스는 연합군에 의해 체포되었다.[2] 그는 괴링의 약탈을 돕고 죄드폼에서 로즈 발랑을 괴롭혔으며 나치의 권력을 추구하는 과정에서 모든 문화적, 학문적, 개인적 양심을 팔아치웠으면서도 자신이 언젠가는 풀려날 수 있으리라고 확신했다. 어쩌면 그는 혼란의 와중에 슬그머니 달아나거나 알타우세에 있는 히틀러의 보물에 관해 순순히 털어놓음으로써 자유를 살 수 있으리라 생각했을지도 모른다. 하지만 그는 이미 영혼을 팔아버렸고 그것은 어떠한 대가를 치르더라도 다시 살 수 없었다. 헤르만 분예스는 나치의 권력과 부, 위신을 탐냈지만 이 어리석은 인간에게 그것은 잔인한 환상에 불과했다.

바이에른에 있던 헤르만 괴링은 높은 지위를 상징하는 온갖 술과 장식을 단 채(사실은 며칠 전에 히틀러에 의해 지위가 강등되었지만) SS 경비대의 호위를 받으며 오픈카를 타고 이동 중이었다. 경비대는 제국원수와 그 가족을 처형하라는 히틀러의 명령을 받았지만 독일이 이제 진공 상태로 접어들었음을 알고는 명령을 무시했다. 호위대는 괴링의 여러 사유지 중 하나인 마우테른도르프로 향하고 있었다. 제국원수는 이곳에서 아이젠하워와 대면할 때까지 기다릴 참이었다. 그는 두 사람이 직접 만나 군인 대 군인으로서 대화를 나눌 수 있으리라고 자신했다.

그러는 중에 그의 미술품은 베르히테스가덴에서 10킬로미터 떨어진 운테르슈타인으로 이송되고 있었다. 지난 2주 동안 그의 미술품은 폭파되어 끊어진 철도를 따라 위험한 여행을 했다. 처음에는 베르히테스가덴으로 갔고 그중 화차 3량에 실려 있던 미술품을 일단 방공호로 옮겼다. 나머지 화차는 운테르슈타인에 도착했지만 그 직후 제국원수의 마음이 바뀌면서 다시 베르히테스가덴 외곽의 방공호로 가게 되었다. 회화는 파손을 방지하기 위해 태피스트리로 감쌌으며 방공호의 문은 30센티미터 두께의 콘크리트 벽으로 봉인하고 나무를 덧대 대들보를 쌓아놓은 것처럼 위장했다.

하지만 미술품 가운데 상당수가 여전히 남아 있었고 제국원수는 훔친 회화와 조각상, 태피스트리, 그밖에 다른 국보급 문화재를 다시 운테르슈타인으로 보냈다. 그 와중에도 카린할을 떠날 때부터 갖고 있던 10점의 작은 걸작품은 여전히 제국원수 부부가 갖고 있었다. 그것은 두 사람이 여생을 왕족처럼 살 수 있도록 해줄 만큼 가치가 높은 것들이었기 때문이다.

알프스 국가 요새가 있는 오스트리아 국경 인근의 알타우세에서는 미술품 보관소를 지키려는 사람들이 곤경에 처해 있었다. 아이그루버가 폭탄을 설치하고 터트리기 위해 폭발물 전담반을 파견한 까닭이다. 쾨흐뮐러와 회글러는 며칠 전부터 누군가를 산 아래 잘츠부르크로 보내 서부 연합군에게 이 상황을 알리는 방안을 놓고 거듭 논의 중이었다. 하지만 그러기에는 위험이 너무 크다는 결론을 내렸다. 그 중대한 순간에 광부인 알로이스 라우다슐이 한 가지 아이디어를 내놓았다. 그 무렵 히틀러의 비밀경찰 총수이자 SS에서 두 번째로 높은 계급이던 에른스트 칼텐브룬너 박사가 베를린에 있는 히틀러의 벙커에서 빠져나와 애인을 만나러 이 지역으로 오는 중이었다. 나치 당원이던 라우다슐은 박사와 접촉할 방법을 알고 있었다. 혹시 칼텐브룬너가 도움이 되지 않을까?

이 시나리오는 제법 그럴듯했다. 칼텐브룬너는 아이그루버보다 상급자였고 더구나 베를린 벙커에 있었으니 히틀러의 심정을 누구보다 잘 알고 있을 터였다. 그리고 그는 이 지방장관이 존경해 마지않을 만한 여러 가지 개인적 특성도 있었다. 오스트리아 출신인 칼텐브룬너는 히틀러의 가장 비열한 행위에 대해서조차 철저하게 충성을 바친 바 있었다. 그 행위란 바로 집단수용소 설립, 전쟁포로 처형, 그리고 점령지역에서 '바람직하지 않은 자' 수천 명을 없애버린 것 등이었다. 한마디로 그는 무자비하고 냉혹한 악당이었다. 그야말로 아우구스트 아이그루버가 존경하고도 남을 만한 인간이었던 셈이다. 하지만 그런 인간이 과연 미술품 따위를 구하려고 할 것인가?

46

질주
The Race

독일 베르히테스가덴과 노이슈반슈타인 | 1945년 5월 4일

미국 제7군 소속 제3보병사단, 일명 '마른의 바위'(제1차 세계대전 당시에 이 부대가 프랑스 파리 인근의 마른 강에서 벌어진 '마른 전투'에서 혁혁한 공을 세워서 생긴 별명이다.—옮긴이)는 북아메리카로부터 시칠리아, 안치오, 프랑스, 독일 남부를 거쳐 드디어 바이에른 알프스로 접어들었다. 이들은 지난 4월에 있었던 뮌헨 함락에서도 한몫을 했으며 인근의 다하우 수용소를 둘러보기도 했다. 1945년 5월 2일, 그 산하의 제7보병연대, 일명 '면화자루 부대'(미국의 '1812년 전쟁' 당시에 이 부대가 면화자루를 쌓아 만든 진지에서 영국군과 대치했다는 일화에서 생긴 별명이다.—옮긴이)가 알프스 국가 요새로 가는 잘츠부르크로 진군했다. 이들은 전투를 예상했지만 최후의 며칠 동안 독일군은 저항하지 않았으며 결국 미군은 총 한번 쏘지 않고 이 도시를 점령했다. 이로써 미국은 이 전쟁에서 마지막 보석을 향해 진군할 수 있는 완벽한 진지를 마련한 셈이었다. 그 보석이란 알프스 국가 요새의 심장부 베르히테스가덴에 있는 나치의 성채를 의미했다.

5월 4일 오전, 제3보병사단의 지휘관인 존 오대니얼 중장은 제7보병연대의 지휘관 존 A. 하인트지스 대령을 찾아갔다.

"자네 생각에는 우리가 베르히테스가덴까지 갈 수 있을 것 같은가?"

"예, 그렇습니다. 이미 계획도 세워놓았습니다."

하인트지스는 부대 진격 명령에 대비해 공병이 밤새도록 인근의 다리를 보강해두었다고 설명했다. 그로부터 1시간도 되지 않아 제1대대와 제3대대는 협공 대형으로 베르히테스가덴으로 기동했다. 제1여단이 산길을 따라 조심스레 이동하는 사이, 제3대대는 멀리 돌아서 아직 망가지지 않은 고속도로를 따라 내려가고 있었다. 제1대대는 1945년 5월 3일 오후 3시 58분에 베르히테스가덴에 들어갔고, 불과 2분 뒤에 제3여단도 들어갔다. 이미 그곳의 거리에는 독일 장교들이 회색 롱코트 차림에 차려 자세로 서 있었다. 그중 한 사람이 앞으로 걸어 나오더니 자신의 권총과 대검을 하인트지스 대령에게 건네주었다. 그 장교는 프리츠 괴링으로 제국원수의 조카였다. 하인트지스는 항복을 받아들인 다음 그 청년 장교를 인근의 여관으로 불러 와인을 한잔 대접했다. 제국원수는 얼마 전에 떠났고 프리츠는 루프트바페의 기록보관소를 연합군에게 넘겨주기 위해 뒤에 남았다고 했다.

하인트지스가 대화를 나누는 동안 '면화자루 부대'의 다른 병력은 켈슈타인 산의 언덕을 올라 히틀러의 별장 베르크호프로 향했다. 그 집은 이미 영국 공군의 폭격을 받았고 나중에는 SS가 직접 불을 지르기도 했지만 식품 저장고에는 여전히 식량과 술이 남아 있었다. 의무병으로 입대 전에 석탄 광산에서 광부로 일한 이저도어 밸런티니는 히틀러가 사용하던 커다란 방에 앉아 총통의 와인을 전우들과 나눠 마셨다. 베르크호프에서 휘날리던 나치 깃발을 끌어내려 조각조각 나눈 다음 제3보병사단의 장교들에게 기념품으로 나눠주기도 했다. 인근의 어느 집에서는 병사 하나가 자살한 구스타프 카스트너 키르크도르프 중장의 손에서 독일제 루거 권총을 빼내 가졌다.

얼마 뒤에 제7보병연대 병사들은 바퀴 모양의 커다란 치즈 덩어리를 거리에서 굴리는가 하면 인근에 있는 괴링의 집에서 술(무려 1만 6,000병에 달했다)을 꺼내 마셨다. 아이젠하워와 그 참모들이 우려했던 알프스 국가 요새 따위는 존재하지도 않은 것으로 밝혀졌다. 지금까지 그토록 치열하게 저항하던 나치의 마지막 요새는 총 한 번 쏴보지 못하고 시들어버렸다.

독일과 오스트리아 국경에 있는 노이슈반슈타인은 나무가 울창한 산맥 속으로 이어진 길고 위험스러우며 구불구불한 도로의 맨 끝에 있었다. 로라이머는 적십자 지프를 얻어 타고 독일의 어느 시골길을 달리고 있었다. 머나먼 성에 보관된, 지금까지 모인 것 중에서 가장 규모가 큰 걸작품 컬렉션을 찾기 위해서였다. 그 컬렉션은 다른 곳으로 옮겨졌을까, 아니면 파괴되고 말았을까? 누구에게 무엇을 훔쳤는지를 밝히는 데 필수적인 ERR의 문서가 아직도 거기에 있을까? 과연 지금 올바른 장소로 가고 있는 것일까? 그가 북스하임에서 만난 미술품 복원 전문가 마르타 클라인은 이렇게 말했다.

"맞아요, 노이슈반슈타인에는 미술품이 보관되어 있어요. 하지만 알 타우세의 소금 광산 쪽이 가장 가치가 높은 보관소라고 할 수 있지요."

그 말을 듣고는 잠시 머뭇거렸지만 어디까지나 잠깐이었다. 사실 그에게는 다른 선택의 여지가 없었다. 지난 몇 달간 노이슈반슈타인에 가는 것을 꿈꿔오지 않았던가. 이제 와서 돌아설 수는 없었다. 성의 모습이 나타나자 그에게 남아 있던 일말의 의구심도 깨끗이 씻겨 나갔다. 로라이머는 당시의 느낌을 생생하게 표현했다.

"탁 트인 계곡을 따라 북쪽으로부터 접근하며 바라보니 그 성은 이 야기책에 나오는 성들의 원형처럼 보였다. 마치 권력에 굶주린 이기 주의자이자 미치광이를 위해 현실에 나타난 성 같았다. 그림 같고 낭 만적이며 외진 그곳은 악당들이 미술품 약탈 활동을 하기에 딱 좋은 무대였다."[1]

거대한 철문 앞에는 대포를 장착한 장갑차 두 대가 경비를 서고 있 었다. 로즈 발랑의 정보와 로라이머의 노력 덕분에 이 성의 중요성을 잘 알고 있던 부대는 점령과 동시에 출입구를 봉쇄하고 출입금지 표 지판을 붙여 놓았다. 다행히 아직까지는 어느 누구도 그 보물창고 안 으로 들어가지 않았다.

이 성에서 오랫동안 일해 온 관리인이 로라이머와 그의 새로운 조 수인 기념물 전담반원 존 스킬턴, 그리고 몇몇 경비병을 안으로 안내 했다. 내부는 미궁 같은 계단으로 이루어져 있었는데 설계자는 일반 건축가가 아니라 미치광이 루트비히가 존경한 어느 무대 디자이너였 다. 계단은 가파르고 불안했다. 계단 끝에 있는 문은 독일인 관리인이 우스꽝스러울 정도로 커다란 열쇠 꾸러미를 꺼내 열고, 사람들이 들어가자마자 다시 닫아야 하는 식이었다. 대부분의 문 뒤에는 밀실공포증을 유발할 정도로 좁은 방이 있었으며 벽의 두께는 30센티미터 정도였고 작은 구멍 모양의 창문이 있었다. 다른 문은 웅장한 복도로 이어지거나 산 주위의 풍경을 내다볼 수 있는 베란다로 연결되기도 했다. 그곳을 지나가면 또 다른 불안한 계단이 나왔는데 이 계단은 건물 안이 아니라 밖에 있었다.

이 성은 언뜻 불가능해 보이는 각도를 이루며 위로 올라가고 또 올라갔으며, 방 다음에 또다시 놀라운 방이 나왔다. 방마다 수많은 상자와 나무상자, 선반, 단이 있었는데 거기에는 파리에서 곧장 이곳으로 운반된 프랑스의 세습 재산이 어마어마하게 쌓여 있었다. 방 전체에 온통 금 장식품만 보관한 곳도 있었다. 파리지앵 수집가들의 상징 위에는 ERR 이니셜이 찍힌 수많은 나무상자가 있었고 선반에는 온갖 회화가 잔뜩 쌓여 있었다. 로라이머는 상자들 가운데 상당수가 아직 한 번도 열린 적이 없음을 확인했다.

이 성의 어떤 곳에는 가구가 가득 들어차 있었다. 어떤 곳에는 태피스트리만 있었고 또 어떤 곳에는 식탁용품과 잔, 촛대, 그리고 다양한 가정용품이 있었다. 서적만 보관한 방도 몇 개나 되었으며 희귀한 판화와 동판화 등이 제멋대로 책 사이에 끼워져 있거나 책장 사이에 떨어져 있었다. 2개의 열쇠로 열어야 하는 어느 강철 문 뒤에는 로트실트 가문의 보석 컬렉션과 피에르 다비트 바일의 소유였던 1,000개의 은 세공품이 보관되어 있었다. 로라이머는 당시의 느낌을 이렇게 기록했다.

"나는 마치 최면에 걸린 듯 그 방들을 지나다녔다. 그러면서 독일인이 그 명성에 걸맞게 이 모든 것을 체계적으로 분류하고 사진과 분류 목록, 기록을 보관했으면 하고 바랐다. 그렇지 않다면 산더미처럼 쌓인 약탈품의 출처를 알아내는 데만 족히 20년은 걸릴 테니까."[2]

벽난로가 있는 방에서 나치는 각자 군복과 서류를 불태웠다. 로라이머는 불탄 종이의 둥글게 말린 한쪽 귀퉁이에서 히틀러의 서명을 알아볼 수 있었다. 그는 혹시 문서보관소가 파괴된 것은 아닌가 하고 걱정했지만, 옆방에 가보니 사진과 분류 목록, 기록을 담아놓은 서류함이 줄지어 서 있었다. 프랑스에서 ERR이 수행한 임무 정보를 모두 담고 있는 분류 목록 카드였다. 모두 2만 1,000건 이상을 압수했고 그중에는 다른 보관소로 간 화물에 관한 내용도 있었다. 로즈 발랑이 노이슈반슈타인의 중요성에 관해 그에게 들려줄 때 알았던 것처럼 이것이야말로 모든 물건을 확인하고 원래 주인에게 돌려주기 위해 절대적으로 필요한 정보였다. 로라이머는 자신을 따라오던 경비대 하사에게 지시했다.

"여기에는 누구도 들어와서는 안 되네. 경비병도 마찬가지일세. 이 건물은 이제부터 완전 출입금지네."

그 방 바닥에는 뚜껑 문이 있었다. 로라이머는 거기에 못질을 해서 열리지 않게 하고 그 위에 강철 트렁크를 하나 올려놓았다. 그런 다음 그는 흥행주 같은 수완을 발휘해 약탈된 보물 중에서 발견한 로트실트 가문의 오래된 인장을 가져다 문 사이의 빈틈에 바른 봉랍에 찍었다. 거기에는 이렇게 적혀 있었다.

"언제나 충실한(SEMPER FIDELIS)."

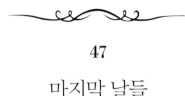

47

마지막 날들

Final Days

독일 베를린과 남부 | 1945년 5월 5~6일

5월 2일, 소련 적군이 베를린 중심부에서도 위쪽 절반에 해당하는 지역에 들어섰다. 마침 그 지역에는 몇 군데 유명한 박물관이 있어서 이른바 '박물관 섬'으로 불리고 있었다. 그 지역에 있던 독일군은 몇 시간 전에 후퇴했다. 페르가몬 제단을 관리하는 큐레이터들이 그 유명한 그리스 제단 유물을 전투에 필요한 바리케이드로 사용하지 말아 달라고 호소했기 때문이다.

베를린의 박물관을 접수한 적군 소속 미술 전문가들은 메르케르스나 다른 독일 내 보관소로 옮길 수 없을 만큼 커다란 회화 등의 미술품 중 상당수를 보관하고 있는 거대한 방공요새로 향했다. 3개의 방공요새 중에서도 가장 컸던 '동물원 방공요새'(당시 베를린 동물원에 있었기 때문에 이런 이름이 붙었다.─옮긴이)는 높이가 40미터에 지하 6층까지 있었다. 이 요새의 콘크리트 벽은 무려 2미터가 넘었고 창문에는 강철 셔터가 달려 있었다. 그뿐 아니라 병원과 군용 막사, 전국 라디오 방송국, 탄약 창고, 미술품 보관소는 물론 3만 명이 들어갈 수 있는 대피소도 마련되어 있었다.[1]

5월 1일, 소련군이 동물원 방공요새로 진군해 금, 히틀러의 시체, 그리고 나치 고위층을 찾기 위한 수색에 나섰다. 하지만 이곳에는 부상당한 병사와 민간인뿐이었으며 필사적으로 구조에 나선 의사들이 페르가몬 제단의 일부인 부조(고대 트로이의 보물로 '프리아모스의 영광'으로 통칭한다)와 다른 수많은 걸작품을 담은 나무상자 위에 환자들을 눕혀놓았다.

5월 4일, 부상자들이 다른 곳으로 이송되자 이 방공요새는 스탈린의 전리품 여단 수중으로 들어갔다. 전리품 여단은 미술품에서 식량, 기계에 이르기까지 가치 있는 물건은 무엇이든 확보해 소련으로 수송하는 임무를 맡고 있었다. 이는 나치가 자행한 파괴에 대한 일종의 비공식적인 배상물인 셈이었다. 전리품 여단은 곧바로 물건을 정리했고 이 요새는 불과 한 달 만에 텅 비고 말았다.

프리드리히샤인 방공요새에는 434점의 극도로 중요한 대형 회화를 비롯해 수백 점의 조각품, 도자기, 골동품(라베가 미처 메르케르스로 옮기지 못한 물건들) 등이 있었는데 이들은 전혀 다른 운명을 맞이했다. 5월 3일부터 5일 사이에 이 탑을 조사하던 소련군은 누군가가 이미 이곳에 다녀갔음을 확인했다. 당시 베를린에는 동유럽에서 끌려온 노예 노동자 80만 명이 돌아다녔으며, 그 외에도 절망에 빠진 수많은 독일인이 진공 상태에서 살아남기 위해 애쓰고 있었다. 자연스레 곳곳에서 약탈이 일어났다. 사실 방공요새에 들어온 도둑들은 1층에 쌓여 있는 식량을 노린 것으로 주변에 있던 값진 회화는 전혀 건드리지 않았다. 그렇다고 그 보물들이 안전했던 것은 아니다. 5월 5일, 안타깝게도 이 요새에 불이 났기 때문이다. 결국 1층에 남아 있던 식품과 미술품은 모두 재로 사라지고 말았다.

과연 일반 절도범이 불을 지른 것일까? 아니면 전기가 끊긴 탓에 도시 곳곳에서 사람들이 들고 다니던 횃불이 원인이었을까? 독일의 보물을 지키지 못한 나치 광신자와 SS 관리가 절망에 빠진 나머지 이 미술품에 네로 명령을 적용한 것일까?

그곳을 찾은 소련군은 이런 의문에 별로 관심이 없었던 모양이다. 요새의 2층과 3층에는 여전히 귀중한 미술품이 보관되어 있었음에도 불구하고 소련군은 그곳에 경비병을 배치하지 않았다. 전리품 여단이 동물원 방공요새에서 작업을 하는 동안, 프리드리히샤인 방공요새에는 약탈꾼들이 수시로 드나들었다. 머지않아 또다시 화재가 발생했고 이번에는 처음 화재보다 규모가 컸다. 이때 조각품, 도자기, 서적, 434점의 회화(보티첼리 1점, 반다이크 1점, 카라바조 3점, 루벤스 10점, 그리고 헤르만 괴링이 애호한 화가였던 루카스 크라나흐 1세 5점) 등이 완전히 파괴된 것으로 추정된다. '진공'이 낳은 커다란 희생인 셈이다.

운테르슈타인에서는 광분하고 굶주린 시민들이 헤르만 괴링의 개인 열차를 향해 몰려들었다. 이곳에 술이 가득 실려 있다는 소문이 났기 때문이다. 일부는 정말로 빵과 와인을 챙겨 돌아갔지만 훗날 연합군 조사관과 기념물 전담반원 버니 테이퍼가 발견한 것처럼 나중에

온 사람들은 로히어르 판 데어 베이던 유파의 회화나 13세기 리모주의 성유물함, 후기 고딕양식의 조각상 4점, 그밖에 시시해 보이는 물건으로 만족해야 했다. 그들은 손에 잡히는 것은 무엇이든 가져갔다. 여자들은 바닥에 있는 오뷔송 카펫으로 눈을 돌렸고 서로 차지하기 위해 아귀다툼을 벌였다. 결국 그 지역의 고관이 찾아와 중재에 나섰다. "여러분, 문명인답게 해결합시다. 공평하게 나눠가지시오." 여자들은 정말로 카펫을 잘라서 나눠가졌다. 그중 두 명은 자기 몫으로 침대 커버를 만들었고 나머지 한 명은 커튼을 만들었다.[2]

제3군의 기념물 전담반 포시와 커스타인은 밤마다 전방 작전기지의 벽에 걸어놓은 커다란 지도를 들여다보았다. 지도 위에는 반투명지가 겹쳐져 있었고 매일의 진군 행로가 빨간색으로 표시되어 있었다. 독일군이 장악한 지역은 갈수록 줄어들고 있었지만 알타우세에 있는 소금 광산 지역은 여전히 서부 연합군의 손아귀 밖에 있었다. 또한 포시와 커스타인이 믿었던 것과 달리 알타우세는 제3군의 담당 영역이 아니라 제7군의 담당이 될 예정이었다. 즉, 그 광산은 제임스 로라이머가 담당하리라는 얘기였다.

포시는 이것이 본인은 물론 제3군에게도 옳지 않은 처우라고 생각했다. 지난 몇 달 동안 모젤 강 동쪽에서 독일군 전체를 박살 내고 라인 강을 건너 독일의 심장부로 깊이 치고 들어감으로써 적의 사기를 꺾어버린 것은 제3군이었다. 그런데 정작 알타우세를 발견하는 영광은 엉뚱한 집단에게 돌아간다니 무언가 부조리해 보였다. 프랑스를 가로지르는 진격의 선두에 선 것은 제3군이 아닌가? 메스의 막강한 성채를 깨트린 것도 그들이고 독일 중남부의 산업지대를 장악한 것도 그들이 아닌가? 나아가 히틀러의 보물창고는 물론 그 위치까지 발견한 것도 자신과 커스타인, 그리고 제3군의 동료들이 아닌가?

포시는 제3군 특유의 자부심을 드러내며 앨리스에게 아쉬움을 전했다.

"당신이 고대하고 있었을지도 모르지만 우리 부대는 러시아인들을 만나지 않을 것 같아. 참 아쉽게 됐어. 그래도 우리야말로 연합군 전체를 통틀어 가장 멋진 부대라고 할 수 있지. 우리가 해온 역할은 항상 어려운 동시에 중요한 것이었어. 다른 부대는 이런 능력을 그저 괜찮은 정도로 여길 뿐 훌륭하다고 인정하지는 않아. 전투 지대 후방에 있는 부대는 아예 열등하다고 여기지. 하긴 그런 부대야 저 멀리 영국에 가 있으면 그저 군복 차림의 민간인에 불과하니까. 이렇게 생각하는 사람은 다른 조직으로 갈 수밖에 없고. 스스로 역사상 최고의 부대라고 소리 높여 주장할 만한 집단에 머무는 것은 우리의 선택이야. 물론 이만한 확신이 없는 사람에게는 그 자부심이 지나친 것처럼 보이기도 하지."[3]

제3군 특유의 자부심이나 동지애에 별로 관심이 없었던 커스타인은 이 새로운 세계가 몹시 울적했다. 그는 이렇게 썼다.

"훌륭한 건물의 뼈대 속에서 오랫동안 일하게 되면, 창조 당시의 사랑과 보살핌을 생각하다 보면, 파괴의 부당함과 복구에 필요한 에너지를 생각해보면 혼란스러움은 결국 우울로 변하고 만다. 마인츠와 프랑크푸르트, 뷔르츠부르크, 뉘른베르크, 뮌헨의 여러 경이로운 건물의 주검을 보고 난 뒤에 작지만 멀쩡한 읍을 보게 되면 항상 안도감이 들었다."[4]

이후 며칠 동안 독일 남부의 시골로 점점 더 깊이 들어가는 사이 그는 작지만 멀쩡한 읍에서도 위안을 얻지 못했다. 독일인(특히 독일 귀족) 역시 파괴 못지않게 그를 괴롭게 만들었기 때문이다. 5월 6일, 그는 다음과 같이 썼다.[5]

약탈물을 추적하던 중에 우리는 귀족들을 만났다. 그들은 그림 같은 지방에 퍼져 있는 어마어마한 성에 살고 있었다. 그곳에는 모든 박물관의 내용물이 담긴 상자가 가득했고 개인 소유물과 서적, 그리고 미술상도 있었다. 이들은 러시아군과 유대인, 흑인, 미군으로 이루어진 군대의 진군을 피해 그 성으로 찾아온 것이었다. 어느 멋지고 나이 많은 백작 부인은 침대에 누운 채로 우리를 맞았다. 그녀는 몸이 몹시 아팠는데, 집이 가벼운 부상을 당한 독일인을 위한 병원으로 쓰이고 있었다. 그녀는 이 우아하고 오래된 저택에서 아주 보잘것없는 존재로 작은 방을 한 칸 차지하고 있었다. 아마 우리가 마당으로 들어오는 모습을 보자마자 잽싸게 침대로 뛰어들었을 것이다. 한마디로 늙은 여우나 다름없는 여자였다. 원래는 이탈리아인이었지만 어느 유명한 독일 가문에 시집을 와서 한 무더기의 미술상을 비롯해서 젊고 '병든' 백작이며 남작들을 거느리며 끔찍한 시간을 겪고 있었다. 그들은 제때 파리에서 빠져나오지도 못했고, 폐도 너무 약했다. 부인은 자신의 예쁜 아이들 사진까지 꺼내 보여주면서 자기가 좋아하는 SS 장교 두 명이 미군에게 항복한 것을 특권으로 생각한다고 했다. 미군은 완벽하게 매력적이지만(살다 살다 처음 듣는 소리다) 그 지저분하고 끔찍하고 비민주적인 러시아인

487

과 유대인과 폴란드인으로 이루어진 군대는 그렇지 않으며, 우리가 '반드시' 그들과 싸워 물리쳐야 한다고 했다. 그리고 한 가지 사소한 청이 있다고 했다. 어떤 러시아인과 유대인, 폴란드인, 미국인, 흑인들이 이 근처 동물원에서 사슴 사냥을 하는 모양인데, 지금은 사냥철이 아닌 데다가 그런 일은 사냥터지기에게 악몽이나 다름없다며 의치를 딸각거리며 말을 이었다. 그녀의 자매이자 아직 미혼인 공작부인은 나이가 58세쯤인데, 적어도 자신의 불쾌함을 솔직하게 털어놓기는 했다. 그 여자는 악수를 해도 된다는 허락이 떨어지면 악수를 하겠다고 말했다. 나는 웃으면서, 아시다시피 전쟁에서는 내가 누구와 악수를 하든 상관 없다고 말했다. 어쨌거나 그 늙은 백작부인은 도움이 되었다. 우리는 찾던 것을 발견했고, 백작부인이 다른 성에 있는 사촌들에게 보내는 소개장을 화려한 종이에 적어주었다. 그 각각의 성에는 저마다 한 무리의 악당들이 득실거렸다. (……) 그 미술상들은 또 하나의 완고한 무리가 아닐 수 없었다. (……) 그들은 모두 총구를 이용해 부자가 되었으며 압수된 유대인 컬렉션에서 훔친 물건이 두세 명의 중간상을 거치면서 세탁될 때까지 기다렸다가 구입했다. 또한 소유물을 포기하라고 강요하지 않는 미군을 크게 신뢰했다. 그 물건들, 그러니까 멋진 도자기, 훌륭하지만 큰 관심의 대상은 아닌 이류 거장들의 작품, 우표, 담뱃갑, 가구 들은 결국 어떻게 될까? 의심의 여지없이 죽고 말았을 원소유주에 관해 나는 관심이 없다. 또한 의심의 여지없이 매력적이고 개와 말을 좋아하는 현 소유주에 대해서도 마찬가지다. 그들이 그 물건을 돌려주든 갖든 썩어 없어지도록 내버려두든 말이다. 내가 관심을 두는 것은 오로지 어떻게 해야 집으로 돌아갈 수 있는지이다.

이것이야말로 이 작전의 끝없음과 강탈, 속물의식, 변명의 무한함을 보여준다. 그는 이로 인해 좌절했다. 포시와 함께 나치의 미술품 보관소가 밀집된 알프스 지역을 향해 밀고 나갈 때도 상황은 마찬가지였다. 커스타인이 집에 보낸 편지에 그의 우울한 심정이 잘 나타나 있다.

"내 기분이 나아지기까지 표현할 수도 없고 셀 수도 없는 나날이 흘렀어. 그 무엇에도 관심을 보이지 못하고 줄곧 좋지 않은 상태에 있었는데, 주위의 모든 것이 점점 매력적으로, 더욱더 매력적으로 변하는 거야. (⋯⋯) 나는 이 파렴치한 독일의 비열하고 낡은 미래에 전혀 관심이 없는데도 말이지."[6]

48

통역자
The Translator

독일 뮌헨 | 1945년 5월 7일

전장의 기념물 전담반이 각자의 목적지를 향해 열심히 질주하고 있을 무렵, 해리 에틀링어 이병은 뮌헨 외곽에 있는 커다란 카제르네, 즉 독일군 막사에 앉아 우울한 표정을 짓고 있었다. 5월 7일, 그가 병력 이송 트럭에서 내린 지 거의 넉 달이 되어가고 있었지만 막상 할 일이 없었다.

몇 주 전의 어느 오후, 그는 야영지 인근의 언덕으로 올라갔다. 날씨는 따뜻하고 나무에는 꽃이 만발한데 저 아래에서 낯선 사람이 언덕으로 올라오는 모습이 보였다. 그가 몇 발짝 앞으로 다가온 뒤에야 해리는 상대방이 의족을 하고 있음을 깨달았다. 해리는 도와주기 위해 손을 내밀었지만 상대방은 괜찮은지 어깨를 으쓱해 보였다. 알고 보니 그는 언덕 위에 있는 예배당의 사제였다. 한쪽 다리는 2년 전에 소련 전선에서 잃었다고 했다. 두 사람이 이야기는 나눈 건 잠깐뿐이 었지만, 해리는 실로 몇 달 만에 다른 사람과 진정한 대화를 나누었다 는 느낌을 받았다. 이때까지만 해도 그가 마주친 적이라고는 그 사제 가 전부였다.

"방금 보니까 독일어를 할 줄 알던데."

갑자기 누군가가 말을 걸었다. 해리가 깜짝 놀라 고개를 들자 어떤 군인이 그를 향해 다가오고 있었다.

"예, 그렇습니다."

해리 에틀링어 이병은 이렇게 말하며 경례를 하려다가 상대방 역시 이병임을 깨달았다.

"마침 내가 통역 일을 하고 있거든. 재미있긴 하지만 내 적성에는 맞지 않는 것 같아. 나는 첩보대 일만 하고 싶어. 얼마 전에 미군 병사 넷이 독일 여자애를 강간한 일이 있었어. 그 사건을 조사해야 하는데. 혹시 관심 있나?"

"강간 사건 조사말입니까?"

"아니, 통역 말이야."

"예, 그렇습니다."

해리는 그 일이 정확히 무엇인지 물어보지도 않고 냉큼 대답했다. 그 이병을 따라간 곳은 바로 미국 제7군 사령부 건물이었다. 책상과 서류가 가득한 2층의 작은 사무실 안에 두 사람이 있었는데 한 명은 책상에 앉아 있고 다른 한 명은 가운데 서서 명령을 전하고 있었다. 서 있는 남자가 말했다.

"자네가 새 통역병인가?"

"예, 그렇습니다. 이병 해리 에틀링어입니다."

"독일인인가?"

"아닙니다, 미국인입니다. 원래 독일계 유대인이었습니다. 칼스루에 출신입니다."

"현재 어느 부대에 소속되어 있나, 에틀링어?"

"아직 소속 부대가 없습니다."

그 남자는 수북한 종이 더미를 건네주었다.

"이 문서를 읽고 무슨 내용인지 우리한테 말해주면 돼. 요점만 간단히. 다만 몇 가지는 구체적으로. 가령 이름, 위치, 미술품 같은 거."

그 남자는 즉시 몸을 돌려 나가버렸다.

'저 양반이 최고 책임자인 모양이구나. 만약 내가 통역을 제대로 해내면 어디든 배치 받을 수 있을 거야.'

어떤 부대든 상관이 없었다. 그리고 그때는 이보다 더 나은 임무를 상상할 수도 없었다. 나중에야, 그러니까 소속 부대를 변경하기 직전에야 해리 에틀링어는 자신이 본래 뉘른베르크 재판을 위한 통역 부대에 배치되었다는 사실을 알게 되었다. 그가 지난 4개월간 무료하게 기다리기만 했던 것도 바로 그 일 때문이었다. 해리가 사무실에 있는 다른 사람에게 말을 걸었다.

"저 분은 대단한 수완가인 것 같습니다."

"물론이지. 저 양반이 남들이 뮌헨에서부터 서로 차지하고 싶어 난리 치던 건물을 접수했거든. 히틀러의 사무실 겸 나치당 사령부였던 건물을 말이야. 패튼은 여기를 자기네 지역 사령부로 삼고 싶어 했지만 저 양반이 나서자마자 졸지에 MFAA의 수집 거점이 되어버렸지.

지금 이 건물은 전부 우리가 사용하고 있어. 말하자면 우리, 그리고 자네가 지금부터 이 문서에서 읽어낼 수십만 개의 물건이 사용하게 되는 거지."

"그런데 여기서 뭘 읽어내라는 겁니까?"

그 남자는 웃었다.

"기념물 전담반에 잘 왔어. 나는 찰스 파크허스트 중위다. 프린스턴에서 왔지."

"해리 에틀링어입니다. 뉴어크에서 왔습니다."

해리는 잠시 말을 멈추고 뭔가 다른 이야기가 나오기를 기다렸다. 하지만 아무 말이 없자 다시 한 번 질문을 던졌다.

"그럼 저분은 누구십니까?"

"저 양반은 제임스 로라이머 중위야. 자네의 새 상관이지."

새 상관이라니. 해리는 어쩐지 그 말이 마음에 들었다.

"그럼 저분은 지금 어디에 가신 겁니까?"

"잘츠부르크. 무장 병력을 데리고 알타우세에 있는 소금 광산으로 갈 거야."

49

음악 소리
The Sound of Music

독일 베른테로데 | 1945년 5월 7일

조지 스타우트는 여전히 베른테로데에 머물고 있었다. 이곳 광산에서 보물들을 바깥으로 옮기기 위해 20명 이상의 인력이 투입되었고 다들 최대한 빨리 일을 끝내고 싶어 안달이었다. 그들은 이 성지를 처음 발견한 병기 담당 부대, 소수의 공병대, 그리고 지난 몇 년 동안 이곳에서 일한 14명의 프랑스인 노예였다. 광산 안은 어둡고 곰팡이 냄새가 진동했으며 물이 뚝뚝 떨어졌다. 심지어 몇 시간씩 이어지는 정전이 자주 발생했다. 전쟁 지역에서 미술품을 다루는 일에 이력이 난 워커 행콕조차 얼른 일을 끝내고 싶어 했다. 무려 40만 톤의 폭발물이 쌓인 곳에서 하는 작업이다 보니 불안한 것이 당연했다.

조지 스타우트는 그런 불안에도 꿈쩍하지 않았다. 그의 관심은 오로지 튀링겐 숲의 1,800미터 지하에서 벌어지는 일에 꽂혀 있었다. 다행히 병기 담당 부대에서 25킬로미터에 달하는 이 터널을 미리 조사한 다음이라 일이 한결 수월했다. 스타우트는 가스 차단 군화를 잘라만든 고무 충전물을 이용해 물품들이 서로 부딪쳐서 긁히는 일이 없도록 했다. 가스 차단막은 회화를 싸는 데 적합했고 특히 물이 뚝뚝 떨어지는 동굴 안에서는 매우 유용했다. 포장재 문제를 해결하고 그 성지에 있는 물건 기록이 끝나자 이동 준비가 완료되었다.

어느 날 오후, 벌써 이틀째 완전한 어둠 속에 있었던 워커 행콕은 문득 고개를 돌리고 스타우트가 자신에게 인상을 찌푸리고 있는 모습을 발견했다. 행콕은 자신이 방금 전까지 고향을 생각하고 있었음을 깨달았다. 그런 잡념 때문인지 고향에서 종종 보았던 매사추세츠 어부들 특유의 과장된 몸짓까지 곁들여 밧줄을 사리고 있었다. 반면 스타우트는 손과 팔꿈치를 이용해 정확하고 꼼꼼하게 밧줄을 감고 있었다. 스타우트가 저쪽으로 가버리자 행콕의 옆에 있던 누군가가 속삭였다.

"도대체 저 양반은 무슨 생각으로 저러는 겁니까? 지금 여기 놓인 밧줄들은 하나같이 길이가 딱 60센티미터에다 모두 정북에서 동쪽으로 딱 1도 벗어난 방향으로 뻗어 있는데, 굳이 이럴 필요가 있는지 모르겠습니다."[1]

그는 스티븐 코발리약이었다. 보병 전투부대 중위였던 그는 워커 행콕이 프랑크푸르트의 고위층에 이 대관식 물품을 가져가 보여준 직후, 그의 임무를 도와주기 위해 배치된 인물이었다. 이미 수많은 보물을 보아온 행콕은 보석으로 치장된 금붙이가 지프 하나 가득 들어 있다 해도 그러려니 했다. 하지만 사령부에 있던 다른 병사들은 그야말로 눈이 튀어나올 지경이었다. 행콕이 스타우트의 지프를 빌려 그 보물들을 바이마르에 있는 사령부로 가져가려 하자 호지스 장군은 혹시나 있을지도 모르는 위협에 철저히 대비하고자 했다. 결국 오토바이 2대, 지프 3대, 장갑차 2대, 무기탄약운반차 1대, 행콕과 보물을 지키기 위한 병사 15명이 투입되었다. 장군은 튀링겐 숲을 지나는 구간을 걱정한 모양이었다. 지난주만 해도 수송대가 여섯 번이나 적의 매복 공격을 받았기 때문이다.

행콕이 젊은 중위에게 말했다.

"걱정 말게. 조지 스타우트는 자신이 할 일을 잘 아는 사람일세. 저 양반과 일을 하면서 느낀 건데, 확실히 그에 비하면 우리는 모두 아마추어더군."

몇 시간 뒤에 전기가 나가자 광산 안은 어둠에 잠겼다. 행콕은 플래시를 켰다. 그는 서적, 금붙이, 회화, 관 등을 비춰보다 말고 깜짝 놀랐다. 갑자기 조지 스타우트의 얼굴이 나타났기 때문이다.

"코발리약을 보내겠습니다."

행콕이 말했다.

정전이 될 때는 코발리약 중위를 보내 이 지역의 '시장'을 구워삶아서 발전기를 계속 가동시키는 것이 스타우트의 주된 해결책이었다. 물론 코발리약은 독일어를 전혀 못했지만 요령은 있었다. 지난 수년간 보병으로 근무한 덕분에 코발리약은 이 지역의 권력 관계와 지방의 절차, 관료적 형식주의를 교묘히 우회하는 술책을 부릴 줄 알았다. 머지않아 행콕은 졸지에 어둠 속에 혼자 남게 되었고 기분이 우울할 때면 늘 그렇듯 또다시 고향 생각에 잠겼다. 배터리가 닳든 말든 그는

플래시를 켜고 400년 묵은 크라나흐의 회화 뒤판을 탁자로 삼아 세이마에게 편지를 쓰기 시작했다.[2]

사랑하는 세이마에게

내가 지금 이 편지를 쓰기 위해 종이 밑에 뭘 깔고 있는지 당신은 아마 상상조차 못할 거야. 지금 내가 편지를 쓰는 곳 역시 믿기 힘든 장소 중 하나야. (……) 스타우트는 나와 함께 여기서 일하고 있어. 독일의 갑작스러운 붕괴로 인해 일이 마구 몰려드는 바람에 편지 쓰는 것도 엄두를 못 내고 있었지. (……) 나중에도 상황은 마찬가지일 거야. 그래도 말로 할 수 있는 것 이상으로 당신을 사랑해. 뭐, 이런 말도 새삼스럽긴 하지만. 조만간 침대와 탁자가 있는 방에 편히 앉아 밀린 편지를 쓸 수 있을 거야.

포장 작업은 5월 4일에 시작됐지만 다시 한 번 전기가 나가는 바람에 또다시 중단되었다. 코발리약은 거기서 가장 가까운 마을의 시장을 만나기 위해 부리나케 달려갔다. 제305전투공병대대가 지하 1,800미터에 비상용 발전기를 설치해주었다. 노예 노동에 동원된 프랑스 포로들은 일을 하다 말고 옆 통로로 슬그머니 빠져나가곤 했는데 갈수록 빈도가 늘어났다. 플래시를 켠 행콕은 이번에는 힌덴부르크 육군원수의 관을 탁자로 사용해 세이마에게 편지를 썼다. 일이 주는 흥분에도 불구하고 "요즘 들어 향수를 아주 많이 느낀다"는 내용이었다.[3] 본래 그는 생각이 비슷한 사람들과 어울리는 것을 좋아하는데 몇 달째 혼자 활동하다 보니 점차 기운이 빠졌다.

"스타우트가 내게 필요한 추진력을 제공해주고 있어. 정말 고마운 친구야."[4]

5월 5일, 포장 담당자들은 2교대로 작업에 들어갔다. 한 팀은 8시부터 16시까지, 또 한 팀은 16시부터 22시까지 작업했다. 이곳은 성지는 물론 통로까지도 사람과 포장용품으로 가득 찼고 덕분에 밀실공포증을 느낄 여유조차 없었다.

다음 날, 충전재를 대서 포장하고 방수처리하고 엘리베이터에 실어 지상까지 옮긴 물건들을 어느 창고에 다시 쌓아두었다. 그제야 스티븐 코발리약은 스타우트의 세심한 계획, 그리고 미리 잘라놓은 밧줄의 유용성을 깨닫게 되었다. 행콕은 빙그레 미소를 지었다.

'조지 스타우트 신도가 또 하나 나오겠구면.'

그다음 날, 이번에는 관을 옮길 차례였다. 힌덴부르크 여사의 관이 가장 가벼웠기 때문에 제일 먼저 옮겨졌다. 그곳에서 수직 갱도까지는 400미터쯤 거리였다. 삐걱거리는 엘리베이터를 타고 관이 천천히 올라가는 동안 병사 두 명이 성호를 그었다. 스타우트는 기도처럼 중얼거렸다.

"다시는 이렇게 깊이 묻히는 일이 없기를."

다음으로 군인왕과 힌덴부르크 육군원수의 관이 올라갔다. 이제 남은 것은 프리드리히 대제의 유해와 그의 거대한 강철관뿐이었다. 공병들은 그 관이 엘리베이터에 들어갈 리 없다고 주장했지만 스타우트는 그것이 여기까지 올 수 있었던 것도 엘리베이터 덕분이었음을 상기시켰다. 공병들은 다시 크기를 측정했고 다행히 엘리베이터에 딱

맞게 넣을 수 있었다. 남은 공간은 불과 1센티미터밖에 되지 않았다.

공병들의 추산에 따르면 관의 무게는 500킬로그램에서 600킬로그램이나 나갔다. 일단 관을 약간씩 움직여 아래에 밧줄을 여러 개 걸어서 들어 올릴 수 있는 손잡이를 만들었다. 그리고 15명이 달라붙어 관을 들어 올리고 성지의 벽에 난 구멍으로 간신히 지나갔다. 이어 모퉁이를 돌아 어둡고 울퉁불퉁하며 축축한 갱도를 지나갔다. 이 장례행렬은 천천히 움직였지만 운구자들이 붙잡은 가죽 끈에서는 연방 삐걱거리는 소리가 들렸다. 그 커다란 강철 괴물을 엘리베이터에 싣는 데만 무려 1시간 가까이 걸렸다. 그야말로 1센티미터 또 1센티미터씩 움직여야 했기 때문이다. 마침내 23시 직전에 이들은 관을 지상으로 올릴 준비를 끝냈다.

사람들은 낡은 엘리베이터가 1톤의 무게를 견뎌주기만 바랄 뿐이었다. 마침내 엘리베이터가 지상에 가까워졌을 무렵, 갑자기 음악 소리가 들려왔다. 저 위의 라디오에서 미국 국가가 들려오고 있었다. 땅속에서 나온 관이 시원한 밤공기를 처음 쐴 무렵 이번에는 또 다른 노래가 들려왔다. 영국 국가였다. 1945년 5월 7일, 독일이 프랑스 랭스에서 무조건 항복을 선언했다.

연합군이 공식적으로 전쟁에서 승리했다.

50

그 길의 끝
End of the Road

오스트리아 알타우세 | 1945년 5월 12일

갑자기 미국 제3군이 남쪽으로 방향을 돌렸다. 제7군이 아니라 제3군이 알타우세가 포함된 알프스 지역으로 진격하게 된 것이다. 무장 병력을 이끌고 소금 광산으로 원정을 떠나려던 제임스 로라이머는 일단 베르히테스가덴으로 갔다. 그곳에 쌓여 있는 보물을 노리는 난민들의 약탈에 관한 소문이 들려 왔기 때문이다. 졸지에 알타우세는 애초의 예상대로 로버트 포시와 링컨 커스타인이 담당하게 되었다. 이 소식이 알려졌을 즈음, 안타깝게도 두 사람은 또 다른 임무를 수행하기 위해 거기서 무려 300킬로미터 이상 떨어진 곳에 가 있었다.

이제는 기념물 전담반도 임무에 필요한 허가와 차량을 어렵지 않게 얻어낼 수 있었지만, 알타우세에 관한 정보는 여전히 은폐되었고 광산과 관련된 보고는 아예 없었다. 머지않아 이들은 독일 남부의 황무지를 지나가게 되었는데 이곳은 도로까지 엉망이 된 상황이었다. 독일 민간인들은 항복의 표시로 집집마다 흰색 베갯잇을 내걸었지만, 조용한 마을을 지나다가 갑자기 총격을 받고 쓰러진 병사들이 많았던 터라 조심해야만 했다. 히틀러 청년단원이 치기 어린 열성과 무지로 인해 창가에 서 있다가 겨냥하는 경우도 있었다. 난민 중에는 동부 전선에서 온 병사들도 많았지만 이들은 군복을 벗어버리고 민간인 틈에 섞여 있었다. 이런 군중 가운데 상당수는 절망과 아울러 악의도 지니고 있었다.

두려움은 오스트리아 국경을 지나고 나서야 걷히는 느낌이었다. 이곳에서는 집집마다 베갯잇 대신 빨간색과 흰색 깃발을 내걸었는데 이것은 오스트리아 저항군의 상징이었다. 구불구불한 도로를 달리던 이들은 바트 이슐 맞은편에서 독일군 제6군과 마주쳤다. 무려 2킬로미터 가량 늘어선 그들은 "숯 화로를 지폈고 그 옆에는 말이 끄는 고장난 구급차와 트럭도 있었다. 여성, 부상자, 헝가리 기갑부대가 뒤섞인 그 무리는 대부분 무기 없이 걸어서 지나갔다. 수천 명에 달하는 그들은 비록 지치긴 했지만 집으로 향하고 있었기 때문인지 눈에 띄게 쾌활했다."[1]

로버트 포시와 링컨 커스타인은 알타우세 읍 근처의 어느 여관에서 잠시 멈춰 섰다. 원시 그대로인 알프스 호수 인근의 숲속에 있는 작은 마을의 여관이었다. 여관 밖에서는 군복을 말끔하게 차려입은 SS 장교들이 해방자들에게 기꺼이 협조하고 있었다. SS 장교들은 각자 무기를 계속 갖고 있게 해준다는 조건 하에서만 항복하려 했다. 부하들이 혹시나 등 뒤에서 총격을 가할까 봐 두려웠기 때문이다.

여관 안에서는 미군 병사들이 축하파티를 벌이고 있었다. 오스트리아인 산사람의 안내를 받은 몇몇 병사가 악명 높은 나치 비밀경찰 지휘관, 에른스트 칼텐브룬너를 추적하여 밤새도록 산속을 헤맨 끝에 새벽녘에 그를 체포했다. 교활한 이 나치는 훈장을 호수에 던져버리고 의사로 가장해 검문을 통과했다. 하지만 다른 독일군 포로들과 함께 인근 마을을 지나던 도중에 애인이 무심코 그의 이름을 부르며 손을 흔드는 바람에 정체가 들통 나고 말았다.

포시와 커스타인은 갈 길을 재촉했다. 이제 광산까지는 가파르고 구불구불한 오르막길 하나만 남아 있었다. 놀랍게도 소금 광산 바깥 건물에서는 사람들의 움직임이 활발했다. 지프 두 대와 트럭 한 대에 올라탄 제80보병사단의 병력이 전투 한 번 없이 몇 개의 건물을 접수했지만, 이들이 과연 무엇을 접수했는지는 아직까지 정확히 알 수 없었다. 이곳에서 무슨 일이 벌어졌는지에 관해서는 광부들, 미술품 관계자, 경비원, 나치 사이에서도 의견이 일치하지 않았다. 과연 누가 그 일을 저질렀는지에 대해서도 마찬가지였다.

랠프 피어슨 소령과의 대화를 통해 주 갱도에 부비트랩이 설치되지 않았다는 것을 알게 된 포시와 커스타인은 아세틸렌 램프를 챙겨 광산 속으로 향했다. 두 사람은 본능적으로 고개를 숙이고 걸었지만 이 터널의 입구는 높이가 2미터는 족히 넘었다. 커스타인은 벽을 만지다가 미세한 전기 충격을 느꼈다. 폭발용 전선이 손상되었거나 잘린 까닭인지도 몰랐다. 그렇게 500미터쯤 가자 바닥에 잡석 더미가 흩어져 있었다. 두 사람은 서둘러 그곳을 넘어갔다. 벽마다 구멍이 뚫리고 웬 튜브가 하나씩 들어 있었는데, 커스타인은 그 튜브가 다름 아닌 다이너마이트임을 알아보았다. 파괴를 하려고 준비는 해놓았지만 불을 붙이지는 못한 듯했다.

그는 돌 더미를 넘어 흙바닥으로 뛰어내린 다음 상관을 따라 더 깊이 들어갔다. 이들의 발자국 소리가 사방에 울려 퍼졌고 불빛은 앞뒤로 흔들렸다. 터널 안은 서늘했지만 그렇다고 소름이 끼칠 만큼 춥지는 않았다. 바로 그때 포시가 우뚝 걸음을 멈추고 아세틸렌 램프를 위로 치켜들었다. 두 사람 앞에 돌 더미가 무너지면서 생긴 단단한 벽이 모습을 드러냈다. 광산에 폭발이 일어나 갱도가 막힌 것이다.

Section *5*

전쟁이 끝나고
The Aftermath

The Aftermath

우리는 인류가 그토록 오랜 시간과 관심, 기술을 발휘해 만들어낸 것들을 불필요하게 파괴하고 싶지 않았다. (……) 이런 장인정신의 증거들이 우리의 조상에 관해 많은 것을 말해주기 때문이며 (……) 만약 이것들이 사라지거나 깨지거나 파괴될 경우, 우리는 그 지식 가운데 귀중한 부분을 상실하는 것이다. 그 어떤 시대도 홀로 존재할 수 없다. 우리는 과거에서 물려받은 것을 토대로 삶을 이어간다. 만약 이런 것들이 파괴된다면 과거의 일부분을 상실하는 셈이므로 우리는 전보다 더 가난해질 것이다.

– 영국군 소속 기념물 전담반원 로널드 밸푸어
병사들을 위한 강연문 초안 중에서, 1944년

우리가 지금까지도 그 운명을 걱정하고 있는 모든 미술품은 결국 우리에게 돌아올 것이다. 또한 그 아름다움을 발산해 이전처럼 모든 나라에서 순례자들을 끌어모을 것이며 평화의식을 고취시킬 것이다.

– 이탈리아 우피치의 사서, 체사레 파솔라 박사
『피렌체의 미술관과 전쟁』 중에서

51

알타우세의 진실
Understanding Altaussee

오스트리아 알타우세 | 1945년 3월 30일~5월 5일

알타우세에 보물창고를 둔 히틀러의 진짜 의도가 무엇인지에 관해서는 오랫동안 논란이 있었다. 하지만 그가 자살 직전에 마지막으로 서명한 유언장을 보면 그는 미술품을 파괴할 의도가 없었던 것 같다. 지금까지 이 문서를 연구한 역사학자들은 그가 언급한 소원, 즉 린츠에 세워질 대규모 박물관을 위해 수집한 그림을 독일에 헌납하라는 내용을 깡그리 무시했다.

유언장이 히틀러가 미술품 파괴를 원했다는 주장을 일거에 침묵시켰다고 해서 그가 졸지에 훌륭한 인물로 격상될 수는 없다. 알타우세의 광산 파괴가 불가피했던 것도 따지고 보면 그가 권좌에 있을 때 내린 결정 탓이기 때문이다. 그는 패배에 대비한 계획을 세우지 않았고 심지어 모든 것을 잃은 뒤에도 항복할 의사가 없었던 까닭에 전부를 진공 상태로 만들어버렸다. 그리고 그 진공 상태에 있는 동안 수많은 악당들이 날뛰며 수만의 생명과 건물, 국보급 미술품의 운명을 제멋대로 결정해버렸다.

무엇보다 중요한 사실은 그가 지난 수년 동안 내린 온갖 명령으로 인해 미술품을 비롯한 모든 것이 나치의 손아귀에 놓였고 그로 인해 크나큰 위험이 초래되었다는 점이다. 나치는 개인 재산을 약탈하는 것은 물론 수백만 명을 체포 및 억류하고 조직적으로 살해했으며 책을 불태우고 소위 '타락한' 미술품을 파괴했다. 나아가 여러 대도시에 악의적이고 보복적인 파괴 행위를 가했다. 기념물 전담반원 S. 레인 페이슨 2세는 이렇게 말했다.

"히틀러는 『나의 투쟁』이라는 책을 썼다. 만약 사람들이 그 책을 좀더 유심히 읽었더라면 훗날 일어날 일들이 모조리 예견되어 있음을 알 수 있었으리라. (……) 유대인의 상황 전체가 거기에 잉크로 뚜렷하게 기록돼 있었다."[1]

그의 다른 행동도 대부분 마찬가지였다. 1945년 3월 19일에 내린 히틀러의 네로 명령은 그가 지난 20년간 말과 행동으로 해왔던 것을 단순히 공식화한 것에 불과하다. 그는 추종자들에게 자신의 치하에서 폭력과 분노를 발산할 기회를 주었다. 아우구스트 아이그루버 같은 인간에게는 그야말로 구세주의 부르심이 아닐 수 없었다.

히틀러가 권력을 상실한 그 순간부터 기념물 전담반이 도착하기까지 오스트리아의 그 산속 마을에서는 정확히 무슨 일이 일어났던 것일까? 대략적인 윤곽은 오래전부터 알려져 있었지만 사건의 실제 순서나 광산 담당 관리, 광부, 나치 관리, 저항군 전사, 서부 연합군 병력의 역할을 하나로 꿰어 맞추기까지는 수십 년의 세월이 걸렸다. 이는 인류의 문화 역사에서 대단히 중요한 전환점이었고 심지어 오늘날에도 독일어 문서를 들여다볼 때마다 새로운 통찰을 얻을 수 있을 정도다. 무엇보다 실제로 일어난 일뿐 아니라 자칫 일어날 뻔했던 일에 대해서도 분석이 가능하다.

기본적인 몇 가지 사실에는 의문의 여지가 없다. 몇몇 개인의 영웅적인 행동이 없었다면 알타우세의 미술품 보관소는 아이그루버의 정신 나간 명령에 의해 파괴되고 말았을 것이다. 하지만 결국 파괴되지도 않았고 그 안에 보관된 미술품 가운데 어떤 것도 복원 불가능할 정도로 손상되지 않았다. 8개의 커다란 폭탄 상자는 5월 1일에서 5월 7일 사이의 어느 시점에 길가의 전나무 아래로 옮겨졌다(랠프 피어슨 소령이 지휘하는 미군 병력은 5월 8일에야 도착했다). 대신 광산 터널에는 다이너마이트가 설치되었다. 그로 인한 폭발로 터널이 무너지면서 광산이 봉인되었고 이 음모를 꾸민 주인공들은 이 폭발을 '광산 마비시키기'라고 불렀다.[2] 덕분에 미술품은 아이그루버의 파괴적인 의도에서 완전히 벗어날 수 있었다. 과연 그 '마비'는 누가 지시하고 실행한 것일까?

1945년 가을 「타운 앤드 컨트리(Town and Country)」라는 잡지에 기고한 글에서 링컨 커스타인도 이렇게 시인했다.

"수많은 증인이 워낙 많은 이야기를 한 까닭에 우리가 정보를 수집하면 할수록 그 안에는 진실이 점점 옅어지는 것 같았다."[3]

그는 진정한 영웅은 오스트리아인 광부들이라고 믿었다. 커스타인의 말에 따르면 아이그루버의 나무상자에 폭탄이 들어 있다는 것을 우연히 알게 된 광부들이 한밤중에 몰래 상자를 광산 밖으로 옮겼다는 것이다. 곧이어 이들은 광산 입구를 봉쇄했다. 이것이 자신들의 생계수단에 대한 심각한 손상을 막는 최선의 방법이라고 생각한 까닭이다. 어떤 면에서는 소금이 미술품을 구한 셈이었다. 이 반역 행위를 알게 된 아이그루버는 "그곳의 오스트리아인 모두를 총살하라는 명령을 내렸지만 이미 늦었다. 그날 미군이 산의 반대편에 도착했기 때문이다. 5월 7일이었다."⁴

1948년에 광부들 역시 이 설명이 맞다고 확언했다. 오스트리아 정부에 제출된 「알타우세의 자유 전사들」이라는 제목의 보고서에서 이들은 광산을 구하기 위해 독자적으로 행동했다고 주장했다.⁵ 하지만 여기에는 모순이 있다. '마비' 작전은 결코 광부들이 독자적으로 수행할 수 있을 만한 것이 아니었다. 가령 회글러와 마이어호퍼 같은 공학자들의 전문 기술, 즉 잘 제어된 폭발 기술을 동원해야만 비로소 가능한 일이다. 그러나 오스트리아 정부는 광부들의 주장에 대해 아무런 이의를 제기하지 않았다.

오스트리아 정부는 사실상 알타우세에 대한 잘못된 정보의 주된 출처나 마찬가지였다. 그리고 커스타인의 견해는 가장 일반적인 오해로부터 영향을 받은 것이 분명하다. 오스트리아인이 나치의 적극적인 동조자라기보다 무고한 희생자라는 오해 말이다. 실제로는 그렇지 않았다는 것이 이 시기의 영상 기록물이나 문서에 명백히 드러나 있다. 그런데 오스트리아 정부는 이런 무고함의 아우라를 재빨리 부추겼고, 1946년에는 《적백적서(赤白赤書)》라는 간행물(많은 사람이 빈의 가면무도회, 즉 은폐 행위라고 빈정거린)을 통해 그 행위를 옹호하기도 했다.⁶

자칭 오스트리아 저항군은 1948년에 자신들이 오스트리아 정부의 지원을 받아 알타우세 구출에서 주도적인 역할을 했다고 주장했다. 몇몇 사람들은 심지어 그곳 광부들이 오스트리아 저항군의 일원이었다고 말했다. 하지만 광부들은 대부분 나치 당원이었다. 이처럼 오스트리아인의 용기를 날조하다 보니 아이그루버의 음모를 분쇄한 주인공으로 자처하는 사람도 한둘이 아니었다. 오스트리아 저항군의 실제 지도자인 제프 플리사이스는 자기네 작전조가 광산을 구했다고 말했다.[7] 알브레히트 가이스빙클러라는 오스트리아인은 자신이 영국의 후원을 받아 그 지역에 낙하산으로 잠입해 저항군을 조직했다고 주장했다.[8]

이보다 더 효과를 거둔 것은 빈 소재 자연사박물관의 광물학 부서 책임자, 헤르만 미헬 박사의 주장이었다. 미헬은 미국 제3군의 선봉에 서 있던 보병부대의 지휘관, 피어슨 대위에게 메시지를 보내 헝가리 왕실의 왕관에 들어가는 보석을 비롯한 온갖 보물이 알타우세에 은닉되어 있음을 처음 알린 인물로 추정된다(하지만 문제의 왕관 보석은 바이에른 소재 마트제 인근의 어느 습지에 가라앉아 있던 석유통 안에서 발견되었다). 피어슨이 알타우세에 관해 알게 된 것은 이때가 처음이었다. 그 메시지는 남아 있지만 정말로 미헬이 보낸 것인지는 불분명하다.

5월 8일, 피어슨이 지프 두 대와 트럭 한 대에 병사들을 대동하고 찾아왔을 때 미헬은 그를 맞이하기 위해 와 있었다. 그는 전문가로 행세하며 이 미군 지휘관에게 그곳을 안내했으며 무너진 광산 안에 수십억 달러어치의 국보급 문화재가 있다고 설명했다. 또한 그는 아이그루버의 폭탄을 옮기는 계획에 자신이 깊이 관여했다는 사실을 암시했고, 나중에는 아예 다른 관련자로부터 그에 대한 증언을 문서로 받아냈다. 그러나 사실을 말하자면 미헬은 알타우세에서 기껏해야 부수적인 역할밖에 하지 못했다.

1938년, 미헬 박사는 빈 소재 자연사박물관의 관장 자리에서 해임
되었다. 나치 고위층과 친분을 쌓기 위해 나름대로 애쓴 끝에 나온 결
과라 그에게 상당히 충격적인 일이었다.[9] 관장이 바뀌면서 자연사 박
물관은 인종차별주의 이데올로기의 선전 도구가 되고 말았다. 졸지에
광물학 분과의 책임자가 된 미헬은 인간을 인종으로 구분하는 데 초점
을 맞추고 유대인의 인종적, 감정적인 특징과 '이상적인' 남녀의 모습
(물론 북유럽인[10])을 보여주기 위한 박물관 전시회를 열성적으로 지지하
고 나섰다. 그는 종종 히틀러를 지원하는 대중행사에서 연설을 했고
"유대인의 영향력을 약화하기 위해" 로터리 클럽에도 가입했으며,[11]
나치 지구당의 선전 담당관이 되었다. 하지만 미헬은 진정한 인종차별
주의자라기보다 그저 부도덕한 기회주의자에 불과한 인물이었다.[12]

머지않아 미헬은 새로운 권력이 알타우세 같은 지역에 찾아올 해방
자에게 있음을 깨닫게 되었다. 그리고 1945년 4월부터 5월까지의 진
공 상태는 그가 과거의 행동을 파묻거나 왜곡할 수 있는 절호의 기회
였다. 그로 인해 오늘의 거짓말은 졸지에 내일의 진실이 되고 말았다.
이러한 일은 독일과 오스트리아 전역에서 일어났다. 열혈 나치든 용
감한 투사든 모두 새로운 질서 아래에서 가급적 최고 자리를 차지하
기 위해 기를 썼다. 조지 스타우트는 이들의 행위를 간파했다.

"그 음모자들에게 넌더리가 난다. 야비하고 교활한 두꺼비들 말이
다. 그들은 유리한 자리를 향해 떼 지어 몰려들고 있고, 모든 고통으
로부터 자기만의 이득이나 영광을 얻으려고 골몰한다."[13]

알타우세에 있던 명백한 나치는 모조리 체포되었지만 미헬은 미국

신문에 알타우세의 영웅으로 보도되기에 이르렀다. 하지만 이 이야기는 금세 쑥 들어가버리고 말았다. 곧이어 아우슈비츠, 원자폭탄, 그리고 훗날 '냉전'이라는 이름으로 알려진 미국과 소련 관계의 악화 등 어마어마한 화제가 연거푸 쏟아져 나왔기 때문이다. 커스타인은 1945년 5월 13일에 이를 이미 예견하고 다음과 같이 적었다.

"자네도 그 사건(알타우세에서의 발견)에 관한 기사를 읽었겠지만 이 편지를 받을 즈음에는 이 사건의 성격으로 미뤄볼 때 자세한 기사는 나오지 않을 가능성이 크네. 물론 아닐 수도 있지만."[14]

안타깝게도 세상은 물론 미술계마저 이 중요한 사건에 대해 깡그리 잊고 말았다. 그러다가 1980년대에 이르러 오스트리아의 역사가 에른스트 쿠빈이 편지, 명령서, 대담, 증언을 찾아내 알타우세에서 실제로 무슨 일이 벌어졌는지 재구성하기 시작했다. 이 책을 쓰기 위해 그것을 다시 한 번 검토해본 결과 놀라운 영웅이 등장하는 새로운 이야기가 나왔다.

히틀러의 명령이 역사상 최고의 미술품을 파괴할 수 있는 여세와 기회를 만들었다면, 그의 충성스러운 가신 알베르트 슈페어는 이를 저지할 수 있는 역(逆)여세를 만들었다고 할 수 있다. 1945년 3월 30일, 슈페어는 히틀러를 설득해 비(非)산업지구에 대한 네로 명령의 목표를 '완파' 대신 '지속적인 불구 상태'로 바꾸었다. 곧이어 슈페어는 자체적으로 비밀 명령을 내려 그 규모를 더 축소하고 지침을 완화했다. 이 명령 덕분에 알타우세의 광산 관리들은 아이그루버의 계획에 저항하는 데 필요한 후원과 용기를 얻게 되었다.

커스타인의 생각과 달리 광산 관리들이 그 계획을 알아낸 것은 우연이 아니었다. 1945년 4월 13일, 헬무트 폰 홈멜 박사가 이 문제와 관련해 먼저 연락을 해온 것이다. 히틀러의 벙커에 함께 머물던 마르틴 보어만의 비서인 그는 제3제국에서 발표한 대부분의 선언문에 직접 관여한 인물 중 하나였다.[15] 폰 홈멜은 아이그루버의 행동을 저지하고 싶어 했지만 자신의 역할이 공개되는 것은 원치 않았다. 제3제국의 마지막은 하루하루가 위험했고 폰 홈멜은 전형적인 나치의 겁쟁이였기 때문이다.

대신 그는 광산 총책임자인 엠메리히 푀흐뮐러 박사를 아이그루버와 맞서게 했다. 아이그루버가 푀흐뮐러의 전화를 받지 않자 광산 총책임자는 그를 직접 만나기 위해 4월 17일 린츠로 달려갔다. 그의 계획은 만약 이 지방장관을 설득할 수 없을 경우 차라리 속여버리자는 것이었다. 광산의 기술 책임자인 에베르하르트 마이어호퍼의 도움을 받아 푀흐뮐러가 세운 계획은 광산의 주 출입구를 폭파해서 그 안에 들어 있는 폭탄을 아예 봉인하는 것이었다. 지방장관에게 설명할 때는 어디까지나 폭탄의 파괴력을 더 높여 광산을 깡그리 파괴하기 위해서라고 둘러댈 예정이었다.

정신없이 바빴던 아이그루버는 추가 폭파 계획을 선뜻 승인했다. 하지만 그는 완파에 "여전히 고집을 부렸고"[16] 심지어 나치가 전쟁에서 질 경우에는 "자기가 직접 와서 갱도에 수류탄을 던져 넣겠다고"[17] 주장했다. 그제야 푀흐뮐러는 상황의 심각성을 깨닫고 충격을 받았다. 4월 19일, 그는 광산의 공학자 겸 십장인 오토 회글러와 함께 계획을 구체적으로 확정했다. 어렵고 복잡한 그 작업에는 수백 개의 이동식 부품이 필요한데다 최대한 조심해야만 했다. 폭발로 인해 미술품이 소장된 광산 안의 여러 방에 예기치 않은 붕괴가 일어날 수도 있었기 때문이다.

작업은 4월 20일부터 시작되었다. 회글러는 그 작업에 최소한 12일은 걸리므로 5월 2일이 되어야 끝날 것이라고 생각했다.

1945년 4월 28일, 푀흐밀러는 자신의 사형 집행 명령서가 될 수도 있는 문서에 서명했다. 회글러에게 나무상자에 담긴 폭탄을 제거하라는 명령을 내린 것이다. 이들 사이에서 "사전에 합의된 마비"의 실시 시점을 푀흐밀러가 "내가 당신에게 직접 이야기하도록" 하겠다고 한 계획은 결국 광산의 출입구만 무너트리는 계획을 언급한 셈이었다(자세한 내용은 제42장 참고).[18]

그로부터 이틀 뒤, 아이그루버의 측근인 경찰서장 글린츠가 폭탄 제거를 위해 트럭을 준비하는 회글러의 말을 엿들었을 때 푀흐밀러는 분명 공포에 질렸을 것이다. 그날 저녁, 아이그루버에게 충성을 바치는 무장 경비병 6명이 광산 출입구에 배치되었다. 5월 3일, 상황은 절망적으로 바뀌었다. 미군은 아직 250킬로미터 떨어진 인스부르크에서 꼼짝하지 못하고 있었는데 인근 계곡에서는 폭파 전문가까지 목격되었다. 그렇다고 모든 게 끝난 것은 아니었다. 마비 계획은 철저히 준비된 것이었고 미술품 복원 전문가이자 푀흐밀러와 절친한 사이였던 카를 지베르는 아이그루버의 경비병 가운데 두 사람을 설득해 지방장관의 계획이 얼마나 야만적인지 납득시켰다.[19]

그 외중에 광부들 사이에 조각품이 들어 있다던 나무상자에 실제로는 폭탄이 들어 있다는 이야기가 퍼져나갔다. 그때 적극적인 나치였던 알로이스 라우다슐이라는 광부가 SS의 부지휘관이자 게슈타포의 총수였던 에른스트 칼텐브룬너를 잘 안다며 마침 그가 이쪽으로 오고 있으니 한번 접촉해보자고 제안했다. 나치당의 최고층까지 승진한 칼텐브룬너는 바로 그 지역 출신이었다.

5월 3일 오후 2시, 라우다슐은 어느 친구의 집에서 칼텐브룬너를 만났다. 얼마 지나지 않아 이번에는 칼텐브룬너가 회글러를 만나 히틀러가 훔쳐온 미술품은 물론 광부들의 생계수단인 광산 역시 불필요하게 파괴해서는 안 된다는 데 동의했다. 그렇다면 폭탄을 옮길 수 있는 허가를 내주겠느냐는 회글러의 질문에 장교는 선뜻 대답했다.

"그렇소, 옮기도록 하시오."[20]

그날 밤, 광부들은 아이그루버가 보낸 경비병들의 묵인 아래 폭탄을 옮겼다. 그 작업에만 4시간이 걸렸다. 광부들은 이 기회가 지난 3주간 동분서주한 다른 누군가의 계획과 용기 덕분에 생긴 거라는 사실을 알지 못했다. 이들은 자신들이 독자적으로 폭탄을 빼돌릴 기회를 얻었다고 믿었다. 이 순진한 착오가 사실로 받아들여지는 바람에 미군은 물론 역사마저도 그 상황을 완전히 오해하고 만 것이다.

자정 즈음 아이그루버의 또 다른 충성스러운 측근인 탱크병 하이더 하사가 알타우세로 찾아왔다. 그는 만약 폭탄이 이미 옮겨진 상태라면 그에 대한 책임을 회글러에게 돌리고 "가차 없이 제거할"[21] 것이라고 경고했다. 그 폭탄이 광산 안에 있지 않을 경우 지방장관이 "다음 날 아침에 알타우세에 직접 와서 하나하나 목매달아 죽일 것이라고"[22] 했다. 위협을 받은 사람은 소수의 주동자였지만 나중에는 광부들 전체가 위협을 받았다고 와전되었다.

5월 4일 오전 1시 30분, 이 위협을 들은 칼텐브룬너는 아이그루버에게 전화를 걸었다. 거친 대화 끝에 결국 지방장관이 한 걸음 물러섰다.[23] 이제 그는 폭탄을 길가에 놓아두면 부하들을 시켜 가져갈 테니 회글러가 애초에 계획한 것처럼 호수에 던지지는 말라고 부탁했다.

1945년 5월 5일 새벽, 알타우세의 진정한 영웅들인 엠메리히 푀흐밀러와 오토 회글러는 광산의 출입구 밖에 서 있었다. 광부들은 6톤 분량의 폭탄을 옮기고 386개의 폭발물과 502개의 폭파 스위치를 설치하느라 꼬박 20시간을 일하여 '마비' 준비를 마쳤다. 푀흐밀러의 명령에 따라 폭파 스위치를 누르자 모두 76회의 폭발음이 산속에 메아리쳤다. 그리고 알타우세의 오래된 소금 광산 속 터널 137개는 완전히 막혀버렸다.[24]

52

대피
Evacuation

오스트리아 알타우세 | 1945년 5월 1일~7월 10일

기념물 전담반의 로버트 포시와 링컨 커스타인이 알타우세에 도착한 1945년 5월 초, 이 작은 광산 마을은 소수의 미군 보병 병력이 접수한 상태였다. 그 외에도 광부 열댓 명, 오스트리아와 독일 관리 몇 명이 있었고 사람의 숫자만큼 갈등거리가 생겼다. 커스타인에 따르면 "황당한 소문이 입구에서부터 판을 쳤다. 광산 전체가 날아갔다느니, 아무것도 볼 수 없다느니, 들어가려 해봐야 소용이 없다느니 하면서 말이다."[1] 하지만 기념물 전담반은 광산으로 들어갔고 추운 갱도를 지난 끝에 푀흐뮐러의 명령에 따라 무너져내린 거대한 기울어진 벽에 도달했다. 폭발은 원래 깊이 10미터의 벽을 만들기 위한 것이었지만 실제로 그 규모에 다다랐는지는 확신할 수 없었다.

광부들은 무너진 돌 더미를 치우려면 대략 2주가 걸릴 거라고 추산했다. 반면 포시는 전투 공병을 동원하면 일주일도 안 되어 치울 수 있을 거라고 생각했다. 광부들은 미군의 명령에 따라 곡괭이와 삽을 들고 작업에 돌입했다. 다음 날 아침, 이들은 장벽 위쪽에 한 사람이 간신히 지나갈 수 있을 정도의 통로를 마련했다. 그곳으로 가장 먼저 들어간 사람은 로버트 포시였고 그 뒤를 링컨 커스타인이 따랐다.

장벽 너머에는 또 다른 세상이 기다리고 있었다. 그곳은 먼지투성이에 어둡고 소름 끼칠 정도로 조용했다. 낡은 아세틸렌 램프가 비추는 몇 미터 앞 통로에는 잡석 더미가 하나 가득이었다. 이들이 접근한 첫 번째 문에는 다이너마이트 보관소가 있었다. 그 문을 지나자 산으로 들어가는 좁은 통로가 여러 갈래로 뻗어 있었다. 두 번째 문은 단단한 철문이었고 그걸 열려면 2개의 열쇠를 열어야 했다. 그 안으로 들어가자 반 에이크의 그림 속에서 성모 마리아가 조용히 책을 읽고 있었다. 옆에는 텅 빈 판지상자가 4개 있었고 그 위에는 〈겐트 제단화〉의 다른 패널 7개가 놓여 있었다. 훗날 커스타인은 이렇게 썼다.

"왕관을 쓴 성모의 기적처럼 아름다운 보석이 아세틸렌 램프에서 흘러나오는 불빛을 끌어들이는 듯했다. 차분하고도 아름다운 그 제단 장식화가 정말로 거기에 있었다."[2]

기념물 전담반은 일단 뒤로 가서 폭발로 파괴된 통로를 멀리 돌아갔다. 안내인을 따라 광산 깊숙이 들어간 다음 여러 갈래의 통로를 지나자 높은 바위 천장으로 이루어진 커다란 방이 나왔다. 어둠 속에서 등불 앞에 모습을 드러낸 선반에는 평범한 소나무로 만든 상자들이 가득했고 그 상자에는 세계의 위대한 걸작 미술품 가운데 일부가 담겨 있었다.

마침내 미켈란젤로의 걸작 〈성모자〉의 우윳빛 표면이 불빛 앞에 모습을 드러냈다. 6개월 전에 이곳에 도착한 기념물 전담반원 토머스 카하우 2세는 당시의 느낌을 기록했다.

"램프의 불빛이 성모가 걸친 예복의 부드러운 주름 위에, 얼굴의 섬세한 양감 위에 떨어졌다. 성모의 엄숙한 눈은 아래를 향하고 있었으며 튼튼한 아기 예수가 그 가까이 서 있었다. 한손으로 당신의 손을 꼭 붙잡고 있다는 사실은 절반밖에 깨닫지 못하는 듯했다."[3]

그로부터 며칠 뒤, 기념물 전담반은 어느 깊은 방에서 〈겐트 제단화〉의 나머지 패널 4개와 베르메르의 〈회화의 기술, 알레고리〉를 발견했고, 거기서 더 안으로 들어간 어느 깊은 방에서는 로트실트 가문이 소장했던 베르메르의 〈천문학자〉를 찾아냈다.

작품의 규모가 파악되면서 커스타인은 5월 18일 사령부로 돌아가 "이 회화들의 상태를 알아내기 위한 공기, 습기, 물감 화학 전문가"를 데려와야 했다. 커스타인의 말에 따르면, "그 전문가란 조지 스타우트로 그는 아마 이 세상에서 가장 근사한 사람이었다."[4]

스타우트가 알타우세에 도착한 것은 5월 21일이었다. 먼저 그는 이 광산에서 발견한 물건들을 꼼꼼하게 기록했다. 카를 지베르와 막스 에더가 작성하고 미군에게 잘 보이려 애쓰던 미헬 박사가 조지 스타우트에게 건네준 보고서의 요약 내용은 다음과 같다.[5]

회화 6,577점

소묘 및 수채화 230점

판화 954점

조각 137점

무기와 갑옷 129점

각종 물품 광주리 79개

문서보관소 관련 추정 물품 484상자

가구 78점

태피스트리 122점

서적 181상자

서적 또는 유사품 추정 1,200~1,700상자

미확인 283상자

곧이어 그는 광산 직원들과 면담을 하고 직접 방들을 둘러보았다. 커스타인은 그때의 일화를 짤막하게 묘사했다.

"그가 절대, 상대 혹은 기타 습도를 측정하는 미국식 방법을 미헬 박사라는 빈 대학의 광물학 교수 양반이 사용한 오스트리아식 방법과 비교하는 것을 듣고 있으면 정말 대단했다. 항상 보관소에 머물러 있었다는 그 교수 양반은 자신이 오스트리아 저항운동 측에서 받은 신임장을 우리에게 보여주었다."[6]

3일간의 조사 끝에 스타우트는 광산 속에 있는 미술품이 앞으로 1년간은 안전하다는 판단을 내렸다. 곧바로 그는 광산을 포시에게 맡기고 알프스의 이 외딴 소금 광산에서 벌어진 전쟁범죄 조사를 준비하러 제3군으로 향했다. 하지만 실제로는 아무런 조사도 이루어지지 않았다.

6월 14일, 조지 스타우트는 베른테로데에서 함께 일한 이후 충실한 제자 노릇을 하고 있던 코발리약 중위와 함께 알타우세로 돌아왔다. 터널은 다시 개통되었는데 그때까지 광부들은 모두 253회에 걸쳐 작업에 임했고 손수레 879대 분량의 잡석 더미를 옮겼다.

그로부터 열흘 뒤인 6월 25일, 스타우트는 중대한 소식을 전해 들었다. 해리 트루먼 대통령이 스탈린에게 굴복했다는 것이다. 결국 서부 연합군은 현재의 점령 지역을 계속 유지하는 대신, 지난 2월 얄타 회담에서 3개국 정상(루스벨트, 처칠, 스탈린)이 결정한 전후의 경계선을 준수해야 했다. 미군 고위층에서는 수많은 약탈물 보관소가 소련 점령지역으로 넘어가는 것은 아닐지 우려했다. 스타우트도 알타우세에 있는 물건을 스탈린에게 호락호락 넘겨줄 수는 없다고 생각했다. 이제 기념물 전담반에게 남은 시간은 나흘밖에 없었다.

스타우트는 곧바로 행동에 돌입했다. 우선 카를 지베르를 비롯해 스타우트의 새로운 조수 2명, 기념물 전담반 소속의 토머스 카 하우 2세와 래먼트 무어가 광산 깊은 곳에 들어가 가장 먼저 옮겨야 할 중요한 물품을 선별했다. 스타우트는 메르케르스에서 미술품을 포장하는 데 사용한 독일군의 양가죽 코트를 이곳으로 가져왔다. 일단 포장되어 상자에 들어간 미술품은 작은 손수레 광차(일명 땅강아지)에 실어 광산의 좁은 선로를 따라 운반했다. 광부들은 작은 엔진을 이용해 입구까지 끌려가는 땅강아지를 따라갔다. 밖에 나온 미술품은 트럭 한 대와 반(半)궤도차량 두 대에 실려 위험한 산길을 따라 내려가서 제임스 로라이머가 만든 MFAA 미술품 수집 센터, 이른바 '뮌헨 수집 거점'으로 향했다. 그곳에 미술품을 내리고 나면 포장에 사용한 양가죽 코트는 다른 나무상자나 포장용품과 함께 다시 알타우세로 운반되었다.

그런데 안타깝게도 날씨가 협조를 해주지 않았다. 스타우트는 오전 4시부터 오후 8시까지 하루 16시간에 걸쳐 작업을 진행했다. 밖에는 계속해서 비가 내렸고 그로 인해 트럭에 짐을 싣는 것은 물론 합숙소까지 걸어가는 것조차 힘들었다. 광산 안의 전기 및 조명 설비는 폭발로 인해 망가진 이래 여전히 작동되지 않고 있었다. 잠잘 곳도 마땅치 않았고 음식도 부족했다. 외부 세계와의 통신 방법은 거의 없는 것이나 마찬가지였다. 더구나 스타우트는 소금 광산의 벽에 손가락을 긁히는 바람에 균에 감염되고 말았다. 매일 밤마다 그는 뜨거운 물을 철모 속에 가득 채우고 손가락을 담가 붓기를 가라앉혀야 했다. 그는 특유의 삼가는 말투로 일기에 이렇게 썼다.

"손이 온통 욱신거린다."[7]

이들은 결국 7월 1일의 마감기한을 넘기고 말았다. 다행히 그 마감기한이 오로지 독일에만 해당되는지, 아니면 오스트리아에도 똑같이 해당되는지를 놓고 정계 고위층 사이에 의견이 엇갈리고 있었다. 일꾼들은 계속해서 작업을 해나갔다. 7월 10일 아침, 스타우트는 다음과 같이 알렸다.

"오늘이야말로 가장 중요한 물건을 옮기기에 딱 좋은 것 같다."[8]

그는 지난 며칠 동안 코발리약과 함께 코트와 종이, 밧줄을 이용해 미켈란젤로의 〈성모자〉를 포장했다. 그의 조수 토머스 카 하우 2세의 말을 빌리자면 그것은 마치 "둘둘 말린 햄 꾸러미 같았다."[9] 아무리 작은 작품이라도 거기에 상처가 생기면 전 세계가 두고두고 주목할 게 빤하지 않은가. 스타우트는 특수하게 고안한 밧줄과 도르래를 이용해 조심스럽게 조각상을 들어 올려 대기하고 있던 땅강아지에 옮겨 실었다. 그는 직접 땅강아지에 실린 조각상을 따라 광산 입구까지 걸어갔다.

"〈성모상〉을 이 산에서 저 산으로, 아니 뮌헨까지 덜컹거리며 가져가도 아무 손상이 없을 것 같았다."[10]

그다음으로 〈겐트 제단화〉는 각각의 패널을 조심스럽게 나무상자에 넣었다. 이 광산에서 나온 다른 여러 문화재를 열댓 번쯤 옮길 때 했던 것과 똑같은 방식으로 트럭이 준비되었다. 우선 바닥에 베르마흐트가 가스 공격에 대비해 마련해둔 방수용지를 깔았다. 그 위에는 펠트 천을 한 겹 깔았고 펠트 천 위에는 '소시지'를 깔았다. 소시지란 조지 스타우트가 광산 안에서 발견한 담갈색의 커튼 천으로 만든 18인치 너비의 쿠션을 말한다. 〈겐트 제단화〉의 경우에는 소시지 위에 나무상자를 똑바로 올려놓고 균형 유지와 충격 흡수를 위해 다른 나무상자를 양옆에 끼워 넣었다. 12개의 패널을 나란히 마주보는 상태로 트럭에 싣고 펠트 천과 방수용지를 그 위에 덮었고, 그런 다음 화물 전체가 흔들리지 않도록 밧줄로 단단히 동여맸다.

미켈란젤로의 〈성모자〉와 〈겐트 제단화〉의 포장은 극도로 조심스럽게 하느라 결국 꼬박 하루가 걸렸다. 다음 날 아침, 조지 스타우트가 선두에 서고 두 대의 반궤도차량이 뒤를 따르는 가운데 유럽 최고의 걸작품 2점이 가파른 알프스의 산길을 지나 뮌헨으로 향했다.

그로부터 한 달이 채 못 된 1945년 8월 6일, 조지 스타우트 역시 유럽을 떠났다. 귀향길에 오른 것이다. 그는 불과 13개월이 약간 넘는 기간 동안 수만 점의 미술품을 발견하고 분석하고 포장했다. 알타우세에서만 해도 트럭으로 무려 80대 분량의 미술품을 다루었다. 노르망디에서는 MFAA 소속 야전 장교들의 조직을 체계화했고 SHAEF를 재촉해 기념물 임무를 더욱 확장 및 지원하게 했다. 또한 프랑스와 독일에서 활동하는 다른 기념물 전담반에게 조언을 했으며 나치의 여러 미술 관료들을 심문했다. 그뿐 아니라 베를린 남부와 라인 강 동부에 있는 대부분의 나치 미술품 보관소를 조사했다. 직접 포획한 낡은 폭스바겐을 타고 무려 8만 킬로미터를 주파하며 미국 제12군 담당 지역 거의 대부분을 돌아다녔다고 해도 과언이 아니다. 유럽 대륙에서의 복무 기간 전체를 통틀어 그가 휴식을 취한 날은 하루 반나절에 불과했다.[11]

제임스 로라이머가 아내 캐서린에게 보낸 편지
1945년 5월 17일

최근 며칠 동안 연락을 못해서 화가 나지는 않았는지 모르겠네. 지난 2, 3주 동안 내 평생 이보다 더 바쁘게 일하고 이토록 많은 결과를 낸 적은 없는 것 같아. 담당 구역이 워낙 넓다 보니 잘츠부르크와 퓌센에 두 번이나 다녀오고 폐허가 된 뮌헨, 보름스, 프랑크푸르트, 다름슈타트, 만하임, 하이델베르크, 그리고 그 외에도 열다섯 개 도시를 돌아다녔지. 이제는 당신도 알겠지. 1년 전에는 결코 허락되지 않았던 구체적인 지명 언급이 이제는 가능해졌다는 걸 말이야. 지금은 아우크스부르크에 머물고 있는데 이 도시를 구경할 짬조차 없어. 나는 유럽에서 벌어진 나치의 미술품 약탈 전체에 관해 흥미진진한 정보와 문서를 찾아냈고, 한때 나치의 거물이던 자와 함께 일하면서 여러 단서를 확인했어. 이전까지는 짐작조차 못했던 국보급 미술품을 찾아내고 있지. (……)

괴링의 미술품 수집가, 그의 전용 열차, 베르히테스가덴에 있는 그의 별장은 물론 히틀러의 별장, 뮌헨의 브라운하우스, 퓌센의 성(노이슈반슈타인), 심지어 여러 수도원을 비롯해 미술품 은닉에 이용된 모든 장소가 내 활동 무대야. 연락은 늦었지만 일기는 계속해서 쓰고 있지. 지금 내가 경험하는 흥미진진한 이야기를 나중에 책에 담아보려고 해. 이제야 나도 전쟁에서 내 몫을 하고 있다고 말할 수 있어. (……)

내 활동에 관한, 그러니까 로젠베르크 기동반의 중추적인 인물과 정보, 미술품을 찾아냈다는 사실을 알리는 뉴스 보도는 아직 본 적이 없어. 그것은 내가 입대할 때 품은 야심이었지. 군정 쪽으로 들어갔을 때, 슈리브넘에 머물때, 그리고 파리에서 여덟 달 동안 다른 업무를 보고 있을 때도 말이야. 하마터면 독일에 가지 못할 뻔했어. 두 군데를 빼면 우리 군대가 가장 중요한 장소에 진격할 수 있었다는 게 얼마나 다행인지 몰라. (……) 이제 내 강력한 열망 중 하나는 군인 생활을 얼른 끝마치고 다시 민간인으로 돌아가는 거야.

나한테 무언가를 보내려고 애쓸 것 없어. (……) 지금은 잡낭도 갖고 다니지 않아서 소지하기가 힘들어. 다음에 우리가 어디로 갈지는 나도 몰라. 하지만 계속 움직일 거야. 이제 다시 일하러 가야겠어. 나중에 좀 한가해지면 더 많은 이야기를 들려줄게.

짐

53

귀향
The Journey Home

독일 하일브론 | 1945년 9~11월

교전 종료가 곧 기념물 전담반 임무의 종료는 아니었다. 적어도 아직까지는 그랬다. 알타우세의 상황이 보여주듯이 나치가 약탈한 보물을 찾아내는 것은 기나긴 과정의 첫걸음에 불과했다. 먼저 보물들을 조사하고 분류 목록을 작성한 다음 안전하게 포장해 광산, 성, 수도원 혹은 동굴 밖으로 운반해야 했다. 거의 모든 장소마다 나치의 문서보관소가 있었으며 그것 역시 함께 운반해 여러 연구자들이 미술품의 출처와 적법한 소유주를 결정해야 했다. 이 문서보관소와 함께 체포된 나치들 덕분에 새로운 미술품 보관소도 연이어 발견되었다. 거의 매일같이 육군 부대가 어느 지하실, 화차, 식품 저장고, 석유 드럼통 안에 감쪽같이 숨겨져 있던 보물을 발견했다.

　실제 교전이 종료된 지 한 달이 되지 않은 6월 4일, 미국 제7군의 담당 구역 내에서만 무려 175개의 미술품 보관소가 발견되었다. MFAA에서는 장교 및 사병을 최대한 빨리 증원했지만(전투가 끝난 이후 다국적 MFAA 임무에 투입된 남녀 인원만 무려 350명에 달했다) 이런 광산과 성 가운데 완전히 비워진 곳은 일부에 불과했다. 은닉처에서 꺼낸 미술품은 모조리 다른 곳으로 옮겨야 했다. 다행히 근면하고 통찰력 있는 제임스 로라이머는 뮌헨에서도 가장 비밀 유지가 잘되는 건물을 확보하는 데 성공했다. 바로 과거의 나치당 본부 건물이었다. 곧이어 독일 남부와 오스트리아 전역에 있던 나치가 약탈한 문화유물들이 이곳으로 밀려들어오기 시작했다.

7월이 되어 공간이 부족해지자 로라이머는 비스바덴에서 이와 유사한 규모의 건물을 또 하나 확보했다. 그로부터 몇 주 뒤, 이번에는 마르부르크 대학 구내의 건물 하나가 문서보관소 컬렉션을 위해 징발되었다. 미국 제1군 소속의 기념물 전담반원 워커 행콕이 이곳을 담당했다.

워낙 일이 많아 한곳에 오래 머물지 못했던 로라이머는 해리 에틀링어를 전담 통역자로 데리고 다녔다. 해리는 갑자기 일더미에 깔려서 지난 4개월간의 무료함이나 우울함은 완전히 날아갔다.

5월 중순, 로라이머는 에틀링어를 대동하고 뮌헨의 어느 형무소로 가서 한 독일인을 4시간 동안 심문했다. 로라이머는 그를 상대로 며칠 동안 작업을 했다. 그와 친해지고자 담배를 권하고 그를 동정하는 척했다. 마침내 그는 입을 열었고 로라이머는 해리의 통역을 통해 그의 미술품 컬렉션에 관한 구체적인 정보를 얻어냈다. 그 남자의 이름은 하인리히 호프만으로 아돌프 히틀러의 가까운 친구이자 전속 사진작가였다. 지난 20년간 총통과 함께 종종 식사를 했을 정도로 막역한 친구였고 또한 열렬한 지지자였던 그의 곁에 있을 때, 추방된 유대인인 에틀링어의 기분은 과연 어땠을까?

머지않아 해리는 로라이머와 함께 베르히테스가덴으로 갔다. 로라이머가 그 마을에 소장된 국보급 미술품을 다루는 동안 해리는 산 위에 있는 히틀러의 샬레(오두막) 베르크호프로 갔다. 그는 총통의 거실에 서서 커다란 창문 너머를 바라보았다. 히틀러는 종종 이 창문을 통해 자신의 제국을 내다보곤 했다. 그날 패배한 독재자의 거실에 서 있던 이 독일계 유대인의 심정은 과연 어떠했을까? 그 집을 함께 구경하러 온 병사들은 이것저것 기념품을 챙겨 갔지만 해리는 그저 견장 몇 개와 SS 고위급 장성의 인쇄 문구가 새겨진 편지지만 챙겼을 뿐이다. 그는 이제 자유로워진 독일을 내려다보며 이런 생각을 했다.

'정말 기분이 좋구나.'

5월 말에 이르자 로라이머는 에틀링어를 데리고 노이슈반슈타인으로 갔다. 약탈된 미술품의 양과 질 면에서 이곳에 버금갈 만한 장소는 오로지 알타우세뿐이었다. 하지만 알타우세에는 역사라는 것이 없었다. 독일의 여느 아이들과 마찬가지로 에틀링어는 이 성과 이곳의 막대한 부에 관한 이야기를 들으며 자라났다. 입구로 들어가는 것이 그에게는 어린 시절의 동화 속으로 들어가는 것이나 마찬가지였다. 바로 이곳에 독일 전설에 빛나는 그 유명한 황금 알현실이 있었다. 또한 이곳에는 현대의 독일이 있었으며 방마다 훔쳐온 미술품이 하나 가득이었다.

입구에서 에틀링어는 로라이머가 어느 영국군 소장의 출입 요청을 거절하고 돌려보내는 모습을 보았다. 그는 몹시 강직해서 어느 누구도 안에 들어가지 못하게 했다. 한편 일개 이병에 불과한 해리 에틀링어는 일찍이 칼스루에에서 자라던 시절에도 꿈꿔보지 못한 온갖 미술품과 황금, 보물을 볼 수 있었다. 그는 여러 주 동안 관련 문서를 번역했지만 그건 어디까지나 단어와 숫자에 불과했다. 렘브란트 같은 거장의 회화가 전리품으로 잔뜩 쌓여 있는 모습을 보는 것은 전혀 차원이 다른 일이었다. 해리는 훗날 이렇게 말했다.

"홀로코스트에 대한 내 지식은 그것이 단순히 생명을 앗아가는 것이상이라는 깨달음과 함께 시작되었다. 그리고 내게 결코 잊어서는안 되는 역사의 일부분을 진정으로 열어준 계기는 노이슈반슈타인에있었다."[1]

1945년 9월, 제임스 로라이머는 해리 에틀링어를 하일브론, 즉 지난 4월 수몰 직전에 구한 광산으로 파견했다. 해리가 다른 20여 명의병사와 함께 머물던 크론프린츠 호텔은 이전에 석제 건물이 가득하던한 블록에서 유일하게 남아 있는 건물이었다. 완전히 파괴된 마을 중심부에는 생명의 흔적이 거의 없었다. 소금 광산으로 향하는 해리의길잡이가 된 것은 보킹겐 기차역이었는데 이곳 역시 완전히 파괴되어있었다. 기차 역 건너편에 있는 커다란 콘크리트 블록은 방공호가 있던 자리였다. 1944년 12월 4일 연합군의 대대적인 폭격이 가해진 직후, 이 방공호는 아예 입구가 봉인되고 말았다. 당시 방공호에 불이났기 때문이다. 안전을 위해 그 안에 들어가 있던 독일인 2,000명의유해가 아직까지도 방치되어 있었다.

전쟁의 공포를 상기할 필요가 있을 때면 해리는 그저 아이크를 바라보기만 하면 그만이었다. 그의 부대에서 '입양한' 아이크는 아우슈비츠와 다하우의 생존자로 체중이 겨우 30킬로그램 정도에 불과했다.

제임스 로라이머 덕분에 하일브론의 광산은 다시 생산을 재개하여 이 침묵에 빠진 지역에서 유일하게 살아 있는 짐승처럼 움직였다. 펌프 수리도 완료되어서 넥카르 강에서 스며드는 물을 지하의 방에서 계속 퍼냈다. 광차로는 소금기 어린 돌을 상당량 표면으로 끌어올렸다. 지상으로 올라온 돌을 커다란 아궁이로 옮기고 거기서 600도가 넘는 온도로 가열하면 표면에 소금 결정이 생겼다. 아궁이는 석탄의 부산물인 코크스를 때서 가동했는데 마침 광산에 코크스가 상당히 많이 저장되어 있었기 때문에 인근의 유리 공장 하나도 가동했다. 모든 파괴와 슬픔 속에서도, 대부분의 사람이 먹을 것과 잠잘 곳조차 쉽게 얻기 힘든 상황에서도, 이 공장은 수천 개의 코카콜라 병을 만들어내고 있었다.

하일브론에서 해리 에틀링어는 처음으로 MFAA 임무의 어마어마함을 깨닫게 되었다. 그곳에서 활동하는 기념물 전담반원은 단 2명뿐이었지만 이들은 몇 톤에 달하는 미술품을 지하에서 지상으로 옮겨야 했다. 지상에서는 이번 작전의 지휘관인 기념물 전담반원 데일 포드 중위가 일하고 있었다. 포드와 3명의 독일인, 즉 미술사가, 행정가, 그리고 전쟁 당시에 파리에 있던(어쩌면 죄드폼에 있었을지도 모르지만 진위 여부는 끝내 밝혀지지 않았다) 전직 ERR 소속의 하급 직원은 하루 종일 광산 엘리베이터 바로 옆에 있는 작은 사무실에 앉아 ERR의 기록물을 뒤졌다. 이들의 일차적인 임무는 갱도 속에 감춰진 세계적인 수준의 미술품을 찾아내는 것이었다.

해리의 임무는 그 미술품을 지상으로 옮기는 일이었다. 그는 아침마다 광산으로 출근했고 여러 가지 물품의 이름과 위치가 적힌 목록을 건네받았다. 그런 다음 독일인 광부 두 사람과 함께 지하 200미터의 어둠 속으로 들어갔다. 미술품 보관에 사용된 광산은 두 군데였고 (이 중 하나는 인근에 있는 코헨도르프 광산이다) 모두 몇 킬로미터에 걸쳐 방들이 분산되어 있었다. 방 안에 들어 있는 미술품 상자는 무려 4만 개에 달했으며 해리는 이 중에서 매일 열댓 점의 미술품을 찾아내야 했다.

그야말로 어마어마한 과제였지만 해리에게는 적어도 두 가지 이점이 있었다. 첫째, 이곳의 ERR 기록이 완벽했다. 각각의 물품이 어느 방, 어느 벽 보관대의 몇 번째 선반에 있는 몇 번째 상자에 들어 있다는 것까지 나와 있었다. 둘째, 미술품이 광산의 위층에 있는 비교적 작은 방 안에 연이어 보관되어 있었다.

하지만 광산 속은 어둡고 추웠다. 더구나 터널이 곳곳으로 뻗어 있었기 때문에 자칫 주 갱도를 벗어나면 길을 잃기 십상이었다. 방의 숫자가 많은 것도 그렇지만 방마다 수백 개의 엇비슷해 보이는 갈색 나무상자가 들어 있다는 사실은 더욱더 짜증스러웠다. 그 각각의 나무상자에는 국보급 문화재, 금화, 폭탄, 부비트랩 혹은 누군가의 사진 같은 평범한 물건이 들어 있기도 했다.

임무는 그야말로 예측불허였다. 해리가 이 사실을 깨닫게 된 것은 이 임무에 투입된 지 몇 주 뒤에 우연히 어느 방에서 벽돌로 쌓은 벽을 발견했을 때였다. 그 벽 뒤에 뭐가 있는지 아무도 몰랐던 탓에 광부들에게 벽을 허물라고 지시했다. 안에는 긴 탁자가 있었고 그 위에 유리병이 잔뜩 쌓여 있었다. 병에는 진한 침전물과 맑은 액체가 분리

된 상태로 담겨 있었다. 광부들은 그게 뭔지 한눈에 알아보았다. 니트로글리세린이었다. 대피경보가 발령되었고 광산에 들어가 있던 모든 사람이 대피했다. 곧이어 폭발물 전문가들이 투입돼 그 병들을 지상으로 가지고 나왔다. 해리가 광부들에게 들은 말에 따르면 침전물과 액체가 분리되어 있는 상태에서는 폭발하기 쉽다. 추정에 따르면 한 달만 더 지났어도 희석제는 결국 폭발했을 거라고 했다.

악전고투가 거의 끝나갈 무렵, 독일과 오스트리아에서 찾아낸 보물들을 어떻게 할 것인가를 놓고 논의가 이루어졌다. 결국 '모든 문화유물(애초에 독일 소유였던 것도 포함해서)은 원래의 소유국으로 반환한다'는 결론이 내려졌다. 결정을 내린 서부 연합군은 보물들을 최대한 빨리 돌려주고 싶어 했다. 이를 보관하는 데 필요한 인력을 감당하기가 어려운 데다 반환 규모가 유례없이 어마어마했기 때문이다. 그런데 전 세계에서 의구심을 품었다. 과연 서부 연합군은 자국의 재산과 청년들을 기꺼이 희생시키려 할까? 승리를 통해 얻은 전리품을 순순히 내놓으려고 할까?

여름이 끝나갈 무렵, 아이젠하워 장군은 이 질문에 확고한 답변을 내놓았다. 서부 연합군의 중요성을 항상 숙지하고 있던 그는 아직 체계적인 반환이 시작되기 전이라 하더라도 중요한 것들은 먼저 원래의 소유국에 반환하라고 명령했다. 맨 처음으로 반환된 것은 〈겐트 제단화〉였다. 다른 미술품도 속속 반환되었으며 그중에는 프랑스에서 국보로 간주되는 스트라스부르 대성당의 스테인드글라스도 포함돼 있었다. 이 명령은 결국 지하 700미터 아래에 있는 해리 에틀링어 이병에게도 전달되었다.

문제의 스테인드글라스를 찾아내긴 어렵지 않았지만 그 섬세한 걸 작품을 소금 광산에서 빼내는 것은 상당히 골치 아픈 일이었다. 무엇보다 포장이 문제였다. 이를 위해 모두 72개의 상자가 동원되었고 10월 중순이 되어서야 운송 준비를 마칠 수 있었다. 이 스테인드글라스는 MFAA 수집 거점으로 가는 대신 곧장 스트라스부르로 수송될 예정이었다. 1945년 11월 4일, 이 유물의 반환을 축하하는 행사가 열렸으며 이때 제임스 로라이머는 프랑스의 레지옹도뇌르 훈장을 받았다. 기념물 전담반원 가운데 이런 대단한 영예를 얻은 인물은 그가 처음이었다.

그 와중에 해리는 또 다른 중요한 임무를 부여받았다. 나치는 여러 나라에서 수많은 국보를 훔치고 인류의 역사적, 문화적 시금석을 앗아가는 데 그치지 않았다. 나치는 사람들에게서 온갖 것을 앗아갔다. 생계수단, 기회, 유산, 기념물, 무엇보다 이들의 정체성을 확립해주고 인간으로 정의해주는 물건들을 훔쳤다. 이러한 사실은 해리 에틀링어가 1945년 10월에 오펜하이머 외할아버지에게서 받은 편지에 잘 드러나 있다.

1939년, 외할아버지는 독일을 떠나기 직전에 나치의 강요로 그토록 아끼던 판화 컬렉션을 바덴바덴 인근의 어느 보관시설에 제출했다. 그는 이 시설의 이름, 창고 번호, 자물쇠 번호를 잊지 않았고 전쟁이 끝나면 돌려받았으면 하는 바람을 품고 있었다. 그로부터 6년 뒤, 그의 손자는 독일 중부에 주둔하며 미술품 복구를 위한 기념물 전담반원으로 일하고 있었다. 외할아버지는 해리가 당신의 컬렉션을 다시 찾아올 수 있는지 알아봐주었으면 하고 바랐다. 물론 그 컬렉션이 아직 남아 있다면 말이다.

11월에 기회가 찾아왔다. 때마침 프랑스 점령지역 지사의 전속 급사가 크론프린츠 호텔에서 잠시 머물게 되었다. 자크라는 이름의 이 급사는 자동차 수리 전문가였고 인근 도시 슈투트가르트에 있는 메르세데스 자동차 공장을 살펴보고 가는 길이었다. 해리는 혹시 프랑스 점령지역에 속했던 바덴바덴까지 함께 가줄 수 있느냐고 물었다. 급사는 선뜻 응했다.

1945년 11월의 어느 화창한 날, 자크와 해리 에틀링어 이병, 그리고 그의 부대에서 '입양한' 홀로코스트의 생존자 아이크는 지프에 함께 타고 떠났다. 목적지까지는 1시간 조금 넘게 걸렸다. 이들은 어렵지 않게 보관시설을 찾아낼 수 있었다. 창고 문을 여는 순간, 해리 에틀링어는 오래전에 벨기에서 어느 하사의 부름을 받고 수송 트럭에서 뛰어내렸을 때처럼 가슴이 쿵쿵 뛰었다. 그 어둡고도 먼지 쌓인 방 안에는 해리가 어린 시절부터 알고 있던 경이가 들어 있었던 것이다. 서명이 된 진품 장서표가 수천 점이나 있었다. 세기말부터 세기 초에 활동했던 독일 인상주의 화가들의 판화도 수백 점이었다. 그리고 칼스루에가 렘브란트를 모사한 아름다운 동판화도 있었다. 이 모두가 오펜하이머 외할아버지가 남긴 물건이었다.

그로부터 몇 주 뒤, 세계적으로 유명한 성당에 다시 설치된 스테인드글라스를 구경하기 위해 수천 명의 인파가 스트라스부르로 몰려들었다. 그 무렵 하일브론 광산에 도착한 트럭에는 또 한 차례 귀중한 미술품이 적재 중이었다. 해리 에틀링어와 2명의 독일인 광부는 일찍이 커다란 대성당 창문이나 옛 거장의 회화를 포장하던 것과 똑같은 방식으로 이 물건들을 포장했다. 하지만 이 귀중한 물품은 유럽의 어느 나라 정부나 저명한 수집가에게 갈 것이 아니라, 미국 뉴저지 주 뉴어크 소재 클린턴 애버뉴 410번지의 낡은 공동주택 3층으로 향할 예정이었다. 오펜하이머-에틀링어 가문의 가보가 드디어 전쟁에서 살아남아 집으로 돌아가는 것이었다.

54

문명의 영웅들

Heroes of Civilization

독일, 영국, 프랑스, 미국, 그리고 전 세계에서
과거와 현재, 그리고 미래에도 영원히

제2차 세계대전 이후 유럽의 재건은 현대의 국제적인 노력 중에서도 가장 복잡하고 포괄적인 것 중 하나였다. 유럽 각국의 정체성과 기반 시설을 다시 구축하는 과정에서 미술품 반환은 무엇보다 중요한 요소였다. 이 전쟁을 두고 역사상 문화유물이 겪은 가장 큰 격변이라고 말하는 것으로도 부족할 지경이다. 서부 연합군이 독일 남부에서 발견한 약탈 미술품 보관소는 모두 1,000개 이상이었으며, 이곳에는 온갖 국보급 문화재를 비롯해 수백만 점의 미술품이 보관되어 있었다. 가령 교회 종, 스테인드글라스, 종교 관련 물품, 시정 기록물, 필사본, 장서, 와인, 금, 다이아몬드, 심지어 곤충 표본까지 있었다. 이 모든 약탈품을 분류해 목록을 작성하고 사진촬영을 한 다음 포장해서 원래 소유주가 있는 국가로 돌려보내는 일은 MFAA 분과에서 거의 전담하다시피 했다. 그러면 국가에서는 개별 소유주에게 돌려보내는 일을 담당했다. 이 임무가 완료되기까지 무려 6년이라는 긴 시간이 걸렸다.

MFAA 소속 남녀 요원이 최대한 노력했음에도 불구하고 수십만 점에 달하는 미술품, 문서, 서적 등은 아직까지 발견되지 않고 있다. 그중에서도 가장 유명한 것은 라파엘로의 〈빈도 알토비티〉인데, 악명 높은 나치 총독 한스 프랑크의 소유였다고 전해졌지만 행방이 묘연하다. 파괴된 것이 확실한 미술품도 수만 점에 달한다. 그중에는 SS 총수 하인리히 힘러의 개인 컬렉션도 있는데, 영국군이 미처 개입할 새도 없이 SS 돌격대가 모두 불태워버렸다. 나치가 상트페테르부르크(당시 레닌그라드) 외곽의 예카테리나 궁전에서 약탈한 표트르 대제의 유명한 호박 패널은 전쟁에 희생된 또 다른 문화유물이다. 이것은 쾨니히스베르크에서 벌어진 포격전 당시 이동 가능한 일부 단편(그중 일부가 1997년에 브레멘에서 발견되었다)을 제외하면 모조리 파괴된 것으로 추정된다.

주인을 찾지 못한 회화 등 미술품도 수천 점에 이른다. 출처를 증명할 방법이 없거나 소유주가 히틀러의 군사적, 인종차별적 십자군 운동에 희생된 경우가 많기 때문이다. 혹은 미술품의 임시 보관자 역할을 하는 몇몇 박물관에서 적법한 소유주나 상속자를 찾아내기 위해 기념물 전담반만큼 열심히 노력하지 않은 까닭도 있다.

아돌프 히틀러가 사망한 지 60년 이상 흐른 지금까지도 우리는 그로 인해 뒤바뀐 세상에서 살아가고 있다. 그의 소유물은 사방으로 흩어졌으며 그중 상당수는 공공 박물관과 컬렉션으로 들어갔다. 그의 장서 대부분은 미국 국회도서관의 희귀본 및 특별 컬렉션으로 편입되었고 브라운 대학의 존 헤이 도서관 희귀본 컬렉션에서도 80권이 발견되었다. 그의 최후 유언장 및 정치적 선언문의 최초 사본은 메릴랜드 주 칼리지 파크 소재 국립 기록보관소와 런던의 국립 전쟁박물관에 각각 소장되어 있다. 그가 애지중지했던 독일 미술관은 여전히 뮌헨에 있지만, 지금은 그냥 '미술관'이라고 이름을 바꾸고 현대 미술품을 종종 전시하는 공간으로 사용된다.

그의 가혹한 통치가 남긴 가장 지속적인 영향은 전쟁에 희생된 5,000만 명이 대변한다. 너무 일찍 태어나 목숨을 잃은 까닭에, 혹은 아예 태어나지 못해 이 세계에 중요하고도 창의적인 기여를 하지 못한 과학자나 예술가, 발명가가 부지기수일 것이다. 또한 여러 세대에 걸쳐 이룩된 문화가 졸지에 재와 잡석으로 변해버렸는데, 이는 모두 한 민족이 다른 민족을 가리켜 자기만 못하다고 판단한 결과였다.

히틀러 정부의 고관들은 1945년 10월부터 시작된 뉘른베르크 재판에서 반인륜적 범죄 혐의로 기소되었다. 제국원수 헤르만 괴링은 1945년 5월 9일 미군에 체포되었다. 멋진 군복을 입고 국가 사령장을 든 그는 연합군 총사령관 아이젠하워와의 면담을 기대하고 있다가 아우크스부르크의 형무소로 끌려갔다. 그는 뉘른베르크 재판에 회부된 다른 나치 지도자와 마찬가지로 홀로코스트에 관여한 혐의를 강력하게 부인했다.

"나는 여성을 존중하며 아이를 죽이는 것이 정정당당하지 않다고 생각한다. (……) 나 자신은 대량학살에 대한 책임에서 완전히 자유롭다."[1]

그는 결국 제3제국에서 최악의 국면에 개인적으로 관여했음을 시인했지만, 미술품 컬렉션에 관한 고발에 대해서는 혐의를 부인했다. 『뉘른베르크 면담록(Nuremberg Interviews)』은 그가 이렇게 말했다고 전한다.

"내게 적용된 온갖 혐의 중에서 국보급 미술품을 약탈했다는 주장이 나로선 가장 고통스럽다."[2]

『뉘른베르크 면담록』의 또 다른 대목에서 그는 자기 생각을 다음과 같이 설명했다.

"그들은 나를 미술품 약탈범으로 몰기 위해 애쓰는 모양이다. 하지만 전쟁 중에는 누구나 조금씩 약탈을 하기 마련이다. 내가 행한 약탈 가운데 불법적인 것은 전혀 없었으니 (……) 나는 항상 돈을 주고 구입하거나 헤르만 괴링 분과를 통해 조달했다. 나는 그 분과와 로젠베르크위원회를 통해 컬렉션을 장만한 것이다. 내 약점 중 하나는 사치품에 둘러싸이기를 좋아한다는 것과 워낙 예술적 기질이 높아 걸작품을 감상함으로써 살아 있고 불타오르는 듯한 느낌을 받는다는 것이다. 하지만 내 의도는 국보급 미술품을 (……) 국립 박물관에 기증하려는 것이었다. 내가 죽은 다음이나 죽기 전에라도 독일 문화에 더 큰 영광을 가져다주기 위해서다. 이런 관점에서 내가 한 일이 윤리적으로 잘못이라고 생각하지 않는다."[3]

제국원수가 감옥에서 받은 가장 큰 타격은 그가 무엇보다 아끼던 얀 베르메르의 〈간음한 여인과 그리스도〉가 위조품으로 밝혀진 것이었다. 위조자인 한 판 메이헤른은 네덜란드에서 나치 부역 혐의 및 네덜란드 문화재 약탈 혐의로 체포된 상황이었다. 그러나 모두가 미워했던 제국원수를 속였다는 사실이 알려지자 어떤 사람은 그를 국가적 영웅으로 생각하기도 했다. 괴링에게 위조품 소식을 전한 기념물 전 담반원 스튜어트 레너드가 훗날 회고한 바에 따르면, 그는 "마치 이 세상에 악이 있다는 사실을 난생 처음으로 알게 된 것 같은 표정이었 다."⁴ 제국원수는 스스로를 르네상스적 인간으로 생각했지만 사실은 촌스럽고 탐욕스러운 바보에 불과했다.

뉘른베르크에서 사형선고를 받은 헤르만 괴링은 항소하지 않았다. 다만 품위를 지키며 죽을 수 있도록 일반 죄수처럼 교수형에 처하는 대신 군인답게 총살형에 처해달라고 요청했을 뿐이다. 재판부는 그의 요청을 거부했다. 교수형 집행일 전날 밤인 1946년 10월 15일, 자포 자기한 제국원수는 청산가리 캡슐을 삼키고 자살했다. 독약을 어떻게 감방까지 밀반입했는지는 끝내 밝혀지지 않았다.

ERR의 지휘관이자 히틀러의 인종차별주의 이론가의 대표 격이던 알프레트 로젠베르크는 전혀 참회의 빛을 보이지 않았고 자신은 그 어떤 악행에도 관여한 바 없다고 주장했다. 결국 그는 유죄가 인정되 어 1946년 10월 16일 교수형에 처해졌다. 게슈타포 지휘관 에른스트 칼텐브룬너는 뉘른베르크 재판에서 민간인 대량 학살 혐의, 집단수용 소 설립 혐의, 강제노동 부과 혐의, 전쟁 포로 처형 혐의, 그리고 여타 의 섬뜩하고도 깊이를 헤아릴 수 없는 혐의에 대해 유죄선고를 받았 다. 그 역시 1946년 10월 16일 교수형에 처해졌다.

악명 높은 나치 총독이자 미술품 약탈자인 한스 프랑크는 전쟁 말 기에 체포되었다. 그는 가톨릭 신앙을 되찾은 뒤 폴란드에 저지른 자 신의 악행에 약간이나마 참회의 뜻을 나타냈다. 그는 동료 나치 지도 자들과 함께 교수형에 처해진다는 사실에 안도감을 나타냈지만 사라진 라파엘로의 회화가 어디에 있는지는 끝내 말하지 않았다. 알베르트 슈페어는 나치 고위층 가운데 자신의 행동에 관해 참회의 뜻을 나타낸 유일한 인물이다. 그는 전쟁 범죄 및 반인륜적 범죄에 대해 유죄 선고를 받았고 징역 20년형에 처해졌다. 1966년에 형기를 마치고 나온 그는 저술가로 변신했다. 히틀러 내각에서의 생활에 관한 그의 3부작 회고록 중 첫 권인『제3제국의 내막(Inside the Third Reich)』은 후세 역사가들에게 귀중한 자료가 되었다. 슈페어는 1981년에 뇌졸중으로 사망했다.

아우구스트 아이그루버는 1945년 5월에 체포되었고 1946년 3월 마우타우젠 재판에 기소되었다. 그는 마우타우젠 집단수용소에서의 전쟁 범죄 혐의에 대해 유죄판결을 받았지만 1947년 5월 28일 교수대에 오를 때까지도 결코 참회하지 않았다. 교수대 바닥의 뚜껑 문이 열리기 직전 그가 외친 최후의 말은 "히틀러 만세!"였다.

파리 체류 시절 나치에게 영혼을 팔았던 미술학자 헤르만 분예스는 1945년 7월 25일 감방 창문에 목을 매 자살했다. 그의 아내 힐데가르트는 2005년 8월에 사망했는데 그녀는 죽을 때까지 이렇게 주장했다.

"내 남편은 나치의 적극적인 가담자가 아니었다. 그는 다만 이상주의자였을 뿐이다."[5]

파리 주재 ERR에서 괴링의 대리인으로 활동한 브루노 로제는 1945년 5월 4일 제임스 로라이머에게 체포되었다. 로라이머는 노이슈반슈타인의 등록 명부에서 그의 이름을 확인하고 마침 그가 인근 마을의 요양소에 머물고 있음을 알아냈다. 로라이머와 대면한 로제는 자신이 루프트바페의 일개 상병에 불과한 것처럼 속이려 들었지만, "그는 절대 믿을 수 없고 배반을 잘하는 악당"이라는 발랑의 주의를 기억한 로라이머는 결코 호락호락 넘어가지 않았다.[6] 결국 로제는 체포되었다.

로제는 죄드폼에서의 ERR 작전에 자신이 관여했음을 시인했지만 특별히 잘못한 것은 없다고 주장했다. 자신은 괴링의 하수인에 불과하며 어쩔 수 없이 시키는 일만 했다는 식이었다. 하지만 심문관들이 괴링의 미술품 거래에 대해 설명하자 과거에 자행한 일에 대해 환멸을 느끼는 듯했다. 특히 괴링을 열렬히 숭배한 로제는 자신의 상관이 그토록 얄팍한 인물이었다는 사실, 심지어 파리에서 위협을 당한 자산 평가인들이 약탈 미술품에 터무니없이 낮게 매긴 가격조차 제대로 지불하지 않았다는 사실을 뒤늦게 알고 맥이 빠진 모양이었다.(괴링은 원칙적으로 ERR에서 압류한 미술품에 대한 대가로 초저가로나마 대금을 지불해야 했다. 하지만 실제로는 한 푼도 지불하지 않았다.—옮긴이)

브루노 로제는 형량을 경감해주는 대가로 동료 약탈범들에게 불리한 증언을 했고 약탈한 미술품의 보관소 위치를 몇 군데 알려주기도 했다. 공모자인 쿠르트 폰 베어와 헤르만 분예스가 결국 자살할 수밖에 없었던 것도 그의 배신 때문이었다. 1950년에 석방된 로제는 곧바로 뮌헨에서 '합법적인' 미술상으로 활동하기 시작했다. 1950년대 중반에 이르러 그는 과거를 공개적으로 부정하면서 평판을 회복하기 위해 노력했다. 이를 위해 자신을 고발하는 데 앞장선 로즈 발랑을 위협하고 괴롭혔다. 1957년 발랑은 친한 친구, 제임스 로라이머에게 편지를 써서 주의를 주었다.

"당신 앞에서는 희생자인 것처럼 꼬리를 내렸던 로제가 뮌헨에서는 다시 나치 열성분자가 되어 개인적인 복수를 꾀하며 배상을 거부하고 있어요. 그는 폰 베어의 명령을 따르지 않은 것, 다시 말해 폰 베어의 계획대로 나를 제거하지 않은 것을 후회한다더군요. 독일에서 그는 나치 경찰의 명령에 어쩔 수 없이 복종했던 딱한 사람들, 그리고 우리가 그 행동에 책임을 물음으로써 마음에 상처를 입은 이들의 대표자가 된 셈이에요."[7]

로제는 2007년에 아흔다섯 살의 나이로 사망했다. 2007년 5월, 스위스 취리히의 어느 은행에 그가 안전금고를 보유하고 있었음이 밝혀졌다. 그 안에는 1938년에 게슈타포가 훔쳐간 카미유 피사로의 회화, 모네와 르누아르의 회화가 들어 있었다. 기록에 따르면 1983년 이후로 여러 차례에 걸쳐 최소한 14점 이상의 회화가 이곳에서 반출된 바있었다. 이에 따라 국제적인 조사가 다시 이루어졌다.

알타우세에 있던 다른 조연들의 운명도 살펴보자. 이 평범한 사람들은 전후 오스트리아와 독일의 무질서 속에서 나름대로 살 길을 찾아야 했다. 일이 복잡해진 이유는 이들이 하나같이 나치 당원이었기 때문이다. 1930년대의 오스트리아와 독일에서 전문직에 종사하려면 반드시 나치 당원이어야 했다. 물론 사기꾼과 악당도 있었지만 전후 독일에서 일어난 '나치 퇴출'의 풍조 속에서 무고한 사람이 여럿 희생되었으며 이 중에는 영웅적인 인물들도 포함돼 있었다.

오토 회글러도 그중 하나로 그는 알타우세에서 퓌흐뮐러의 마비 작전을 지지하고 성사시키는 데 중요한 역할을 담당한 광산 십장이었다. 회글러는 미군이 도착한 다음 날인 1945년 5월 9일에 체포되었다. 흥미롭게도 그의 체포 보고서는 미헬 박사에게도 전해졌는데 함께 전달된 쪽지에 "이 보고서는 대의에 확실하게 헌신하는 사람들에게만 회람된다"고 보증하는 내용이 적혀 있었다. 이것은 미헬이 알타우세 구출의 공로를 모조리 차지하고자 회글러를 멀리 보내버리려는 음모였을까? 누구도 단언하기는 어렵다. 어쨌든 회글러는 8개월간 구류 상태로 있었다. 1945년 12월에 풀려났지만 그로부터 3개월 뒤 다시 체포되었다. 1947년에 석방되었고 1951년 광산 회사에 채용되었지만 국보급 미술품 구출에 관해 입도 뻥긋하지 않는다는 조건이 붙었다.

1963년에 은퇴한 그는 잘못된 기록을 바로잡는 일에 나섰으나 아쉽게도 성공을 거두지 못했다. 1971년, 그는 구출 사건에 대해 잘못된 내용을 게재한 어느 잡지에 편지를 보냈다.

"귀사의 보도 내용 가운데 사실은 단 하나뿐입니다. 국보급 미술품의 진정한 구원자에 대해서는 누구도 제대로 감사의 뜻을 표하지 않았다는 겁니다. 대신 한두 명의 가짜 구원자에게 했지요. 이것이야말로 감사를 받아 마땅한 업적이 온갖 범죄 소설 소재로 잘못 사용되고 있는 이유일 것입니다."

1972년 그는 최후의 시도에 나섰다. 1945년 4월과 5월에 현장에 있었던 몇몇 광부의 도움을 받아 보고서를 취합한 것이다. 오스트리아 정부는 이 보고서를 정중하게 접수하긴 했지만 제대로 검토하지는 않았다. 오토 회글러는 1973년에 사망했다.[8]

푀흐뮐러와 함께 최초의 미술품 보존 계획을 꾸민 오스트리아의 미술 관료 헤르베르트 자이베를 박사는 나치 당원이었다는 이유만으로 일자리를 잃었고, 나아가 그 분야에서 일하는 것 자체가 금지되었다. 그는 1952년에 마흔여덟 살의 나이로 사망했다. 그의 아내와 네 아이는 본디 여사와 오펜하이머라는 사람의 도움으로 간신히 궁핍을 면했다. 알고 보니 이들은 알타우세에서 구출된 미술품 중 일부의 원래 소유주였다.[9]

미술품 복원 전문가 카를 지베르는 계속 광산에 남아 미군의 귀중한 정보원으로 활동했다. 미군은 그가 독일의 고향으로 무사히 돌아갈 수 있게 해주었고 자택 연금 상태에서 풀려날 수 있도록 도와주기도 했다. 하지만 지베르는 이후로 두 번 다시 복원 일을 하지 않았다. 그는 1953년에 사망했다.[10]

가장 불운한 운명을 맞이한 인물은 알타우세의 진짜 영웅이던 엠메리히 푀흐뮐러 박사였다. 그는 1945년 6월 17일에 체포되어 알타우세의 국보급 미술품을 폭파하려 했다는 혐의로 기소되었다. 심문을 받을 때 그는 어느 미군 장교로부터 가혹하게 구타를 당해 치아 6개를 잃었고 하루 종일 제 발로 일어설 수 없을 지경이었다. 1945년 11월에 그의 누이가 오스트리아 교육부에 요청해 면담을 성사시켰다. 이 자리에서 그녀는 박사가 쓴 일기를 공개했는데 거기에는 광산에서 그가 행한 일이 자세히 기록되어 있었다. 그러나 변호사는 이렇게 말할 뿐이었다.

"그가 쓴 내용은 모두 사실입니다. 우리가 이미 확인했습니다. 하지만 우리에게는 무죄석방을 이끌어낼 힘이 없습니다."[11]

1947년 7월, 구류 상태에서 풀려난 푀흐뮐러는 곧바로 명예를 회복하기 위한 싸움에 나섰다. 1947년 가을, 그는 지난 2년간 언론의 주목을 받아온 미헬 박사의 거짓 주장에 반박을 제기했다. 1947년 12월 16일, 미헬은 오스트리아 정부에 쓴 편지에 푀흐뮐러가 알타우세에서 담당한 진짜 역할을 자세히 설명했다. 훗날 미헬은 이 편지의 내용을 부정했지만 사실 이것이 알타우세에 관한 그의 주장 가운데 유일한 진실이다.[12]

마비 작전을 함께 계획한 마이어호퍼 역시 쾨흐밀러가 애국자이며 영웅이라고 확언했다. 경찰 조사 결과 이곳의 전 소장이 권력을 남용하거나 나치 활동을 했다는 증거는 없는 것으로 드러났다. 빈 주교도 그를 대신해 청원했으며 오스트리아 정부의 공식 문서에서는 그가 "국보급 미술품의 구출에서 매우 중요한 역할을 담당했다"[13]고 서술되었다. 그럼에도 불구하고 자비 법령(불법적인 나치 활동에 관여했다는 혐의에 대한 취소 처분)에 의거한 구제를 바라는 쾨흐밀러의 청원은 1949년에 기각되었다. 그의 청원은 대통령 집무실까지 도착했지만 결국 일거에 기각되고 말았다. 알타우세에 관한 거짓된 증언으로 이득을 얻은 자들이 무대 뒤에서 이 청원의 기각을 조종했기 때문이다.

1948년 쾨흐밀러는 『위기에 처했던 세계의 국보급 미술품』이라는 제목의 책을 펴냈지만 이 자비 출판물은 성공을 거두지 못했다. 당시 카를 지베르가 그를 돕기 위해 나섰다.

"이 책에 나오는 내용 중에 내가 함께했던 일들은 모두 사실이다. 내가 직접 보고 듣지 않은 내용은 내가 아는 다른 사람들의 보고와 일치하는 것으로 미뤄볼 때, 공학자인 쾨흐밀러 박사가 절대적으로 객관적이고 사실에 가까운 글을 쓰기 위해 최대한 노력했다는 결론을 내리게 되었다."[14]

하지만 어느 누구도 관심을 보이지 않았다. 이 책은 발행부수가 극히 적었기 때문에 지금은 찾아보기가 매우 힘들지만 그렇다고 아예 찾을 수 없는 것은 아니다. 1959년 그는 오명을 씻고자 오스트리아 정부를 향해 이런 편지를 썼다.

"국보급 미술품을 구출한 제 노력이 공식적으로 인정되어 오스트리아에서 적절한 일자리를 구하고자 하는 제 소망(가정적인 사유로 인한)이 이루어지기를 바랍니다. 이를 위해서라면 저는 다른 것은 무엇이든 포기할 작정입니다."

하지만 정부에서는 아무런 답변이 없었다. 결국 그는 1963년에 심장마비로 사망했다. 정의를 위한 오랜 싸움 끝에 심신이 모두 망가져버린 것이다.

헤르만 미헬 박사도 아주 무사하지는 못했다. 비록 빈 소재 자연사 박물관의 관장으로 복직되긴 했지만 그는 항상 의구심의 대상이었다. 1945년 그는 자신이 한때 나치당에 가입한 적이 있다고 교육부에 이 실직고하면서 그것은 "박물관에서의 저항 활동을 위해 업무를 원활히 수행할 필요가 있었기 때문이었다"[15]고 해명했다. 그러나 내무부에서는 이 해명을 받아들이지 않았고 결국 1947년에 그를 전(前)나치 명단에 올렸다.

푀흐뮐러의 보고서가 등장한 직후인 1948년 미헬은 알타우세에서의 활동에 관한 해명을 서면으로 제출하라는 명령을 받았다. 미헬은 보고서 작성을 줄곧 미루다가 1950년이 되어서야 간신히 초고만 제출했다. 그 이유를 추궁받자 그는 푀흐뮐러가 미술품 구출에 대한 보상금에 눈이 어두워 자신을 위협하고 있다고 주장했다. 이 보고서는 끝내 정부에 공식 제출되지 않았지만 미헬은 온갖 거짓말을 아슬아슬하게 이어나가다가 제풀에 나가떨어졌다.

1951년 12월 미헬은 휴직을 신청했고 1952년 5월에는 때 이른 은 퇴를 종용받았다. 그는 1965년 10월에 사망했는데, 자연사박물관은 1987년 나치와 손잡았던 과거를 씻어내려고 이렇게 주장했다.

"미헬 박사는 자유의 전사들과 함께 알타우세에서 국보급 미술품의 파괴를 막은 인물이다."[16]

한편 프랑스에서는 자크 조자르가 국가 소장 컬렉션을 나치의 손으로부터 구출한 공적을 인정받아 국가적 영웅으로 칭송받았다. 그는 레지옹도뇌르 3등급인 코망되르 훈장과 레지스탕스 훈장을 받았으며 앙드레 말로가 장관으로 재직하던 전후의 프랑스 문화부에서 국장으로 승진했다. 그가 1955년에 미술 아카데미에서 은퇴하자 전임자는 그를 미술품 보호자로 예찬하며 다음과 같이 말했다.

"그는 자신이 보전한 모든 걸작의 경이로운 자취와 함께 미래와 마주했습니다."[17]

자크 조자르는 일흔두 살이던 1967년에 갑작스런 심장마비로 세상을 떠났다. 그의 친구이자 저명한 역사학자인 앙드레 샹송은 추도식에서 그를 잘 묘사했다.

"그의 탁월한 진가는 점령 치하의 수년 동안 발휘되었는데 그때야말로 결코 잊히지 않을 진실의 순간입니다. 그토록 불확실한 상황에서는 만사가 용기와 투명함에 달려 있기 때문입니다. (……) 그는 군인처럼 싸웠고 뚜렷한 생각과 능숙함을 갖춘 설득력을 발휘했습니다. 그뿐 아니라 자신의 지위에 따르는 책임에 또 다른 임무를 더해 해방된 조국에서, 그리고 장차 다시 태어날 공화국의 선두에서 일익을 담당했습니다."[18]

1974년, 조자르의 철학을 설명한 책이 한정판으로 간행되었다. 그 중 한 대목은 다음과 같다.

"뭔가 숨기고 살아가는 것이 두렵다면 오히려 걱정할 것이 없다. 당신은 이미 용기의 가장자리에 있는 셈이다."

이런 대목도 나온다.

"비록 싸움에서 지더라도 명예는 잃지 않을 수 있다. 명예를 잃는 까닭은 명예를 위해 싸우지 않기 때문이다."[19]

그의 친구이자 프랑스 레지스탕스의 지도자였던 알베르 앙로는 조자르가 루브르의 모든 직원에게 말했던 우아하면서도 점잖은 좌우명을 인용했다.

"보전하라(Maintenir)."[20]

조자르를 도와 나치를 물리쳤던 프란츠 폰 볼프 메테르니히 백작도 프랑스에서 영웅으로 칭송되었다. 전쟁이 끝난 뒤 그는 서부 연합군을 도와 독일 소유의 미술품을 반환했고 이후 서독의 외무부에서 약탈 미술품 조사를 지속했다. 1952년 로마의 독일어 전문 도서관으로 유명한 헤르치아나 도서관 관장이 된 볼프 메테르니히는 1978년에 사망했다.

로라이머가 미국 제7군에 배치된 지 한 달쯤 뒤인 1945년 5월 4일, 로즈 발랑은 프랑스 제1군 소속 장교로 임명되었다.

"독일 도로를 달리는 동안 가슴 아픈 피난민의 행렬이 내 곁을 스쳐 지나갔다. 그것은 1940년에 파리에서 있었던 피난 장면을 연상시켜서 5년 묵은 유령이 다시 나타난 듯했다. 그때와 똑같은 슬픔이 전해졌고 (……) 그들을 보자 그때까지 나를 유지시켜주던 적에 대한 뚜렷한 개념을 잃어버리고 말았다. 나는 전쟁의 공포에서 완전히 벗어난 다음에야 진정으로 승리를 맛볼 수 있음을 배웠다."[21]

그녀는 로라이머가 도착한 지 1주일쯤 뒤인 1945년 5월 14일부터 16일 사이에 노이슈반슈타인에 도착했다. 그곳은 그녀가 수많은 생명의 위협을 무릅쓰고 정보를 알아낸 물건들이 보관된 장소였다. 하지만 안으로 들어갈 수가 없었다. 로라이머가 경비병들에게 아무도 들이면 안 된다고 신신당부했기 때문이다. 로라이머는 자리를 비운 상태였고 그녀의 하소연은 아무런 소용이 없었다. 결국 로즈 발랑은 자신의 가장 위대한 업적 앞에서 쓸쓸히 발걸음을 돌려야 했다. 하지만 그것은 어디까지나 그날 하루뿐이었다. 이후 수년간 그녀는 프랑스 제1군 소속 미술품 전담 장교로서 독일에 머물렀다.

역사는 그녀를 종종 "수줍고 소심한 큐레이터"로 묘사하지만, 사실 로즈 발랑은 미술품 반환을 위해 꾸준히 노력했고 뚜렷한 의견을 개진했다. 필요할 경우에는 남의 눈에 띄지 않게 뒤로 물러나 있었으나, "허튼짓하다가는 총 맞을 줄 알아"[22]라는 로제의 위협 앞에서는 항변을 했다. 그녀는 어느 누구의 방법이나 행동에 대해서도 서슴없이 의문을 제기했다.

1951년, 독일 근무를 마치고 프랑스로 돌아온 발랑은 계속해서 약탈당한 미술품을 추적했다. 그녀는 그 일은 물론 다른 업무에서도 성공을 거둠으로써 자신이 연약한 화초가 아니라는 것을 증명했다. 그녀는 대담하고 과단성 있고 용기 있고 똑똑한 여성이었다. 로즈 발랑은 결국 공로를 인정받아 프랑스 레지옹도뇌르 훈장과 레지스탕스 훈장, 예술문화 1등급 코망되르 훈장도 받았다. 또한 1948년에 미국 정부로부터 자유 훈장을 받았고 독일 연방공화국으로부터 공로훈장 1등급 십자장을 받았다. 1953년, 그녀는 마침내 큐레이터의 지위에 올랐다.

이러한 훈장과 영예에도 불구하고 로즈 발랑의 업적은 프랑스에서 널리 알려지지 않았고 존경을 받지도 못했다. 이것은 부분적으로 그녀의 배경 탓일 것이다. 시골 마을의 변변찮은 집안 출신 여성이 졸지에 귀족 남성이 지배하는 분야에서 일하게 되었으니 말이다. 조자르의 말을 빌리자면 "발랑은 전쟁으로부터 수만 점의 미술품을 구하기 위해, 그리고 그것을 회수하기 위해 중요한 정보를 미군에게 건네줌으로써 예상되는 위험을 기꺼이 감수했다."[23]

로즈 발랑은 20년 동안 말년을 조용히 보내다가 1980년 9월 18일에 사망했다. 그녀의 장례식은 파리의 앵발리드 광장에서 치러졌고 고향인 생 에티엔 드 생 주아의 소박한 무덤에 묻혔다. 그녀의 동료이자 루브르의 큐레이터인 마그델렌 우르는 훗날 이렇게 말했다.[24]

그녀는 동료들로부터 거의 이해받지 못했다. 동료들은 그녀를 시기하고 질시했으며 존경을 표시하지 않았다. 앵발리드에서 열린 장례식에 참석한 사람도 프랑스 국립 박물관 행정 국장, 회화 부서의 선임 큐레이터와 나, 그리고 박물관 직원 몇 사람이 전부였다. 일찍이 생명의 위협까지 무릅쓰고 대단한 인내를 보여준, 또한 큐레이터의 명예를 지키고 여러 수집가의 재산을 지켜준 이 여성을 많은 사람들이 적대적일 정도는 아니어도 최소한 무심하게 대했다.

2005년 4월 27일, 전쟁이 끝나고 무려 50년이 지난 뒤에야 죄드폼의 남쪽 벽에 로즈 발랑의 비범한 노력과 "이 세상의 아름다움을 더 많이 보존한"[25] 공로를 기리는 기념 명판이 붙게 되었다. 비록 프랑스 역사는 물론 프랑스 국민조차 그녀의 영웅적인 행적을 제대로 평가해 주지 않았지만, 그녀의 동료인 기념물 전담반원들은 달랐다. 이후 여러 해 동안 이들은 저마다 로즈 발랑을 이 전쟁의 위대한 영웅으로 묘사했고, 기념물 보전 노력에서 필요 불가결한 인물 중 하나로 표현했다. 그녀의 노력이 없었다면 도난당한 수천 점의 미술품을 찾는 것은 물론 MFAA의 작업에서 극도로 중요했던 ERR 기록의 행방을 찾는 것도 결코 성공하지 못했을 것이다.

발랑과 마찬가지로 기념물 전담반의 다른 요원들은 실제 교전이 끝난 뒤에도 미술품 보전 임무를 지속했지만 이들의 군 복무는 대부분 단기로 끝났다.

1945년 8월 21일, 〈겐트 제단화〉가 뮌헨의 수집 거점을 떠나 벨기에로 향했다. 이를 위해 특별히 비행기를 한 대 빌려서 제단화의 패널 12개를 객실에 잘 고정했다. 비행기에 탄 승객은 단 한 명, 기념물 전담반원 로버트 포시뿐이었다. 8월 22일 오전 2시 정각, 비행기는 벨기에의 영국군 비행장에 도착했다. 원래 몇 시간 전에 브뤼셀 공항에 착륙할 예정이었으나 격렬한 폭풍으로 계획이 변경된 것이었다. 〈겐트 제단화〉는 억수 같은 비를 뚫고 오전 3시 30분에 브뤼셀의 왕궁에 도착했고 포시는 몇 시간 뒤에 수령확인서를 건네받은 다음 그곳을 떠났다. 얼마 뒤에 포시는 벨기에 최고의 영예인 레오폴드 훈장을 받았고, 나중에는 프랑스에서 레지옹도뇌르 훈장도 받았다.

전쟁이 끝난 뒤, 포시는 마무리 작업을 지루하게 생각했는지 새로 투입된 기념물 전담반 요원들과 충돌을 빚었다. 5월 초, 그러니까 전투가 끝나기 전에 그는 전투 지대 후방에 있는 병력을 가리켜 "생각하기도 싫을 정도로 열등하다"거나 "그런 부대야 저 멀리 영국에 가 있으면 군복 차림의 민간인에 불과"하다고 말한 바 있다.

그런데 이제 독일이 '민간인' 세계로 변하면서 어쩐지 낯선 느낌이 들었던 모양이다. 그는 상관이던 패튼 장군의 엄한 규율에 기꺼이 찬동한 인물이었다. 이 사령관은 평소에도 기념물 전담반을 포함한 제3군의 아침식사를 새벽같이 만들게 해서 전투 중일 때와 마찬가지로 최대한 짧은 시간 안에 먹어치우라고 재촉했다. 그런데 새로 투입된 기념물 전담반원들은 늦게까지 자고 싶어 했고 규정을 무시한 채 여자 비서를 고용했다.

결국 포시는 1945년 9월에 유럽을 떠났다. 이는 〈겐트 제단화〉를 반환한 지 한 달 뒤의 일이었고 그의 조언자 겸 우상이던 패튼 장군이 자동차 사고로 인한 부상에서 회복되지 못하고 끝내 사망하기 3개월 전이었다. 포시는 1946년에 건축 일을 재개했으며 1974년에 은퇴한 뒤 1977년에 사망했다.

그의 단짝 링컨 커스타인은 "내 은퇴연금 지급이 시작되기 전에"[26] 전장을 떠나겠다고 투덜거렸다. 그는 어머니가 암 판정을 받았다는 소식을 듣고 1945년 9월에 미국으로 돌아갔다. 1946년에는 안무가 게오르게 발란친과 함께 20세기의 가장 영향력 있는 무용 단체로 알려진 무용 순회극단, '발레 소사이어티'를 만들었다(1948년에 '뉴욕 시티 발레'로 이름을 바꾸었다). 그 단체의 총책임자가 된 커스타인은 1989년까지 재직했다.

그가 군 복무 시절에 쓴 시들은 1964년에 『어느 일등병의 노래 (Rhymes of a PFC)』로 출간되었다. 이를 제외하면 그는 유럽에서의 군 복무에 관해 거의 입을 열지 않았다. 물론 이후로도 몇 년간 포시와 편지를 주고받았고 심지어 그와 함께 책을 한 권 쓰기도 했다. 그는 기념물 전담반에 관해 책을 쓰자고 조지 스타우트를 설득하면서 이렇게 말했다.

"물론 그림책이 아니라 이야기책 말입니다."[27]

커스타인은 생애 말년에 그 세대의 중요한 문화계 인물 중 하나로, 또한 위대한 미술 후원자로 널리 알려졌다. 비평가 클레멘트 크리스 프는 다음과 같이 말했다.

"그는 자기 세대 전체의 예술에 영향을 끼친 보기 드문 재능의 소 유자다. 발레, 영화, 문학, 극장, 회화, 조각, 사진 모두가 그의 관심 사였다."[28]

링컨 커스타인은 1996년에 여든여덟 살의 나이로 사망했다.

워커 행콕은 마르부르크 수집 거점을 확보한 직후인 1945년 말에 유럽을 떠났다. 그는 고국으로 돌아가 전쟁 내내 꿈꾸던 집을 지어서 남은 평생을 매사추세츠 주 글로스터에서 아내 세이마와 함께 살며 일했다. 또한 펜실베이니아 미술 아카데미에서 강의를 재개하고 1967 년까지 그곳에 재직했다. 그는 계속해서 작품을 의뢰받았으며 조지아 주 애틀랜타 외곽에 있는 남부 연맹 소속 장군들의 유명한 기념물을 비롯해 여러 가지 작품을 남겼다. 그중에서 가장 유명한 작품은 필라 델피아의 30번가에 있는 펜실베이니아 전쟁기념관에 있다. 제2차 세 계대전 당시에 사망한 1,300만 명의 철도 노동자를 추모하기 위해

1952년에 완공한 이 기념관에 부활의 대천사 미카엘이 쓰러진 병사를 부축하는 그의 작품이 있다. 그의 마지막 작품 중에는 조지 H.W. 부시 대통령의 공식 흉상도 있다.

워커 행콕은 1998년에 아흔일곱 살을 일기로 사망했다. 그는 마지막까지 주위의 모두로부터 사랑을 받은 인물이었다. 1997년에는 아흔여섯 살의 나이에 이렇게 쓰기도 했다.

"내 삶은 매우 행복했고 계속해서 행운이 따랐지만 고통스런 기억도 있고 비극적인 기억도 있다. 물론 나는 그런 주제에 관해 가급적 거리를 두는 특권, 노년에 가서는 일종의 필요라고 할 수 있는 특권을 계속 누렸지만 말이다."[29]

제임스 로라이머는 1946년까지 유럽에 머물면서 미국 제7군 및 서부 연합군 지구 MFAA의 총책임자로 일했다. 이후 뉴욕 시의 메트로폴리탄 미술관으로 돌아왔고 1949년에는 다시 클로이스터의 관장이 되었다. 그리고 1955년에는 로버츠위원회의 일원이던 프랜시스 헨리 테일러의 후임자로 메트로폴리탄 미술관 관장이 되었다.

제임스 로라이머는 전쟁 기간에 보여주었던 것과 마찬가지로 긴 안목과 외교적 능력을 발휘해 메트로폴리탄을 세계적인 수준으로 성장시켰다. 또한 왓슨 도서관을 대형 미술 전문 도서관으로 만들었고 유명한 여러 작품을 이 미술관의 컬렉션에 포함시켰다. 렘브란트의 〈호메로스의 흉상을 응시하는 아리스토텔레스〉와 네덜란드의 초기 거장 로베르 캉팽의 〈수태고지〉(일명 '메로드 제단화') 등이 그것이다. 그의 임기 중에 메트로폴리탄 관람객 수가 200만 명에서 600만 명으로 껑충 뛰었다.

MFAA에서 수행한 임무에 자부심을 품고 있던 로라이머는 거의 매일, 심지어 턱시도나 정장 차림에도 군용 전투화를 신었다. 1966년 그는 예순 살의 나이에 갑자기 심장마비로 사망했다. 클로이스터스에서 열린 추모식에서 그의 친구이자 기념물 전담반원이던 셔먼 리는 이런 찬사를 바쳤다.

"역사에 몰두한 그는 인내심과 리더십의 미덕을 길렀습니다. 품질과 감식안 확보를 무엇보다 중시했던 그는 끝없는 변화의 소용돌이 속에서도 시각적 유산의 가치를 측정하고 그런 유산을 보전 및 향상시키려 했습니다. 그리하여 눈을 가진 사람이라면 누구나 그것을 볼 수 있도록 하려고 했습니다."[30]

로라이머의 삶은 그 자신의 말을 통해 가장 잘 요약된다. 성공 법칙이 무엇이냐는 질문을 받자 그는 간단하게 대답했다.

"훌륭한 시작. 필요 이상으로 일하고자 하는 적극성, 혹은 열의. 페어플레이 정신. 기회가 오기 전에 또는 기회가 왔을 때 인식하는 능력. 다시 말해 방향을 찾아내 그쪽으로 키를 잡는 것이 중요하다."[31]

1946년 여름, 유럽 대륙에 여전히 남아 있는 기념물 전담반원은 단 2명뿐이었다. 그들은 돌아올 수가 없었다. 독일 서부에서 피살된 월터 '허치' 헉트하우젠은 네덜란드 마르흐라텐의 미군 묘지에 안장되었다. 1945년 10월, 그의 모교인 하버드 대학에 프리다 판 샤이크라는 여성의 편지가 한 통 날아왔다. 허치가 제9군과 함께 마스트리히트에 머물 때 그를 처음 알게 되었다는 그녀는 자신이 그의 무덤을 돌보고 있다고 했다.

"그가 우리 집을 몇 번 방문해서 우리는 무척 친해졌습니다. (⋯⋯)

그의 갑작스러운 사망 소식에 무척 슬펐습니다. (……) 그의 가족과 연락할 수 있다면 무척 기쁘겠습니다. 그는 현재 네덜란드 마르흐라텐의 미군 묘지에 묻혀 있고 제가 그의 무덤을 돌보고 있습니다. (……) 혹시 월터 헉트하우젠 어머니의 주소를 아신다면 부디 알려주시기 바랍니다."[32]

SHAEF에서 그의 상관으로 있던 어떤 사람은 그의 어머니에게 보낸 편지에서 이렇게 말했다.

"지난 2월, 제가 마스트리히트에 있는 아드님을 방문했을 때 아드님은 자신의 일에 무척 만족했으며 강한 자부심도 느끼고 있었습니다. 어머니께서도 저희 모두와 마찬가지로 아드님을 부디 자랑스러워하시기 바랍니다. 아드님을 잃은 것은 크나큰 손실입니다."[33]

"그가 임무를 수행하는 모습을 바라본 몇몇 사람만큼은 적이든 친구든 상관 없이 그 덕분에 인류에 대해 좀 더 긍정적으로 생각하게 되었을 거야."

워커 행콕의 이 관찰은 진실이었다.[34]

로널드 밸푸어는 독일 클레페 외곽의 영국군 묘지에 묻혔다. 1954년에 재건된 이 도시의 기록보관소 건물 옆에 붙은 명판에는 그의 사진과 함께 다음과 같은 문구가 적혀 있다.

"로널드 E. 밸푸어 소령은 케임브리지 대학 킹스칼리지의 강사 출신으로 1945년 4월 클로스터 스피크 인근에서 작전 도중에 사망했다. 이 신사는 영국군 소속 기념물 전담반 장교로 활동하며 라인 강 하부의 여러 마을에서 귀중한 중세의 기록물과 물품을 구출했다. 이에 그를 추모하는 바이다."[35]

이 명판이 제작된 지 1년 뒤, 그러니까 그의 사망 10주기를 맞이해 밸푸어의 어머니가 클레페를 방문하자, 이 마을의 지도자들은 "그토록 훌륭한 인물에 대한 기억을"[36] 자신들이 계속 이어갈 것이라고 확언하면서 "그의 무덤을 영구적으로 특별 관리하기 위해 최선을 다할 것"[37]이라고 약속했다.

최초의 기념물 전담반원 중 전역에서 맨 마지막까지 남아 활동했던 인물은 조지 스타우트였다. 1945년 7월 말, 그는 유럽을 떠나 미국으로 돌아왔지만 이것은 2개월간의 짧은 휴가에 불과했다. 그는 1945년 10월 일본에 도착했고 그곳에서 도쿄 소재 연합군 총사령부의 미술 및 기념물 분과의 책임자로 근무했다. 그는 1946년 중반에야 일본을 떠났다.

일본에서 돌아온 스타우트는 잠시 하버드 대학 부설 포그 박물관으로 돌아갔다. 1947년에 그는 매사추세츠 소재 우스터 미술관의 관장이 되었고 나중에는 보스턴 소재 이사벨라 스튜어트 가드너 박물관 관장으로 자리를 옮겼다. 가드너 박물관은 한정된 숫자의 컬렉션만 보유하고 있었기 때문에 조지 스타우트에게는 이상적인 일자리였다.

1970년에 은퇴할 무렵, 스타우트는 미술품 보존 분야의 거물로 인정받았다. 1978년에 어느 전문 잡지는 스타우트와 그의 친구 존 게튼스를 가리켜 현대적인 보존의 시대를 선도한 "포그의 중요한 두 창시자"라고 일컬었다.[38] 또 다른 잡지에서 그의 유산은 "전통적인 미술품 복원과 역사적 지식의 미적 감수성"[39]을 수반한 새로운 기술 사이의 조화라고 주장했다. 다시 말해 그는 현대화의 주역이면서도 기계 뒤에 있는 개인의 중요성을 결코 잊지 않는 인물이었다. 조지 스타우트는 1978년 7월 캘리포니아 주 멘로파크에서 사망했다. 부고기사에는 그가 "미술 복원 전문가 겸 저술가로 세계적으로 유명하며" 제2차 세계대전 당시에 위장 기술을 개발하는 데 기여했고, "나중에는 드와이트 아이젠하워 장군의 명령에 따라 기념물, 예술품, 기록물 담당반의 일원으로 일했다"[40]라고만 나와 있었다.

하지만 그를 아는 사람들은 MFAA와 유럽 문화의 보존에 대한 그의 기여를 분명히 알고 있었다. 군대의 공식 보고서가 이를 잘 보여준다.

"긴급한 임무를 수행하느라 그는 대부분의 시간을 전장에서 혼자 보냈고 위로나 개인적 편의에 아랑곳하지 않았다. (……) 그는 여러 전술부대와 함께 일하면서 실패를 모르는 전략과 뛰어난 임무 수행 솜씨를 발휘했다."[41]

유럽에서의 복무 기간이 끝나갈 무렵에 스타우트와 함께 일한 기념물 전담반원 크레이그 휴 스미스의 평가도 여기서 다시 한 번 소개할 필요가 있다.

"스타우트는 타고난 리더였다. 과묵하고 사심 없고 겸손하고, 그러면서도 아주 강했고 생각이 깊었다. 무엇보다 놀라우리만치 혁신적이었다. 말을 하든 글을 쓰든 단어를 잘 선별해 사용했고 정확했으며 생생했다. 그의 말에는 믿음이 갔고 그가 제안하는 일은 누구나 하고 싶어 했다."

그렇지만 스타우트의 기여에 관한 진실은 물론 기념물 전담반 동료들이 스타우트에게 보낸 존경과 애정 역시 제대로 알려지지 않았다. 이들의 편지와 회고에는 이 지칠 줄 모르고 효율적이며 누구나 좋아하게 되는 장교에 대한 칭찬이 하나 가득이다. 링컨 커스타인의 다음과 같은 평가는 솔직하면서도 적절하다.

"조지 스타우트는 역사상 가장 훌륭한 전쟁 영웅이다. 오늘날 수많은 사람들이 언급하는 모든 미술품을 살려낸 주인공이기 때문이다."[42]

안타깝게도 전후 수십 년 사이에 MFAA 분과와 그 업적은 역사의 안개 속에 파묻혀버렸다. 육군 역시 기념물 보존 임무에 관해 거의 잊다시피 했다. 1957년, 리처드 포시는 기념물 전담반원으로 한국전쟁에 참전하고자 육군에 자원입대를 신청했다. 하지만 육군은 쉰세 살에 예비군에서도 전역한 그를 받아들이지 않았다. 설사 그의 신청이 받아들여졌을지라도 그를 위한 자리는 없었을 것이다. 한국전쟁 당시에는 이른바 '기념물, 예술품, 기록물 전담반' 자체가 없었으며 이후로도 전혀 없었기 때문이다. 기념물, 예술품, 기록물 전담반이 남긴 유산은 기념물 전담 장교인 이디스 스탠든의 다음과 같은 말로 잘 표현된다.

"미덕을 갖춘 것만으로는 충분치 않다. 우리는 미덕을 갖추었음을 반드시 '드러내야만' 한다."[43]

모든 나라는 기념물 전담반이 온갖 위험을 무릅쓰고 유산을 지켜냈다는 사실을 깡그리 무시해버렸다. 수년 전 나는 어떤 장교와 함께 이야기를 나눈 적이 있는데, 그는 2003년에 미국의 이라크 침공 당시 바그다드 소재 이라크 국립 박물관에서 도난당한 미술품 1만 5,000점의 행방을 뒤쫓는 임무를 맡았다고 했다. 그런데도 그는 기념물 전담반에 대해 한 번도 들어본 적이 없다고 말했다.

보다 주목할 점은 미술계조차 이후 수십 년 동안 이 비범한 사람들의 업적을 간과하고 말았다는 것이다. 전후에 기념물 전담반 요원들은 각자 고국으로 돌아가 주요 문화기관에서 주도적인 역할을 담당했다. 그러나 나치가 훔쳐간 미술품을 발견하고 반환하기 위한 노력이 재개된 1990년대 들어서도 기념물 전담반과 이들의 놀라운 업적은 대부분 간과되기 일쑤였다. 심지어 오늘날까지도 중요한 미술품의 복구나 반환에 관한 뉴스를 보면 예외 없이 그 경제적 가치에 대한 언급과 함께 다음과 같은 말을 덧붙인다.

"전후 연합군에 의해 반환되었다."

분명히 말하지만 이러한 반환이 가능했던 이유는 기념물 전담반의 노력이 있었기 때문이다. 2007년에야 기념물 전담반은 비로소 합당한 인정을 받게 되었다. 2007년 6월 6일 노르망디에서 있었던 제63차 디데이 상륙작전 기념식에서 미국 의회의 상하원은 모두 13개국 요원들로 구성된 기념물 전담반원의 기여를 사상 최초로 공식 인정했다.

곧이어 기념물 전담반과 주요 관련 단체인 '기념물 전담반 미술품 보전 재단'은 2007년도 '국가 인문학 훈장'을 받았다. 이는 영국의 기사 작위에 해당하는 영예다. 살아 있는 12명의 기념물 전담반원 가운데 4명이 이 행사에 참석했는데 그중에는 여전히 활기가 넘치는 여든한 살의 해리 에틀링어도 있었다. 1946년에 제대한 그는 뉴저지로 돌아가 제대병 원호법을 통해 대학에 진학했다. 그는 기계공학을 전공하고 훗날 비행 지시기, 휴대용 레이더 장치, 음파탐지기 등의 개발에 관여했으며 나중에는 잠수함용 트라이던트 미사일의 유도장치 개발 및 생산의 부책임자를 지냈다.

또한 그는 재향군인회 및 유대인 단체에서도 열심히 활동했다. 그는 미국 유대계 재향군인회 회원으로 있다가 라울 발렌베리를 알게 되었다. 스웨덴 출신의 부유한 외교관이자 루터교도인 발렌베리는 1944년에 다른 사람들과 함께 10만 명의 헝가리계 유대인을 구하는 업적을 남겼다. 그는 1945년 1월 운전기사와 함께 소련으로 끌려간 이후 행방이 묘연해졌다.

1992년에 은퇴한 해리는 발렌베리를 기리는 조각상 건립 기금을 위한 위원회의 공동대표가 되었으며, 나중에는 뉴저지 발렌베리 재단의 공동설립자가 되어 보다 훌륭하고 인정 많은 세상을 만들기 위해 발렌베리의 성품을 닮은 학생들에게 시상하는 일을 해왔다. 이런 활동을 하던 중에 해리는 하일브론과 코헨도르프의 광산에 관한 또 다른 이야기를 알게 되었다.

광산의 더 낮은 층은 일종의 공장으로 사용되고 있었다. 너비 20미터에 높이 1미터가 넘은 여러 방에는 바닥에 콘크리트가 깔려 있었고 기계에 동력을 공급하기 위한 전기선이 설치되어 있었다. 코헨도르프 광산에 있던 방 중에서 한두 개는 원래 나치의 중요한 발명품을 대량 생산하기 위한 비밀기지로 설계되었다. 그 발명품이란 바로 제트 엔진이었다. 만약 하일브론에 있던 나치의 공장이 제대로 가동되었다면 전쟁의 결과는 완전히 달라졌을 것이다. 가동 예정일은 미군이 도착하기 몇 주 전이었다. 이것이 베르마흐트가 하일브론 위의 언덕에서 그토록 사투를 벌인 이유였을지도 모른다.

2001년에 가서야 해리는 그 끔찍한 시절을 겪은 소수의 생존자 가운데 2명을 통해 당시 코헨도르프 광산에서 어떤 일이 있었는지 알게 되었다. 광산에서의 육체노동은 아우슈비츠에서 독일로 이송된 약 1,500명의 헝가리계 유대인 노동자들이 담당했다.

하지만 1944년 9월, 영국군은 하일브론을 폭격해 산산조각 냈고 이로 인해 발전소가 파괴되자 그 지역은 침묵과 어둠 속에 빠져들고 말았다. 비행기의 굉음이 사라진 직후, 광산의 어두운 심장부에서 신비스럽게도 누군가의 찬송이 퍼져 나오기 시작했다. 처음에는 거의 들릴까 말까 한 수준이었다. 그러다가 좀 더 큰 소리로 반복되더니 나중에는 광산 위의 지상에서도 들릴 정도가 되었다. 그날은 바로 욤 키푸르, 즉 속죄일이라서 헝가리계 유대인들이 '콜 니드레'(Kol Nidre, 모든 서약들)라는 찬송을 했던 것이다. 이것은 거기에 있던 대부분의 사람들에게 마지막 욤 키푸르였다. 1945년 3월, 그러니까 미군이 도착하기까지 채 한 달도 남지 않은 상황에서 노동자들은 다하우로 이송되었다. 그들 중 대부분은 닷새 동안의 이동 중에 얼어 죽었고 나머지는 곧바로 가스실로 끌려갔다.

오늘날 기념물 전담반원 해리 에틀링어는 뉴저지 주 북서부의 한 맨션에 살고 있다. 그는 여전히 발렌베리 재단과 재향군인회, 홀로코스트 및 여타 유대인 관계 단체에서 분주하게 활동한다. 해리의 참전 경험을 보여주는 기념품 중에서 눈에 띄는 것은 그가 탁자 위에 올려놓은 작은 사진 하나뿐이다. 1946년 초에 하일브론 광산에서 찍은 그 사진 속에서 기념물 전담반 데일 포드 중위와 그 무렵에 진급한 해리 에틀링어 병장은 렘브란트의 〈자화상〉을 바라보고 있다. 그 그림은 광차 위에 놓여 있고 광산 속의 석벽과 강철 선로가 뚜렷하게 보인다. 1946년 육군에서 그 사진을 홍보용으로 사용한 이후 전 세계 언론에 등장하기도 했다. 사진 해설은 간단했다.

"렘브란트의 그림을 발견한 미국 병사들."

하지만 어느 누구도 깨닫지 못한 두 가지 사실이 있다. 하나는 그 〈자화상〉이 칼스루에의 박물관에 소장되어 있던 바로 그 회화라는 사실이며, 다른 하나는 그 옆에 서 있던 열아홉 살의 병사는 그 박물관에서 세 블록 떨어진 곳에서 자라난 독일계 유대인이라는 사실이다. 여러 가지 우연이 겹친 끝에 해리 에틀링어는 지금까지 줄곧 이야기로만 접하고 실제로는 한 번도 본 적 없던 그 그림을 어느 광산의 지하 200미터 갱도에서 난생 처음으로 보게 되었던 것이다.

기타 등장인물

〈조연들〉

| **존 에드워드 딕슨 스페인** | 제1차 세계대전 참전용사. 영국군 소속 기념물 전담반원으로 미국 제1군에서 조지 스타우트와 함께 일했다.

| **S. 레인 페이슨 주니어** | CIA의 전신인 OSS에서 일했다. 미술 및 문화 분야에서 약탈을 자행한 여러 명의 나치를 심문했다.

| **데일 V. 포드** | 인테리어 디자이너. 실제 교전이 끝날 무렵 미국 제7군 소속 기념물 전담반원으로 배속되었다. 하일브론 광산에서 해리 에틀링어와 함께 일했다.

| **랠프 해밋** | 건축가. 병참지대에 배속된 기념물 전담반원.

| **메이슨 해먼드** | 고전학자. 시칠리아에서 미술품 및 기념물 관련 고문으로 일했고 비공식 제1호 기념물 전담반원이었다.

| **알베르 앙로** | 미술품 회수위원회 대표.

| **토머스 카 하우 주니어** | 샌프란시스코 소재 캘리포니아 팰리스 오브 더 리전 오브 아너 박물관 관장. 알타우세에 배속된 기념물 전담반원.

| **셸던 케크** | 미술품 보존 전문가. 미국 제9군에서 월터 '허치' 헉트하우젠의 조수로 배속된 기념물 전담반원.

| **스티븐 코발리약** | 운동 코치. 여러 미술품 보관소의 물품 이송 활동을 위해 배속된 기념물 전담 장교.

| **밴첼 라파지** | 건축가. 영국 제2군 소속으로 노르망디에 상륙한 최초의 기념물 전담반원. 1945년 초에 승진해 프랑스에 있는 SHAEF로 배속됨.

| **에버릿 '빌' 레슬리** | 교수. 미국 제1군 소속 기념물 전담반원으로 워커 행콕과 함께 활동했으며 나중에 미국 제15군으로 옮겼다.

| **메수엔 경** | 병참지대에 배속된 영국군 기념물 전담반원.

| **래먼트 무어** | 워싱턴 D.C. 소재 국립 미술관의 교육 담당 큐레이터. 미국 제12집단군, 제1군, 제9군 소속 기념물 전담 장교인 조지 스타우트의 조수로 일했다.

| **폴 색스** | 하버드 대학 '박물관 강의'의 창시자이며 포그 박물관에서 존 스타우트의 상사로 일했다. 야전에서 사용된 기념물 지도 및 지침서를 만든 하버드 집단의 대표자였다. 로버츠위원회의 일원으로 유럽 북부에서 활동한 기념물 전담반 장교들을 소집하는 과정에서 중추적인 역할을 했다.

| **프랜시스 헨리 테일러** | 메트로폴리탄 미술관 관장. 미국 미술관 관장 연합회 대표. 로버츠위원회의 가장 영향력 있는 인물.

| **존 브라이언 워드 퍼킨스** | 고고학자. 영국군 포병부대 장교로 북아프리카

에 배치돼 기념물 임무를 담당했고, 훗날 이탈리아에서 MFAA의 부책임자로 활동했다.

| 제프리 웹 | 건축사가. SHAEF에서 영국군 MFAA 고문으로 활동했고 유럽 북부에서 활동한 대표적인 MFAA 장교였다.

| 로버트 에릭 모티머 휠러 경 | 영국군 포병 장교이며 런던 박물관 소속 고고학자. 1942년 북아프리카에서 있었던 로마와 그리스 시대 유적에 대한 그의 보존 노력은 연합군 전체를 통틀어 최초의 기념물 관련 시도였다.

| 찰스 레너드 울리 경 | 영국 육군성의 고고학 고문 겸 MFAA의 민간인 지도자. 다음과 같은 좌우명으로 MFAA를 운영했다. "우리는 최소의 비용으로 미술품을 보호합니다."

〈독일인 및 나치〉

| 쿠르트 폰 베어 대령 | ERR의 서부 사무소 책임자. 죄드폼 박물관에 본부를 차려 놓고 프랑스 내에서 나치의 약탈 작전을 감독했다.

| 마르틴 보어만 | 국무장관. 히틀러의 개인 비서.

| 헤르만 분예스 박사 | 프랑스 주재 쿤스트슈츠의 직원이었다가 훗날 파리 주재 ERR의 핵심 관련자가 되었다. 폰 베어와 제국원수 괴링에게 충성을 바쳤다.

| 아우구스트 아이그루버 | 광적인 나치로 오베르도나우의 지방장관이었다. 그의 담당 구역에는 히틀러의 어린 시절 고향인 오스트리아 린츠와 알타우세의 소금 광산이 포함되어 있었다.

| 한스 프랑크 박사 | 제국지도자. 폴란드 총독.

| 헤르만 기슬러 | 린츠의 건축가.

| **헤르만 괴링** | 제국원수. 루프트바페의 총사령관. 나치의 2인자이며 유럽 미술품 약탈에 있어 히틀러의 경쟁자이기도 했다.

| **하인리히 힘러** | SS제국지도자. 무장친위대와 게슈타포의 총책임자.

| **아돌프 히틀러** | 제국총통. 현대 미술을 파괴하며 독일의 '정화자'로 자처 했고, 유럽의 국보급 문화재를 제국이 소유해야 마땅하다고 생각한 독 일 '찬미자'였다. 그는 약탈한 문화재를 훗날 린츠에 세워질 총통 미술 관에 전시할 예정이었다.

| **발터 안드레아스 호퍼** | 미술상. 괴링의 미술품 컬렉션 관리 책임자이며 파리 소재 죄드폼에서의 약탈 작전에서 핵심 인물로 활동했다.

| **헬무트 폰 훔멜 박사** | 히틀러의 개인 비서인 마르틴 보어만의 개인 비서 이며, 제국의 마지막 시절에 베를린으로 드나드는 모든 정보의 주된 통 로 노릇을 했다.

| **에른스트 칼텐브루너 박사** | 오스트리아 출신의 고위 나치. 제국보안본부 (RSHA)의 총수. SS 상급집단지도자. 비밀경찰(게슈타포)과 정보부(SD) 의 총수.

| **오토 퀴멜 박사** | 베를린 주립 미술관 관장으로 유럽 내의 '독일적' 미술 품 목록을 작성하고 이를 자국으로 환수하기 위한 정당화에 앞장섰다.

| **브루노 로제** | 죄드폼 미술관에 자리 잡은 ERR의 약탈 작전본부에서 활 동한 헤르만 괴링의 대리인.

| **한스 포제 박사** | 린츠 소재 총통 미술관의 초대 관장.

| **알프레트 로젠베르크** | ERR의 총책임자. 이 기관은 서유럽에서 벌어진 약 탈의 '합법적인' 구실을 마련하기 위한 인종차별주의 연구조직이었다.

| **알베르트 슈페어** | 히틀러의 전속 건축가 겸 최측근. 군비 및 전시 생산 담

당 장관으로 재직했다.

| **프란츠 폰 볼프 메테르니히 백작** | 파리 주재 쿤스트슈츠 대표. 쿤스트슈츠는 독일 측의 미술품 및 기념물 보호 프로그램이었다.

〈알타우세의 주요 인물〉

| **막스 에더** | 공학자.

| **글린츠** | 아이그루버의 부하이자 지방경찰서장.

| **오토 회글러** | 공학자 겸 광산감독관.

| **에베르하르트 마이어호퍼** | 공학자. 소금 광산의 기술감독관

| **헤르만 미헬 박사** | 빈 자연사박물관의 전 관장이자 이 박물관의 광물학 부서 책임자.

| **랠프 피어슨 소령** | 미국 육군 소속 대령 겸 제318보병대 지휘관. 알타우세의 소금 광산으로 진격한 '피어슨 기동반'의 지휘관.

| **엠메리히 푀흐뮐러 박사** | 알타우세 소금 광산의 총책임자.

| **알로이스 라우다슐** | 광부 겸 나치 당원.

| **헤르베르트 자이베를 박사** | 오스트리아의 관료. 빈 소재 기념물 보전 기구에서 일한다.

| **카를 지베르** | 베를린 출신의 미술품 복원 전문가. 알타우세 소금 광산에서 복원작업을 했다.

※

감사의 말

※

13년간의 관심과 호기심, 9년간의 노력, 5년간의 집중적인 조사. 이
정도 규모의 프로젝트를 수행해본 사람이 아니라면 책마다 붙는 '감
사의 말'이라는 대목의 중요성을 아마 잘 이해하지 못할 것이다. 저
자의 개인적 희생이 아무리 어마어마할지라도 그런 업적 자체를 홀
로 이룰 수 있는 것은 아니다. 나 역시 이 책을 쓰기까지 수많은 사
람, 특히 나와 생각이 유사한 사람과 그밖에 여러 사람들의 특별한
도움을 받았다.

　여러 가지 면에서 나를 위해 누구보다 많은 희생을 감수한 사람은
크리스티 폭스다. 이 이야기에 대한 믿음, 기념물 전담반에 기울인 애
정, 그리고 기나긴 여정 내내 보여준 그녀의 흔들림 없는 지원과 격려
는 이 책의 구석구석에 나타나 있다. 차분하고도 원숙한 경험을 자랑

하는 내 변호사 겸 상담역 마이클 프리드먼은 그의 직책에서 왜 변호보다 '상담역'이 더욱 값진지 보여주었다.

피터 맥기건과 파운드리 리터러리 앤드 미디어에서 활동하는 그의 팀, 특히 스테파니 아부와 해너 브라운 고든은 이 이야기의 중요성에 대한 내 견해에 찬동해주었다. 피터는 출판계에서 내 대리인으로 활동했을 뿐 아니라 공저자인 브레트 위터를 소개해주기도 했다. 브레트는 뛰어난 전문성과 직업윤리를 갖췄고 저술 기간 내내 사심 없는 헌신을 다했다.

내 담당 편집자 미셸 래프킨은 기념물 전담반에 관한 이야기를 처음 듣는 순간부터 이 주제에 매료되었다. 내 저서를 위한 그녀의 지원과 승인은 훌륭한 모범이었다. 프로젝트 진행 중에 사랑하는 남편 밥을 갑작스럽게 잃었다는 사실을 생각하면 더욱더 그렇다. 센터 스트리트 출판사에서 그녀가 이끄는 편집팀은 이 프로젝트를 위해 처음부터 끝까지 헌신적으로 노력해주었다. 특히 영업 및 홍보 부서의 패멀라 클레멘츠, 프레스턴 캐넌, 제이너 버슨, 크리스 바버, 크리스 머피, 지나 윈, 카렌 토레스, 그리고 아쉐트 출판 그룹의 모든 분과 조디 윌드럽에게도 감사드린다. 롤프 제터스텐과 헤리 헬름은 처음부터 이 책에 열광해 마지않았다. 두 사람 모두에게 감사드리는 바이다.

제2차 세계대전에 대해 집필을 하다 보면 수많은 문서와 사진, 영상물 앞에서 주눅이 들기 마련이다. 여기에다 번역 문제까지 겹치게 된다. 이 책을 쓸 때 프랑스어, 독일어, 이탈리아어까지 해독해야 했던 나에게는 넘어야 할 산이 어마어마했다. 다행히 뛰어난 조사요원 2명이 나를 도와주었다. 엘리자베스 아이비 허드슨은 내 첫 책인 『다 빈치 구하기(Rescuing Da Vinci)』 때부터 나를 도와주었으며, 이번 책에서도 주요 조사요원으로 참여했다. 연구의 마지막 한 해 동안에는 도로시 슈나이더가 우리 팀에 가담해 능숙한 독일어 구사 능력과 세계 어디든 달려가는 적극성으로 크게 기여했다. 두 사람 모두에게 큰 자부심을 느낀다.

제임스 얼리, 카렌 에번스, 제이미 루이스, 톰 루프리스, 앤 에셀 존스 역시 많은 도움을 주었다. 여러 기록보관소를 향해 면담 약속 시간에 맞춰 여행을 다니는 어려운 일은 미셸 브라운이 특유의 인내심을 발휘하며 끝까지 미소를 잃지 않고 담당해주었다. 알리트 퀴어빌과 그녀의 남편 이브, 그리고 캐롤 브릭 스톡 역시 번역을 도와주었다.

우리가 방문한 여러 기록보관소와 그곳의 직원들은 하나같이 풍부한 지식과 도움을 제공했다. 특히 메릴랜드 주 칼리지 파크 소재 국립 기록보관소(NARA)는 정말 대단한 곳이다. 그렉 브래드셔 박사, 마이클 커츠 박사, 그리고 NARA의 훌륭한 분들께 감사드린다. 워싱턴 D.C. 소재 국립 미술관의 메이진 대니얼스와 그 조수 진 헨리에게도 감사드린다. 뉴욕 공립 도서관의 찰스 페리어도 많은 도움을 주었다. 파리 소재 루브르 박물관에서는 알랭 프레베가 대부분의 문서를 찾아주었다. 아울러 캐서린 그레인저, 니콜라스 젠킨스, 로라 무어, 진 필든, 코린 보쇼, 데지레 볼러에게도 감사드린다.

브루스 콜 박사, 에드먼드 필스베리 박사, 짐 뮬렌, 클레어 배리, 에마뉴엘 폴락은 각자 서로 다른 도움을 주었지만, 이들 모두에게는 한 가지 공통점이 있었다. 그것은 바로 기념물 전담반 당사자들과 직접적인 연관을 맺고 있었다는 점이다. 하지만 누구보다 중요했던 분들은 기념물 전담반 당사자들과 그 가족이었다. 이들의 편지와 가족 문서 가운데 일부는 체계적으로 분류되어 열람이 가능했다. 그 외의 다른 문서는 찾아내는 데만 해도 상당한 시간과 노력이 들어갔다. 사적인 성격의 편지까지도 열람할 수 있게 된 데는 당사자 및 가족들의 절대적인 신뢰가 큰 몫을 차지했으며 이에 관해 다시 한 번 그분들께 감사드리는 바이다. 그중에서도 디니 행콕 프렌치, 앤 로라이머, 톰 스타우트, 로버트와 데니스 포시, 도로시와 엘리자베스 포드에게 감사드린다.

이 책을 쓰면서 나는 15명의 전직 기념물 전담반 요원 및 그 가족과 절친한 사이가 되었다. 그사이에 세상을 떠난 분들(레인, 크레이그, 살바토레, 찰스, 셔먼, 켄)과 아직 살아계신 분들(시무어, 버니, 앤, 제임스, 호레이스, 리처드, 마크, 로버트, 해리), 그리고 그 가족 모두에게 저자인 나를 믿어주고 당신들의 주목할 만한 유산을 보전하고 사용할 수 있도록 허락해주신 데에 감사드린다.

린 니콜라스에게 특별히 감사드린다. 제2차 세계대전 당시 나치가 자행한 약탈에 관한 그의 학문적 연구는 이 분야에 관심이 있는 모든 사람에게 중요한 자료가 되고 있다.

기념물 전담반이 다시 세상의 이목을 끌게 되기까지 애써주신 특별한 아홉 분이 있다. 이들의 도움은 중요하다고밖에 달리 표현할 길이 없다. 그런 기회를 제공해주신 데에 매우 감사드린다. 그분들은 바로 하원의원 케이 그레인저, 스티브 글라우버, 찰리 로즈, 랜디 케네디, 멜리크 케일런, 에릭 깁슨, 수전 아이젠하워, 딕 배스, 그리고 고(故) 윌리엄 F. 버클리 2세다.

내게 정신적으로 큰 의지가 되어준 친구들도 여럿 있다. 특히 조지와 펀 웨크터, 레슬리 체이언, 준 테리, 마이크 매디건, 앨런 컬럼, 로드 레이버에게 감사한다. 키스 자렛의 음악은 종종 번민하던 내 영혼을 위로해주었다.

마지막으로 캐슬린 케네디 마셜에게 깊이 감사드린다. 그가 여러 해 전에 던져준 정확하고도 지속적인 질문 덕분에 나는 비로소 이 이야기를 어떻게 풀어가야 할지 알아냈다.

후주

약자

AAA: Smithsonian Archives of American Art, Washington, D.C.(스미소니언 미국 미술 기록보관소, 워싱턴 D.C.)

DöW: Dokumentationsarchiv des Österreichischen Widerstandes, Wien, Austria(오스트리아 저항운동 기록보관소, 오스트리아 빈)

NHM: Naturhistorisches Museum, Wien(자연사박물관, 빈)

NARA: National Archives and Records Administration, Washington, D.C.(국립 기록물 관리소)

NGA: National Gallery of Art, Washington, DC(국립 미술관, 워싱턴 D.C.)

RG: Record Group(레코드 그룹)

SECTION 1

이 부분에 수록된 제사(題詞)의 출처는 다음과 같다. President Franklin D. Roosevelt,

"Remarks made at the dedication ceremony of the National Gallery of Art, March 17, 1941," Gallery Archives, NGA; and Robert Edwin Herstein, *World War II: The Nazis*(Alexandria, VA: Time-Life Books, 1980), 107.

1. Stout to Margie, June 16, 1994, roll 1421, Stout Papers

1장

1. Ettlinger, "Ein Amerikaner," 18.
2. Ibid., 19.

2장

1. Spotts, *Hitler and the Power of Aesthetics*, 323.
2. Tutaev, *The Consul of Florence*, 11.

본문 48쪽에 나온 문서의 출처는 다음과 같다. Aksenov, Vitali. *Favorite Museum of the Führer*, photo pg. 3.

사진 설명의 출처는 다음과 같다. Art Looting Investigation Unit, "Consolidated Interrogation Report #4: Linz," attachment 1, NARA.

3장

1. Godwin letter to Finley, December 5, 1940, RG 7, Box 77, Museum Correspondence, Conservation of Cultural Resources, Defense, Gallery Archives, NGA.
2. "Minutes of a Special Meeting of the Association of Museum Directors on the Problems of Protection and Defense held at the Metropolitan Museum of Art," pp. 134-135, RG 7, Box 77, Publications, Metropolitan Museum, Conservation of Cultural Resources, Defense, Gallery Archives, NGA.
3. Stout to Taylor and Constable, "General Museum Conservation," December 31, 1942, Section 6a, W. G. Constable Papers, Smithsonian AAA.
4. Stout, *Protection of Monuments: A Proposal for Consideration During War and Rehabilitation*, 6a, Constable Papers.

본문 59-60쪽에 나온 문서의 출처는 다음과 같다. *Nazi Conspiracy and Aggression*, Vol. III, 186.

4장

1. Stout, "Our Early Years at the Fogg," 11.

2. Ibid., 13.

3. Hancock, "Experiences of a Monuments Officer in Germany," 279.

4. Stout to Warner, October 4, 1944, roll 1421, Stout Papers.

5. Nicholas, *The Rape of Europa*, 214.

6. Stout to Margie, March 20, 1943, roll 1420, Stout Papers.

7. Stout to Margie, March 16, 1943, roll 1420, Stout Papers.

8. Constable to Stout, June 1, 1943, 6a, Constable Papers.

9. Stout to Constable, April 3, 1943, 6a, Constable Papers.

10. Stout to Constable, March 28, 1943, 6a, Constable Papers.

11. Stout to Margie, July 12, 1943, roll 1420, Stout Papers.

본문 68-69쪽에 나온 문서의 출처는 다음과 같다. *Nazi Conspiracy and Aggression*, Vol. III, 188-189.

5장

1. 과거 런던 박물관(London Museum)의 컬렉션은 오늘날 런던 박물관(Museum of London)의 일부로 편입되었다.

2. Woolley, *The Protection of the Treasures of Art and History in War Areas*, 14.

6장

1. Woolley, *The Protection of the Treasures*, 18.

2. Hammond letter to Reber, July 24, 1943, RG 165, NM-84, Entry 463, NARA.

3. Smyth, *Repatriation of Art from the Collecting Point in Munich after World War II*, 77.

4. Stout letter to Sachs, Sept 13, 1943, RG 239, M1944, roll 57, Frame 180, 463, NARA.

본문 83-84쪽에 나온 문서의 출처는 다음과 같다. *Nazi Conspiracy and Aggression*, Vol. III, 40-41.

7장

1. *Report of the American Commission for the Protection and Salvage of Artistic*

and Historic Monuments in War Areas, 68.

2. Ibid., 48.

3. Majdalany, *Cassino*, 122.

4. Ibid., 121-122.

5. Hapgood and Richardson, *Monte Cassino*, 227.

본문 91-92쪽에 나온 편지의 출처는 다음과 같다. *Nazi Conspiracy and Aggression*, Vol. Ⅲ, 40-41

8장

1. Ambrose, *Eisenhower*, 177.

2. Stout to Margie, October 31, 1943, roll 1420, Stout Papers.

3. Stout to Margie, January 17, 1944, roll 1421, Stout Papers.

4. Piña, *Louis Rorimer*, 123.

5. Woolley, *The Protection of the Treasures*, 6.

9장

1. *Report of the American Commission*, 102.

2. Ambrose, *Eisenhower*, 301.

SECTION 2

본문 112-113쪽에 나온 편지의 출처는 다음과 같다. James J. Rorimer Papers, New York, NY.

10장

1. D'Este, *Eisenhower*, 534.

2. Ambrose, *Citizen Soldiers*, 43.

3. Rorimer, *Survival*, 3-4.

4. Skilton, *Defense de l' art Européen*, 19.

5. Rorimer, *Survival*, 2.

6. Rorimer letter, February 4, 1944, Rorimer Papers.

7. Rorimer letter, March 10, 1944, Rorimer Papers.

8. Rorimer letter, June 6, 1944, Rorimer Papers.

9. Rorimer letter, April 30, 1944, Rorimer Papers.

10. Ibid.

11. Ibid.

12. Rorimer letter, May 7, 1944, Rorimer Papers.

13. Rorimer letter, April 6, 1944, Rorimer Papers.

14. Rorimer, Survival, 4.

15. Ibid., 8.

16. Ibid., 14.

본문 131-132쪽에 나온 편지의 출처는 다음과 같다. roll 1421, Stout Papers.

11장

1. Ambrose, *Citizen Soldiers*, 75.

2. Rorimer, *Survival*, 15.

3. '폐허의 수도' (The Capital of Ruins)는 1946년에 사뮈엘 베케트가 작성한 짧은 탐방기사의 제목이기도 하다.

4. Rorimer letter, undated, Rorimer Papers.

5. Ibid.

6. Smyth, *Repatriation of Art*, 16.

7. Rorimer, *Survival*, 19.

8. Ibid., 37.

9. Ibid.

10. Ibid., 39.

본문 148-149쪽에 나온 편지의 출처는 다음과 같다. roll 1421, Stout Papers.

12장

이 장의 세부사항 출처는 다음과 같다. "Removal of Works of Art from the Church of Notre-Dame at Bruges," Sept. 24, 1944. King's College Archive Centre, Cambridge, The Papers of Ronald Edmond Balfour, Misc. 5.

13장

1. Hancock to Saima, September 20, 1944, Walker Hancock Papers, Gloucester, MA.

2. Rorimer, *Survival*, 47.

3. Hancock to Saima, October 30, 1943.

4. Hancock, *A Sculptor's Fortunes*, 129.

5. Hancock to Saima, October 31, 1943, Hancock Papers.

6. Hancock to Saima, October 30, 1943, Hancock Papers.

7. Hancock to Saima, January 28, 1944, Hancock Papers.

8. Hancock to Saima, April 11, 1944, Hancock Papers.

9. Ambrose, *Citizen Soldiers*, 110.

10. Hancock to Saima, October 6, 1944, Hancock Papers.

11. Interview with Bernard Taper.

12. Hancock, *A Sculptor's Fortunes*, 136.

13. Hancock to Saima, October 6, 1944, Hancock Papers.

14. Hancock to Saima, October 10, 1944, Hancock Papers.

14장

1. Interview with Robert Posey.

2. Posey to Alice, September 23, 1944, Robert Posey Papers, Scarsdale, NY.

15장

1. Rorimer letter, September 8, 1944, Rorimer Papers.

2. Ibid.

3. Nicholas, Lynn. The Rape of Europa, 214.

4. Rorimer journal, September 27, 1944 entry, 28MFAA A-J:1-1, James J. Rorimer Papers, Gallery Archives, National Gallery of Art, Washington, DC.

5. Simon, *The Battle of the Louvre*, 26.

6. Chamson, "In Memoriam, Jacques Jaujard," 151.

7. Franz Graf Wolff-Metternich, "Concerning My Activities as Adviser on the Protection of Works of Art to O.K.H. from 1940-1942(Kunstschutz)," p. 3, RG 239, M1944, Roll 89, frames 352-372, NARA.

8. Ibid.

9. Ibid., p. 12.

10. Ibid., attachment "Re: Professor Dr. Franz Graf Wolff-Metternich, born 31.12.99 in Felkingen, Catholic, married, Provinzialkonservator for the Rhine, living in Bonn, Blücherstrasse 2."

11. Rayssac, L' Exode des Musées, 853.

12. Ibid., 706.

13. Von Choltitz, "Pourquoi en 1944 je n' ai pas détruit Paris."

본문 200-202쪽에 나온 편지의 출처는 다음과 같다. Rorimer Papers.

16장

1. Hancock to Saima, October 25, 1944, Hancock Papers.

2. Photo no. 00060179, Ullstein Bild.

3. Hancock to Saima, October 25, 1944, Hancock Papers.

4. Hancock, "Experiences of a Monuments Officer in Germany," 273.

5. Hancock, A Sculptor' s Fortunes, 139.

6. Ibid., 140.

7. Ibid.

8. Hancock Journal, Hancock Papers.

17장

1. Hancock, "Experiences of a Monuments Officer in Germany," 277.

2. Ibid.

3. Ibid., 279.

4. Ibid.

5. 이 분석 내용의 출처는 다음과 같다. Hancock Journal, November 18, 1944, Hancock Papers.

원서 221-222쪽에 나온 편지의 출처는 다음과 같다. roll 1421, Stout Papers.

18장

1. Canady, "James Rorimer Left Cloisters to Excel in a Bigger Job."

2. Rayssac, L' Exode des Musées, 695.

3. Rorimer, Survival, 93.

4. Ibid.

5. Rorimer notes on Valland, 28MFAA-J:2-11, Rorimer Papers.

6. Ibid.

19장

1. Sasser, *Patton' s Panthers*, 127.

2. D' Este, *Patton*, 685.

3. Posey to Alice, July 9, 1944, Posey Papers.

4. Posey to Dennis, March 1, 1945, Posey Papers.

5. Nicholas, *The Rape of Europa*, 214.

본문 244-245쪽에 나온 편지의 출처는 다음과 같다. Posey Papers.

20장

본문 249-250쪽에 나온 편지의 출처는 다음과 같다. Hancock Papers.

21장

1. *Nazi Conspiracy and Aggression*, Vol. III, 186.

2. Rose Valland note, July 28, 1944, R32-1, Archives des Musées Nationaux.

3. Rose Valland note, August 16, 1944, R32-1, Archives des Musées Nationaux.

4. Rose Valland note, February 1944, R32-1, Archives des Musées Nationaux.

5. Rose Valland note, August 20, 1944, R32-1, Archives des Musées Nationaux.

6. Rayssac, "Historail," January 2008.

7. Rorimer, *Survival*, 112.

8. Valland, *Le Front de l' Art*, 218.

9. Rorimer letter, April 23, 1944, Rorimer Papers.

10. Rorimer letter, October 22, 1944, Rorimer Papers.

11. Rorimer letter, June 6, 1944, Rorimer Papers.

12. Rose Valland letter, October 21, 1944, Archives des Musées Nationaux.

13. Rorimer Manuscript, 28MFAA-J:3-14, Rorimer Papers, NGA.

22장

1. Posey to Alice, December 16, 1944, Posey Papers.

2. Ibid.

3. Stout to Margie, January 10, 1945, roll 1421, Stout Papers.

4. Author's interview with Robert Posey.

23장

1. 죄드폼에서의 독일군에 관한 세부사항 출처는 다음과 같다. Valland, *Le Front de l' Art*, chapter 7.

2. Ibid., 67.

3. Ibid., 68.

4. Ibid., 59.

5. 파리 해방에 관한 세부사항 출처는 다음과 같다. Valland, *Le Front de l' Art*, chapter 23.

6. Valland letter, October 27, 1944, Archives des Musées Nationaux.

SECTION 3

24장

이 장에 사용한 자료의 출처는 다음과 같다. Author's interview with Harry Ettlinger, 2008; and Ettlinger, "Ein Amerikaner."

25장

1. Hancock, "Experiences of a Monuments Officer in Germany," 285.

2. Ibid.

3. Ibid.

4. Ibid.

26장

1. Duberman, *The Worlds of Lincoln Kirstein*, 373.

2. Ibid., 387.

3. Ibid.

4. Rorimer letter, June 27, 1944, Rorimer Papers.

5. Kirstein letter to Cairns, October 13, 1944, box 13-202, MGZMD, 97, Lincoln Kirstein Papers, ca. 1914-1991, New York Public Library for the Performing Arts, Jerome Robbins Dance Division, Archives.

6. Hitler, Adolf. *Mein Kampf*, as cited Martin Gray and A. Norman Jeffares, eds. *A Dictionary of Quotations*(New York: Barnes and Noble Books, 1995), 323.

27장

1. Stout to Margie, undated letter, January 30-February 8, 1945, roll 1421, Stout Papers.

2. Journal entry, January 29, 1945, roll 1378, Stout Papers.

3. Stout to Margie, March 6, 1945, roll 1421, Stout Papers.

4. Stout to Margie, April 6, 1945, roll 1421, Stout Papers.

5. Stout to Margie, March 6, 1945, roll 1421, Stout Papers.

28장

1. Yeide, Nancy. *Beyond the Dreams of Avarice*, 17.

2. Sigmund, *Die Frauen der Nazis*, 65.

29장

로널드 밸푸어의 사망에 관한 세부사항 출처는 다음과 같다. "Translation of Article in Rheinpost 12th September 1985, Hachmann, The Sexton, Eyewitness of Major Balfour's Death," King's College Archive Centre, Cambridge, The Papers of Ronald Edmond Balfour, Misc. 5.

1. Hobbs, "A Michelangelo in Belgium?"

2. Rorimer letter, February 18, 1945, Rorimer Papers.

3. From Rorimer Manuscript, ERR 20, box 3-9, Rorimer Papers.

4. 1943년에 있었던 나치의 미술품 소각에 관한 세부사항 출처는 1943년 7월 20일과 23일에 로즈 발랑이 목격한 바를 그녀와 자클린 부쇼 소피크가 함께 작성한 메모이며 그 소장처는 다음과 같다. Archives des Musées Nationaux. 일부 역사가가 이 이야기의 진실성에 의문을 제기한 바 있다. 다음을 보라. Matilda Simon, *The*

Battle of the Louvre.

5. Rorimer, *Survival*, 114.

30장

1. Speer, *Inside the Third Reich*, 437.
2. Ibid., 562.

31장

1. Hancock to Saima, March 12, 1945, Hancock Papers.
2. Ibid.
3. Stout to Margie, March 19, 1944, roll 1421, Stout Papers.

32장

1. Posey to Alice, March 18, 1945, Posey Papers.
2. Kirstein to Groozle, March 24, 1945, box 2-25, MGZMD 97, Kirstein Papers. 커스타인은 편지 수신자를 가까운 친구들 사이에서 사용하는 다양한 별명으로 불렀으며, 그 대부분은 '구시'(Goosie)라는 단어의 변형이었다. 이런 까닭에 어떤 편지의 수신자가 정확히 누구인지 판단하기가 쉽지 않다.
3. "Saint-Lô to Alt Aussee," Posey Papers.
4. Kirstein to Groozle, March 24, 1945, box 2-25, MGZMD 97, Kirstein Papers.
5. Ibid.
6. Posey to Dennis, March 23, 1945, Posey Papers.
7. Posey, Robert. "Protection of Cultural Monuments During Combat," 130.
8. Kirstein, "Arts and Monuments," *The Poems of Lincoln Kirstein*, 264.
9. Kirstein, "Quest for the Golden Lamb," 183.
10. Kirstein, "Arts and Monuments," 265.
11. Bunjes letter presented at *Nuremberg trials*, Nuremberg Trials, Volume 9, 547-549.
12. Kirstein, "Quest for the Golden Lamb," 183.

33장

1. Rorimer letter, undated, Rorimer Papers.

2. Speer, *Inside the Third Reich*, 452-453.

3. Ibid., 453.

4. Ibid., 453-454.

5. Ibid., 455.

본문 376-377쪽에 나온 편지의 출처는 다음과 같다. Hancock Papers.

본문 378-380쪽에 나온 편지의 출처는 다음과 같다. roll 1421, Stout Papers.

34장

1. Hancock to Saima, April 4, 1945, Hancock Papers.

35장

1. Nicholas, *The Rape of Europa*, 332.

2. Hancock to Saima, November 25, 1945, Hancock Papers.

36장

1. Kirstein, "The Mine at Merkers," box 13-206, MGZMD 97, Kirstein Papers.

2. Bradsher, "Nazi Gold: The Merkers Mine Treasure," 8.

3. Posey to Alice, April 9, 1945, Posey Papers.

4. Kirstein, "The Mine at Merkers."

5. Kirstein, "Hymn," *The Poems of Lincoln Kirstein*, 274.

6. Stout journal, April 11, 1945, roll 1378, Stout Papers.

7. Bradsher, "Nazi Gold: The Merkers Mine Treasure," 8.

8. D'Este, *Eisenhower*, 686.

9. David Eisenhower, Eisenhower at War, 763.

10. Bradley, A General's Life, 428.

11. D'Este, Eisenhower, 720.

12. Ibid.

13. Kirstein, "The Mine at Merkers."

14. Kirstein to Ma and Goosie, April 13, 1945, box 2-24, MGZMD, Kirstein Papers.

15. Stout journal, April 13, 1945, roll 1378, Stout Papers.

16. Ibid.

17. Stout journal, April 15, 1945, roll 1378, Stout Papers.

18. Stout journal, April 16, 1945, roll 1378, Stout Papers.

19. Ibid.

20. Stout journal, April 17, 1945, roll 1378, Stout Papers.

21. Kirstein, "The Mine at Merkers."

22. Stout to Margie, April 19, 1945, roll 1421, Stout Papers.

23. Posey to Alice, April 20, 1945, Posey Papers.

37장

1. Photograph, Posey Papers. 사진에 따르면 문제의 상자에는 '떨어트리지'(stürtzen)
   라는 단어가 잘못 쓰여 있었다. 본문의 단어는 저자가 제대로 고쳐 쓴 것이다.

2. Ambrose, *Eisenhower*, 392.

3. Ibid., 391.

4. Hobbs, *Dear General*, 223.

5. Ambrose, *Eisenhower*, 400.

6. Hirshon, *General Patton*, 628.

7. Ambrose, *Eisenhower*, 393.

38장

1. Hancock to Saima, April 9, 1945, Hancock Papers.

2. Hancock to Saima, April 12, 1945, Hancock Papers.

3. Hancock, *A Sculptor's Fortunes*, 157.

4. Ibid., 158.

5. Hancock to Saima, April 20, 1945, Hancock Papers.

6. Hancock to Saima, April 15, 1945, Hancock Papers.

7. Kirstein to Ma and Goosie, April 24, 1945, box 8-90, MGZMD 123, Kirstein Papers.

8. Ibid.

9. Kirstein to Miss Marshall, April 24, 1945, box 8-90, MGZMD 123, Kirstein Papers.

39장

1. Pöchmüller, *Welt-Kunstschätze in Gefahr*, 57.

2. Kubin, *Sonderraftrag Linz*, 100.

3. Pöchmüller, *Welt-Kunstschätze in Gefahr*, 58.

40장

하일브론의 장면에 관한 세부사항 출처는 다음과 같다. Rorimer, *Survival*, 135-143.

1. Rorimer, *Survival*, 137.

2. Rorimer letter, April 25, 1945, Rorimer Papers.

41장

1. Joachimsthaler, *The Last Days of Hitler*, 105-106.

2. Ibid., 97.

3. Wheelock, *Johannes Vermeer*, 168.

42장

1. Stout journal, May 1, 1945, Stout Papers.

2. Pöchmüller, *Welt-Kunstschätze in Gefahr*, 68.

3. Rorimer, *Survival*, 160-161.

43장

히틀러의 유언장 작성, 결혼, 자살에 관한 세부사항 출처는 다음과 같다. Joachimsthaler, *The Last Days of Hitler*, 128-130.

1. Adolf Hitler, "Last Will and Testament," April 30, 1945, RG 238 Entry 1 NM—66, U.S. Counsel for the Prosecution of Axis Criminality, Box 189, F: 3569—PS, NARA.

2. 히틀러는 1945년 4월 29일에 '정치적 유언서'와 '개인적 유언장'을 작성했다. 다음 날 그는 자살로 생을 마감했다. 최소한 세 묶음, 어쩌면 네 묶음의 사본에 입회인의 서명이 이루어졌다. 이 사본들은 히틀러 사후에 제국 수상관저의 지하 은신처에서 발송되었다. 첫 번째 사본은 (특사 잔데르를 통해) 되니츠 해군 제독에게 보내는 것이었고, 두 번째 사본('개인적 유언장'은 빠진)은 (특사 요한마이어를 통해) 쇠르너 육군원수에게 보내는 것이었으며, 세 번째 사본은 (특사 로렌츠를 통해) 뮌헨 소재 나치당

기록보관소에 보내는 것이었다. 3명의 특사 가운데 그 목적지에 도착한 사람은 아무도 없었고 이 유언서와 유언장은 훗날 서로 다른 은닉처에서 발견되었다. 되니츠에게 보내려던 사본은 현재 메릴랜드 주 칼리지 파크 소재 국립 기록보관소에 소장되어 있고, 나머지 2개의 사본은 런던 소재 국립 전쟁박물관에 소장되어 있다. 두 번째 사본에서 빠진 '개인적 유언장'은 보어만이 1945년 5월 1일 벙커를 떠나면서 소지했을 가능성이 있다. 네 번째 사본은 1945년 5월 1일에 있었던 독일군 장성 한스 크레프스의 성과 없는 휴전 협상 도중에 소련의 바실리 이바노비치 추이코프 중장에게 전달된 것으로 추정된다. 하지만 히틀러가 네 번째 사본을 러시아인에게 건네주려 했을 가능성은 없어 보인다. 이는 1945년 8월 30일 괴벨스와 보어만이 계획한 기동 작전이었을 것이다. 히틀러의 서명이 있느냐 없느냐에 따라 네 번째 사본의 위조 여부를 결정한다면, 히틀러는 이 네 번째 사본의 존재를 아예 몰랐거나(보어만과 괴벨스가 비서인 융에를 시켜 타자기에 네 번째 먹지를 집어넣게 만들었을지도 모른다) 아니면 이 사본은 애초에 육군원수 케젤링에게 보내려던 것인지도 모른다. 케젤링은 1945년 4월 29일 이탈리아에서 연합군에게 독자적으로 항복했지만 여전히 히틀러의 신임을 받고 있었다. 히틀러가 유언장을 작성하던 시점에 케젤링에 대한 신임을 거두었다는 사실을 보여주는 증거는 없다. 따라서 '정치적 유언서'와 '개인적 유언장'으로 이루어진 네 번째 사본의 수취인이 케젤링일 수도 있다는 추측 자체가 아주 근거가 없는 것은 아니다.

3. Högler, *Bericht über die Verhinderung der von Gauleiter Eigruber geplanten Vernichtung der Kunstchätze im Salzbergwerk Altaussee*, 30 December 1945, Archiv Linz, Sch 0018, Högler Papers, 4.

4. Ibid.

5. Kubin, *Sonderraftrag Linz*, 115.

6. Interview with Robert Posey, 2008.

7. Posey to Alice, April 18, 1945, Posey Papers.

44장

1. 베른테로데의 궤에 대한 세부사항 출처는 다음과 같다. Hancock, *A Sculptor's Fortunes*, 159-160.

2. Ibid., 160.

3. Rorimer, *Survival*, 181-182.

45장

1. Davidson, *The Trial of the Germans*, 439.
2. Rayssac, *L' Exode des Musées*, 758-760, 803.

46장

베르히테스가덴 장악에 관한 세부사항 출처는 다음과 같다. Mcmanus, "The Last Great Prize," 51-56.

1. Rorimer, *Survival*, 183.
2. Ibid., 185.

47장

1. 베를린의 방공요새에 관한 세부사항 출처는 다음과 같다. Akinsha and Kozlov, *Beautiful Loot*, 52-95.
2. Bernard Taper, "Investigating Art Looting for the MFAA," in Simpson, *Spoils of War*, 137.
3. Posey to Alice, May 2, 1945, Posey Papers.
4. Kirstein, "Quest for the Golden Lamb," 183.
5. Kirstein to Grooslie, May 6, 1945, box 2-25, MGZMD 97, Kirstein Papers.
6. Ibid.

48장

이 장에 사용된 자료의 출처는 다음과 같다. Author's interview with Harry Ettlinger, 2008; and Ettlinger, "Ein Amerikaner."

49장

1. Hancock, "Experiences of a Monuments Officer in Germany," 299.
2. Hancock to Saima, May 4, 1945, Hancock Papers.
3. Hancock to Saima, undated letter #151, Hancock Papers.
4. Hancock to Saima, undated letter #150, Hancock Papers.

50장

1. Kirstein, "Quest for the Golden Lamb," 184.

SECTION 5

이 부분에 수록된 제사의 출처는 다음과 같다. Balfour, "Draft Lecture," 9, Balfour Papers; and Fasola, *The Florence Galleries and the War*, 75.

51장

1. Interview with S. Lane Faison, Jr., courtesy of Actual Films.

2. Pöchmüller, *Welt-Kunstschätze in Gefahr*, 57–59.

3. Kirstein, "Quest for the Golden Lamb," 184.

4. Ibid., 185.

5. Freiheitskämpfer von Altaussee, *Bericht über die Aktion zur Rettung und Sicherstellung der im Salzbergwerk verlagerten Wert - und Kunstgegenständen Europas in den April- und ersten Maitagen des Jahres 1945*, February 1948, Archiv Linz, Sch 0042–0046, Michel Papers.

6. Kubin, *Sonderraftrag Linz*, 231–238.

7. Plieseis, Letter to the Editor of the Magazine "Neuer Mahnruf," 27 October 1960, Kubin Estate, Linz Archive.

8. Kubin, *Sonderraftrag Linz*, 211–225.

9. Michel, *Bergungmassnahmen und Wilderstandsbewegung*, Annalen des Naturhistorischen Museums in Wien, 56. Band, 1948. AuW, NHM, 3–6.

10. Riedl-Dorn, *Das Haus der Wunder*, 220.

11. Kubin, *Sonderraftrag Linz*, 196.

12. Michel, *Bericht über die ereignisreiche und denkwürdige Bewahrung unschätzbarer Kunstwerke in den Salzberg-Anlagen in Alt Aussee vor nazistischer Zertärung durch die Eigruber-Bande*, undated report, Archiv Linz, Sch 0042–0046, Michel Papers.

13. Roll 1421, Stout Papers.

14. Kirstein to Goosie, May 13, 1945, box 13–206, MGZMD 97, Kirstein Papers.

15. Kubin, *Sonderraftrag Linz*, 99.

16. Pöchmüller, *Welt-Kunstschätze in Gefahr*, 58.

17. Ibid., 51.

18. Ibid., 68.

19. Sieber, *Bericht über die Verlagerung von Gemälden innerhalb des Salzberges*,

Altaussee, 12 May 1945, DÖW 3296a/b.

20. Högler, *Bericht über die Verhinderung der von Gauleiter Eigruber geplanten Vernichtung der Kunstchätze im Salzbergwerk Altaussee*, 30 December 1945, Archiv Linz, Sch 0018, Högler Papers, 11.

21. Ibid., 12.

22. Pöchmüller, *Welt-Kunstschätze in Gefahr*, 82–83.

23. Kubin, *Sonderraftrag Linz*, 128.

24. Ibid., 85.

52장

1. Kirstein, "Quest for the Golden Lamb," 184.

2. Ibid., 186.

3. Howe, *Salt Mines and Castles*, 183.

4. Kirstein to Grooslie, May 22, 1945, box 13–206, MGZMD 97, Kirstein Papers.

5. Eder, *Zusammenfassung der mir bekannten Einlagerungen im Salzbergwerk Altaussee*, DÖW 10610, 4.

6. Kirstein, "Quest for the Golden Lamb," 190.

7. Stout journal, July 3, 1945, Stout Papers.

8. Howe, *Salt Mines and Castles*, 159.

9. Ibid.

10. Ibid.

11. Nicholas, *The Rape of Europa*, 373.

본문 526–527쪽에 나온 문서의 출처는 다음과 같다. Rorimer Papers.

53장

해리 에틀링어와 하일브론에 관한 세부사항 출처는 다음과 같다. Author's interview with Harry Ettlinger, 2008; and Ettlinger, "Ein Amerikaner."

1. Interview with Harry Ettlinger, courtesy of Actual Films.

54장

1. Goldsohn, *Nuremberg Interviews*, 132.

2. Ibid., 129.

3. Ibid., 128.

4. Bernard Taper, "Investigating Art Looting for the MFAA," in Simpson, *Spoils of War*, 138.

5. Rayssac, *L' Exode des Musées*, 955.

6. Rorimer, *Survival*, 187.

7. Valland to Rorimer, June 25, 1957, Rorimer Papers, NGA.

8. Kubin, *Sonderraftrag Linz*, 175.

9. Ibid., 191–192.

10. Ibid., 193–194.

11. Ibid., 172–189.

12. Michel, Letter to the Bundesministerium für Unterricht, 1947, Archiv Linz, Sch 0042–0046, Michel Papers.

13. Kubin, *Sonderraftrag Linz*, 175.

14. Ibid., 194.

15. Michel, *Bergungmassnahmen und Wilderstandsbewegung*, Annalen des Naturhistorischen Museums in Wien, 56. Band, 1948. AuW, NHM, 3–6.

16. Kubin, *Sonderraftrag Linz*, 195–204.

17. Rayssac, *L' Exode des Musées*, 847.

18. Chamson, "In Memoriam, Jacques Jaujard," 152.

19. "A l' Institute: Gaston Palewski fait l' éloge d' un grand défenseur des Beaux-Arts Jacques Jaujard." *Le Figaro*, November 21, 1968.

20. "Albert Henraux(1881–1953)," p. XXII, Archives des Musées Nationaux..

21. Valland, *Le Front de l' Art*, 221.

22. Rose Valland note, February 1944, R32–1, Archives des Musées Nationaux.

23. Jacques Jaujard, "Activités dans la Résistance de Mademoiselle Rose Valland Conservateur des Musées Nationaux," R32–1, Archives des Musées Nationaux.

24. Rayssac, *L' Exode des Musées*, 850.

25. Ibid.

26. Kirstein to Goosie, April 20, 1945, box 2–24, MGZMD 97, Kirstein Papers.

27. Kirstein letter to Stout, March 16, 1947, Stout Papers.

28. 다음을 보라. wikipedia.org/wiki/Kirstein.

29. Hancock, *A Sculptor' s Fortunes*, vii.

30. "1,000 Pay Tribute at Rorimer Rites," *New York Times*, May 17, 1966.

31. Houghton, "James J. Rorimer," 39.

32. Letter to Harvard from Frieda van Schaïck, November 1945, Huchthausen Papers, Harvard University.

33. Letter from Marvin Ross, Huchthausen Papers.

34. Hancock to Saima, November 25, 1945, Hancock Papers.

35. Letter to Mr. Kenneth Balfour, October 1, 1954, Balfour Papers.

36. Letter to Mr. and Mrs. Balfour, November 17, 1955, Balfour Papers.

37. Letter to Mr. Kenneth Balfour, October 1, 1954, Balfour Papers.

38. Stoner, "Changing Approaches in Art Conservation," 41.

39. Cohn, "George Stout's Legacy," 8.

40. "George L. Stout, at 80; Expert on Restoration of Works of Art," *New York Times*, July 3, 1978.

41. "Report on Lieutenant George L. Stout, USNR, by Damon M. Gunn," November 19, 1944, roll 1420, Stout Papers.

42. Duberman, *The Worlds of Lincoln Kirstein*, 403.

43. Standen, "Report on Germany," 213.

ॷ

참고문헌

ॷ

단행본

Akinsha, Konstantin, and Grigorii Kozlov. *Beautiful Loot: The Soviet Plunder of Europe's Art Treasures*. New York: Random House, 1995.

Aksenov, Vitali. *Favorite Museum of the Führer, Stolen Discoveries*. St. Petersburg: Publishing House Neva, 2003.

Ambrose, Stephen. *Citizen Soldiers: The U.S. Army from the Normandy Beaches to the Bulge to the Surrender of Germany, June 7, 1944, to May 7, 1945*. New York: Simon and Schuster, 1997.

——. *D-Day: June 6, 1944; The Battle for the Normandy Beaches*. London: Pocket Books, 2002.

——. *Eisenhower: Soldier, General of the Army, President-Elect 1890-1952*. Norwalk, CT: Easton Press, 1983.

Bouchoux, Corinne. *Rose Valland: La Résistance au Musée*. France: Geste Editions, 2006.

Bradley, Omar N., and Clay Blair. *A General's Life: An Autobiography by*

General of the Army Omar N. Bradley. New York: Simon and Schuster, 1983.

Bull, George. *Michelangelo: A Biography*. New York: St. Martin's Press, 1995.

Busterud, John A. Below the Salt: *How the Fighting 90th Division Struck Gold and Art Treasure in a Salt Mine*. United States: Xlibris Corporation, 2001.

Butcher, Capt. Harry C. *My Three Years with Eisenhower: The Personal Diary of Captain Harry C. Butcher, USNR, Naval Aide to General Eisenhower, 1942-1945*. New York: Simon and Schuster, 1946.

Che cosa hanno fatto gli Inglesi in Cirenaica. Rome: Ministero Della Cultura Popolare, 1941.

Davidson, Eugene. *The Trial of the Germans: An Account of the Twenty=two Defendants Before the International Military Tribunal at Nuremberg*. New York: Macmillan, 1996.

D'Este, Carlo. *Patton: A Genius for War. New York: HarperCollins, 1995.*

—. *Eisenhower: A Soldier's Life*. New York: Henry Holt, 2002.

Duberman, Martin. *The Worlds of Lincoln Kirstein*. New York: Alfred A. Knopf, 2007.

Dulles, Allen W. *Secret Surrender: The Classic Insider's Account of the Secret Plot to Surrender Northern Italy During WWII*. Guilford, CT: Lyons Press, 2006.

Edsel, Robert M. *Rescuing Da Vinci: Hitler and the Nazis Stole Europe's Great Art, America and Her Allies Recovered It*. Dallas: Laurel Publishing, 2006.

Eisenhower, David. *Eisenhower at War, 1943-1945*. New York: Random House, 1986.

Eisenhower, Dwight D. *At Ease: Stories I Tell to Friends*. New York: McGraw-Hill, 1988.

Esterow, Milton. *The Art Stealers*. New York: Macmillan, 1966.

Fasola, Cesare. *The Florence Galleries and the War*. Florence: Casa Editrice Monsalvato, 1945.

Feliciano, Hector. *The Lost Museum: The Nazi Conspiracy to Steal the World's Greatest Works of Art*. New York: Basic Books, 1995. 헥토르 펠리치아노, 한기찬 옮김, 『사라진 미술관』, 마루, 1998.

Fest, Joachim. *Inside Hitler's Bunker: The Last Days of the Third Reich*. New

York: Farrar, Straus and Giroux, 2002. 요아힘 페스트, 안인희 옮김, 『히틀러 최후의 14일』, 교양인, 2005.

Flanner, Janet. *Men and Monuments*. New York: Harper & Brothers, 1957.

Friemuth, Cay. *Die Geraubte Kunst*. Berlin: Westermann, 1989.

Goldsohn, Leon, *Nuremberg Interviews*. New York: Knopf, 2004.

Gray, Martin, and A. Norman Jeffares, eds. *A Dictionary of Quotations*. New York: Barnes and Noble Books, 1995.

Hammer, Katharina. *Glanz im Dunkel: Die Bergung von Kunstschätzen im Salzkammergut am Ende des 2. Weltkrieges. Wien: Österreichischer Bundesverlag*, 1986.

Hancock, Walker, with Edward Connery Lathem. *A Sculptor' s Fortunes*. Gloucester, MA: Cape Ann Historical Association, 1997.

Hapgood, David, and David Richardson. *Monte Cassino: The Story of the Most Controversial Battle of World War II*. Cambridge, MA: Da Capo, 2002.

Hastings, Max. *Victory in Europe: D-Day to VE Day in Full Color*. Boston: Little, Brown, 1985.

Hirshon, Stanley P. *General Patton: A Soldier' s Life*. New York: Perennial, 2003. 스탠리 P. 허쉬슨, 전경화 옮김, 『평전 제너럴 패튼』 전2권, 이룸, 2006.

Hitler, Adolf. *Mein Kampf*. Translated by Ralph Manheim. New York: Houghton Mifflin, 1943. 아돌프 히틀러, 서석연 옮김, 『나의 투쟁』, 범우사, 1989.

Hobbs, Joseph. *Dear General: Eisenhower' s Wartime Letters to Marshall*. Baltimore: Johns Hopkins University Press, 1999.

Howe, Thomas Carr, Jr. *Salt Mines and Castles*. New York: Bobbs-Merrill, 1946.

Hughes, Anthony. *Michelangelo*. London: Phaidon, 1997.

Joachimsthaler, Anton. *The Last Days of Hitler: The Legends—The Evidence—The Truth*. Translated by Helmut Bögler. London: Arms and Armour Press, 1996.

Kirstein, Lincoln. *The Poems of Lincoln Kirstein*. New York: Atheneum, 1987.

Kubin, Dr. Ernst. *Sonderraftrag Linz: Die Kunsammlung Adolf Hitler, Aufbau, Vernichtungsplan, Rettung. Ein Thriller der Kulturegeschichte*. Wien, Austria: ORAC Buch- und Zeitschriftenverlag, 1989.

Kurtz, Michael J. *America and the Return of Nazi Contraband: The Recovery of*

Europé s Cultural Treasures. Cambridge, UK: Cambridge University Press, 2006.

Linklater Eric. *The Art of Adventure*. London: Macmillan & Co, Ltd., 1947.

Löhr, Hanns Christian. *Das Braune Haus der Kunst: Hitler und der "Sonderauftrag Linz."* Berlin: Akademie Verlag, 2005.

Majdalany, Fred. *Cassino: Portrait of a Battle*. London: Cassell & Co., 1999.

Methuen, Lord. *Normandy Diary: Being a Record of Survivals and Losses of Historical Monuments in North-Western France, Together with Those in the Island of Walcheren and in That part of Belgium Traversed by 21st Army Group in 1944-45*. London: Robert Hale Limited, 1952.

Nazi Conspiracy and Aggression, Vol. III. Washington, DC: U.S. Government Printing Office, 1946.

Nicholas, Lynn. *The Rape of Europa*. New York: Vintage, 1995.

Petropoulos, Jonathan. *Art as Politics in the Third Reich*. Chapel Hill: University of North Carolina Press, 1996.

—. *The Faustian Bargain: The Art World in Nazi Germany*. Oxford University Pres, 2000.

Piña, Leslie A. *Louis Rorimer: A Man of Style*. Kent, OH: Kent State University Press, 1990.

Pöchmüller, Dr. Ing. Emmerich. *Welt-Kunstschätze in Gefahr*. Salzburg: Pallas–Verlag, 1948.

Puyvelde, Leo van. *Van Eyck: The Holy Lamb*. London: Collins, 1947.

Rayssac, Michel. *Ĺ Exode des Musées: Histoire des Oeuvres d Art Sout ĺ Occupation*. Paris: Editions Payot & Rivages, 2007.

Report of the American Commission for the Protection and Salvage of Artistic and Historic Monuments in War Areas. Washington, DC: U.S. Government Printing Office, 1946.

Riedl-Dorn, Christa. *Das Haus der Wunder: Zur Geschichte des Naturhistorischen Museums in Wien*. Wien, Austria: Holzhausen, 1998.

Rorimer, James J. *Survival: The Salvage and Protection of Art in War*. New York: Abelard Press, 1950.

Roxan, David, and Ken Wanstall. *The Rape of Art*. New York: Coward–McCann,

1964.

Sasser, Charles W. *Patton' s Panthers: The African-American 761st Tank Battalion in World War II*. New York: Pocket Books 2005.

Schrenk, Christhard. *Schatzkammer Salzbergwerk: Kulturgüter überdauern in Heilbronn und Kockendorf den Zweiten Weltkrieg*. Heilbronn, Germany: Stadtarchiv, 1997.

Schwarz, Birgit. *Hitlers Museum: Die Fotoalben Gemaldegalerie* Linz. Vienna: Bohlau Verlag, 2004.

Sereny, Gitta. *Albert Speer: His Battle with Truth*. New York: Alfred A. Knopf, 195.

Shirer, William L. *Berlin Diary: The Journal of a Foreign Correspondent: 1934-1941*. Norwalk, CT: The Easton Press, 1991.

—. *The Rise and Fall of the Third Reich: A History of Nazi Germany*, Volumes I and II. Norwalk, CT: The Easton Press, 1991. 윌리엄 L. 샤이러, 유승근 옮김, 『제3제국의 흥망』 전4권, 에디터, 1993.

Sigmund, Anna Maria. *Die Frauen der Nazis*. Munich: Wilhelm Heyne Verlag, 2000. 안나 마리아 지크문트, 홍은진 옮김, 『영혼을 저당 잡힌 히틀러의 여인들』, 청년정신, 2001.

Simon, Matila. *The Battle of the Louvre: The Struggle to Save French Art in World War II*. New York: Hawthorne Books, 1971.

Simpson, Elizabeth, ed. *Spoils of War*. New York: Harry N. Abrams, 1997.

Skilton, John D., Jr. *Defense de l' art Européen: Souvenirs d un officer américain "Spécialiste des Monuments."* Prais: Les Editions Internationales, 1948.

Smyth, Craig Hugh. *Repatriation of Art from the Collecting Point in Munich after World War II*. New Jersey: Abner Schram Ltd., 1988.

Speer, Albert. *Inside the Third Reich*. New York: Macmillan, 1970. 알베르트 슈페어, 김기영 옮김, 『기억: 제3제국의 중심에서』, 마티, 2007.

Spotts, Frederic. *Hitler and the Power of Aesthetics*. Woodstock and New York: Overlook Press, 2002.

Trial of the Major War Criminals before the International Military Tribunal: Nuremberg 14 November 1945-1 October 1946. Nuremberg: International

Military Tribunal, 1947.

Tutaev, David. *The Consul of Florence*. London: Secker and Warburg, 1966.

Valland, Rose. *Le Front de l' Art: 1939-1945*. Paris: Librarie Plon, 1961.

Vasari, Giorgio. *Lives of the Artists*: Volume I. Translated by George Bull. London: Penguin, 1987. 지오르지오 바자리, 이근배 옮김, 『이탈리아 르네상스 미술가전』 전3권, 탐구당, 1987; 『이태리 르네상스의 미술가 평전』, 한명, 2000.

Wheelock, Arthur K., ed. *Johannes Vermeer*. The Hague: Royal Cabinet of Paintings, Mauritshuis and the Board of Trustees, National Gallery of Art, Washington, 1995. Published in conjunction with the exhibit "Johannes Vermeer" shown at the National Gallery of Art, Washington, and the Royal Cabinet of Paintings Mauritshuis, The Hague.

Whiting, Charles. *Bloody Aachen*. New York: Stein and Day, 1976.

Woolley, Lt. Col. Sir Leonard. *The Protection of the Treasures of Art and History in War Areas*. London: His Majesty's Stationery Office, 1947.

Yeide, Nancy. *Beyond the Dreams of Avarice: The Hermann Goering Collection*. Dallas: Lauren Publishing, 2009.

기사

"A l' Institute: Gaston Palewski fait l' éloge d' un grand défenseur des Beaux-Arts Jacques Jaujard." *Le Figaro*, November 21, 1968.

Bradsher, Greg. "Nazi Gold: The Merkers Mine Treasure." *Prologue Magazine* 31, no. 1 (Spring 1999).

Canady, John. "James Rorimer Left Cloisters to Excel in a Bigger Job." *New York Times*, May 12, 1966.

Chamson, André. "In Memoriam, Jacques Jaujard." *Musees et Collections Publiques* (1967): 151-153.

Cohn, Marjorie B. "George Stout's Legacy." *Journal of the American Institute for Conservation* 18, no. 1 (1978).

Esterow, Milton. "Europe is Still Hunting its Plundered Art." *New York Times*, November 16, 1964.

Gibson, Michael. "How a Timid Curator with a Deadpan Expression Outwitted the Nazis." *ARTnews* 80 (Summer 1981): 105–111.

Hammett, Ralph. "Comzone and the Protection of Monuments in North-West Europe." *College Art Journal* 5, no. 2 (Jan. 1946): 123–126.

Hammond, Mason. "The War and Art Treasures in Germany." *College Art Journal* 5, no. 3 (March 1946): 205–218.

Hancock, Walker. "Experiences of a Monuments Officer in Germany." *College Art Journal* 5, no. 4 (May 1946): 271–311.

Houghton, Arthur A., Jr. "James J. Rorimer." *The Metropolitan Museum of Art Bulletin* (Summer 1966, Part Two).

Kirstein, Lincoln. "Quest for the Golden Lamb." *Town and Country* 100, no. 428 (Sept 1945): 115.

McGregor, Neil. "How Titian Helped the War Effort." *The Times* (London), June 5, 2004.

Mcmanus, John C. "The Last Great Prize." *World War II Magazine* (May 2005): 51–56.

Norris, Christopher. "The Disaster at Flakturm Friedrichshain; A Chronicle and List of Paintings." *The Burlington Magazine* 94, no. 597 (Dc. 1952): 337–347.

"1,000 Pay Tribute at Rorimer Rites." *New York Times*, May 17, 1966.

Plaut, James S. "Loot for the Master Race." *Atlantic Monthly* 178, no. 3 (Sept. 1946): 57–63.

—. "Hitler's Capital." *Atlantic Monthly* 178, no. 4 (Oct. 1946): 73–78.

Posey, Robert. "Protection of Cultural Monuments During Combat." *College Art Journal* 5, no. 2 (Jan. 1946): 127–131.

Rayssac, Michel. "Extrait de Historail: Janvier 2008." http:www.rosevalland.eu/hist-train.htm.

Standen, Edith. "Report on Germany." *College Art Journal* 7, no. 3 (Spring 1948): 209–215.

Stoner, Joyce Hill. "Changing Approaches in Art Conservation: 1925 to the Present," in *Scientific Examination of Art: Modern Techniques in Conservation and Analysis* (Washington DC: National Academies Press, 2003).

Stout, George. "Our Early Years at the Fogg." *Art Dealer & Framer*(June 1977): 10–13, 16, 92–93, 96–97.

Taylor, Francis Henry. "The Rape of Europa." *Atlantic Monthly* 175(Jan. 1945): 52.

Von Choltitz, Dietrich. "Pourquoi en 1944 je n'ai pas détruit Paris—IX: Hitler: Vous réduirez paris en un tas de décombres." *Le Figaro*, October 12, 1949.

미간행 자료

Duncan, Sally Anne. "Paul J. Sachs and the Institutionalization of Museum Culture Between the World Wars." PhD diss., Tufts University, 2001.

Harry Ettlinger. "Ein Amerikaner: A Collection of Anecdotes in the Life of Harry Ettlinger"(New Jersey, 2002).

Jerry R. Hobbs. "A Michelangelo in Belgium? The Bruges Madonna"(Menlo Park, CA, 2004).

영화

Berge, Richard, and Bonni Cohen. *The Rape of Europa Collector's Edition*. Dallas: Agon Arts & Entertainment, 2008.

Bricken, Jules, and John Frankenheimer. *The Train*. Santa Monica, CA: MGM Home Entertainment, 1964.

Eichinger, Bernd, and Oliver Hirschbiegel. *Downfall*. Culver City, CA: Sony Pictures with Newmarket Films and Constantin Film, 2005.

Heller, André, and Othmar Schmiderer, *Blindspot*: Hitler's Secretary. Culver City, CA: Sony Pictures Classics Release DOR Film, 2002

공공 컬렉션

Archives des Musées Nationaux, France:

Rose Valland Papers

Archiv der Stadt Linz, Austria:

Nachlass Dr. Ernst Kubin

Högler, Otto. Papers, Sch 0018

Michel, Prof. Dr. Hermann. Papers, Sch 0008, Sch 0011, Sch 0042-0046

Plieseis, Sepp. Papers, Sch 0042-0046

Pöchmüller, Dr. Ing. Emmerich. Papers, Sch 0016, Sch 0032

Archiv und Wissenschaftsgeschichte des Naturhistorischen Museums Wien, Austria:

Annalen, 56. Band, 1948

Dokumentationsarchiv des Österreichischen Widerstandes, Wien, Austria:

Eder, Max. Papers, DÖW 10610

Michel, Prof. Dr. Hermann. Papers, DÖW 8378

Seiberl, Dr. Herbert. Papers, DÖW 3296a 1-2, DÖW 3296b

Sieber, Karl. Papers, DÖW 3296a 1-2, DÖW 3296b

King's College Archive Centre, Cambridge:

The Papers of Ronald Edmond Balfour, Misc. 5

Metropolitan Museum of Art, New York City, The Cloisters Archives:

James J. Rorimer Papers

National Gallery of Art, Washington, DC:

Gallery Central Files

Walter Farmer Papers

James J. Rorimer Papers

Edith Standen Papers

National Archives and Records Administration, Washington, DC:

RG 165, 238, 239, and 331

OSS Art Looting Investigation Unit Reports, 1945-46 M1782

New York Public Library for the Performing Arts, Jerome Robbins Dance Division, Archives:

Lincoln Kirstein Papers, ca 1913-1994 MGZMD 123

Lincoln Kirstein Papers, ca 1914-1991 MGZMD 97

[Writing by Lincoln Kirstein is © 2009 by the New York Public Library(Astor,

Lenox and Tilden Foundations) and may not be reproduced without written permission.]

Smithsonian Archives of American Art, Washington, DC:

W. G. Constable Papers

James J. Rorimer Papers

George Stout Papers

Smithsonian Archives of American Art, Oral History Interviews:

George Stout

개인 컬렉션

Dale V. Ford Papers, East Grand Rapids, MI

Walker Hancock Papers, Gloucester, MA

Robert Posey Papers, Scarsdale, NY

James J. Rorimer Papers, New York City, NY

저자와의 대담 및 대화

Horace Apgar

Daniel Altshuler

Richard Barancik

Anne Olivier Bell

Corinne Bouchoux

Dr. Bruce Cole

Jill Croft-Murray

Harry Ettlinger

S. Lane Faison, Jr.

Betsy Ford

Dorothy Ford

Deanie Hancock French

Thomas Hoving

William Keller

Kenneth Lindsay

Jim Mullen

Lynn Nicholas

Alessandro Olschki

Charles Parkhurst

Dr. Edmund Pillsbury

Emmanuelle Polack

Col. Seymour Pomrenze

Dennis Posey

Robert Posey

Alain Prévet

Hedy Reeds

James Reeds

Agnes Risom

Anne Rorimer

Louis Rorimer

Salvatore Scarpitta

Craig Hugh Smyth

Richard Sonnenfeld

Mark Sponenberg

Thomas Stout

Bernard Taper

Nancy Yeide

영화에 실제 등장한 대담

Harry Ettlinger

S. Lane Faison, Jr.

Kenneth Lindsay

Charles Parkhurst

Seymour Pomrenze

Craig Hugh Smyth

Bernard Taper

스미소니언 미국 미술 구술사 기록보관소 소장 대담

William Constable

S. Lane Faison, Jr.

Walker Hancock

Thomas Carr Howe, Jr.

Charles Parkhurst

James Plaut

George Stout

베를린. 1945년 3월. 자살하기 몇 주 전, 아돌프 히틀러는 독일의 가망 없는 군사적 상황에서 비롯된 절망적인 현실에서 도피하기 위해 자신의 고향 린츠에 건립할 예정이던 총통 미술관 등 대규모 재건축 계획 모형을 바라보며 종종 자기만의 꿈에 빠져들었다. (Ullstein Bild, Frentz)

독일 베르히테스가덴. 행복했던 시절의 히틀러(가운데), 지방장관 아우구스트 아이그루버(왼쪽), 건축가 겸 교수 헤르만 기슬러가 나란히 서서 린츠의 재건축 계획 도면을 살펴보고 있다. 이 사진은 베르히테스가덴에 있는 히틀러의 별장 베르크호프에서 촬영한 것이다. (Walter Frentz Collection, Berlin)

이 웨스턴 유니언 전보는 미국의 주요 박물관 지도자들을 향해 1941년 12월 20일 뉴욕 시 소재 메트로폴리탄 미술관에서 열리는 긴급 모임에 참석할 것을 요청하는 내용이다. 진주만 사건이 벌어진 지 불과 3주일도 지나지 않았을 때의 일이다. (National Gallery of Art, Gallery Archives)

이탈리아 몬테카시노. 1944년 5월 27일. 기념물 전담반원 어니스트 T. 드월드 소령(가운데)이 몬테카시노 수도원의 폐허를 향해 언덕을 올라가고 있다. 1944년 2월 이 베네딕트회 수도원을 파괴한 연합군의 폭격은 많은 논란을 불러일으켰다. (National Archives and Records Administration, College Park, MD)

프랑스 생로. 1944년 7월. "제116보병여단 제3대대 지휘관 토머스 D. 하위 소령의 시신이 프랑스 생로 소재 노트르담 대성당의 잡석 더미 위에 안치되어 있다. 하위는 7월 17일에 이 도시 외곽에서 박격포탄에 맞아 사망했으며, 다음 날 도시로 진입한 기동부대는 전우애와 승리를 향한 의지의 상징으로 그의 시신을 구급차와 지프에 싣고 운반했다." 이러한 참상은 디데이 침공 이후 노르망디의 여러 마을에서 흔하게 볼 수 있었다. (AP Images/Harry Harris)

파리. 1944년 가을. 프랑스 국립 박물관 관장 자크 조자르(오른쪽 앞)가 세계적으로 유명한 〈바이외 태피스트리〉를 살펴보고 있다. 함께 있는 인물은 프랑스 역사 기념물 담당청의 감사관 W. 베리에르, 그리고 루브르의 경비원(왼쪽)이다. 루브르에서는 1944년 말 이 태피스트리의 전시회를 열었다. (Archives des Musées Nationaux)

TAPISSERIE DE LA REINE MATHILDE — — THE QUEEN MATHILDA TAPESTRY

171 L'Armée d'Harold est taillée en pièces.

Harold's army cut to pieces.
ND

LEVY ET NEURDEIN RÉUNIS, 44, RUE LETELLIER, PARIS, IMP

1 JULY

ON ACTIVE SERVICE

CORRESPONDANCE

DEAR WALKER,
    YOU CAN SCARCELY
IMAGINE THE LIFE. IT'S
WORKING OUT MARVEL-
LOUSLY, BUT WOULD HAVE
BEEN COMPLETELY
RUDDERLESS WITHOUT
THOSE WEEKS WITH YOU.
GOT YOUR DEPOSITS
YESTERDAY. & ALSO
SHIPPED OFF THE FIRST
LONG REPORT. IT MUST
BE VERY HARD FOR YOU
TO GUESS WHERE I AM.
    YOURS, Bancel

ADRESSE

L.B. LaFarge
CAPT. L. B. LaFARGE
O-905778
1ST CA UNIT ECAD
APO 658% P.M., N.Y., N.Y.

CAPTAIN
WALKER HANCOCK
SHAEF, G-5
APO 757,
U.S. ARMY FIELD POS

L.B. LaFarge

Fee
N'écrire que sur
le côté réservé à
la correspondance

1944년 7월 1일. 기념물 전담반원 밴첼 라파지 대위가 프랑스 바이외에 도착했음을 알리기 위해 동료 기념물 담당 장교 워커 행콕에게 보낸 그림엽서. (Walker Hancock Collection)

파리. 1941년 12월 2일. 죄드폼 박물관을 방문한 제국원수 헤르만 괴링이 왼손에 그림, 오른손에 시가를 든 채 자리에 앉아 브루노 로제가 들고 있는 앙리 마티스의 회화 2점을 바라보고 있다. 괴링의 왼쪽에 서 있는 사람은 그의 전속 미술 고문인 발터 안드레아스 호퍼다. 가운데 탁자 위에는 샴페인이 놓여 있다. 이 2점의 회화는 나치가 폴 로젠베르크 컬렉션에서 훔친 것으로 전후에 반환되었다. 이 중 왼쪽의 회화 〈데이지 꽃〉은 현재 시카고 미술연구소에 소장되어 있다. 오른쪽의 〈탬버린을 든 무용수〉는 현재 캘리포니아 주 파사데나 소재 노튼 사이먼 박물관에 소장되어 있다. (Archives des Musées Nationaux)

파리. 죄드폼을 떠나는 괴링. 그는 프랑스 수집가들로부터 훔친 미술품 가운데 자기 컬렉션으로 만들 물건을 고르기 위해 파리에 있는 이 박물관을 20차례나 방문했다. 전면에 보이는 사람이 폰 베어 대령이다. 문간에서 맨 왼쪽은 브루노 로제, 그 옆은 발터 안드레아스 호퍼다. (Library of Congress, Washington, D.C.)

미켈란젤로의 〈성모자〉. 1503~1504년 제작. 대리석. 높이 121.9센티미터. 벨기에 브루게 소재 노트르담 대성당 소장. (Scala/Art Resource, NY)

얀 베르메르의 〈천문학자〉. 1668년. 캔버스에 유화. 51×45센티미터. 프랑스 파리 소재 루브르 박물관 소장. (Réunion des Musées Nationaux/Art Resource, NY)

파리. 1945년. 〈모나리자〉는 1939년부터 1945년까지 모두 여섯 차례에 걸쳐 보관 장소를 옮기다가, 마침내 상자에서 나와 원 소장처인 루브르로 돌아왔다. (Roger-Viollet)

파리. 1944년 9월 12일. 기념물 전담반원 제임스 로라이머(오른쪽)와 에콜 뒤 루브르 소장 로베르 레이가 한때 〈모나리자〉가 걸려 있던 자리 앞에 서 있다. 이 유명한 회화는 1939년에 루브르에서 외부로 대피시켰다. (National Archives and Records Administration, College Park, MD)

얀 반 에이크의 〈겐트 제단화〉(내부). 1432년. 패널에 유화. 3.5×4.6미터. 벨기에 겐트 소재 신트 바프(성 바보) 대
성당 소장. (Reproductiefonds/photo Hugo Maertens)

독일 아헨. 1944년 10월. 기념물 전담반원 워커 행콕과 미국 제1군의 다른 병사들이 1944년 10월 25일 아헨 대성당이 파괴된 현장에 도착한 모습. (National Archives and Records Administration, College Park, MD)

벨기에 라 글레즈. 1945년 2월 1일. 벌지 전투 중에 라 글레즈 교회가 큰 손상을 입었다. 결국 '라 글레즈의 성모'라는 이름으로 알려진 목상은 역사상 가장 가혹했던 겨울 추위에 완전히 노출되고 말았다. 천장에 크게 뚫린 구멍이 보인다. (Walker Hancock Collection)

벨기에 라 글레즈. 1945년 2월 1일. 기념물 전담반원 워커 행콕(왼쪽 앞, 미군 철모를 쓴 사람)이 라 글레즈 마을 사람들과 함께 '라 글레즈의 성모'를 보다 안전한 장소로 옮기고 있다. (Walker Hancock Collection)

독일 메르케르스. 1945년 4월. 메르케르스의 소금 광산 속에 은닉된 나치 독일의 금과 지폐 자루. 이곳에는 베를린 소재 카이저 프리드리히 박물관의 회화 가운데 큰 것을 제외한 나머지가 안전하게 보관되어 있었다. 메르케르스에서 발견된 금은 현재 시세로 약 50억 달러에 달한다. (National Archives and Records Administration, College Park, MD)

독일 메르케르스. 1945년 4월 12일. 오마르 브래들리 장군, 조지 패튼 중장, 드와이트 아이젠하워 장군이 메르케르스 광산에 은닉된 독일 박물관 소유의 국보급 미술품을 살펴보고 있다. 가운데 뒤쪽으로 보이는 사람은 어빙 레너드 모스코위츠 소령이다. (National Archives and Records Administration, College Park, MD)

독일 노이슈반슈타인. 노이슈반슈타인 성은 나치가 프랑스에서 약탈한 가장 훌륭한 미술품들의 핵심 보관소였다. 19세기에 바이에른의 '미치광이 루트비히'가 지은 이 성에는 약탈한 미술품이 워낙 많이 보관되어 있어서 기념물 전담반의 지휘 아래 그 물건들을 밖으로 꺼내는 데만 6주가 걸렸다. 건물이 가파른 데다 엘리베이터도 없었기 때문에 대부분의 운반 작업은 수많은 계단을 통해 이루어졌다. (National Archives and Records Administration, College Park, MD)

독일 노이슈반슈타인. 1945년 5월. 기념물 전담반원 제임스 로라이머(왼쪽)와 안토니오 V. 발림 하사가 이 성에서 발견한 가치 높은 미술품을 살펴보고 있다. 이것은 ERR이 프랑스에서 약탈한 로트실트 컬렉션 가운데 일부다. (National Archives and Records Administration, College Park, MD)

독일 베른테로데. 1945년 5월. 기념물 전담반원 워커 행콕이 베른테로데 미술품 보관소에서 발견한 4개의 거대한 관 중에는 프러시아의 왕 프리드리히 빌헬름의 관도 포함되어 있었다. (Walker Hancock Collection)

독일 베른테로데. 1945년 5월. 기념물 전담반의 조지 스타우트(왼쪽), 워커 행콕(가운데 오른쪽), 스티븐 코발리약(오른쪽)이 베른테로데의 미술품 이송 작업 중에 찍은 사진. 스타우트와 행콕 사이에 서 있는 사람은 트래버스 하사다. (Walker Hancock Collection)

오스트리아 알타우세. 1945년 5월. 왼쪽부터 헤르만 미헬 박사, 기념물 전담반원 로버트 포시, 그리고 신분이 확인되지 않은 미국 육군 소속 장교의 모습. 알타우세 광산에 도착한 첫 번째 날의 혼란 속에서 광산 행정 사무소 앞에서 찍은 사진이다. (Robert Posey Collection)

오스트리아 알타우세. 1945년 5월. 오스트리아인 광산 노동자들, 카를 지베르(아래 왼쪽, 정장 차림), 헤르만 미헬 박사(미군 병사 두 사람 사이) 등이 '주의-대리석-떨어트리지 말 것'이라고 적혀 있는 나무상자에서 발견한 반 톤짜리 폭탄 위에 앉아 있다. (Robert Posey Collection)

오스트리아 알타우세. 1945년 5월. 기념물 전담반의 로버트 포시와 링컨 커스타인이 1945년 5월 초 이곳에 도착했을 때, 광산의 터널 안은 처참하게 '마비된' 상황이었다. 이들은 며칠 뒤에 무너진 흙 더미를 뚫고 들어가 내부의 저장품을 조사했다. 사진은 광산 노동자 1명과 미군 병사 1명이 잡석 더미 위에서 저편으로 들어갈 수 있는 공간을 만든 직후 촬영한 것이다. 전면에 삽이 보인다. (Robert Posey Collection)

오스트리아 알타우세. 1945년 5월. 광산 안의 수많은 방들 가운데 하나. 나치는 이곳에 목제 선반을 만들어놓고 막대한 숫자의 약탈 미술품을 은닉했다. 사진의 오른쪽에 세워져 있는 사다리의 높이가 거의 3미터라는 사실을 감안하면 이 방의 대략적인 규모가 짐작될 것이다. (Robert Posey Collection)

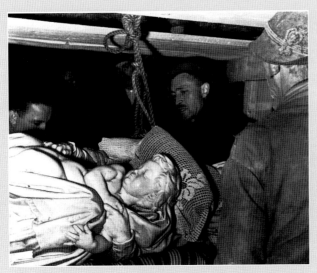

오스트리아 알타우세. 1945년 7월. 알타우세의 소금 광산에서 귀중한 미술품을 꺼내 옮기는 과정에서 기념물 전담반원 조지 스타우트는 어느 누구도 상상하지 못했던 온갖 어려움을 겪었다. 스타우트는 특별 고안한 도르래를 이용해 미켈란젤로의 〈성모자〉를 들어 올린 다음, 소금 광차에 싣고 나가 결국 벨기에로의 긴 여행길에 오르게 했다. 왼쪽 끝에 있는 인물은 기념물 전담반원 스티븐 코발리약으로 미술품 포장 전문가인 그는 스타우트의 핵심 조수 가운데 하나였다. (National Gallery, Washington, D.C., Gallery Archives)

오스트리아 알타우세. 1945년 7월. 〈겐트 제단화〉의 가운데 패널은 그 무게와 크기 때문에 좁은 통로로 운반하기가 쉽지 않았다. 스타우트의 뒤쪽으로 다른 패널들이 세워져 있는 모습이 보인다. 그림에 덮어 놓은 종이는 물감이 흐르거나 갈라지는 것을 방지하기 위한 절차로 '외장'(Facing)이라고 한다. 스타우트는 자신이 미국 해군 소속이라는 사실을 항상 자랑스러워했기 때문에 상의나 철모에 '해군'(Navy)을 뜻하는 엔(N) 자를 늘 붙이고 다녔다. (National Archives and Records Administration, College Park, MD)

1946년 독일 하일브론. 기념물 전담반의 데일 V. 포드와 해리 에틀링어(오른쪽)가 렘브란트의 〈자화상〉을 살펴보고 있다. 이 그림은 원래 칼스루에 있다가 안전 보호를 위해 하일브론의 광산에 은닉된 것이다. 훗날 이 그림은 칼스루에 미술관으로 반환되었다. 이것은 하일브론에서 발견한 수천 점의 미술품 가운데 하나다. 두 사람의 뒤로 수많은 나무상자가 보인다. (National Archives and Records Administration, College Park, MD)

미국 뉴저지. 그로부터 65년 가까운 세월이 흐른 뒤, 해리 에틀링어는 기념물 전담반원으로 근무했던 당시의 모습을 자랑스레 회고하며 할아버지에게 물려받은 렘브란트 그림의 모작 앞에 섰다. 이 그림의 실물은 그가 독일 칼스루에에서 자라던 시절만 해도 관람이 금지되었다. (Bill Stahl)